AF853651

PC à la maison édition Vista pour LES NULS

D. Gookin, J. A. King, J. Levine, R. Williams

FIRST
Interactive

PC à la maison édition Vista Pour les Nuls

Cet ouvrage comporte des extraits de PC Pour les Nuls, Internet Pour les Nuls, Musique sur PC Pour les Nuls, La photo numérique Pour les Nuls

Publié par Wiley Publishing, Inc.
111 River Street
Hoboken, NJ 07030-5774

Copyright © 2007 Wiley Publishing, Inc.

Pour les Nuls est une marque déposée de Wiley Publishing, Inc.
For Dummies est une marque déposée de Wiley Publishing, Inc.

Edition française publiée en accord avec Wiley Publishing, Inc.
© 2007 Éditions First Interactive
27, rue Cassette
75006 Paris - France
Tél. 01 45 49 60 00
Fax 01 45 49 60 01
E-mail : firstinfo@efirst.com
Web : www.efirst.com

ISBN : 978-2-7540-0536-4
Dépôt légal : 2e trimestre 2007

Collection dirigée par Jean-Pierre Cano
Edition : Pierre Chauvot
Traduction : Bernard Jolivalt

Imprimé en France

Tous droits réservés. Toute reproduction, même partielle, du contenu, de la couverture ou des icônes, par quelque procédé que ce soit (électronique, photocopie, bande magnétique ou autre) est interdite sans autorisation par écrit des Éditions First.

Limites de responsabilité et de garantie. L'auteur et l'éditeur de cet ouvrage ont consacré tous leurs efforts à préparer ce livre. Les Éditions First, Wiley Publishing, Inc., et l'auteur déclinent toute responsabilité concernant la fiabilité ou l'exhaustivité du contenu de cet ouvrage. Ils n'assument pas de responsabilités pour ses qualités d'adaptation à quelque objectif que ce soit, et ne pourront être en aucun cas tenus responsables pour quelque perte, profit ou autre dommage commercial que ce soit, notamment mais pas exclusivement particulier, accessoire, conséquent, ou autres.

Marques déposées. Toutes les informations connues ont été communiquées sur les marques déposées pour les produits, services et sociétés mentionnés dans cet ouvrage. Wiley Publishing, Inc. et les Éditions First déclinent toute responsabilité quant à l'exhaustivité et à l'interprétation des informations. Tous les autres noms de marque et de produits utilisés dans cet ouvrage sont des marques déposées ou des appellations commerciales de leur propriétaire respectif.

Sommaire

Introduction

Laissez-moi deviner... Vous disposez d'un ordinateur ou envisagez d'en acquérir un ? En d'autres termes, vous allez faire rentrer à la maison une entité pour laquelle vous avouez autant de curiosité que de craintes. Cette entité est-elle amicale ou devez-vous l'entrevoir comme un intrus aux desseins malfaisants ? Il n'y a pas de réponse mais un indice qui va peut-être vous surprendre lorsqu'on le pose sous la forme du postulat suivant : "Quel que soit votre niveau en informatique, vous êtes plus intelligent qu'un ordinateur."

À partir de cette simple affirmation s'ouvre à vous des horizons inespérés. D'abord, comme vous êtes plus intelligent, vous allez imposer votre volonté à l'ordinateur et l'asservir ainsi à vos besoins propres. Dans cette optique de mise en esclavage de la machine, je peux même vous avouer que vous n'avez pas à *aimer* l'informatique. C'est d'ailleurs le cas de la plupart des gens. Il suffit de lire un ouvrage comme celui-ci pour comprendre qu'avec un peu de concentration, vous obtiendrez *tout* ce que vous voulez d'un ordinateur. Cependant, pour obtenir ce *tout*, encore faut-il savoir de quoi il est capable. Bon nombre de vieux de la vieille, vieux routiers de l'informatique, vous diront qu'il est justement capable de tout !

Ce livre révèle tout ce que l'on est en droit d'attendre d'un PC installé à la maison. Il décrit l'utilisation d'un ordinateur en termes simples et souvent irrévérencieux. L'informatique n'a rien de sacré. Ce livre se concentre sur *vous* et *vos besoins*. Vous y découvrirez tout ce que vous aimeriez savoir sur votre ordinateur, mais sans le jargon indigeste qui accompagne souvent ce genre de littérature et sans avoir besoin d'appartenir à la lignée des grands gourous docteurs ès informatique.

Nous avons centré notre propos sur la découverte sommaire et quasi anatomique d'un ordinateur, sur le logiciel qui permet d'en exploiter les possibilités et que l'on nomme alors très justement un *système d'exploitation* – qui n'est autre que Windows Vista – et avons décidé d'ouvrir grand la porte des loisirs numériques pour que vous découvriez comment écouter, acheter, télécharger et faire de la musique avec un PC, comment tirer profit d'un ordinateur pour vos photos numériques et enfin, peut-être ce qui décide beaucoup d'entre vous à franchir le pas et à acheter un ordinateur, comment se connecter à Internet et surtout quoi y découvrir et quoi y faire.

À qui s'adresse ce livre

Ce livre suppose que vous possédez – ou comptez acquérir – un ordinateur et que vous désirez l'utiliser au mieux. Il est consacré à Windows Vista, à la musique sur PC, à la photo numérique et à Internet. Autant dire tout de suite qu'il s'adresse à tous ceux ayant un intérêt dans au moins un de ces quatre domaines.

Par conséquent, de la pression sur le bouton démarrer de Windows à l'écoute de morceaux de musique, en passant par le transfert de vos photos et à l'exercice de la quasi-totalité de ces loisirs depuis Internet, vous allez apprendre tout ce à quoi peut bien servir ce PC installé dans votre salon, votre chambre ou votre bureau, c'est-à-dire tout ce que va apporter chez vous ce nouveau pensionnaire.

Organisation de ce livre

La logique est à la base de l'informatique. Pour ne pas y déroger, ce livre est organisé tout aussi logiquement. Nous l'avons divisé en neuf parties qui ne comportent pas moins de trente-deux chapitres.

Première partie : Découverte du PC. Cette partie démythifie l'ordinateur en dévoilant succinctement ses caractéristiques, ses éléments internes et surtout externes qui prennent la forme d'un écran, d'un clavier, d'une souris et d'une imprimante. Elle répond à des questions existentielles fondamentales sur la bonne approche que l'on doit avoir d'un ordinateur.

Deuxième partie : Windows Vista, l'incontournable. Posséder un ordinateur et en comprendre les propriétés est une bonne chose, mais il faut ensuite franchir le pas de son exploitation. C'est ce que vous dévoile cette partie en expliquant le fonctionnement de Windows Vista, le système d'exploitation de Microsoft indispensable à une bonne utilisation d'un PC dans le cadre de votre foyer chéri. *De facto*, après avoir allumé avec succès votre ordinateur, vous ne serez pas complètement perdu au milieu de ce que votre moniteur affiche sur son écran.

Troisième partie : Écouter et graver de la musique. Windows Vista maîtrisé, vous allez l'asservir lui aussi à d'autres besoins. Le plus immédiat est musical dans la mesure où vous disposez de tout ce qu'il faut dans votre ordinateur pour écouter, faire et graver de la musique. Windows Vista transforme votre PC en véritable juke-box numérique. Vous verrez comment profiter du Lecteur Windows Media, le logiciel gratuit qui permet d'organiser vos musiques, de graver des CD audio et de télécharger ce que le commun des mortels appelle aujourd'hui "des MP3". Cette partie est également le lieu idéal pour vous faire découvrir comment acheter en toute légalité de musique sur Internet, mais aussi comment faire pour écouter la radio dans le monde entier.

Quatrième partie : Créer votre musique. Ici, vous poussez l'expérience musicale à un niveau plus avancé. De simple auditeur, vous passez au statut de créateur. Vous verrez comment transformer un PC en véritable petit studio d'enregistrement numérique. Tout un monde de création audio s'ouvre à vous, même si vous ne connaissez pas le solfège.

Cinquième partie : La photo numérique sur PC. Comme de nombreuses personnes possèdent un appareil photo numérique, nous ne pouvions passer à côté des extraordinaires possibilités qu'offre un ordinateur dans ce domaine. Des conseils pour photographier du mieux possible au téléchargement de vos photos sur votre disque dur, vous verrez qu'il est dommage de cantonner un appareil photo numérique au simple rôle de capteur d'images que l'on fait banalement développer sur papier.

Sixième partie : Améliorer vos photos. Une fois vos photos numériques stockées sur le disque dur de votre ordinateur, utilisez les logiciels qui vont vous permettre de corriger les défauts de vos photographies. Apprenez à supprimer les yeux rouges en un clic de souris et découvrez comment amener vos photographies au rang d'œuvres d'art.

Septième partie : Internet : comment et pourquoi ? Faire entrer un PC à la maison, c'est aussi la chance inestimable de sortir de chez vous tout en restant devant votre écran. Découvrez ici toutes les raisons qui valident l'existence d'Internet, donc une potentielle investigation de ce média de votre part. Cette partie explique ce dont vous avez besoin pour surfer sur le Web, ce qu'est un fournisseur d'accès à Internet, ce que vous réserve ce monde merveilleux, comment y naviguer, y faire des recherches, et l'utiliser pour effectuer des tâches aussi élémentaires que l'achat en ligne de produits de toutes sortes et la gestion de votre compte bancaire.

Huitième partie : Courrier électronique, messageries instantanées et autres moyens de communiquer en ligne. Utilisez les formidables ressources d'Internet pour communiquer avec autrui. Que ce soit en envoyant ou en recevant des courriers électronique, en utilisant des messageries instantanées ou en créant votre blog, ouvrez-vous aux autres et laissez les autres s'ouvrir à vous, en évitant les pièges les plus élémentaires.

Neuvième partie : Les dix commandements. Traditionnelle partie de la collection *pour les Nuls*, découvrez, au travers de ses quatre chapitres, dix erreurs de débutant à ne pas commettre avec un PC, dix conseils d'un spécialiste, dix problèmes classiques et leurs solutions et enfin dix activités plaisantes sur *l'Internet*.

Les icônes utilisées dans ce livre

Cette icône annonce des raccourcis et astuces utiles qui vous aideront à utiliser au mieux votre PC. Par exemple, lorsque vous renversez de l'acide sulfurique concentré fumant sur votre ordinateur, pensez à porter des gants et des lunettes de protection.

Cette icône est un pense-bête. Elle vous rappelle qu'il faut éteindre le gaz avant de quitter la maison ou vérifier votre fermeture Éclair avant de vous présenter devant un large public.

Cette icône signale des informations techniques qu'il n'est pas indispensable de connaître, mais qui peuvent vous aider à mieux comprendre le reste.

Cette icône prévient d'un danger et indique généralement ce qu'il ne faut *surtout pas* faire.

À vous de jouer !

Avec ce livre en main, vous êtes prêt à soumettre le PC le plus rétif et à exploiter toutes ses possibilités dans le cadre purement domestique. Vous pouvez commencer par consulter le sommaire ou l'index. Choisissez un sujet, allez à la page indiquée et lancez-vous. N'hésitez pas à prendre des notes, à corner les pages et à faire tout ce qui ferait blêmir de rage un bibliothécaire. Bonne lecture...

Première partie

Découverte du PC

Dans cette partie...

N'importe qui sait à quoi ressemble un ordinateur. Même un chineur farfouillant dans une brocante en reconnaîtrait un (entre le moule à gaufre rouillé et la chaise à trois pieds rustique). Mais savez-vous vraiment ce qu'est un PC ?

Un ordinateur, c'est bien plus qu'un objet de consommation acheté sur une irrésistible impulsion et qui fonctionne tout de suite. En dépit des progrès pour le rendre plus convivial, l'ordinateur reste un objet de haute technologie. Pour l'exploiter au mieux, vous devez vous familiariser avec la bête. C'est le but de cette partie du livre.

Chapitre 1

Ordinateur ? PC ? C'est quoi ça ?

Dans ce chapitre :

- Les bases d'un ordinateur.
- Les entrées/sorties.
- Matériel et logiciels.
- Le système d'exploitation.
- Un PC n'explose jamais.

Le vendeur s'est payé votre tête en vous affirmant qu'un ordinateur est facile à utiliser et que vous seriez connecté à l'Internet en un rien de temps. Il vous a roulé dans la farine en vous disant qu'un logiciel est si simple que vous n'aurez besoin ni de formation ni d'un livre spécialisé.

Pour séduire les consommateurs, les vendeurs d'informatique s'évertuent de les persuader qu'un ordinateur n'est pas plus difficile à utiliser qu'un four à micro-ondes ou un téléphone mobile. Et des gens sont hélas tout disposés à le croire. Il est certes possible de commencer à utiliser un ordinateur en n'y connaissant rien et en se formant sur le tas, mais ce n'est pas le moyen le plus efficace.

Ce chapitre présente les notions de base d'un PC, indispensables pour comprendre la machine que vous comptez acheter, que vous possédez depuis peu ou depuis fort longtemps. Vous découvrirez qu'il n'y a là rien de sorcier.

Un ordinateur, c'est tout bête

Les appareils sont généralement assez simples : un grille-pain grille du pain, un four à micro-ondes chauffe ce que l'on y enfourne, une voiture roule et le téléphone sert à communiquer à distance. L'usage de tout appareil se rapporte à sa description la plus élémentaire. Mais qu'en est-il de l'ordinateur ?

Un ordinateur n'est pas un outil extraordinaire. Il ne fait fondamentalement qu'une seule chose : acquérir des données en entrée, les traiter puis les restituer en sortie (voir Figure 1.1). C'est en réalité l'énorme potentiel de cette simple activité qui fait paraître l'ordinateur compliqué.

Figure 1.1 L'activité fondamentale d'un ordinateur.

Trois notions permettent de comprendre le principe d'un ordinateur :

- Les entrées/sorties.
- Le traitement.
- Le stockage.

Examinons cela en détail.

Entrées et sorties

"Ne sois ni emprunteur ni prêteur."

Hamlet, acte I, scène 3.

Les entrées/sorties, communément appelées E/S, sont les deux tâches dont un ordinateur s'acquitte au mieux. C'est même quasiment la seule chose qu'il sait faire. Quand vous aurez assimilé la notion d'E/S, vous aurez tout compris de l'ordinateur. Enfin, presque tout... ou presque...

- Les appareils – ou, plus exactement, les *périphériques* – reliés à l'ordinateur sont soit dévolus aux entrées, soit dévolus aux sorties. Il existe des périphériques d'entrée et des périphériques de sortie.

- Les *périphériques d'entrée* envoient des données vers l'ordinateur. Le clavier et la souris sont des périphériques d'entrée, de même qu'un scanneur ou un appareil photo numérique.

- Les *périphériques de sortie* sont les équipements que l'ordinateur utilise pour présenter les données, comme l'écran ou l'imprimante.

- Certains périphériques sont à la fois d'entrée et de sortie. C'est le cas des disques durs et des modems. L'ordinateur s'en sert pour recevoir des données et pour en envoyer.

- Si vous tenez à en savoir plus sur les disques durs et les modems, recherchez ces termes dans l'index. Sinon, poursuivez votre lecture, car il en sera question de-ci, de-là.

Traitement

Si un ordinateur ne savait pas traiter des données, ce ne serait qu'un tas de ferraille sans utilité. Le traitement transforme les données reçues.

- Le traitement est pris en charge par un composant électronique – une "puce" – appelé *microprocesseur* ou, plus simplement, *processeur*.

- A vrai dire, le processeur ne sait pas exactement que faire de toutes les entrées qui lui parviennent. C'est le *logiciel* qui lui indique ce qu'il doit en faire. Nous y reviendrons plus loin dans ce chapitre.

- Toutes les entrées sont *numériques*, c'est-à-dire constituées de 0 et de 1. C'est incroyable quand on y pense : l'image la plus spectaculaire, le poème le plus émouvant ou une symphonie se réduisent à une succession de 0 et de 1 traités par le processeur.

Stockage

Autre élément important de l'ordinateur, le stockage des données s'effectue dans une *mémoire*. Ce stockage est indispensable au niveau le plus élémentaire, car le processeur a besoin de place pour faire sa petite cuisine.

Sur un ordinateur moderne, il existe deux sortes de stockage : temporaire et à long terme.

Le stockage temporaire s'effectue dans la *mémoire vive*. C'est là que les programmes sont exécutés lorsque vous les utilisez. La mémoire vive est le lieu de travail du processeur.

Le disque dur se charge du stockage à long terme. L'information qui s'y trouve est réutilisable par la suite. Les données que le processeur n'utilise pas pour le moment sont stockées dans le disque dur, en attendant d'être lues.

- Tous les ordinateurs ont besoin d'une unité de stockage.
- La mémoire vive est parfois appelée RAM, acronyme de *Random Access Memory*, mémoire à accès aléatoire. Ou plus simplement, "la mémoire".
- La mémoire vive, ou RAM, est un stockage temporaire.
- Il existe différentes sortes de disques durs : internes et amovibles, et de différentes marques et capacités. Les disques durs sont aussi appelés *mémoire de masse*.
- Ne vous laissez pas impressionner par tous ces termes. Vous vous y ferez peu à peu, car nous n'avons pas fini d'en parler.

Matériel et logiciel

Un ordinateur est constitué de deux éléments : le matériel et le logiciel. A l'instar de Laurel et Hardy ou Roméo et Juliette, matériel et logiciel doivent aller de pair pour que l'ordinateur soit complet.

Le matériel est l'élément tangible de l'ordinateur : vous pouvez le voir et le toucher. Le boîtier, le moniteur, le clavier et la souris font partie du matériel.

Le logiciel est le cerveau de l'ordinateur. Il dicte au matériel ce qu'il doit faire.

D'une certaine manière, on peut considérer l'ordinateur comme un orchestre symphonique. Le matériel est constitué des musiciens et de leurs instruments. Le logiciel est la partition.

Sans logiciel, l'ordinateur est un objet inerte. Sans instruction, il ne saura rien faire, un peu comme un orchestre sans partition, de surcroît incapable de produire le moindre couac.

C'est le logiciel qui fait la "personnalité" de l'ordinateur.

- Ce qui peut se jeter par la fenêtre, c'est du matériel.
- Ce que vous pouvez jeter par la fenêtre mais qui rentre par la porte, c'est un chat.
- Le logiciel n'est rien qu'un ensemble d'instructions indiquant au matériel ce qu'il doit faire, comment il doit le faire, ou à quel moment il doit irrémédiablement perdre vos données.
- Le logiciel est plus important que le matériel. A l'instar du maître et de l'esclave, c'est le logiciel qui dicte sa loi au matériel. C'est un point important à prendre en compte au moment de l'achat d'un ordinateur, car la plupart des gens attachent plus d'importance à ce qu'ils voient qu'à ce qui régit en coulisses.
- Sans le logiciel adéquat, le matériel relié à l'ordinateur ne peut rien faire. Dans ce cas, le PC peut à la rigueur servir d'ancre, de lest ou de contrepoids.

Le système d'exploitation de l'ordinateur

Le système d'exploitation est le logiciel le plus important de l'ordinateur. Il remplit plusieurs fonctions :

- Contrôle du matériel.
- Gestion de tous les logiciels.
- Organisation des fichiers et de tout ce que vous créez avec l'ordinateur.
- Interface avec vous, l'humain.

Pour l'ordinateur, c'est une vaste tâche. Vous pouvez remercier les programmeurs d'avoir mis au point un logiciel qui orchestre tout ça. Un système d'exploitation, ça bosse fort (comme on dit du côté d'Istanbul).

Sur les PC, le système d'exploitation le plus répandu est Windows. Il en existe d'autres, comme Linux ou MS-DOS (une antiquité "que les moins de vingt ans ne peuvent pas connaître"), mais c'est Windows qui domine le marché. Dans ce livre, nous présumons que c'est lui qui est installé dans votre PC.

Nous verrons ailleurs dans ce livre comment le système d'exploitation s'acquitte de ses différentes tâches.

N'OUBLIEZ PAS

- Le matériel ne commande rien. C'est le logiciel qui régit l'ordinateur. Et de tous les logiciels le plus important est le système d'exploitation.
- On ne le répétera jamais assez : c'est sur le système d'exploitation que repose le fonctionnement de l'ordinateur. C'est le seigneur et maître, le chef d'orchestre, la grosse légume...
- Dès que vous allumez l'ordinateur, le matériel se place entièrement sous le contrôle du système d'exploitation. Reportez-vous au Chapitre 6 pour savoir comment allumer et éteindre correctement un ordinateur.
- Le système d'exploitation est souvent déjà installé dans l'ordinateur que vous achetez. Vous n'aurez pas à l'installer, mais vous devrez de temps en temps procéder à sa mise à jour.
- Quand vous achetez un logiciel, vous achetez la version appropriée au système d'exploitation, et non à telle ou telle marque de PC. Plutôt que de demander un logiciel pour votre Dell ou votre IBM, demandez un logiciel tournant sous Windows.

Les autres logiciels

Le système d'exploitation n'est pas le seul logiciel de votre ordinateur. Un utilisateur "lambda" en aura installé des dizaines d'autres, voire des centaines, selon les activités qu'il effectue.

Les logiciels sont appelés sous différents noms. En plus du terme générique "logiciel", vous rencontrerez :

- **Application :** Cette catégorie de logiciels est utilisée pour des tâches productives ou pour créer des documents. Les applications sont des logiciels productifs.
- **Programme :** Ce sont des logiciels dont la finalité n'est pas de produire. Les jeux vidéo ou les lecteurs de CD sont des programmes.

- **Utilitaire** ou **outil :** Ces programmes contribuent au bon fonctionnement de l'ordinateur ou de ses équipements. Ils servent par exemple à optimiser les performances du disque dur ou à compresser des données.

Vous rencontrerez plus rarement le terme "progiciel". Il désigne des applications professionnelles : les logiciels de comptabilité, de gestion d'un cabinet médical sont des progiciels.

La quatrième partie de ce livre est consacrée aux logiciels.

Ce que vous produisez

Vous utilisez les logiciels pour contrôler le matériel informatique et obtenir un résultat. Ce dernier peut être un document écrit, de la musique, de la vidéo, un graphisme, etc. Cette production est stockée dans une entité appelée *fichier.*

C'est le système d'exploitation qui indique aux diverses applications et programmes où et sous quelle forme ils doivent enregistrer ce que vous créez, c'est-à-dire les fichiers. C'est lui qui se charge d'organiser le disque dur et qui impose les règles de nommage permettant de retrouver aisément tous ces fichiers.

Le PC (pour les Nuls)

L'ordinateur que vous possédez, ou que vous envisagez d'acheter, est un PC. Il existe beaucoup de types d'ordinateurs, des superordinateurs occupant l'étage entier d'un bâtiment aux ordinateurs de poche. Mais le plus courant est le PC.

PC sont les initiales de *Personal Computer,* ordinateur personnel, par référence à l'ancêtre de toute la lignée, le PC d'IBM apparu au milieu des années 1980. Un PC est un *micro-ordinateur.* De tous les micro-ordinateurs qui ont vu le jour, le PC est incontestablement le plus répandu.

Un PC est aujourd'hui tout ordinateur capable de tourner sous le système d'exploitation Windows. Il existe de subtiles différences entre les matériels, selon les fabricants, mais en règle générale un ordinateur équipé de Windows est forcément un PC (cela n'inclut pas les machines à coudre, trottinettes ou respirateurs artificiels susceptibles de tourner sous Windows).

- Qu'on se le dise : un PC n'est pas un Macintosh. Si vous avez un Mac, vous devrez lire l'un des nombreux *Pour les Nuls* consacrés aux Mac et à OS X, leur système d'exploitation.

- Si vous avez un PC portable, je vous recommande le *PC portables pour les Nuls*, de mon ami Dan Gookin.

Un PC peut-il exploser ?

J'ai le plaisir de vous annoncer qu'un PC ne peut pas exploser. Enfin, pas dans les conditions de fonctionnement normales... En revanche, il peut vous faire tourner en bourrique.

N'OUBLIEZ PAS

Un ordinateur n'est pas le diable. Il n'héberge aucun mauvais esprit décidé à vous pourrir la vie (quoique, parfois...). En fait, quand vous aurez compris ce qu'est un PC, il vous paraîtra plutôt bêêête.

Chapitre 2

Le tour du propriétaire

Dans ce chapitre :

- Les différents types de PC.
- L'équipement de base d'un PC.
- Ce qui orne le boîtier.
- Connecteurs, prises et orifices.
- Les symboles et les couleurs.

Vous pensez sans doute que vingt-cinq ans après le commencement de la révolution micro-informatique, la plupart des gens savent à quoi ressemble un ordinateur. Détrompez-vous. Pour beaucoup, l'écran est l'ordinateur. Mais vous, sauriez-vous distinguer l'ordinateur de ses périphériques ?

Des deux composants d'un ordinateur, le matériel et les logiciels, c'est le matériel qui intéresse le plus les gens, bien que les logiciels soient le plus important. Ce chapitre donne une vue d'ensemble sur ce qu'est un PC et ce que l'on y trouve.

Variations sur le thème du PC

Il n'existe pas plus de PC type qu'il n'existe de voiture type. Bien que l'on trouve des éléments communs sur tous les PC, et des éléments communs sur toutes les voitures, leur conception et leurs caractéristiques varient d'un fabricant à un autre. Voici un rapide aperçu des différents types de PC :

- **La mini-tour :** C'est la configuration la plus répandue. L'ordinateur est hébergé dans un boîtier parallélépipédique en hauteur, posé sur ou sous le bureau.

- **L'ordinateur de bureau :** Semblable à la mini-tour, mais couché sur le côté, l'écran est posé dessus. Désigne aussi tout ordinateur utilisé en bureautique qui n'est pas un ordinateur portable.
- **La tour :** Boîtier dont la hauteur est souvent supérieure à 60 cm. Une tour contient suffisamment de place pour différents équipements. C'est la configuration de choix pour le matériel professionnel, notamment les serveurs de réseau. Les fanas d'informatique l'affectionnent aussi en raison de son évolutivité, autrement dit la place pour y fourrer un invraisemblable fourbi.
- **L'ordinateur portable :** Ordinateur compact auquel l'écran est intégré. A quelques exceptions près, mentionnées dans ce livre, un ordinateur portable offre les mêmes fonctionnalités qu'un ordinateur de bureau.

Le choix du type d'ordinateur dépend de vos besoins. Ceux qui s'en servent intensivement apprécient l'évolutivité des tours, voire des mini-tours. Les utilisateurs nomades préfèrent les portables.

Le matériel de base

La Figure 2.1 montre un ordinateur type. Il est important d'appeler chaque chose par son nom (un chat est un chat).

Figure 2.1
Un ordinateur de base mais complet.

Unité centrale : C'est le boîtier central, appelé aussi tout simplement "l'ordinateur", puisqu'il contient toute l'électronique de la bête, ainsi que divers boutons, voyants lumineux et prises en tous genres auxquelles vous branchez le restant de l'installation.

Moniteur : Périphérique de sortie arborant un bel écran. Appelé aussi tout simplement "écran".

Clavier : Périphérique d'entrée comportant une centaine de touches. C'est le principal moyen de communication avec l'ordinateur.

Souris : Ni mulot ni Marsupilami, la souris est un périphérique fort utile pour sélectionner ou actionner des éléments à l'écran ou pour dessiner.

Enceintes : Sans elles, le PC n'émettrait que de lamentables *bips*. Parfois intégrées à l'unité centrale ou au moniteur, les enceintes restituent un son digne de ce nom. En cassant votre tirelire, vous pourrez ajouter un caisson de basses qui fera trembler les fenêtres des voisins.

Imprimante : C'est grâce à elle que vous pouvez obtenir une "sortie imprimante" de vos textes et de vos images.

En plus de ces éléments de base, un ordinateur peut être équipé d'un scanneur, d'un disque dur externe, d'un modem à haut débit, d'une manette de jeu, ou communiquer avec un appareil photo numérique ou avec d'autres ordinateurs. Ce ne sont pas les options qui manquent !

Ce que ne montre pas la Figure 2.1, ni d'ailleurs les publicités, c'est la filasse qui s'étale à l'arrière d'un ordinateur. Un inextricable plat de nouilles !

- Sachez toujours où se trouvent les différents éléments d'un ordinateur. Si l'imprimante n'est pas à côté, elle est peut-être dans une autre pièce, reliée au réseau informatique.

- Incroyable mais vrai : des gens croient encore que l'écran est l'ordinateur (NdT : les possesseurs d'un iMac G5 sont excusés, car l'unité centrale et l'écran forment effectivement un ensemble).

- Les différents éléments de la Figure 2.1 sont décrits en détail dans la Deuxième partie du livre.

- Vous entendrez parfois le terme CPU. Ce sont les initiales de *Central Processing Unit*, unité de traitement centrale, autrement dit : microprocesseur. Ceux qui emploient ce terme à la place d'"unité centrale", en général pour frimer, se trompent.

La Figure 2.2 vous montre le top en matière de configuration pour les accrocs du jeu vidéo.

Figure 2.2
Un ordinateur pour les fondus de jeu vidéo.

La Figure 2.3 montre un ordinateur portable avec sa housse de transport. Les portables d'aujourd'hui offrent une puissance quasiment équivalente à celle des machines de bureau et leurs ventes s'accroissent d'année en année.

Un coup d'œil à l'unité centrale

L'unité centrale, qui est en réalité l'ordinateur, n'est pas indépendante. C'est en effet à cet élément que vous branchez tout le fourbi qui constitue votre installation informatique. A cette fin, l'unité centrale est constellée d'un grand nombre de prises et de connecteurs, parfois cachés derrière une porte. Placé aussi en évidence que la cerise sur le gâteau, se trouve le bouton d'allumage et d'extinction. Voyons cela de plus près :

- Trouvez sur votre PC tous les éléments mentionnés dans cette section. Sachez où ils se trouvent et connaissez leur nom officiel (celui de la documentation).

Figure 2.3
Un ordinateur portable, sa housse et quelques accessoires : un pavé numérique et une batterie de rechange.

- Toutes les unités centrales ne sont pas pareilles. Cette section n'est qu'un guide général.

En façade de l'unité centrale

Vous accédez à la façade de l'unité centrale pour interagir avec l'ordinateur en insérant ou retirant des CD ou des disquettes, en observant les témoins lumineux, en appuyant sur des boutons et en branchant parfois un accessoire plus ou moins particulier.

Reportez-vous à la Figure 2.4 pour identifier les éléments suivants :

Lecteur de CD/DVD : A l'instar d'un lecteur de CD ou de DVD de salon, le PC est équipé en façade d'un tiroir coulissant servant à insérer et éjecter les disques compacts. Certains ordinateurs sont équipés de deux lecteurs (un lecteur et un lecteur/graveur), d'autres n'ont qu'un lecteur/graveur.

Baies d'extensions futures : Des caches en plastique masquent des orifices de la taille d'un lecteur de CD ou de disquettes. Ce sont des emplacements destinés à recevoir les périphériques que vous ajouterez peut-être.

Lecteur de disquettes : Vous y insérez les disquettes. Aujourd'hui, tous les ordinateurs n'en sont plus équipés (NdT : il est toutefois possible de brancher des lecteurs de disquettes externes USB).

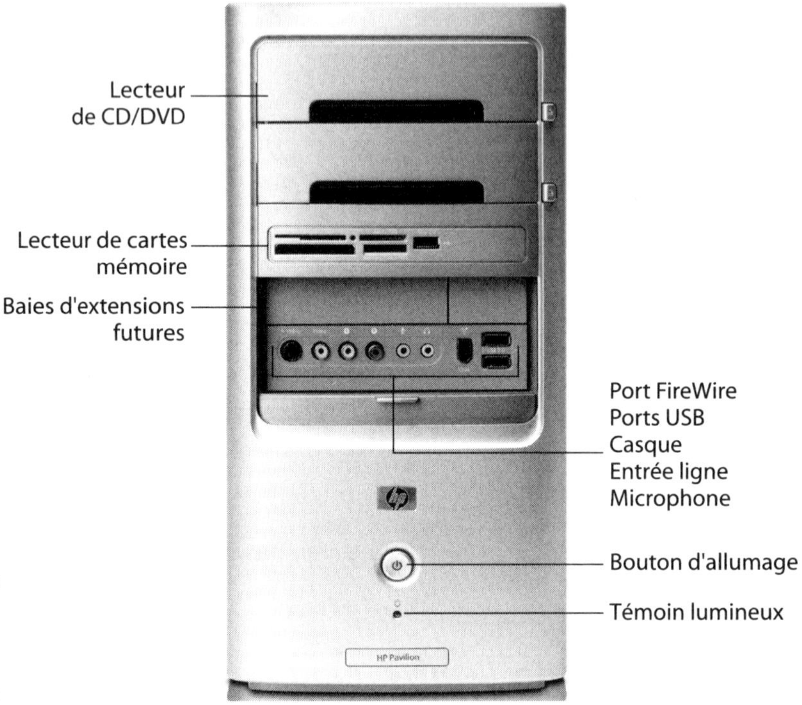

Figure 2.4
La face avant de l'unité centrale.

Fanons d'aération : C'est par là qu'entre l'air qui contribue à refroidir l'ordinateur. Ne les bouchez pas avec des Post-It ou des livres placés tout contre.

Trappe des connecteurs : Des ordinateurs domestiques sont équipés d'une trappe qui masque les inesthétiques connecteurs. Vous y trouverez des prises pour la manette de jeu, le microphone, le casque et autres accessoires que vous utiliserez de temps en temps.

Boutons et voyants : La plupart des boutons d'un ordinateur se trouvent sur le clavier. Les plus importants se trouvent cependant sur l'unité centrale, parfois agrémentés de voyants lumineux plus ou moins bizarroïdes. Ce sont notamment :

- **Le bouton Marche/Arrêt :** Il sert à allumer et à éteindre l'ordinateur.
- **Le bouton de réinitialisation :** Devenu rare sur les modèles récents, ce bouton oblige l'ordinateur à redémarrer sans avoir à utiliser le bouton Marche/Arrêt, ce qui évite de malmener l'alimentation. Si l'ordinateur est dépourvu de bouton de réinitialisation, appuyer cinq secondes sur le bouton Marche/Arrêt produit le même résultat.

- **Le bouton de mise en veille :** Ce bouton rarissime plonge l'ordinateur dans une profonde léthargie. Son activité est suspendue sans avoir à l'éteindre. Sur certains PC, ce bouton et le bouton Marche/Arrêt sont les mêmes.
- **Les témoins de disques :** Ils clignotent irrégulièrement selon l'activité du disque dur ou de la disquette, prouvant ainsi qu'il se passe quelque chose. Sur les lecteurs externes, le témoin indique que l'ordinateur lit ou écrit des données.

D'autres éléments peuvent orner la façade de l'ordinateur. La plupart sont spécifiques à telle ou telle marque d'ordinateur.

- Le logo du constructeur et parfois celui du fabricant du microprocesseur.
- Un autocollant arborant le numéro de série de Windows (NdT : recopiez-le dès à présent sur papier – surtout pas dans un fichier informatique ! – pour le cas où il vous serait demandé par l'ordinateur, ce qui arrivera tôt ou tard).
- Pour en savoir plus sur les connecteurs planqués sous la trappe, reportez-vous à la section "Le panneau des E/S", plus loin dans ce chapitre.
- Ne bouchez pas les fanons d'aération car l'ordinateur chaufferait exagérément, au risque d'abîmer les composants internes.

Le témoin lumineux du disque dur peut être rouge, vert ou jaune. Il clignote irrégulièrement lorsque le disque est utilisé. Ce n'est pas du tout un signal d'alerte.

L'arrière de l'unité centrale

L'arrière de l'unité centrale est bien pourvu. C'est là que se trouvent les divers connecteurs auxquels vous branchez la foultitude de vos périphériques : le moniteur, le clavier, la souris, les enceintes, bref, tout ce que vous avez extrait de l'emballage du PC.

Basez-vous sur la Figure 2.5 pour identifier les principaux éléments qui agrémentent l'arrière du PC. Notez que certains peuvent se présenter différemment, et que d'autres peuvent ne pas s'y trouver.

Prise secteur : C'est là que vous branchez le cordon d'alimentation relié à la prise électrique.

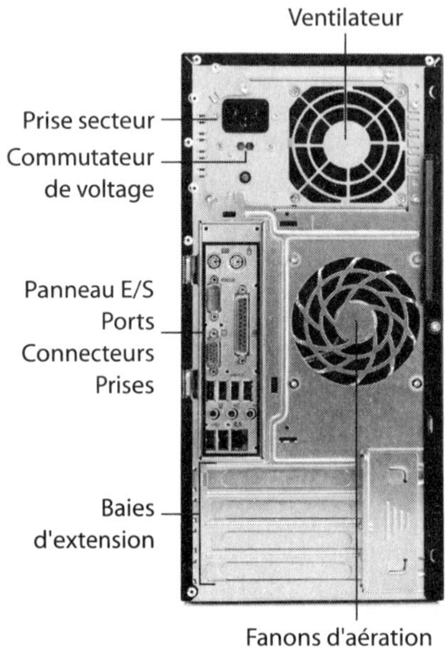

Figure 2.5 Les principaux éléments à l'arrière de l'unité centrale.

Ventilateur : Il évacue l'air chaud de l'unité centrale et favorise l'aspiration d'air frais à travers les fanons d'aération.

Commutateur de voltage : Rare. S'il existe, veillez à ce qu'il affiche le voltage en vigueur là où vous utilisez l'ordinateur.

Baies d'extension : Donnent accès aux *cartes d'extension* que vous installerez éventuellement dans votre PC : carte vidéo, graphique, audio... Lorsqu'une baie n'est pas utilisée, elle est masquée par un opercule en fer.

Fanons d'aération : Entrées d'air favorisant le refroidissement de l'intérieur de l'unité centrale. Il est souvent possible d'ajouter un ventilateur à cet emplacement, si vous estimez que l'ordinateur a tendance à chauffer.

Panneau des entrées/sorties : Hormis le cordon d'alimentation et ce qui se branche aux cartes d'extension, c'est là que vous brancherez bon nombre de périphériques. Les détails sont fournis dans la prochaine section.

Le panneau E/S

Que ce soit pour réunir tous les connecteurs en un seul endroit ou seulement pour en rajouter à l'inextricable enchevêtrement de câbles, tout PC de bureau est équipé d'un panneau des entrées/sorties, généralement placé à l'arrière du boîtier. C'est là que vous branchez le matériel que montre la Figure 2.1.

La Figure 2.6 montre un panneau type, tous ne sont pas représentés car tout dépend de votre configuration et du matériel installé sur votre machine. Les connecteurs sont parfois identifiés par du texte ou par l'un des symboles du Tableau 2.1.

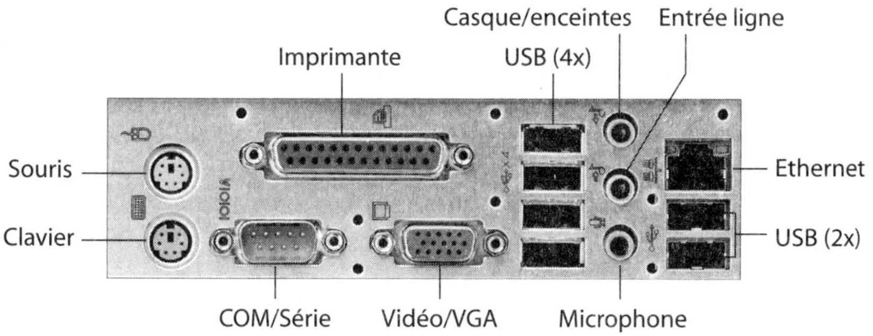

Figure 2.6 Les connecteurs standards du panneau des entrées/sorties.

Connecteur du clavier : C'est dans cette prise au format mini-DIN que vous branchez le clavier. Sur certains ordinateur récents, elle n'existe plus, vous obligeant à l'utiliser que des clavier équipés d'une prise USB.

Connecteur pour la souris : Il est identique au connecteur du clavier. Généralement, une icône en forme de clavier ou de souris différencie les deux prises (NdT : il existe un moyen mnémotechnique pour reconnaître le connecteur de la souris. Il est vert, comme dans la comptine "Une souris verte..."). A l'instar de la prise du clavier, certains ordinateur en sont dépourvus.

Ports USB : Cette prise rectangulaire reçoit les périphériques USB (*Universal Serial Bus*, bus série universel)..

Ports Série ou COM : Un PC a au moins un de ces ports, nommé COM1. Il peut en exister d'autres, numérotés COM1, COM2, etc.

Connecteur Vidéo/VGA : Vous branchez le cordon vidéo du moniteur dans cette prise à 15 broches. Une seconde prise vidéo peut se trouver juste à côté, réservée aux écrans plats numériques. Le plus souvent, ces connecteurs se trouvent sur la carte d'extension vidéo, et non sur le panneau E/S.

Entrée et sortie S/PDIF : Ces connecteurs reçoivent le câble à fibre optique utilisé pour l'audio numérique. Le son arrive dans la prise parfois marquée In, et sort par la prise parfois marquée Out.

Jack du microphone : Vous branchez là le microphone utilisé pour enregistrer du son, ou pour la téléphonie sur l'Internet (pour un *chat* sauvage, par exemple).

Jack de l'entrée Ligne : Vous y branchez une chaîne stéréo ou un magnétoscope afin de récupérer leur son.

Jack de la sortie audio : C'est là que vous branchez le casque audio ou les enceintes sonores. Il se trouve parfois sous la trappe située en façade.

Modem téléphonique : Vous insérez dans cette prise au format RJ-11 le câble qui est branché, à l'autre extrémité, dans la prise du téléphone. Parfois, une seconde prise RJ-11 est prévue. C'est un dédoublement permettant d'y brancher le téléphone. Il n'est cependant pas possible d'utiliser à la fois le combiné et le modem. La prise RJ-11 ne sert pas à brancher un modem ADSL ni le câble.

Connecteur Ethernet : Cette prise au format RJ-45, un peu plus grande que celle du téléphone, sert aux connexions avec un réseau local. C'est là aussi que vous branchez un modem à haut débit. Tous les ordinateurs ne sont pas équipés d'une prise RJ-45.

Port imprimante : Vous branchez l'imprimante sur ce gros connecteur.

Les ports FireWire : Comparable au port USB, le port FireWire est destiné aux connexions avec un disque dur externe, un appareil photo ou un caméscope numérique, etc. L'étiquette IEEE qui l'identifie parfois fait allusion à son standard : IEEE 1396. Il existe deux types de connecteur : FireWire à 6 broches et i-Link à 4 broches, utilisé pour la vidéo numérique.

Les connecteurs suivants, non représentés Figure 2.6, sont présents sur divers PC :

S-Vidéo Out : Si le PC est équipé d'un lecteur de DVD, ce connecteur de sortie permet de le relier à un téléviseur.

Port Joystick : Ce connecteur à 15 broches a longtemps servi à brancher une manette de jeu (certains PC en possédaient même deux). Toutes les manettes ayant opté pour le port USB, ce connecteur est devenu obsolète.

Le point positif ? Vous branchez tout cet attirail une fois pour toutes.

ATTENTION !

- Les connecteurs du clavier et de la souris ne sont pas interchangeables ! Branchés au mauvais endroit, ils ne fonctionneront pas. Pour la couleur du connecteur, souvenez-vous de la souris verte de la chanson.

Des symboles et des couleurs

Bien que les divers connecteurs des PC soient très différents les uns des autres, les fabricants se sont mis d'accord sur les symboles et les couleurs à utiliser, que présente le Tableau 2.1.

Tableau 2.1 : Symboles et couleurs des connecteurs.

Nom	Connecteur	Symbole	Couleur
COM/Série	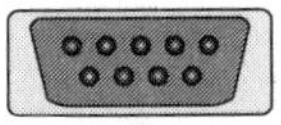		Cyan
Vidéo numérique		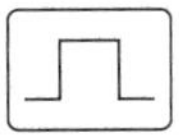	Blanc
Ethernet/RJ-45			-
FireWire			-
FireWire mini			-
Infrarouge			-
Joystick	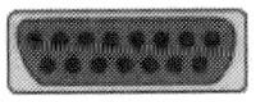	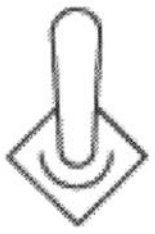	Moutarde
Clavier		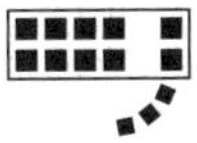	Pourpre
Entrée ligne audio		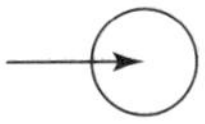	Gris
Microphone			Rose

Tableau 2.1 : Symboles et couleurs des connecteurs. (*suite*)

Nom	Connecteur	Symbole	Couleur
RJ-11/modem			-
Moniteur (écran)			Bleu
Souris		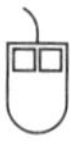	Vert
Secteur			Jaune
Imprimante			Violet
S/PDIF In		IN	Rose/blanc
S/PDIF Out		OUT	Noir
Casque/enceintes			Citron
S-Vidéo			Jaune
USB			-

Chapitre 3

Moniteurs et écrans

Dans ce chapitre :

- Le guide de base des moniteurs et cartes graphiques.
- A la découverte du moniteur.
- La carte graphique.
- Régler l'affichage.

Le moniteur d'un PC est ce que vous remarquez en premier. Si le PC était un être vivant, le moniteur lui tiendrait lieu de visage. Ce chapitre parle du visage de votre ordinateur, et des talents de maquilleur exercés par Windows pour le rendre séduisant.

Les mots pour le dire

Est-ce un moniteur ? Est-ce un écran ? C'est en tout cas cet appareil posé à côté ou au-dessus de l'ordinateur et qui ressemble bigrement à un poste de télévision.

- Le *moniteur* est l'objet complet, avec le cadre et le support.
- L'*écran* est la dalle luminescente sur laquelle les données sont affichées.
- L'*affichage* est ce qui apparaît à l'écran.

Beaucoup de gens utilisent hélas ! ces termes à tort et à travers : le "pied de l'écran", la "résolution du moniteur", l'"affichage sombre...". Il est chaque fois question de la même chose, mais pas avec les mots justes.

Moniteur plus carte graphique

Le moniteur attire sans doute toute l'attention, mais ce n'est que la partie visible de ce que l'on pourrait appeler le "système graphique de l'ordinateur". Celui-ci est composé de deux éléments :

- Le moniteur.
- La carte graphique.

Le moniteur est la partie passive : il se contente d'afficher les données. Il se trouve à part de l'unité centrale, qui contient la partie active du système : la carte graphique.

C'est la carte graphique qui indique au moniteur ce qu'il doit afficher et comment, avec combien de couleurs et dans quelle résolution. C'est de lui que dépendent les capacités graphiques de votre ordinateur.

La Figure 3.1 illustre les rapports entre moniteur et carte graphique. Cette carte peut être une carte d'extension, comme dans la figure, ou un composant intégré à la carte mère. Bien entendu, le moniteur est alimenté par un cordon branché à une prise électrique.

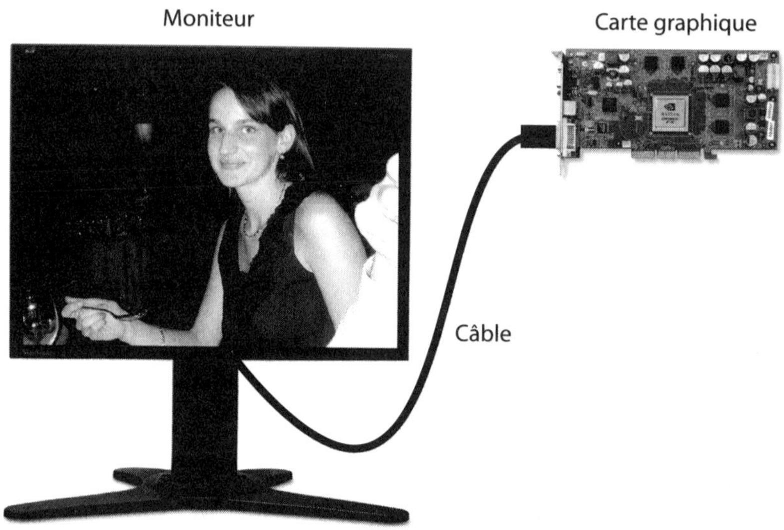

Figure 3.1
Un moniteur et une carte graphique.

- Vous utilisez à la fois le moniteur et la carte graphique.

- La carte graphique est parfois appelée *carte vidéo.*
- Si votre PC est branché à plusieurs moniteurs (oui, c'est possible), il doit avoir aussi plusieurs cartes graphiques, une pour chaque moniteur, ou alors une carte graphique spéciale prévue pour deux moniteurs.

TRUC

Ne devrait-il pas exister des moniteurs USB ?

L'une des fonctionnalités de l'USB autorise le branchement d'un moniteur à l'ordinateur, sans passer par la carte graphique. Bien que ce soit théoriquement possible, cette solution n'a pas été exploitée en raison de la lenteur du standard USB.

Il existe un accessoire qui, branché au port USB d'un PC portable, permet d'y connecter un moniteur externe. Mais il ne remplace pas un moniteur. Il sert simplement à utiliser deux moniteurs ou un vidéoprojecteur avec un portable.

Les deux types de moniteurs

Deux types de moniteurs se partagent actuellement le marché :

- Le classique moniteur à tube cathodique, qui ressemble à un téléviseur.
- Le moniteur à cristaux liquides (LCD).

Des deux, le moniteur à cristaux liquides accapare une part grandissante du marché. Son prix ne cesse de baisser, et il offre l'avantage de la compacité et d'un poids très réduit. Bien que bradés, les pesants moniteurs à tube cathodique ne séduisent plus guère la clientèle. La Figure 3.2 montre un écran de type LCD.

L'écran cathodique surclasse toutefois l'écran plat dans deux domaines : l'infographie, car il affiche de meilleures couleurs que les diodes des écrans plats, et les jeux vidéo, car l'écran cathodique est quasiment dépourvu de rémanence. Mais ceci tend à changer rapidement. La Figure 3.3 montre un écran de type Cathodique (CRT).

- L'appellation CRT, parfois utilisée, signifie *Cathode Ray Tube*, tube à rayons cathodiques.

Figure 3.2
Un écran à cristaux liquides (LCD).

- LCD signifie *Liquid Crystal Display*, affichage à cristaux liquides.
- Il existe des moniteurs à tube cathodique plat. La dalle frontale est plane, ce qui procure une vision plus agréable que sur un écran bombé, mais ce n'est pas pour autant un écran à cristaux liquides. Ne vous y trompez pas.
- Tous les écrans à cristaux liquides sont plats.

Figure 3.3
Un écran cathodique.

Les cartes graphiques

La carte graphique est la partie cachée du système d'affichage du PC. C'est une carte d'extension qui se trouve sur la carte mère de votre unité centrale. Elle permet d'afficher à l'écran les textes et les images de votre ordinateur.

Il existe toute une gamme de cartes graphiques destinées aux professionnels du graphisme, aux fanas de jeux vidéo ou à vous et moi. Trois caractéristiques méritent votre attention :

- La quantité de mémoire.

- L'existence d'un processeur graphique.
- Le type d'adaptateur.

Sur un PC, le graphisme exige une mémoire distincte de la mémoire principale. Cette mémoire est appelée *mémoire vidéo* ou encore VRAM. Plus elle est élevée, plus les couleurs sont riches et la résolution élevée, avec en prime des effets spéciaux (transparences, lueurs, reflets...) du plus bel effet.

La mémoire d'une carte graphique s'étend de 0 Mo (aucune mémoire) à 512 Mo et plus. Pour Windows Vista, une carte graphique équipée, d'au moins 128 Mo de mémoire vidéo est requise. Si elle n'est pas assez puissante, les versions de Vista dotées de fonctions graphiques avancées comme Aero et le défilement de fenêtres en 3D, autrement dit toutes les versions sauf l'Edition Familiale basique, ne pourront pas exploiter ces effets spéciaux.

Gardez à l'esprit que si vous utilisez des applications graphiques gourmandes en mémoire, comme par exemple les jeux vidéos ou les logiciels de création et d'animation en 3D comme 3ds max, vous aurez besoin d'une carte graphique équipée de beaucoup de mémoire, entre 512 Mo et 1 Go.

L'autre élément digne d'intérêt est la présence d'un microprocesseur spécifique ou GPU (*Graphic Processing Unit*, processeur graphique). Conçu pour prendre en charge les opérations graphiques, il libère le microprocesseur central tout en améliorant considérablement la qualité et la vitesse des graphismes.

Enfin, il faut tenir compte de la *connectique*, c'est-à-dire de la manière dont la carte graphique communique dans la carte mère. Jusqu'à présent, le port AGP, qui procure un accès direct au microprocesseur et à la mémoire, était la voie royale. Il est aujourd'hui en voie d'obsolescence rapide, remplacé par le connecteur PCI-Express.

Voici en gros ce qu'il faut retenir :

- L'élément essentiel est la mémoire vidéo. Plus elle est élevée, plus l'écran pourra afficher de couleurs et plus la résolution pourra être élevée.
- Deux processeurs graphiques sont très répandus : Radeon et GeForce. Ils se valent à peu près au niveau des performances.
- Les cartes disposant de sorties S-Vidéo permettent d'afficher les images du DVD sur l'écran grand format d'un téléviseur et.

Votre moniteur chéri

Le moniteur d'un PC est un véritable périphérique. Vous pouvez acheter d'une part l'unité centrale, et d'autre part le moniteur qui vous convient. Il existe de nombreux modèles, présentant des caractéristiques différentes selon la marque, mais ils ont tous la même fonction : afficher les informations générées par l'ordinateur.

L'aspect physique

Le moniteur branché d'une part par un cordon à la prise murale pour l'alimentation électrique, de l'autre, par un câble vidéo au connecteur de la carte graphique à l'arrière de l'unité centrale. Ce connecteur est aussi appelé *port VGA* ou, pour la connexion à un écran plat équipé d'une sortie numérique, *port DVI*.

Le bouton Marche/Arrêt du moniteur est le plus souvent sur la façade avant, du côté droit (encore une manifestation de la vaste conspiration anti gauchers).

La façade du moniteur comporte d'autres boutons servant à contrôler l'affichage. Nous les verrons en détail un peu plus loin dans ce chapitre.

Certains moniteurs affichent des messages lorsque vous les allumez avant l'unité centrale (le moniteur ne reçoit pas de signal de la part du PC). Le message peut être `Invalid Sync` ou `No Signal`, ou Vérifiez la connexion. Pas de problème, le moniteur s'allume dès que l'unité centrale démarre.

L'aspect technique

On utilise souvent un jargon absurde pour décrire les caractéristiques du moniteur. Pourtant, quelques notions seulement sont réellement indispensables :

- **Taille de l'écran :** C'est la dimension de la diagonale de l'image sur votre écran coin à coin. Plus les écrans sont grands, plus ils sont onéreux. Les tailles standards sont 15, 17, 19, 21 et 22 pouces. Les plus en vogue sont les 17 pouces.

- **Taille du pas de masque :** C'est l'écart entre deux points ou *pixels* sur l'écran. Cette distance est mesurée de centre à centre. Plus les points sont rapprochés, meilleure est la qualité de l'image. Un pas de masque, ou *pitch*, de 0,28 mm, c'est bien ; un pitch de 0,26 ou 0,25 mm, c'est encore mieux.

- **Entrelacé/non entrelacé :** Sur un moniteur *non entrelacé*, une image est affichée en une seule passe (ou, en jargon technique, "en une seule trame"). Cela évite le scintillement au détriment d'une image moins précise, mais pour le plus grand confort de vos yeux. Quand l'image est entrelacée, elle est affichée en deux passes, ou trames : les lignes impaires d'abord, les lignes paires ensuite (ou inversement).

Les autres aspects de l'affichage, comme la résolution, le nombre de couleurs et la mémoire vidéo, concernent la carte graphique, pas le moniteur. Ces termes sont étudiés ailleurs dans ce chapitre.

D'autres termes, parfois abscons ou ronflants, sont utilisés pour décrire un moniteur. La plupart sont des inventions du marketing qui ne s'appliquent pas forcément à votre écran.

Régler l'affichage

Sur les premiers PC, votre moniteur disposait, si vous étiez chanceux, d'un réglage du contraste et de la luminosité. Aujourd'hui, vous disposez d'une infinité de réglages. Parfois, ils s'opèrent par de simples boutons placés sur la façade du moniteur, parfois en appuyant un certain nombre de fois sur tel ou tel bouton comme pour régler votre radioréveil.

Si votre moniteur est pourvu d'une rangée de boutons, chacun d'eux règle un aspect de l'affichage (Figure 3.4). Souvent, deux boutons à part, plus (+) et moins (-), servent au réglage sélectionné. Par exemple, pour régler le contraste, on presse le bouton contraste, puis le bouton "plus" ou "moins". Et vous observez ce qui se passe à l'écran. La Figure 3.5 montre un panneau de réglage d'un moniteur LCD.

Certains moniteurs ont très peu de boutons et affichent les fonctions de réglage à l'écran, comme le montre la Figure 3.6. Remarquez les icônes décrivant les différents réglages.

- Il serait temps de normaliser ces réglages.
- Le réglage à l'écran vient se superposer à l'image en cours d'affichage, sans la modifier.
- C'est l'utilisation conjointe de ces réglages qui permet de centrer l'image et de l'étaler sur toute la surface d'affichage.
- Les moniteurs peuvent aussi afficher des informations sur les fréquences verticale et horizontale, par exemple 31 KHz/60 Hz, au

Figure 3.4
Les commandes de réglage d'un moniteur CRT.

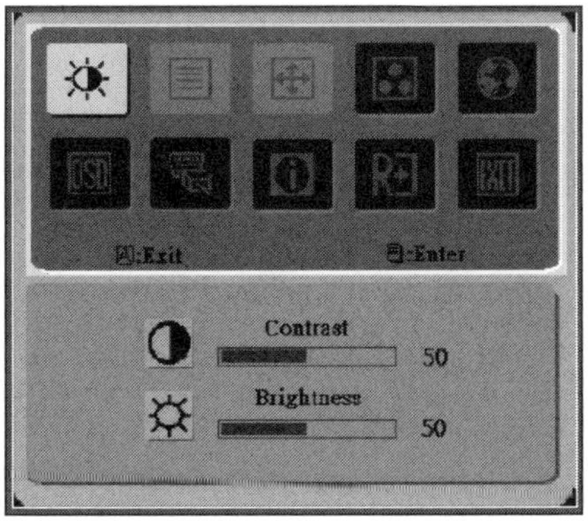

Figure 3.5
Les commandes de réglage d'un moniteur LCD.

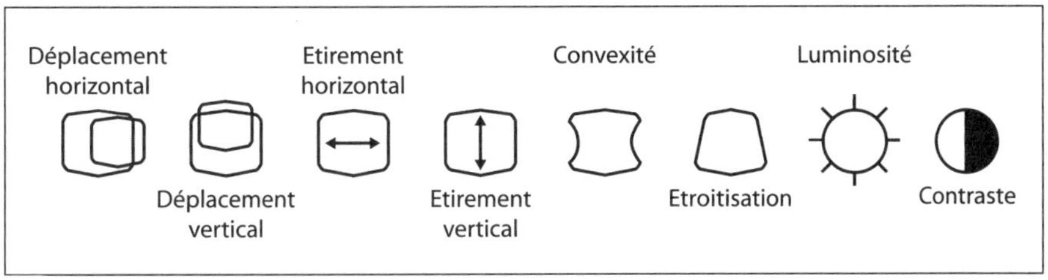

Figure 3.6
Un exemple de réglages à l'écran.

moment où le mode d'affichage change. C'est le cas lorsque vous lancez certains jeux.

- Certains moniteurs sont capables de mémoriser vos réglages préférés, sans aucune intervention de votre part.

Chapitre 4

Clavier et souris

Dans ce chapitre :

- Le clavier.
- Les touches importantes.
- Les touches Windows.
- Taper sans se faire mal.
- Travailler avec la souris dans Windows.
- Problèmes de souris.

Rien ne vaut un clavier dont les touches s'enfoncent délicatement sous une légère pression des doigts, peut-être même en renvoyant quelques "clapatap-tap-tap" d'accompagnement. Un clavier qui émet des cliquetis lorsque vous tapotez conforte l'impression de beaucoup travailler. Si seulement les souris pouvaient couiner pour manifester votre zèle !

Evidemment que votre PC a besoin d'un clavier !

Votre clavier est la voie de communication directe entre vous et l'ordinateur. Un PC n'a pas d'oreilles. Vous pouvez toujours essayer de crier, d'agiter les bras, il ne voit ni n'entend rien. Pour communiquer avec lui, vous devez taper ce que vous voulez lui dire.

Le clavier standard

La Figure 4.1 montre un clavier PC type de 105 touches. Vous pouvez vérifier, si vous avez du temps à perdre.

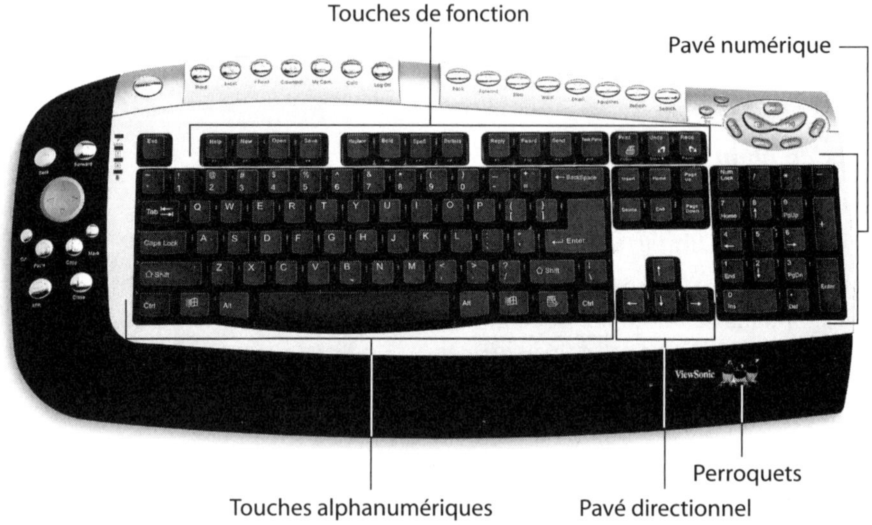

Figure 4.1 Les touches importantes du clavier.

Composition classique d'un clavier

Un clavier peut être divisé en quatre parties principales, visibles à la Figure 4.1 :

- **Les touches de fonction :** Elles se trouvent au-dessus du clavier alphanumérique et sont identifiées par la lettre F suivie d'un nombre : F1, F2, F3, jusqu'à F12.
- **Les touches alphanumériques :** Ce sont les mêmes touches que sur les machines à écrire. Elles comprennent les lettres, les nombres et les signes de ponctuation.
- **Les touches de déplacement du curseur (pavé directionnel)** : Elles sont divisées en deux parties : les "flèches", qui permettent de déplacer le curseur sur l'écran dans le sens de la flèche, et les touches Inser, Suppr, Pge Préc., Pge Suiv., Origine et Fin, qui sont regroupées au-dessus de ces quatre touches.

- **Le pavé numérique :** Il ressemble à celui d'une calculatrice. Vous pouvez le verrouiller pour qu'il n'affiche que des chiffres. Sinon, il se comporte également comme le pavé directionnel.

Le clavier de la Figure 4.1 n'est pas très sexy. Il en existe heureusement d'autres, plus séduisants et surtout ergonomiques Figures 4.2 et Figure 4.3). D'autres sont truffés de boutons supplémentaires. Nous y reviendrons dans les sections suivantes.

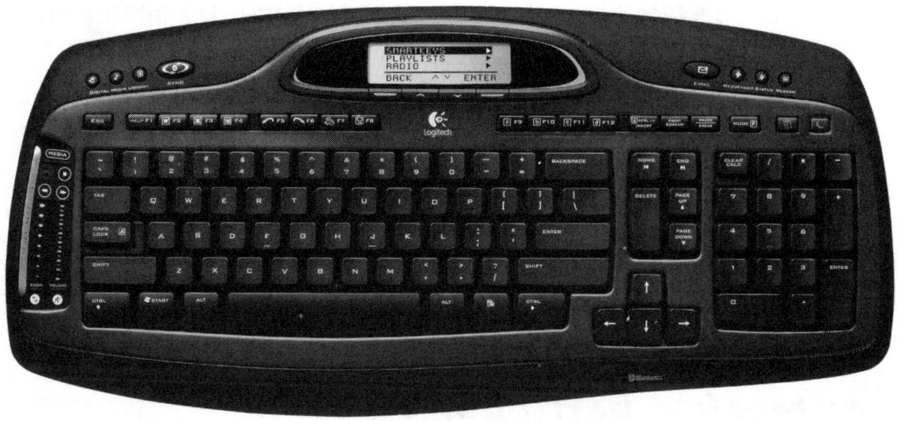

Figure 4.2 Un clavier de compétition pour gagner.

Figure 4.3 Celui-ci mérite le prix du design.

- Le *pointeur* est la flèche qui, à l'écran, indique où se trouve la souris.

- Le *curseur* est une marque qui indique où, dans le document, vous allez taper du texte. Il est aussi appelé *barre d'insertion.*
- Reportez-vous à la section "Les touches de verrouillage", plus loin dans ce chapitre, pour en savoir plus sur certaines subtilités du clavier.

N'OUBLIEZ PAS

"Dois-je apprendre à taper pour utiliser un ordinateur ?"

Personne ne doit apprendre à taper à la machine pour utiliser un ordinateur. Sachez que la plupart des programmeurs tapent très mal ou très lentement. Le fait de posséder un ordinateur est l'occasion d'apprendre à taper à votre rythme et en fonction de votre dextérité.

Il existe des logiciels de dactylographie qui apprennent à taper sans regarder les doigts, et surtout en les utilisant tous.

Les touches particulières

Quatre touches du clavier sont des *touches modificatrices.* Elles sont utilisées avec d'autres touches pour produire un effet particulier. Il s'agit de :

- Maj (majuscule)
- Ctrl (contrôle)
- Alt (alternante)
- Win (Windows)

Vous utilisez ces touches en les maintenant enfoncées et en appuyant sur une autre touche. L'effet qui en résulte dépend de la combinaison de touches et de la manière dont le logiciel les interprète.

- La touche Majuscule (ou Maj) sert à mettre les lettres en capitale, à écrire les chiffres à partir du clavier alphanumérique, et à utiliser une partie des signes de ponctuation et des signes spéciaux.

- Les touches Ctrl et Alt sont utilisées conjointement avec d'autres touches, notamment pour exécuter des commandes. Par exemple, lorsque vous maintenez la touche Ctrl enfoncée et que vous appuyez sur S, vous activez la commande Enregistrer. La combinaison de touches Alt+F4, elle, ferme la fenêtre active.

  NdT : La touche Alt Gr, à droite de la barre Espace, joue un rôle important. Elle sert en effet à sélectionner les caractères supplémentaires, dans la rangée supérieure des touches alphabétiques. Par exemple, pour insérer l'indispensable arobase dans une adresse Internet, vous devrez taper Alt Gr+à : `trucmuche@machin.fr`.

- Appuyer sur la touche Windows déploie le menu Démarrer. Elle est utilisable avec d'autres touches. Par exemple, Win+E affiche Windows Explorer, et Win+D affiche le Bureau (répétez cette séquence pour retrouver les fenêtres) et sur les versions de Vista autre que Basique, Win+Alt fait défiler les fenêtres avec un bel effet 3D qui leur donne l'impression de jouer à saute-mouton.

- Bien que dans ce livre les combinaisons de touches soient écrites en majuscules, comme Ctrl+S, cela ne signifie pas qu'il faille appuyer aussi sur la touche Maj. C'est simplement un choix typographique, plus esthétique que Maj+s. En revanche, l'appui sur Maj est obligatoire pour Ctrl+1, à moins de recourir au pavé numérique.

- Ne soyez pas surpris de découvrir parfois des combinaisons à trois touches, comme Ctrl+Alt+Suppr. Dans ce cas, enfoncez-les les unes après les autres puis relâchez-les toutes.

NdT : A ces touches particulières s'en ajoute une autre fort utile : l'accent circonflexe/tréma. Cette touche, à droite du P, est une touche morte : appuyer dessus ne produit rien. Il faut ensuite taper une voyelle pour que cette dernière apparaisse avec l'accent circonflexe ou, si la touche Maj était enfoncée, un tréma. Notez que ces signes sont utilisable avec des majuscules : Maj+® suivi de Maj+E donne Ë, comme dans NOËL.

Les touches de verrouillage

Trois touches modifient le fonctionnement général du clavier :

- **Verr Maj** : Cette touche a la même fonction que Maj, si ce n'est qu'elle évite les crampes de votre petit doigt. Une fois verrouillée, tout ce que vous tapez apparaît en lettres capitales, et les chiffres sont tapés directement. Pour revenir aux minuscules, appuyez de nouveau sur cette touche.

NOTE TECHNIQUE

Quelques caractères à ne pas confondre

Sur une machine à écrire, la lettre majuscule I et le chiffre 1 sont souvent confondus. Pas sur les ordinateurs. Si vous voulez saisir 1 001, par exemple, ne saisissez pas 1 00I par erreur (vous voyez la différence ?), en particulier si vous travaillez avec un tableur.

Il en va de même pour la lettre O majuscule et le chiffre 0 ; ce sont deux caractères différents : n'écrivez pas 1OO1 pour 1001. Utilisez un zéro pour les chiffres et un O pour toute autres histoires d'O (rien à voir avec le beau et sulfureux roman de Pauline Réage).

Ne pas confondre ces lettres n'est pas qu'une affaire d'esthétique : si vous devez procéder à un tri, ces fautes de frappe fausseront le résultat. Pis : dans un tableur, les chiffres seront considérés comme du texte, au risque de produire d'énormes erreurs de calcul.

- **Verr Num :** Appuyez sur cette touche et le pavé numérique à droite du clavier produira exclusivement des chiffres. Pressez de nouveau dessus et il permute en touches de déplacement du curseur, pour déplacer le point d'insertion à l'écran, par exemple.
- **Arrêt Défil :** Cette touche n'a aucune raison d'être. J'ai vu autrefois des tableurs sous DOS l'utiliser, mais plus aucun programme ne s'en sert aujourd'hui. Qu'elle repose en paix !

Le verrouillage des touches Maj, Num et Défil est signalé par un voyant lumineux.

- La touche Verr Maj affecte la totalité du clavier alphanumérique.
- Si vous appuyez sur la touche Maj quand les majuscules sont verrouillées, les lettres retrouvent leur état initial de minuscules.
- Si vous saisissez **Ce Texte Ressemble A Une Note De Service** et que s'affiche cE tEXTE, rESSEMBLE, a, uNE, nOTE, dE, sERVICE, c'est que la touche Caps Lock est active. Appuyez dessus pour revenir à la normale.

Les touches étranges venues d'ailleurs

Nous avons vu les touches particulières, voici à présent une description des touches qui intriguent la plupart de ceux qui découvrent un clavier informatique :

- N'importe quoi ! La "n'importe quelle touche" n'existe pas ! Le vieux message "Appuyez sur n'importe quelle touche pour continuer" a semé le trouble chez beaucoup de débutants – l'acteur Micel Blanc, complètement déboussolé dans un mémorable "Surprise surprise" – qui la recherchaient désespérément sur le clavier.

  Si jamais vous rencontrez ce message, appuyez sur la touche Entrée ou Espace. Ou sur n'importe quelle touche pour continuer.

- La touche Attn (Attention), ou Break sur certains claviers, ne sert plus à grand-chose, à tel point que parfois elle n'est même plus mentionnée.

  La touche Attn est la même que la touche Pause. C'est en fait l'équivalent de Alt+Pause.

- La touche Entrée est la plus connue du clavier. Dans un traitement de texte, elle produit un retour à la ligne. Dans une boîte de dialogue, elle équivaut à cliquer sur OK.

  Une autre touche Entrée se trouve en bas à droite du pavé numérique. Elle facilite les saisies comptables.

- La touche Echap permet d'échapper à une situation bloquée. C'est l'équivalent d'un clic sur un bouton Annuler, ou un moyen de mettre fin à une action, et parfois à un programme (comme une présentation PowerPoint).

- Chaque fois que vous avez besoin d'aide, appuyez sur la touche F1. Dans la plupart des logiciels, et aussi dans Windows, elle affiche l'aide en ligne.

- Dans Windows, la touche Pause ne sert à rien. En revanche, la combinaison Win+Pause affiche la boîte de dialogue Propriétés système.

- La barre inclinée est utilisée comme séparateur (comme dans 19/12/2005) ou comme opérateur arithmétique pour la division, dans un tableur.

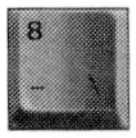

- La barre inverse est utilisée dans les noms des chemins (exemple : `C:\WINDOWS\system32`). Ce domaine complexe n'est pas abordé ici.

- La touche Syst (Système) ne sert à rien. Elle aussi a disparu des claviers récents.

- Cette touche contextuelle affiche le menu contextuel associé à l'élément actuellement sélectionné. C'est l'équivalent du clic du bouton droit sur cet élément. Autant dire que cette touche sert peu.

N'OUBLIEZ PAS

Utilisez la touche Tab (tabulation) plutôt que la touche Entrée lorsque vous remplissez un formulaire dans un logiciel ou sur l'Internet. Dans une boîte de dialogue, elle fait aller d'une option à une autre. Vous passerez ainsi d'un champ à un autre, sans en oublier aucun.

- La touche Tab est souvent signalée par deux flèches superposées pointant chacune en sens inverse, en haut à gauche du clavier.
- Dans un formulaire ou dans une boîte de dialogue, la combinaison de touches Maj+Tab fait reculer d'un champ ou d'une option.
- Pour l'ordinateur, une tabulation est un seul caractère et non une succession d'espaces. Lorsque vous en effacez une avec la touche Suppr, vous l'ôtez d'un coup, non pas espace après espace.

TRUC

Pour matheux seulement

En cherchant bien autour du pavé numérique, vous trouverez les touches /, *, - et +. Elles sont utilisées par l'ordinateur pour diviser, multiplier, soustraire et additionner.

- + sert à additionner.
- - à soustraire.
- * à multiplier.
- / à diviser.

Maintenant que vous le savez, n'essayez plus d'utiliser la lettre "x" pour effectuer une multiplication sur votre tableur. De plus, n'essayez pas de trouver un signe ÷ sur le clavier puisque la division s'effectue avec la barre oblique /.

Touches spéciales de claviers spéciaux

Si les 105 touches d'un clavier ne vous suffisent pas, achetez un clavier disposant de touches spéciales. Mais peut-être que l'ordinateur que vous venez d'acquérir est livré avec un tel clavier ? Généralement, ces touches se trouvent au-dessus des touches de fonction. Elles exécutent des tâches particulières qui permettent, par exemple, de se connecter à l'Internet, de régler le volume sonore du PC, de copier et coller, d'aller d'une application ouverte à une autre, etc.

Ces boutons ne sont pas standards. Cela signifie qu'on ne les trouve pas sur tous les claviers et qu'ils diffèrent d'un clavier spécial à un autre. Les boutons sont programmables pour lancer les applications que vous utilisez régulièrement.

Régler le clavier dans Windows

Les touches alphanumériques du clavier sont répétitives. Lorsque vous en enfoncez une continûment, elle se répète à une cadence élevée : Ehhhhhhhhh oui !

L'intervalle qui sépare deux répétitions de la touche est le *délai avant répétition.* La vitesse à laquelle le caractère se répète est la *fréquence de répétition.* Ces deux paramètres se règlent dans la boîte de dialogue Paramètres de Clavier que montre la Figure 4.4. Pour l'afficher, ouvrez le Panneau de configuration puis double-cliquez sur l'icône Clavier.

Utilisez la souris pour actionner les curseurs et régler ainsi le délai avant répétition ainsi que la fréquence de répétition. Testez ensuite l'effet après avoir cliqué dans le champ prévu à cet effet. Cliquez sur OK ou sur Appliquer pour valider vos réglages.

Si le clavier comporte des boutons spéciaux, un onglet supplémentaire peut apparaître dans la boîte de dialogue Propriétés de Clavier. C'est le cas, dans la Figure 4.4, de l'onglet Configuration des touches. Il permet d'affecter des commandes ou des actions aux boutons programmables.

La bonne position au clavier

La posture face à un ordinateur, et notamment face au clavier, est importante pour éviter une fatigue excessive susceptible d'entraîner des problèmes de santé, comme le bien connu syndrome du canal carpien, qui se manifeste par des douleurs importantes au niveau du poignet.

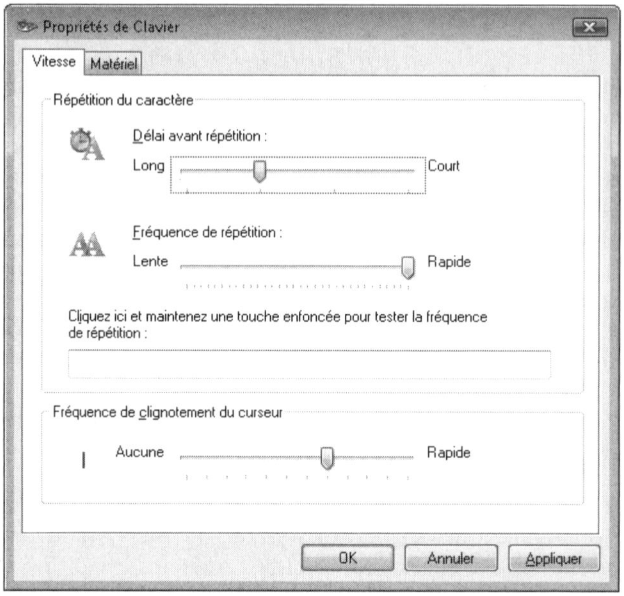

Figure 4.4
C'est là que vous réglez le comportement du clavier.

Voici quelques conseils pour éviter ces problèmes :

- **Utilisez un clavier ergonomique.** Même si vos poignets sont souples comme une liane, envisagez l'achat d'un clavier ergonomique pour prévenir tout incident.
- **Utilisez un repose-poignets.** Le repose-poignets place vos mains et vos poignets à la bonne hauteur de saisie et de maîtrise de tous les aspects d'un clavier.
- **Réglez votre chaise.** Asseyez-vous de manière que vos coudes soient au même niveau que vos poignets.
- **Réglez votre moniteur.** Votre tête ne doit pas s'incliner de haut en bas quand vous regardez l'écran. Elle doit rester droite, sans tension néfaste au niveau du cou.
- Les claviers ergonomiques sont un peu plus chers que les claviers standards, mais ils assurent, à qui sait bien les utiliser, un confort de travail sans équivalent.
- Certains tapis de souris sont dotés d'un repose-poignets surélevé. Ils sont destinés à ceux qui manipulent intensivement le petit rongeur.

- La plupart des claviers sont équipés de pattes de surélévation permettant d'incliner le clavier pour faciliter la frappe.

Une souris sous la main

Si la souris s'appelle ainsi, c'est sans doute en raison de sa forme ramassée et de sa longue queue, et de sa propension à fureter dans tous les coins du tapis où elle est confinée. Peut-être même qu'elle pourrait couiner, si elle avait des rouages en métal susceptibles de s'encrasser. Hélas ! la bête est électronique et silencieuse. Et c'est tant mieux pour le confort de travail.

NdT : Le "mulot", terme facétieux que vous rencontrerez de temps en temps, est le nom qu'utilisa le président Jacques Chirac lors de l'inauguration de la Bibliothèque nationale de France en décembre 1996. Popularisé par les Guignols de l'Info, il connaît depuis un succès grandissant. Ne tentez cependant pas de vous singulariser en appelant une souris "Mickey". Car en informatique un "mickey" est une unité de déplacement du mulot, oups... de la souris, de 1/200e de pouce, soit environ 0,13 mm. Tout ceci laisse rongeur...

La souris est indispensable

La souris de l'ordinateur est un *périphérique d'entrée*, et celle qui visite le garde-manger est un *muridé*. Bien que le clavier – un autre périphérique d'entrée – puisse quasiment tout faire, la souris est indispensable pour exécuter des actions graphiques (dessin, retouche...), et surtout pour utiliser au mieux une interface graphique comme Windows.

Votre ordinateur a été livré avec une souris, mais rien ne vous empêche de la remplacer par une autre de votre choix.

La souris générique

La Figure 4.5 montre une souris type, mais il en existe beaucoup d'autres, de diverses formes. Mais fondamentalement, leur anatomie est identique.

- **Le corps de la souris :** Il est de la taille d'une savonnette et se niche au creux de la main, les doigts reposant sur les boutons.

- **Les deux boutons standards :** Une souris pour PC possède au moins deux boutons. Celui de gauche tombe pile sous l'index. C'est le bouton

Figure 4.5
Une souris classique.

principal et c'est lui qui exécute l'action de *cliquer*. Lorsqu'il faut appuyer sur l'autre bouton, on parle de "clic du bouton droit" ou de *clic-droit*.

- **La molette :** Elle se trouve entre les deux boutons précités et remplit deux fonctions : faire défiler le contenu d'une application, comme les pages dans un traitement de texte ou un navigateur Web. Ensuite, elle fait office de troisième bouton dont vous pouvez programmer l'action quand vous appuyez dessus au lieu de la faire tourner. La molette de certains modèles de souris est capable de déplacer une page horizontalement en la poussant de côté.

La souris est généralement placée à droite du clavier (encore un coup des droitiers !). Il lui faut un peu d'espace pour évoluer, l'équivalent de la surface de ce livre.

Souris optique contre souris mécanique

Vous actionnez la souris en la déplaçant sur votre bureau (le vrai, tangible). Son déplacement est détecté soit mécaniquement, soit optiquement.

La *souris mécanique* traditionnelle contient une boule qui roule selon le mouvement que vous lui imprimez. Deux rouleaux perpendiculaires, en contact avec la boule, transmettent le mouvement à des disques ajourés. Des cellules photoélectriques internes détectent la rotation des disques et la convertissent en données que l'ordinateur interprète.

La *souris optique* n'a aucune partie mobile. Des diodes électroluminescentes détectent le déplacement sur la surface où elle repose.

Des deux procédés, celui fondé sur la détection optique est le meilleur. La longévité de la souris optique est meilleure, et elle est plus facile à nettoyer. De plus, elle n'a pas besoin de tapis, indispensable en revanche avec une souris mécanique afin que sa boule puisse rouler. Une souris optique fonctionne sur n'importe quelle surface non réfléchissante.

TRUC

Bien que la majorité des joueurs préfèrent la manette de jeu, ou joystick (voir Figure 4.6), quelques-uns sont des fans de la souris. Pour eux, la souris mécanique est bien meilleure que l'optique, car elle réagit plus rapidement.

Figure 4.6 L'instrument indispensable des fondus de jeux vidéo.

La souris sans fil

La mode étant au "sans fil", la souris ne pouvait échapper à cette tendance. Elle y a perdu sa queue. Deux types de souris sans fil rôdent près de nos claviers :

- **La souris sans fil à infrarouge (IR) :** Ce type de souris fonctionne si et seulement si aucun obstacle ne vient perturber la liaison entre sa cellule photoélectrique et celle du module branché à l'ordinateur. C'est le même principe que la télécommande de votre téléviseur. Si les batteries sont à plat ou si un obstacle coupe le rayon, la petite bête ne répond plus !
- **La souris sans fil à fréquence radio (RF) :** Contrairement à la souris infrarouge, la souris radio se rit des obstacles, l'essentiel étant que la distance entre l'émetteur et le récepteur ne soit pas trop importante. Pour plus de discrétion, ce dernier peut être caché derrière l'unité centrale.

Les souris sans fil ont besoin d'une alimentation externe, par des piles.

Les autres espèces de souris

De tous les périphériques informatiques, la souris est sans toute le plus polymorphe. Il y en a de toutes sortes.

L'alternative la plus courante à la souris standard est un modèle comportant plus de boutons, susceptibles d'être programmés pour surfer sur l'Internet ou tourner les pages lors de la lecture d'un document. Combien de boutons ? La plupart des mulots évolués en ont cinq, mais le record que j'ai vu est 57 boutons. Une vraie poussée d'urticaire ! La Figure 4.7 montre une souris de compétition !

Le *trackball*, ou boule de pointage, n'est rien d'autre qu'une souris renversée. Au lieu de le déplacer pour faire rouler la boule, vous l'actionnez directement avec le pouce ou l'index. L'engin lui-même reste en place, de sorte qu'il ne faut pas beaucoup d'espace pour l'utiliser, et son fil n'est pas gênant. Le trackball est l'outil de pointage préféré des infographistes, car il est souvent plus précis que la "savonnette au bout d'un fil". La Figure 4.8 montre un trackball.

Autre mutation plaisante du rongeur : le stylet utilisé avec une tablette graphique. Les modèles les plus perfectionnés sont sensibles à la pression, à l'inclinaison et même à la rotation, ce qui en fait les outils idéals avec les logiciels de peinture artistique.

Et pour finir il existe des souris 3D sans fil, que l'on pointe vers l'écran comme une télécommande. Terrifiant...

Figure 4.7
Une souris optique sophistiquée avec sa base de recharge.

Manier la souris

La souris d'un PC commande un pointeur (aussi appelé *curseur*) à l'écran. Lorsque vous déplacez la souris en la faisant rouler sur votre bureau, le pointeur se déplace de la même manière à l'écran. Si vous la dirigez vers la droite, le pointeur se dirigera vers la droite. Si vous la faites tourner en rond, le pointeur fera de même. Faites tomber la souris et vous entendrez un "Aïe !" en provenance du PC (non, je plaisante !).

Voici les actions de base que vous effectuez avec une souris :

- **Pointer :** Rien à voir avec la pétanque. Si l'on vous demande de "pointer" à l'aide de la souris sur un objet précis, cela signifie que vous devez déplacer la souris sur votre bureau pour positionner le curseur à l'écran de sorte qu'il pointe sur cet objet.

Figure 4.8
Un trackball avec sa boule caractéristique.

- **Cliquer :** Ce terme est employé par la plupart des programmes. Il signifie pointer sur un objet de l'écran et appuyer sur le bouton de la souris. Cette action produit un léger déclic. Cliquer sert à enfoncer un bouton virtuel, à positionner le curseur ou à sélectionner un élément.

- **Cliquer du bouton droit :** Dans Windows, cette action déroule souvent un menu contextuel. L'effet réellement obtenu peut varier considérablement d'un logiciel à un autre.

- **Double-cliquer :** Cela signifie qu'il faut appuyer sur le bouton de la souris deux fois de suite, au même endroit et à intervalle très réduit (sinon, vous effectuez deux clics successifs, dont l'effet est très différent). Sous Windows, vous double-cliquez pour ouvrir un élément.

- **Faire glisser la souris :** Il s'agit de déplacer la souris tout en maintenant enfoncé le bouton gauche pour sélectionner des objets ou les déplacer (cela dépend du programme).

TRUC

- La meilleure méthode pour utiliser une souris est de jouer à l'un des jeux de cartes livré avec Windows comme le Solitaire ou FreeCell.

- Inutile de vous crisper sur la souris… elle ne va pas se sauver !

- Pour cliquer, appuyez sur le bouton et, surtout, relâchez-le aussitôt.
- Si vous avez double-cliqué et qu'il ne se passe rien, vous n'avez peut-être pas double-cliqué assez vite. Reportez-vous à la section "Le double clic ne fonctionne pas !", plus loin dans ce chapitre.

Quelques réglages

Quelque part dans le Panneau de configuration de Windows sommeille l'icône Souris qui, d'un double clic, ouvre la boîte de dialogue Propriétés de Souris que montre la Figure 4.9. C'est là que vous réglez le comportement de la bestiole.

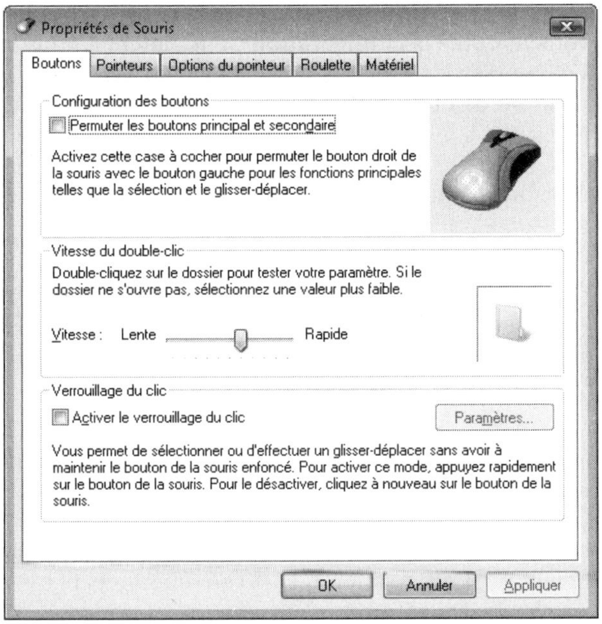

Figure 4.9 La boîte de dialogue Propriétés de Souris.

Notez que la boîte de dialogue Propriétés de Souris peut se présenter différemment selon le modèle de la souris. Les onglets génériques restent les mêmes, mais d'autres peuvent s'y ajouter, spécifiques au matériel.

Je suis gaucher et les boutons sont inversés !

Eh, les gauchers ! N'avez-vous pas l'impression de vivre dans un monde dominé par les droitiers ? Dans Windows, vous pouvez renverser la situation et même installer votre souris à gauche du clavier.

Ouvrez la boîte de dialogue Propriétés de Souris en suivant la procédure décrite plus haut dans ce chapitre. Dans le volet Boutons, cliquez sur le bouton radio Gaucher ou inversez les actions des boutons proposées par le pilote de votre souris. Cette opération bascule virtuellement les boutons dans la mémoire de Windows : les tâches propres au bouton gauche sont alors réalisées par le bouton droit et vice versa.

- Ce livre, ainsi que tous les autres manuels et ouvrages informatiques, part du principe que le bouton gauche de la souris est le bouton principal. Si vous adoptez la configuration pour gaucher, vous indiquerez à Windows d'inverser les boutons de la souris. Aussi, lorsqu'un manuel vous demandera de cliquer sur le bouton droit, ne devrez-vous pas oublier de cliquer sur le gauche.

- Il existe des souris pour gauchers dont la forme est adaptée à la main gauche.

- Il n'y a aucune configuration spéciale pour ambidextres. Désolé !

Quand la souris se fait stylet

Pour terminer ce chapitre, je vais parler d'un périphérique qui fait un peu bande à part : la tablette graphique.

Elle permet de dessiner à l'aide d'un stylet, restituant à l'utilisateur toutes les sensations qu'il peut avoir en maniant un crayon, un pinceau, un feutre ou un aérographe. L'essayer, c'est l'adopter.

Une tablette graphique pour professionnel est onéreuse, mais il existe des modèles grand public d'excellente qualité, comme la Graphire de Wacom (`www.wacom-europe.com/fr`).

Les infographistes utilisent des tablettes de grande dimension dont le prix dépasse allègrement plusieurs centaines d'euros. Le modèle de la Figure 4.10 est doté d'une zone active d'environ 15 x 20 cm. Il existe un modèle plus petit, dont la surface active est d'environ 10 x 13 cm, largement suffisant pour un travail sporadique. La tablette Graphire est livrée avec un stylet et une souris sans fil, ce qui permet de passer rapidement de l'un à l'autre de ces périphériques.

Pour les graphistes professionnels, l''utilisation de deux écrans en plus d'une tablette graphique permet d'afficher sur l'un des écrans les menus et palettes du logiciel et sur l'autre l'image ou l'illustration sur laquelle ils travaillent (Figure 4.11)

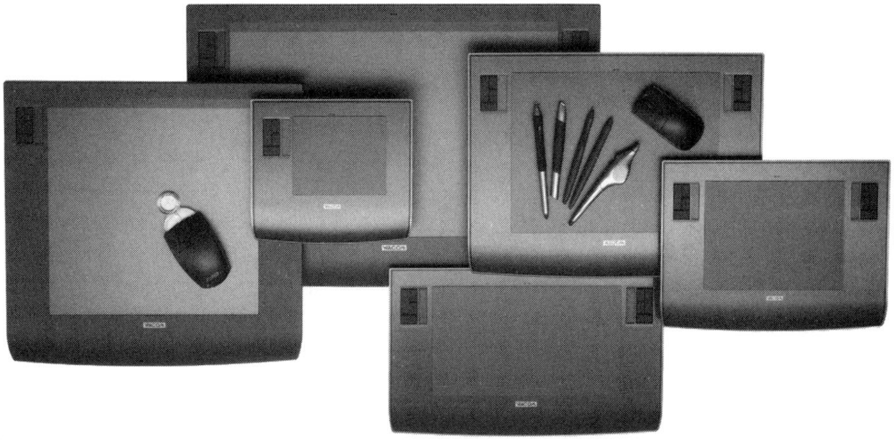

Figure 4.10 Les retouches compliquées sont beaucoup plus faciles à réaliser avec une tablette graphique comme la Graphire de Wacom.

Figure 4.11 Avec deux écrans c'est encore mieux.

Chapitre 5

I comme Imprimante

Dans ce chapitre :

- Les imprimantes pour PC.
- Jets d'encre contre laser.
- Sélectionner un papier.
- Installer une nouvelle imprimante.

L'imprimante est un périphérique très ancien qui a connu divers avatars : imprimante à chaîne et à turbine des années 1970, aussi bruyante qu'un avion au décollage, imprimante à marguerite, imprimante matricielle sur papier thermique, puis sur du papier normal, à jets d'encre, laser, à sublimation... Les techniques n'ont cessé de progresser.

Aujourd'hui, les imprimantes font plus qu'imprimer. La grande mode est aux imprimantes multifonctions faisant aussi office de scanneur, photocopieur, télécopieur – indépendant ou empruntant le modem de l'ordinateur – et même lecteur de cartes d'appareils photo. En dépit de ces talents multiples, la fonction première d'une imprimante reste l'impression, qui est le sujet de ce chapitre.

Bonjour, je suis l'imprimante, ton amie !

Une imprimante, disions-nous, sert avant tout à imprimer, c'est-à-dire à coucher un pigment sur du papier. Tout le reste n'est que littérature (imprimée).

Les catégories d'imprimantes

Il existe différentes catégories d'imprimantes, qui se distinguent les unes des autres par la technique d'impression utilisée. En voici une brève liste :

- Les imprimantes à jets d'encre.
- Les imprimantes laser.
- Les imprimantes photo.
- Les imprimantes multifonctions, ou tout-en-un.
- Les imprimantes matricielles.

Les imprimantes à jets d'encre, photo et multifonctions reposent toutes sur le même principe d'impression : la projection sur le papier de microscopiques gouttelettes d'encre. Elles n'ont pas besoin de ruban ni de cartouches de pigments, car l'encre est directement projetée sur le papier, d'où le nom du procédé.

Les imprimantes laser se trouvent plutôt dans les entreprises, où on leur confie beaucoup de travail. Leur principe est celui des photocopieurs. La seule différence est que le contenu de la page est tracé par un rayon laser et non par la barrette lumineuse que vous voyez se déplacer lorsque vous photocopiez un document.

Les imprimantes à marguerite et matricielles sont tombées en désuétude. Elles utilisaient un ruban encreur qu'elles plaquaient contre le papier, et étaient beaucoup plus lentes que le matériel d'aujourd'hui. Comme elles fonctionnent par impacts, on en trouve cependant encore dans certaines entreprises, car elles sont capables d'imprimer des factures et des bons de commande par liasse.

- Les imprimantes à jets d'encre ne posent aucun problème. L'encre est déjà sèche lorsque le papier sort de la machine.
- Il existe des imprimantes laser en couleurs.
- Les imprimantes à jets d'encre d'entrée de gamme sont bon marché parce qu'elles sont rudimentaires. Elles ne contiennent pas l'électronique interne qui prend en charge la création des graphismes. De ce fait, c'est à l'ordinateur de s'en acquitter, ce qui ralentit la tâche.
- Les imprimantes haut de gamme produisent une meilleure impression, plus rapidement, et leur électronique est plus performante.

Le tour de l'imprimante

Accordez-vous un moment pour examiner l'imprimante et découvrir ses principaux éléments (voir Figure 5.1). La Figure 5.2 montre une imprimante laser, la Figure5.3 une imprimante multifonctions, et enfin la Figure 5.4 montre une imprimante photo.

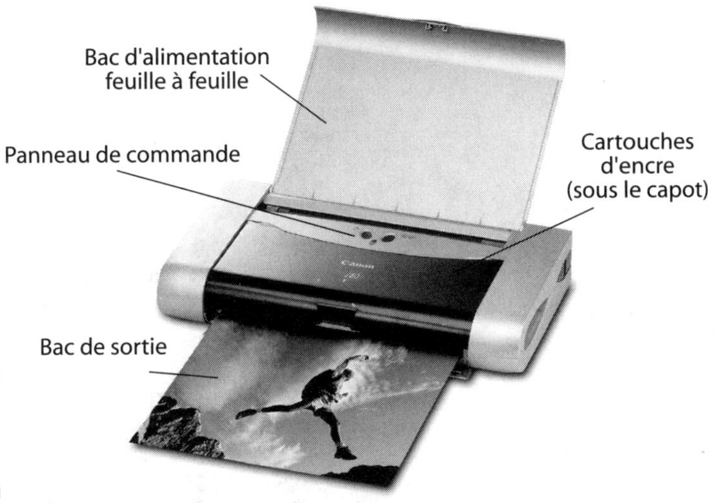

Figure 5.1
Une imprimante à jets d'encre.

Bac d'alimentation feuille à feuille : C'est à cet endroit que vous placez les feuilles de papier qui seront imprimées. Pour en savoir plus, reportez-vous à la section "Alimenter l'imprimante, Partie II : Le papier", plus loin dans ce chapitre.

Bac manuel, pour enveloppes : Des imprimantes ont un bac spécial, destiné à l'alimenter avec des papiers spéciaux ou avec des enveloppes. Il n'est pas toujours très visible et n'est pas sur la Figure 5.1.

Bac de sortie du papier : Le papier sort de l'imprimante et s'empile dans le bac de sortie. Si les feuilles se présentent face imprimée vers le haut, ne manquez pas de lire la section "Imprimer en ordre inverse", plus loin dans ce chapitre.

Panneau de commande : Reportez-vous à la prochaine section pour en savoir plus.

Remplacement des cartouches d'encre : Une imprimante finit par manquer d'encre. Vérifiez que vous savez ouvrir l'imprimante pour accéder aux cartou-

Figure 5.2
Une imprimante laser.

ches. Voyez aussi la section "Alimenter l'imprimante, Partie I : L'encre", plus loin dans ce chapitre.

Le panneau de commande

Toute imprimante est équipée d'un panneau de commande. Les plus perfectionnées sont dotées d'un écran à cristaux liquides affichant des phrases comme `Bourrage de papier`, `Plus de papier` ou `Niveau d'encre insuffisant`. Les plus rudimentaires n'ont que quelques boutons dont :

- En ligne.
- Saut de page.

Figure 5.3
Une imprimante
à tout faire.

Le bouton En ligne indique si l'imprimante doit communiquer ou non avec l'ordinateur. Il peut parfois être utile de laisser l'imprimante allumée pour accéder à certaines de ses fonctionnalités ou pour réaliser des tâches impossibles à effectuer si une impression est en cours, comme un débourrage de papier.

Le bouton Saut de page sert à éjecter une feuille. Par exemple, si une feuille à moitié imprimée est restée dans l'imprimante, ce bouton la fera sortir.

- Une imprimante ne peut travailler que si elle communique avec l'ordinateur.
- Vous mettez l'imprimante hors ligne pour débourrer du papier ou éjecter une feuille. Parfois, un bourrage exige l'extinction de l'imprimante.

Figure 5.4
L'idéal pour imprimer vos photos.

- Si l'imprimante est dépourvue de panneau de commande, c'est peut-être parce qu'elle est contrôlée par un logiciel dans Windows. Reportez-vous à son manuel pour en savoir plus.
- Les imprimantes équipées d'un afficheur à cristaux liquides sont souvent commandées par des menus.
- Les imprimantes multifonctions ont des boutons supplémentaires pour le scanneur et la photocopie, par exemple. Un logiciel permet de paramétrer ces fonctionnalités. Notez que ce logiciel est spécifique à l'imprimante ; il ne fait pas partie de Windows lui-même.
- Si vous optez pour une imprimante multifonction équipée d'une fonction Fax, vérifiez si elle possède son propre modem. Elle pourra ainsi envoyer des télécopies sans que l'ordinateur doive être allumé.

TRUC

- Conservez le manuel de l'imprimante à portée de la main. Vous n'en aurez peut-être jamais besoin, mais si vous voyez s'afficher une

`Erreur 34`, par exemple, vous aurez la chance de savoir de quoi il s'agit (c'est la voix de l'expérience qui parle ici).

Alimenter l'imprimante, Partie I : L'encre

On a beau être au XXIe siècle, l'humanité laborieuse imprime toujours comme les Chinois il y a des siècles de cela : avec de l'encre sur du papier. Le type d'encre et son stockage dépendent du modèle d'imprimante.

Les imprimantes à jets d'encre, dont font partie les imprimantes photo et multifonctions, utilisent des *cartouches d'encre.* Les imprimantes laser utilisent un pigment pulvérulent appelé *toner*, lui aussi présenté en cartouche. Les deux sont chers, surtout le toner.

Pour remplacer une cartouche, il faut d'abord ôter l'ancienne. Déballez soigneusement la nouvelle, ôtez les adhésifs qui s'y trouvent éventuellement. Insérez ensuite la cartouche dans le logement en respectant les instructions prodiguées par le manuel. Placez l'ancienne cartouche dans l'emballage vide ou, si le fabricant y a pensé, dans une enveloppe que vous posterez afin que la cartouche soit recyclée.

Les imprimantes laser utilisent du toner. Le toner est facile à mettre en place. Gardez-vous simplement de souffler dessus. Là aussi, des fabricants fournissent une enveloppe permettant de retourner l'ancienne cartouche afin de la recycler.

Toutes les imprimantes utilisent de l'encre ou du toner noir. Les imprimantes couleurs utilisent trois autres encres ou toner, de couleurs magenta, cyan et jaune. Pour assurer des résultats impeccables, les imprimantes photo utilisent plusieurs encres supplémentaires, voire plusieurs noirs supplémentaires.

Parfois, une imprimante n'est pas équipée de cartouche de noir. Il est produit par le mélange des trois couleurs primaires magenta, cyan et jaune ; le résultat, un brun noirâtre, n'est guère probant. Ou encore, les trois couleurs se trouvent dans une même cartouche : si une teinte vient à manquer, vous devez jeter la cartouche bien qu'elle contienne encore de l'encre des deux autres couleurs. Veillez toujours à acheter une imprimante avec des cartouches séparées pour chaque couleur.

TRUC

- Ayez toujours sous la main la référence de vos cartouches, pour pouvoir les remplacer au plus vite.
- Eh oui, les consommables – encres ou toner – finissent très vite par coûter plus cher que l'imprimante. C'est la bonne vieille technique de

marketing "donnez-leur le rasoir et vendez-leur les lames" qui marche à tous les coups.

- Il existe des kits de remplissage des cartouches. Ils permettent de réduire la facture si vous consommez beaucoup d'encre, mais leur utilisation n'est pas aussi simple qu'on veut bien le faire croire.

- En revanche, le rechargement d'une cartouche de toner est une solution économique et efficace.

- Suivez à la lettre les instructions concernant le remplacement des cartouches. Si l'encre d'une cartouche se répand, l'imprimante risque d'être endommagée. Au mieux, vous en aurez plein les doigts ! Prévoyez de l'essuie-tout et utilisez des gants de protection jetables.

- CMJN est l'abréviation de cyan, magenta, jaune et noir. Les trois premières sont les couleurs primaires dont le mélange est censé produire du noir. Mais, pour que le résultat soit plus probant (noir plus profond), une encre noire est utilisée.

- L'usage de la couleur n'est pas toujours nécessaire. En vous servant de l'impression à l'encre noire, vous ferez pas mal d'économie. La boîte de dialogue de l'imprimante permet de choisir entre noir et couleur.

- Si l'imprimante laser indique que le niveau de toner est faible, vous pourrez grappiller quelques pages en agitant doucement la cartouche. Secouez-la de manière à distribuer régulièrement la poudre sur toute la surface.

- Certaines imprimantes proposent un mode d'impression "économique". La quantité d'encre utilisée est alors réduite, la qualité du document est médiocre, mais ce mode peut être utilisé pour éditer un brouillon ou pour consulter un texte hors écran.

- Quelques modèles dits *haut de gamme* disposent d'une cartouche par couleur. Quand le bleu est vide, vous ne remplacez que la cartouche Cyan. L'économie est appréciable.

- Ne laissez jamais le contenu du toner atteindre un niveau trop faible ou les cartouches jets d'encre s'assécher. Je sais qu'il est toujours intéressant de tirer jusqu'à la dernière goutte, mais votre imprimante n'aime pas beaucoup cela.

Alimenter l'imprimante, Partie II : Le papier

Le papier est fort heureusement meilleur marché que l'encre. En gâcher un peu ne ponctionnera pas votre budget.

Le papier est placé soit dans un bac d'alimentation horizontal, soit dans un bac vertical incliné.

Les imprimantes laser se chargent avec une rame de papier de la même manière qu'un photocopieur. Veillez à ce qu'elle soit insérée bien à fond.

Assurez-vous que le papier a été placé dans le bon sens, la face à imprimer vers le haut ou vers le bas. L'insertion du papier dépend du type d'imprimante. Les icônes suivantes permettent de comprendre quelle face va être imprimée :

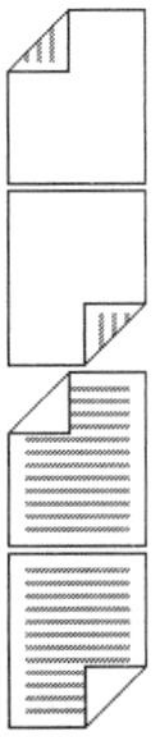

- Le papier se charge face imprimable retournée, le haut de la feuille placé vers le haut.
- Le papier se charge face imprimable retournée, le haut de la feuille placé vers le bas.
- Le papier se charge face imprimable visible, le haut de la feuille placé vers le haut.
- Le papier se charge face imprimable visible, le haut de la feuille placé vers le bas.
- Assurez-vous d'avoir toujours suffisamment de papier. On n'en a jamais assez.

Les types de papier

Il n'y a pas de "papier standard". Il existe en effet divers formats, grammages (poids au mètre carré), couleurs, textures, styles, etc.

Le meilleur papier à tout faire est le papier pour photocopie. Mais si vous recherchez une impression soignée, le papier pour imprimante à jets d'encre, bien que plus cher, donnera un meilleur résultat. Les papiers pour imprimantes à jets d'encre de qualité supérieure sont parfaits pour imprimer la couleur, car ils sont traités pour absorber correctement l'encre.

Le très haut de gamme est constitué par les papiers spéciaux comme les papiers photo proposés en mat, satiné ou brillant, les feuilles pour les transparents et les feuilles pour les transferts sur les tee-shirts. C'est dans la boîte de dialogue accessible par Fichier/Mise en page que vous sélectionnez la taille du papier.

- Evitez les papiers traités au talc qui risquent de projeter de fines particules solides dans la mécanique de l'imprimante.
- Evitez les papiers épais – à fort grammage, au-dessus de 80 g/m^2 – qui risquent de bourrer (ils plient très mal le long du tambour d'impression).
- Certaines imprimantes peuvent utiliser des papiers de grand format (A3, par exemple). Si c'est le cas, assurez-vous que la feuille est correctement positionnée et sélectionnez l'option adéquate dans Windows ou dans le logiciel d'impression.
- N'imprimez pas systématiquement sur du papier coûteux. Certaines images sortent très bien sur du papier couché plutôt que glacé.
- J'aime beaucoup le papier pour impression laser pour son aspect satiné et son toucher parcheminé.

Installer l'imprimante

L'imprimante fait aujourd'hui partie des périphériques les plus faciles à installer. Après l'avoir déballée et débarrassée des cales en mousse, localisez la prise pour le cordon secteur, puis celle du câble de liaison avec l'unité centrale.

Tiens, il n'y a pas de câble de liaison ? Eh non, vous devez en acheter un, qu'il s'agisse d'un câble USB ou d'un câble pour imprimante bidirectionnel.

Vérifiez dans le manuel s'il ne faut pas commencer par installer les logiciels avant de brancher l'imprimante. Autrement, allumez-la. Une imprimante USB est automatiquement reconnue et configurée par Windows.

Les imprimantes reliées à l'aide du traditionnel câble d'imprimante – ou câble Parallèle – requièrent plus de travail, de même que les imprimantes de réseau. Reportez-vous à la section "Installer manuellement une imprimante", plus loin dans ce chapitre.

A l'instar des ordinateurs, la plupart des imprimantes peuvent rester allumées en permanence. Elles se mettent automatiquement en mode "économie d'énergie", c'est-à-dire en veille, lorsqu'elles ne sont pas utilisées. Mais si vous n'imprimez que de temps en temps, et non quotidiennement, éteindre l'imprimante est une bonne solution.

- Placez l'imprimante près de l'unité centrale, à portée de main.
- Certaines imprimantes USB doivent être directement connectées au port USB de l'ordinateur et pas via un répartiteur (*hub*) USB.
- Un ordinateur est capable de gérer plusieurs imprimantes.

Chapitre 6

Allumer, éteindre

Dans ce chapitre :

- Allumer l'ordinateur.
- Éteindre l'ordinateur.
- Laisser l'ordinateur constamment allumé.

En vérité, il n'y a qu'un seul gros bouton rouge qui met en marche et éteint l'ordinateur. Bien sûr, cet interrupteur n'est pas toujours gros, ni rouge, mais laissons là ces petits détails. L'important est de savoir ce que vous devez faire entre ces deux opérations, période durant laquelle vous avez toutes les chances de vous arracher les cheveux par poignées ou de proférer des incantations pendant que vous saisirez fiévreusement votre amulette vaudoue d'une main et appuierez sur l'interrupteur de l'autre.

Mais ne vous inquiétez pas, ce chapitre vous aidera à franchir cette étape difficile que constitue l'allumage d'un ordinateur, et tout ce qui se passe juste après, sans négliger toutes ces petites formalités concernant la mise hors tension de la machine. Vous apprendrez également qu'il existe une catégorie d'utilisateurs qui laissent leur machine allumée tout le temps.

Allumer le PC

Tout étant branché et prêt à fonctionner, l'ordinateur est mis en marche de la manière suivante :

1. **Allumez tout sauf l'unité centrale.**

2. **Allumez l'unité centrale en dernier.**

Si tout l'équipement est branché à une barrette multiprise, appuyez tout bonnement sur son interrupteur.

Des indices permettent de savoir si la procédure est bien engagée. D'abord, vous entendez les ventilateurs du boîtier, puis l'amorçage des disques durs. Ensuite, la carte graphique donne l'ordre au moniteur d'afficher des informations (que vous ne verrez que si l'écran est allumé). Le scanneur et l'imprimante peuvent émettre des bruits mécaniques, signe de leur initialisation.

N'OUBLIEZ PAS

- En allumant l'unité centrale en dernier, vous laissez le temps aux autres périphériques d'effectuer une première initialisation matérielle qui sera validée par une initialisation logicielle quand vous accéderez à Windows. (Voir la prochaine partie.)
- Tous les périphériques raccordés à un ordinateur ont un bouton Marche/Arrêt, à l'exception toutefois de certains appareils USB dont l'alimentation est directement contrôlée par cette prise de l'ordinateur.
- Vous n'êtes pas obligé de tout allumer au démarrage de l'ordinateur. Par exemple, si vous n'envisagez pas d'imprimer, il est inutile d'allumer l'imprimante. Avec la plupart des imprimantes, vous ne le faites que quand vous en avez besoin.
- Certains équipements peuvent rester allumés en permanence. Par exemple, votre imprimante peut être dotée d'un mode d'économie d'énergie qui la met en veille. Il est alors préférable de la laisser allumée toute la journée au lieu de l'éteindre et de la rallumer plusieurs fois par jour.
- Le modem ADSL ou le modem câble peut rester allumé en permanence. D'ailleurs, dans bien des cas, vous ne pouvez les éteindre qu'en les débranchant de la prise secteur.
- Le plus gros bouton situé en façade de l'ordinateur permet de l'allumer.
- Reportez-vous à la section "Faut-il laisser l'ordinateur allumé en permanence ?", plus loin dans ce chapitre, pour en savoir plus.
- Le bouton le plus gros, sur un moniteur, allume l'écran. Sur d'anciens modèles, un commutateur se trouve sous ou à l'arrière de la façade, parfois près du cordon d'alimentation.
- Si un périphérique ne s'allume pas, vérifiez qu'il est bien connecté à la prise de courant et que la prise est totalement enfoncée. Contrôlez tout son câblage.

Problème au pays du démarrage

Dans la majorité des cas, Windows démarre correctement et vous pouvez travailler avec en toute confiance. Malheureusement, personne n'est à l'abri de quelques désagréments.

Le message d'erreur le plus fréquent, `Invalid system disk` ou `Disque système non valide`, apparaît quand vous oubliez une disquette dans le lecteur. Comment corriger ce problème ? Retirez la disquette et appuyez sur les touches Ctrl+Alt+Suppr. L'ordinateur redémarre. Comme il ne trouve pas de disquette dans le lecteur, il passe au disque dur contenant Windows et lance l'opération de chargement de ce logiciel.

Et voici Windows !

Ben non, pas encore ! Pour cela, lisez le contenu de la deuxième partie vous y êtes presque !

Éteindre le PC

Grâce à l'électrification, nous vivons depuis plus d'un siècle dans une société "presse-bouton" : rien n'est plus simple que d'allumer ou d'éteindre une ampoule ou un appareil. Sauf lorsqu'il s'agit de l'ordinateur. Attendre des fabricants qu'ils créent un PC qui s'allume et s'éteint tout bêtement est carrément illusoire.

L'allumage ou l'extinction de l'ordinateur, ce n'est pas tout. Faut-il le laisser en marche tout le temps ? Temporairement ? Ou seulement un peu de temps en temps ? Le seul fait qu'un PC soit dépourvu d'un interrupteur – c'est un bouton de mise en marche – justifie que tout un chapitre soit consacré à l'allumage de cet invraisemblable machin.

Après le démarrage de votre ordinateur (matériel), le système d'exploitation (logiciel) prend la main. Rappelez-vous, le logiciel contrôle le matériel, et le cerveau est le système d'exploitation. C'est donc ce système d'exploitation (Windows) qui se met à fonctionner en premier.

Faut-il laisser l'ordinateur allumé en permanence ?

Savoir si l'on doit ou non éteindre un ordinateur suscite des débats passionnés. Faut-il le laisser allumé en permanence ? Est-ce un gaspillage d'électricité ? Est-ce préférable pour le PC de ne jamais l'éteindre, comme votre réfrigérateur ? Qui pourrait l'affirmer ? Chacun a en effet sa propre idée sur la question.

"Je veux toujours éteindre mon ordinateur."

Moi aussi !

"Je veux toujours laisser mon ordinateur allumé."

Certains utilisateurs laissent tourner leur machine vingt-quatre heures sur vingt-quatre, sept jours sur sept. Seuls les week-ends prolongés et les vacances sont des motifs d'extinction de leur PC. Dans ce cas, je conseille de mettre l'ordinateur en veille prolongée plutôt que de l'éteindre véritablement. (Vous en saurez plus à ce sujet dans la section consacrée à cette fonction dans le prochain chapitre.)

Je le répète, il n'y a pas d'objection franche contre le maintien d'un ordinateur en état de marche constant. Passer en mode veille est une excellente solution qui n'augmentera pas sensiblement votre note d'électricité. L'avantage est que vous retrouvez un PC opérationnel en moins de temps qu'il ne faut pour le dire.

Les ordinateurs ont horreur des changements brusques de température. Les laisser tourner en permanence les maintient à température constante et évite les sautes de courant produites à l'extinction et à l'allumage.

Alors, que faire en définitive ? Ce que vous voulez ! Personnellement, je laisse mon ordinateur allumé car je l'utilise tout le temps. Lorsque je m'absente plus d'une journée, je le bascule en mode veille prolongée. Je n'éteins vraiment ma machine que lorsque je pars en vacances.

- La plupart des hommes d'affaires n'éteignent jamais leur PC.
- Si vous n'utilisez votre PC qu'une fois par jour, il est préférable de l'éteindre quand vous n'en avez plus besoin.

- Quoi que vous fassiez avec votre ordinateur, pensez toujours à éteindre le moniteur lorsque vous restez plus de vingt minutes sans vous en servir. De tous les périphériques, c'est lui qui consomme le plus.
- Si vous choisissez de laisser votre ordinateur allumé en permanence, ne le recouvrez pas d'une housse. Elle agirait comme une véritable serre et pourrait élever la température de votre système de manière très critique.
- Autre bonne idée : éteignez l'ordinateur pendant un orage. Malgré la présence d'un onduleur ou d'un parasurtenseur, il est plus prudent de tout éteindre et de tout débrancher. N'oubliez pas la ligne téléphonique ! On n'est jamais assez prudent.

Deuxième partie

Windows Vista, l'incontournable

"Je vois... Le mouton d'éjection est resté coincé. Ce sera réparé en un tour de bain."

Dans cette partie...

Suite logique de la mise en place matérielle d'un ordinateur : l'allumage ! Ça décolle sec sur la rampe de lancement des PC puisque vous voici, en quelques secondes, en orbite autour de Windows Vista. Cette deuxième partie aborde les grands principes d'un système d'exploitation et surtout vous apprend un certain nombre de gestes qui peuvent vous sauver la vie en cas d'avarie touchant l'insubmersible Windows Vista. Ah oui, au fait, le *Titanic* aussi était insubmersible ; alors gare à la partie cachée de l'iceberg.

Chapitre 7

Et voici Windows !

Dans ce chapitre :

- Ouvrir une session.
- Survol du Bureau.
- Quiter Windows.

Après le démarrage de votre ordinateur (matériel), le système d'exploitation (logiciel) prend la main. Rappelez-vous, le logiciel contrôle le matériel, et le cerveau est le système d'exploitation. C'est donc ce système d'exploitation (Windows) qui se met à fonctionner en premier.

Session, l'invité mystère

La première fois que vous démarrez Windows, vous exécutez quelques tâches de configuration. Ensuite, vous devez ouvrir une session et vous identifier. C'est à la fois une mesure de sécurité et un moyen de faire en sorte que vos documents ne se mêlent pas à ceux des autres utilisateurs de l'ordinateur.

Choisissez votre compte dans la liste et, facultativement, tapez le mot de passe s'il vous est demandé. La Figure 7.1 montre un écran d'accueil. Remarquez que plusieurs utilisateurs s'en servent. Reportez-vous à un ouvrage comme *Windows Vista - Pour les Nuls* pour tout savoir sur les comptes d'utilisateurs.

Pour ouvrir une session Windows, suivez ces étapes :

1. **Cliquez sur l'image correspondant à votre nom de compte.**

   Si vous n'avez pas créé de nom de compte d'utilisateur, Windows Vista apparaît spontanément, sauf si vous avez défini un mot de passe lors de son installation.

Figure 7.1
Dans l'antichambre de Windows Vista.

2. **Saisissez votre mot de passe s'il vous est demandé.**

   Tapez-le soigneusement, en respectant les majuscules et les minuscules. S'il n'est pas reconnu, vous devrez recommencer en vous aidant éventuellement d'un pense-bête que vous aurez indiqué au moment de son choix.

3. **Cliquez sur la flèche ou appuyez sur la touche Entrée afin que Windows vérifie la validité du mot de passe.**

Si tout s'est bien passé, vous voyez apparaître le *Bureau* de Windows.

- L'écran que montre la Figure 7.1 s'appelle l'*écran d'accueil.*
- Vous identifier auprès de Windows s'appelle *ouvrir une session*. Le terme *se connecter* est parfois utilisé, mais il prête à confusion avec l'ouverture d'une connexion Internet.
- Il est possible d'éviter l'écran d'accueil. Si l'ordinateur n'est utilisé que par une seule personne, et que celle-ci n'a pas défini de mot de passe,

l'écran d'accueil n'apparaît pas. Je ne conseille toutefois pas de procéder ainsi, car il est important d'utiliser un mot de passe.

Bienvenue dans le Bureau !

Ce qui apparaît à présent à l'écran (Figure 7.2) s'appelle le *Bureau.* C'est une métaphore virtuelle d'un véritable bureau, avec toute la paperasse qui traîne dessus et de quoi travailler.

Figure 7.2
Un Bureau de Windows Vista pas encore bien rempli, mais cela ne saurait tarder.

Ce que vous ferez ensuite dépend des raisons qui vous ont amené à acquérir un ordinateur. Ce livre en tient compte, mais rappelez-vous qu'il s'agit d'un ouvrage de référence et non d'un didacticiel. Pour ce qui est du démarrage de l'ordinateur, c'est fait.

Quitter Windows

Grâce à l'électrification, nous vivons depuis plus d'un siècle dans une société presse-bouton : rien n'est plus simple que d'allumer ou d'éteindre une ampoule ou un appareil. Sauf lorsqu'il s'agit de l'ordinateur. Attendre des fabricants qu'ils créent un PC qui s'allume et s'éteint tout bêtement est carrément illusoire.

L'allumage ou l'extinction de l'ordinateur, ce n'est pas tout. Faut-il le laisser en marche tout le temps ? Temporairement ? Ou seulement un peu de temps en temps ? Le seul fait qu'un PC soit dépourvu d'un interrupteur – c'est un bouton de mise en marche – justifie que tout un chapitre soit consacré à l'allumage de cet invraisemblable machin.

Eteindre l'ordinateur

Pour envoyer Windows Vista faire dodo, cliquez sur le bouton Démarrer – eh oui... –, puis cliquez sur le petit bouton fléché tout en bas à droite du panneau. Plusieurs options se présentent :

- **Changer d'utilisateur :** Choisissez cette option si quelqu'un veut vous emprunter l'ordinateur pour quelques minutes. L'écran d'accueil apparaît, mais Windows laisse vos programmes ouverts en arrière-plan. Quand vous récupérez l'ordinateur, vous retrouvez tout à la même place.

- **Fermer la session :** Choisissez cette option quand vous avez fini de travailler sur le PC et que quelqu'un d'autre veut l'utiliser. Windows enregistre votre travail et votre configuration et retourne à l'écran d'accueil, prêt à recevoir un autre utilisateur.

- **Verrouiller :** Prévue pour un rapide pèlerinage à la machine à café, cette option verrouille le PC et affiche l'image de votre compte d'utilisateur. De retour, tapez votre mot de passe et Vista réaffiche aussitôt le Bureau tel qu'il était avant. Cette option est disponible sur les ordinateurs de bureau et portables.

- **Redémarrer :** Ne choisissez cette option que si Vista a fait des siennes : blocage de programme(s), comportement bizarre... Windows Vista s'arrête puis il est rechargé, en espérant que tout soit entre temps rentré dans l'ordre...

- **Veille :** Cette option enregistre une copie de votre travail dans la mémoire du PC, mais aussi sur le disque dur, puis elle passe à un état de moindre consommation électrique. Quand vous réveillez le PC, Vista affiche de nouveau le Bureau comme si de rien n'était. Sur un ordinateur portable, Veille n'enregistre le travail qu'en mémoire vive. Si le niveau de la batterie est dangereusement faible, le contenu de la mémoire est transféré sur le disque dur et l'ordinateur est éteint.

- **Veille prolongée :** Présente sur certains ordinateurs portables, cette option copie votre travail sur le disque dur puis éteint la machine. Ce processus consomme plus de courant que le mode Veille.
- **Arrêter :** Choisissez cette option (voir Figure 7.3) si personne d'autre n'utilisera le PC avant un bon moment. Windows Vista enregistre tout et éteint l'ordinateur.

Figure 7.3 La boîte de dialogue Fermeture de session Windows.

Sur beaucoup de PC, y compris les portables, pouvez également arrêter l'ordinateur en appuyant brièvement sur le bouton de mise en marche.

Mettre l'ordinateur en veille

La fonction de mise en veille a été conçue pour économiser l'énergie. Elle met l'ordinateur dans un mode spécial où il est peu alimenté en électricité. L'écran s'éteint, le disque dur cesse de fonctionner, l'ordinateur ne consommant que l'énergie suffisante pour conserver son état antérieur en mémoire et se réveiller le moment venu.

Voici comment mettre votre PC en veille :

1. **Enregistrez votre travail.**

   Cette étape est fondamentale. Vous risquez en effet de perdre vos dernières modifications si une panne survient en cours de veille.

2. **Cliquez sur le bouton Démarrer.**

3. **Cliquez sur le bouton fléché, en bas à droite du panneau.**

   Le menu de la Figure 7.3 apparaît.

4. **Choisissez l'option Veille.**

   L'ordinateur entre en léthargie. Il semble arrêté mais ne vous y fiez pas, ce n'est pas le cas.

   Pour le réveiller, il suffit d'appuyer sur une touche ou bouger la souris. Le PC est de nouveau à pied d'œuvre en quelques secondes.

La mise en veille prolongée

La mise en veille prolongée (NdT : fort justement nommée *hibernation*, en anglais) est bien plus sécurisée que les autres options. Contrairement au mode veille, la veille prolongée ne permet pas de réveiller l'ordinateur par un simple déplacement de la souris ni en tapant sur une touche. L'ordinateur est bel et bien éteint !

- Tous les PC ne sont pas capables de se mettre en veille prolongée.
- Si le bouton Veille prolongée ne figure pas parmi les options d'extinction, c'est que votre PC est dépourvu de cette option. Vérifiez cela dans le Panneau de configuration. Double-cliquez sur la catégorie Système et maintenance et choisissez Options d'alimentation. Dans la boîte de dialogue, cliquez sur le lien Modifier les conditions de mise en veille de l'ordinateur puis, dans le panneau qui apparaît, cliquez sur le lien Modifier les paramètres d'alimentation avancés. La boîte de dialogue de la Figure 7.4 apparaît. Déroulez l'option Veille, comme dans l'illustration. Si la veille prolongée ne figure pas dans les sous-options, c'est que votre ordinateur n'est pas prévu pour hiberner.
- La mise en veille prolongée économise l'électricité, puisque l'ordinateur est vraiment éteint, et du temps car vous n'avez plus à patienter lors du démarrage.

Si plusieurs systèmes d'exploitation sont installés sur votre PC – mais c'est assez rare –, un menu de démarrage apparaît. Choisissez Windows Vista. Windows sort de son état de veille prolongée, vous permettant de reprendre votre travail.

Pour sortir de l'état d'hibernation, appuyez brièvement sur le bouton Marche/ Arrêt du boîtier. L'intérêt est que vous retrouvez votre Bureau, c'est-à-dire

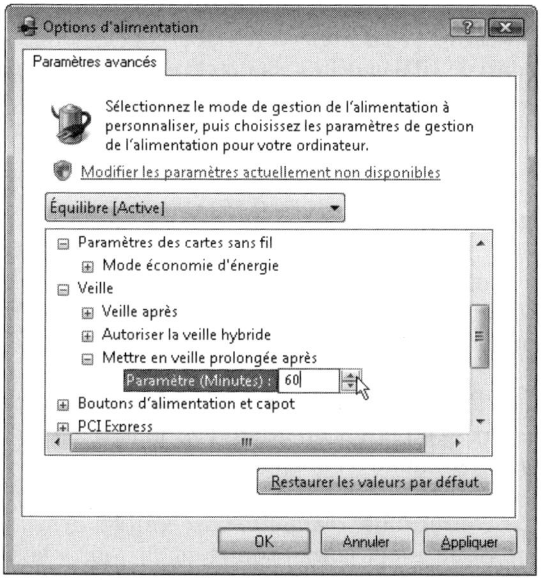

Figure 7.4
Si l'option Veille prolongée ne figure pas parmi les sous-options de Veille, cela signifie que l'ordinateur ne la prend pas en charge.

votre environnement de travail, dans le même état que lorsque vous êtes passé en veille prolongée. Vous pouvez immédiatement reprendre votre rude labeur.

Les joies du redémarrage

Le redémarrage s'impose dans deux circonstances. La première lors de l'installation de nouveaux programmes ou pilotes de périphériques. Dans ce cas, vous cliquez sur le bouton Redémarrer de la boîte de dialogue Arrêter l'ordinateur. La seconde découle d'un blocage de la machine sans que vous en connaissiez la cause. Dans bien des cas, le redémarrage remet tout à zéro et l'ordinateur se comporte de nouveau normalement.

Pour redémarrer Windows Vista dans les règles de l'art :

1. **Cliquez sur le bouton Démarrer.**

2. **Cliquez sur le bouton fléché en bas à droite du panneau.**

   La boîte de dialogue de la Figure 7.3 apparaît.

3. **Choisissez Redémarrer.**

Windows ferme toutes les applications et vous invite à enregistrer les dernières modifications apportées à vos documents. Une fois tous les paramètres sécurisés, il ferme la session et redémarre le PC.

Si des fichiers n'ont pas été enregistrés, Windows vous propose de le faire.

Il vous arrivera de rencontrer des boîtes de dialogue Terminer maintenant. Elles sont produites par des programmes qui s'obstinent à ne pas quitter (il y en comme ça, qu'il faut vraiment pousser vers la sortie...). Cliquez sur le bouton Terminer maintenant afin de reprendre la procédure de redémarrage.

Windows peut redémarrer de lui-même. C'est le cas lors d'une mise à jour, ou si vous avez cliqué sur un bouton Redémarrer l'ordinateur, proposé par un programme d'installation.

N'oubliez pas de retirer toute disquette susceptible de se trouver dans un lecteur avant de relancer votre ordinateur. Si vous y laissez une disquette, l'ordinateur tentera de redémarrer à partir des données de cette disquette et n'y parviendra évidemment pas.

Arrêter ce satané machin

Voici la procédure à suivre pour éteindre correctement un PC :

1. **Cliquez sur le bouton Démarrer.**

2. **Cliquez sur la petite flèche en bas à droite du panneau.**

3. **Dans le menu, choisissez Arrêter.**

   L'ordinateur finit par s'éteindre.

Si des documents ou des fichiers ne sont pas enregistrés, Windows vous demande de le faire avant de tout arrêter.

L'unité centrale éteinte, vous devez éteindre tous les périphériques qui y sont raccordés comme le moniteur, le scanneur et d'autres appareils externes. Vous pouvez aussi tout éteindre d'un seul coup en appuyant sur le bouton Marche/Arrêt de la barrette électrique.

Si vous possédez un onduleur, ne l'éteignez pas. Ses batteries resteront ainsi chargées en permanence.

- Certains programmes refusent de se fermer. Vous devrez alors procéder manuellement, en suivant les procédures classiques de fermeture des applications. Evitez d'éteindre sauvagement.
- Si votre ordinateur s'éteint et redémarre immédiatement, vous avez un problème. Contactez votre revendeur.

Paramétrer le bouton Marche/Arrêt

Eh oui, ça fait longtemps que les PC n'ont plus d'interrupteur Marche/Arrêt, mais un bouton de mise sous tension. Quel est l'avantage ? Eh bien, ce bouton est programmable ! Vous pouvez le configurer pour indiquer à l'ordinateur ce qu'il doit faire lorsque vous appuyez dessus.

En général, appuyer sur le bouton de mise sous tension équivaut à fermer Windows : quand vous appuyez dessus, l'ordinateur exécute automatiquement toutes les étapes que nous venons d'évoquer, mais ce n'est qu'une parmi plusieurs actions possibles. Pour connaître les autres, procédez comme suit :

1. **Ouvrez le Panneau de configuration.**
2. **Cliquez sur la rubrique Système et maintenance.**

3. **Double-cliquez sur Options d'alimentation.**
4. **Dans la boîte de dialogue qui apparaît, cliquez sur le lien Modifier le comportement des boutons d'alimentation.**
5. **Sélectionnez une option dans la liste Lorsque j'appuie sur le bouton de mise sous tension.**
   - **Ne rien faire :** Il ne se passe rien quand vous appuyez sur le bouton.
   - **Mettre en veille :** L'ordinateur passe en veille quand vous appuyez sur le bouton.
   - **Mettre en veille prolongée :** L'ordinateur passe en veille prolongée quand vous appuyez sur le bouton.
   - **Arrêter :** L'ordinateur s'arrête quand vous appuyez sur le bouton.

Tous les ordinateurs n'ont pas de boutons programmables. Par conséquent, ne soyez pas désappointé si le vôtre ne peut pas être configuré.

Voici une astuce à n'utiliser qu'en désespoir de cause. Généralement, le bouton de mise sous tension force l'extinction de l'ordinateur quand vous appuyez dessus pendant deux ou trois secondes, ou un peu plus. C'est l'équivalent du bouton de réinitialisation, qui a disparu sur de nombreux ordinateurs.

Certains ordinateurs sont dotés d'un interrupteur Marche/Arrêt, en plus du bouton de mise sous tension. Il se trouve à l'arrière de l'unité centrale. Ne l'utilisez qu'en cas d'urgence ou de nécessité extrêmes.

Chapitre 8

Windows, le cœur du PC

Dans ce chapitre :

- Le Bureau.
- Utiliser la barre des tâches.
- La zone de notification.
- Le bouton Démarrer.
- Panneau de configuration.
- Trouver les connexions de réseau.
- Découvrir les lieux stratégiques de Windows.
- Un peu d'aide ?

Le système d'exploitation d'un PC est le logiciel qui fait tourner la machine, celui qui commande tout le matériel, et tous les autres programmes. Sans lui, votre PC n'est rien. De prime abord, le système d'exploitation peut paraître compliqué, mais il n'en est rien.

Cet ouvrage est consacré à la partie matérielle de l'ordinateur, mais il faut savoir qu'une bonne partie de ce matériel est directement régi par Windows. Du fait que le matériel est pris en charge par des logiciels, et que ces logiciels sont à leur tour pris en charge par Windows, vous admettrez que des connaissances minimales du système d'exploitation sont indispensables.

Pour en savoir plus sur Windows Vista, y compris sur le Bureau, la barre latérale, la barre des tâches et la zone de notification, reportez-vous à l'ouvrage *Windows Vista pour les Nuls*, publié par First Interactive.

Le Bureau

L'écran principal de Windows s'appelle le *Bureau*. C'est là que s'affichent les fenêtres des programmes que vous utilisez, ou des listes de fichiers, ou encore des icônes. Le Bureau peut comporter ses propres icônes, c'est-à-dire des raccourcis qui ouvrent directement les programmes, dossiers et fichiers que vous utilisez le plus souvent.

La Figure 8.1 montre un Bureau de type Windows Vista. Des icônes se trouvent de ci de là et, à droite, une barre latérale dans laquelle vous pouvez placer des gadgets, comme une horloge analogique, des indicateurs de charge du processeur et de la mémoire vive, un diaporama, etc. En bas de l'écran, vous apercevez le bouton Démarrer et la barre des tâches, que nous étudierons d'ici peu.

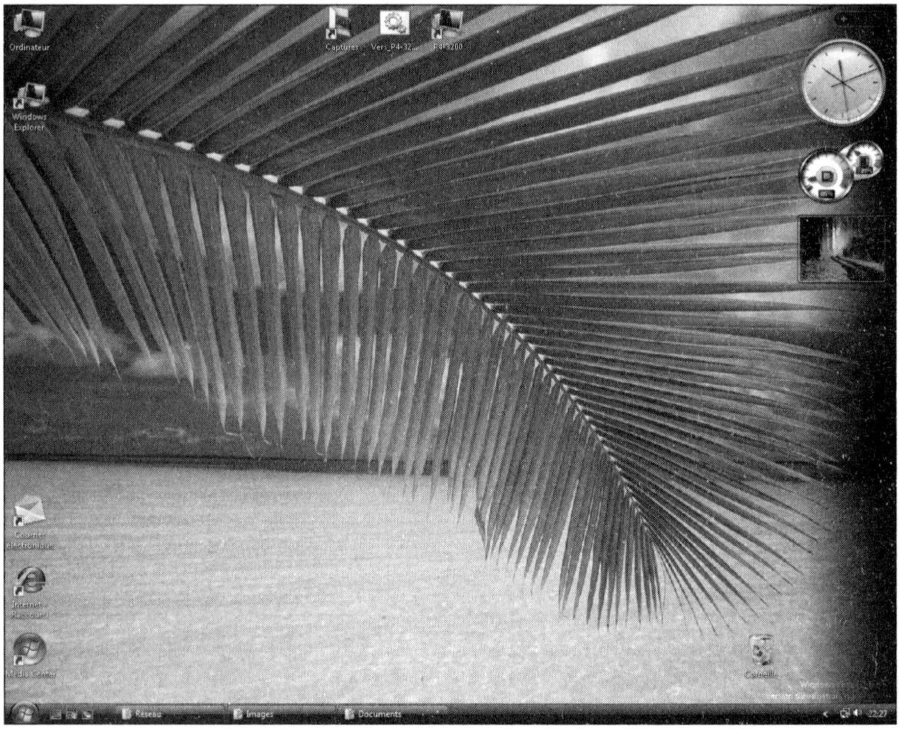

Figure 8.1
Le Bureau de Windows Vista.

- Le *Bureau* n'est rien de plus que le fond sur lequel Windows étale ses affaires, un peu comme sur un véritable bureau. Dans et l'autre cas, le fouillis peut être indescriptible.

- Vous pouvez modifier l'image qui apparaît à l'arrière-plan.

NOTE TECHNIQUE

- Le Bureau est ainsi appelé parce qu'il y a quelques années il ressemblait vraiment à un bureau avec ses blocs de papier, son horloge, ses ciseaux, et tout ce qui fait les attraits d'un bureau traditionnel.

La barre des tâches

Le Bureau ressemble plus à un tableau d'affichage en liège où vous épinglez des icônes, avec la pagaille que cela suppose parfois. Si vous voulez vraiment vous en sortir avec Windows, vous devez recourir à la barre des tâches.

La barre des tâches se trouve en bas de l'écran, comme le montre la Figure 8.2.

Figure 8.2 La barre des tâches.

La barre des tâches sert à contrôler les fenêtres que vous ouvrez à l'écran. Elle permet d'accéder aisément à chacune d'elles en cliquant sur son bouton. A gauche de la barre, se trouve le bouton Démarrer, à partir duquel vous contrôlez réellement Windows. La barre des tâches contient d'autres éléments que nous découvrirons d'ici peu.

La zone de notification

Située à droite dans la barre des tâches (reportez-vous à la Figure 8.2), la barre de notification affiche la date ainsi que de petites icônes représentant les programmes actuellement en fonction dans Windows.

- Vous pouvez en savoir plus sur un programme en double-cliquant sur son icône, dans la zone de notification, ou en cliquant dessus du bouton droit.

- Pour savoir à quoi correspondent les diverses icônes situées dans la barre des tâches, placez dessus le pointeur de la souris, sans cliquer : une info-bulle s'affiche. Si vous pointez sur l'heure, c'est la date qui s'affiche, avec le jour de la semaine.

- La zone des tâches ne peut pas être masquée entièrement, sauf à l'aide d'un utilitaire spécial (ce que je ne recommande pas). Il est cependant possible de masquer des icônes.

Le bouton Démarrer

C'est à partir du bouton Démarrer que vous exécutez bon nombre de tâches sous Windows : activer un programme, vous adonner à diverses activités, configurer Windows et aussi éteindre l'ordinateur.

Le bouton Démarrer se trouve à gauche de la barre des tâches. Cliquer dessus affiche le menu Démarrer. C'est là que tout commence.

- Le menu du bouton Démarrer peut aussi être ouvert en appuyant sur la touche Windows des claviers qui en possèdent une. Sinon, appuyez sur Ctrl+Echap.
- Appuyer sur la touche Echap ferme le menu Démarrer.

Le menu du bouton Démarrer

Le menu du bouton Démarrer sert à démarrer des programmes et aussi à accéder à des emplacements cruciaux, dans Windows. La Figure 8.3 montre un exemple de ce menu.

Les éléments importants du menu Démarrer sont mentionnés dans la figure. Notez qu'il peut être personnalisé. C'est pourquoi le vôtre peut être légèrement différent de celui-ci.

- Pour personnaliser le menu Démarrer, cliquez sur le bouton Démarrer avec le bouton droit de la souris et, dans le menu contextuel, choisissez Propriétés. Dans la boîte de dialogue qui apparaît, cliquez sur Personnaliser. Vous accédez ainsi à diverses options de configuration.
- La Figure 8.3 montre le bouton Démarrer de Windows Vista. Il existe un bouton Classique dont l'apparence est différente. Dans ce livre, nous partons du principe que vous utilisez celui de la Figure 8.3.

Figure 8.3
Le menu du bouton Démarrer.

Le menu Tous les programmes

Tous les programmes – logiciels et applications – installés dans l'ordinateur se trouvent dans le menu Tous les programmes, en bas du menu Démarrer. Cliquer dessus affiche la liste des logiciels. Elle est souvent si longue qu'elle occupe plus d'une colonne.

Le menu Tous les programmes est organisé en programmes et en sous-menus. Pour démarrer un programme, cliquez sur son icône ou sur son nom. Les sous-menus donnent accès à d'autres programmes. Et ce n'est pas tout : un sous-menu peut lui-même posséder des sous-menus !

Le Panneau de configuration

Le Panneau de configuration est un élément qu'il est important de connaître, notamment en ce qui concerne le matériel. C'est une fenêtre spéciale contenant des icônes se rapportant aux nombreux aspects de votre équipement informatique, logiciel et à leur configuration générale.

Procédez comme suit pour ouvrir le Panneau de configuration :

1. **Cliquez sur le bouton Démarrer.**
2. **Cliquez sur le bouton Panneau de configuration, dans la colonne de droite du bouton Démarrer.**

La Figure 8.4 montre un Panneau de configuration bourré d'icônes. Nous verrons plus loin dans ce chapitre à quoi elles servent.

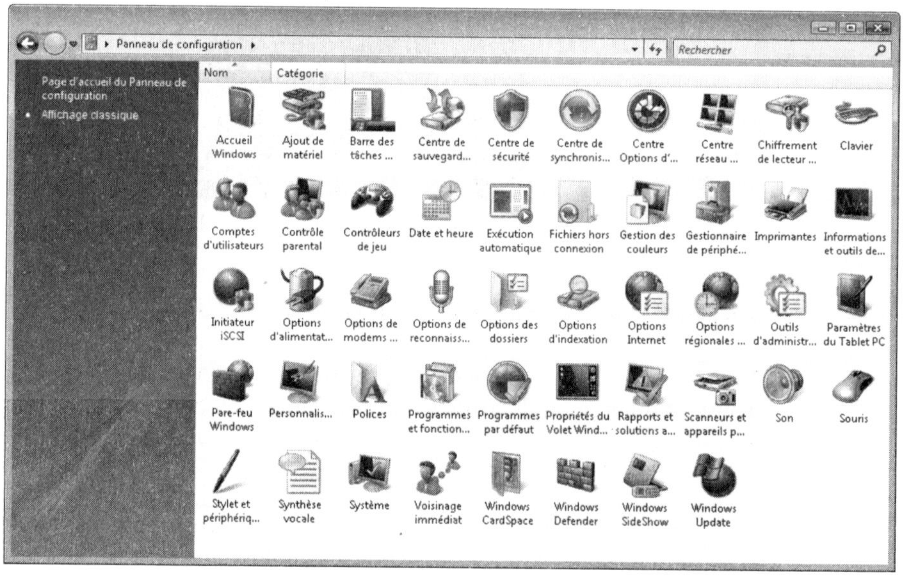

Figure 8.4 Le Panneau de configuration.

Notez que la Figure 8.4 montre le Panneau de configuration en affichage Classique. C'est celui que je préfère et qui est utilisé dans ce livre. Il est plus rapide que l'affichage par catégories. Pour revenir à la présentation classique, cliquez sur le lien Basculer vers l'affichage des catégories, à gauche de la fenêtre.

Les commandes de réseau

Si vous envisagez d'intégrer votre PC à un réseau, ou si vous utilisez une connexion à haut débit (ADSL ou câble), vous devez découvrir où se trouvent les connexions : elles se cachent dans une fenêtre fort opportunément nommée Connexions réseau.

Pour l'afficher, cliquez sur le bouton Démarrer puis sur le bouton Connexion.

Un autre emplacement réseau à connaître est le Centre réseau et partage, accessible en cliquant sur le bouton du même nom, dans la barre d'outils qui surmonte la boîte de dialogue ouverte en cliquant sur Connxion. La fenêtre affiche les diverses connexions disponibles, que ce soit sur le réseau local ou sur l'Internet. Là encore, vous en apprendrez davantage dans la troisième partie.

Où trouver vos affaires ?

Windows a prévu des emplacements pour que vous puissiez y stocker vos affaires, c'est-à-dire les fichiers que vous créez. Le nom à retenir ici est *système de fichiers*. Il s'agit aussi bien du disque dur de l'ordinateur que de ce que vous y placez. Ce sujet est étudié dans la quatrième partie de ce livre. Pour le moment, retenez l'existence de ces trois importants emplacements :

Ordinateur. Vous accédez à cet emplacement en cliquant sur le bouton Démarrer, puis sur le bouton Ordinateur, dans la partie droite du panneau. L'icône en marge, comme les deux qui suivent, est visible dans Windows Explorer, si vous préférez accéder au dossier Ordinateur par ce biais.

Mes documents. Ce bouton se trouve également dans le menu Démarrer. C'est le dossier de stockage principal et par défaut de votre disque dur.

Corbeille. Présente en permanence sur le Bureau, elle contient les fichiers, les documents et les icônes que vous avez supprimés parce que vous n'en aviez plus besoin. Les éléments qui s'y trouvent sont toutefois récupérables.

A l'aide !

Windows est un gros morceau ! Une documentation complète du système d'exploitation occuperait plusieurs volumes aussi gros que ce livre. Même Microsoft ne s'est pas risqué à publier une telle encyclopédie. Il a préféré la condenser dans un système d'aide.

Pour accéder au système d'aide, appuyez sur la touche F1 (veillez à ce qu'aucun programme soit actif). Windows affiche aussitôt le Centre d'aide et de support que montre la Figure 8.5. Tapez un ou plusieurs mots-clés dans le champ Rechercher, ou une question en style télégraphique puis cliquez sur le bouton fléché.

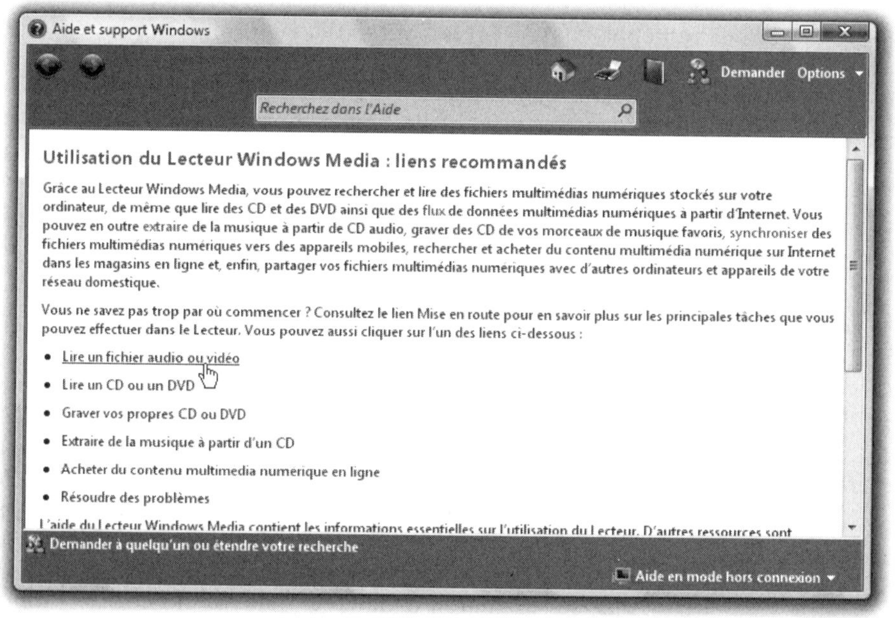

Figure 8.5
Besoin d'aide ?

Notez que Windows peut se connecter à l'Internet pour rechercher des informations complémentaires. C'est normal. Mais il vaut mieux le savoir, si votre connexion est à bas débit.

Le moteur d'aide est son propre programme. Lorsque vous avez fini de l'utiliser, cliquez sur son bouton Fermer, en haut à droite de la fenêtre.

Chapitre 9

Organiser vos fichiers

Dans ce chapitre :

- Comprendre la notion de fichier.
- Description d'un fichier.
- Le nom de fichier et son extension.
- Groupes de fichiers.
- Retrouver un fichier.

Chaque jour, des millions de gens s'installent devant leur ordinateur pour travailler. Ils envoient des courriers électroniques, utilisent un traitement de texte, naviguent sur l'Internet, et jouent aussi à des jeux vidéo. Comme l'utilisation de l'ordinateur est devenue de plus en plus facile au fil des années, ils semblent à l'aise avec leur outil. Pourtant, pour la plupart d'entre eux, l'ordinateur est toujours un objet mystérieux et parfois énervant.

Le problème, avec les ordinateurs, est qu'ils sont devenus si faciles à utiliser que plus personne ne se donne la peine de comprendre ce qui se passe à l'intérieur. Bien que vous parveniez à travailler correctement avec, vous devez savoir ce qui se passe dedans pour mieux en tirer profit. A commencer par cet élément qui est au cœur de tout logiciel : le fichier.

Vous savez ce que c'est, un fichier ?

Je parierais que 80 % des utilisateurs de PC n'ont pas la moindre idée de ce qu'est précisément un fichier. Bon, OK, il y a le menu Fichier. Vous les enregistrez et vous les ouvrez. Ce n'est pourtant qu'en comprenant ce qu'est un fichier que vous comprendrez ce qu'est un ordinateur et que vous commencerez à maîtriser la bête.

Le fichier

Un *fichier* est un bloc de données informatiques stocké dans l'ordinateur. Le mot *fichier* est emprunté au bureau traditionnel, où des données sont inscrites sur des feuilles de papier réunies dans des dossiers et classées dans des armoires.

Evitez cependant de comparer un fichier informatique à une feuille de papier, car c'est plutôt un conteneur, qui peut être de petite taille ou de grandes dimensions. Contrairement à une fiche en papier, un fichier peut contenir une grande variété de choses (du texte, de l'image fixe ou animée, du son...).

N'OUBLIEZ PAS

- Un fichier n'est rien de plus qu'un conteneur, un emplacement dans lequel sont réunies les données stockées dans l'ordinateur.
- Le choix du mot "fichier" n'est pas très heureux. Il eût été plus judicieux de nommer cet élément "conteneur". Le terme "fichier" est ambigu et ne décrit pas adéquatement la nature de ce qui s'y trouve.

Que contient un fichier ?

Au niveau le plus fondamental, toutes les données d'un fichier sont binaires, c'est-à-dire une succession de milliers, de millions voire de milliards de 0 et de 1 :

```
110001001101111011100101101001011011100110011110000 1
```

Ça donne le tournis ! Et pourtant, un ordinateur fait des miracles avec ces deux chiffres. Il existe trois types de fichiers :

- Les documents.
- Les programmes.
- Les fichiers de données.

Ces types de fichiers correspondent à leur contenu, autrement dit à la manière dont les 0 et les 1 sont interprétés par le logiciel qui les traite.

Un *document* est un fichier que vous avez créé. Il peut s'agir d'un document de texte, comme une liste de tâches à effectuer, le chapitre d'un roman ou un mot au prof de Jimmy pour lui expliquer que le gamin n'est pas contagieux. Un document peut aussi être un fichier audio, d'image ou tout type de données que l'ordinateur est capable de créer, de stocker ou de télécharger depuis l'Internet.

Un fichier de *programme* contient des instructions à l'intention du microprocesseur de l'ordinateur. Notez que les programmes sont eux-mêmes constitués de fichiers. Même le système d'exploitation, qui est un programme, est fait de fichiers. En fait, c'est un ensemble de nombreux fichiers.

Les fichiers de *données* sont tous ceux qui ne sont pas exactement des documents ou des programmes. Ce sont, par exemple, les fichiers d'aide, les fichiers temporaires et d'autres éléments qui doivent être sauvegardés dans l'ordinateur.

Tout ce qui se trouve dans l'ordinateur est un fichier, qu'il s'agisse de ceux que vous avez créés ou d'un programme appartenant au système d'exploitation. Bref, toutes les données sont réunies dans des fichiers. Tout est fichier !

Description d'un fichier

A l'instar des gens qui sont tous différents, les fichiers diffèrent les uns des autres. Les gens sont décrits selon leur apparence et par leurs actes. Ils ont une date de naissance et résident quelque part. Il en va de même pour les fichiers, bien qu'ils n'aient pas de sautes d'humeur et ne se soucient guère de prendre du poids.

Tous les fichiers stockés dans l'ordinateur ont divers attributs ou caractéristiques faisant que chacun est unique et différent des autres. Cinq de ces attributs aident non seulement à identifier ce qu'est le fichier, mais aussi à le rendre unique. Ce sont :

- Le nom.
- La taille.
- La date et l'heure.
- Le type.
- L'icône.

Tous les fichiers ont un nom, appelé *nom de fichier.* Il décrit son contenu et permet de savoir à quoi il sert. Le nom d'un fichier est attribué au moment de sa création. Cela est vrai pour tous les fichiers.

Les fichiers ont une taille physique. Ils occupent de la place dans la mémoire vive et sur le disque dur. Certains fichiers sont minuscules, d'autres peuvent être énormes.

Quand un fichier est créé, le système d'exploitation note l'heure et la date de création et les lui affecte. Ces informations facilitent son classement. De nouvelles heure et date sont appliquées chaque fois que le fichier est modifié ou mis à jour, mais l'heure et la date de création restent les mêmes.

Enfin, chaque fichier a un *type*, intimement lié à l'icône que vous apercevez dans Windows. Le type du fichier dépend de son contenu ; chaque programme qui crée un document lui affecte un type spécifique ainsi que l'icône appropriée. C'est un sujet assez vaste qui sera développé un peu plus loin, dans la section "Types et icônes de fichiers".

- A l'instar de la mémoire, la taille d'un fichier est mesurée en octets.
- La taille d'un fichier peut être de zéro octet : le fichier existe mais ne contient rien.
- La taille maximale d'un seul fichier peut être de 4 gigaoctets (NdT : pour un disque dur formaté en FAT32 ; le format NTFS, lui, permet de gérer des fichiers d'environ 17 téraoctets). Mais il est rare qu'un fichier atteigne ce volume.
- L'horodatage est une des raisons pour lesquelles le PC contient une horloge interne, et pourquoi il est important qu'elle soit à l'heure et à la bonne date.
- D'autres attributs décrivent un fichier, notamment ceux qui indiquent s'il s'agit d'un fichier système, caché, en lecture seule, compressé, en archive, etc. Le système d'exploitation se charge de tout ça.

Les fichiers se trouvent dans des dossiers

Autre détail intéressant à savoir : les fichiers sont stockés, sur le disque dur, dans des conteneurs appelés *dossiers*. Encore une métaphore bureaucratique ! On n'en sortira donc jamais !

Les dossiers contribuent à l'organisation et au rangement des fichiers. Il est ainsi possible de réunir des fichiers thématiquement. L'usage des dossiers n'est rien d'autre qu'un moyen commode de ne pas être submergé par la pagaille, tout comme un placard permet de ranger les documents du bureau.

Comme les dossiers jouent un rôle déterminant dans l'organisation et l'utilisation des fichiers, nous leur avons réservé un chapitre entier, le suivant.

Donnez un nom à ce fichier !

Tous les fichiers doivent avoir un nom, et c'est une bonne chose que l'ordinateur vous permette de le choisir. Si lui seul s'en chargeait, le nom des fichiers serait aussi clair qu'une plaque minéralogique.

Comme l'ordinateur nous octroie, à nous humains au cerveau lent, de nommer les fichiers, vous pouvez être aussi créatif et fantaisiste que pour le nom de votre chien.

Choisir le nom le plus approprié

Soyez futé lorsque vous nommez un fichier. Donner un nom aux choses est une activité dans laquelle les humains excellent. Je parle des humains anciens, bien sûr. Car aujourd'hui, pour un gamin de douze ans, tous les animaux sont "une bête".

Vous nommez un fichier au moment de l'enregistrer sur le disque dur. Cela se produit après avoir choisi la commande Enregistrer sous (reportez-vous à la section "La boîte de dialogue Enregistrer sous", plus loin dans ce chapitre). Soyez concis mais descriptif. Limitez-vous aux lettres, aux chiffres et aux espaces. Voici quelques exemples :

```
Agenda
Chapitre 16
Voyage dans les îles
Dépenses 2006
Lieux où déposer les déchets toxiques
```

Chacun de ces exemples est un nom de fichier acceptable, qui indique clairement le contenu du fichier.

N'OUBLIEZ PAS

- Peu importent les minuscules ou majuscules. Bien que Trucmuche soit correct, Windows reconnaîtra de la même manière la graphie trucmuche, Trucmuche et TRUCMUCHE, ou n'importe quelle autre combinaison de majuscules et de minuscules, comme TrucMuche.
- Les minuscules et les majuscules n'ont aucune importance dans un nom de fichier, mais ils en ont lorsque vous tapez l'adresse d'une page Web, sur l'Internet.
- Le nom du fichier est censé vous rappeler ce que ce dernier contient.
- Un fichier peut être renommé après avoir été créé.

Les règles officielles des noms de fichiers

La lecture des règles qui suivent est facultative. Tant que vous vous en tenez à celles que nous venons d'expliquer, vous n'avez guère à vous soucier des détails.

Caractères : N'importe quelle combinaison de chiffres et de lettres, même accentuées ou avec une cédille, est acceptée, ainsi que quelques signes typographiques comme l'apostrophe, le tiret, le signe de soulignement, etc.

Longueur : Techniquement, la longueur du nom de fichier peut être de 255 caractères. Evitez cependant d'attribuer des noms trop longs, que Windows ne parviendra pas à afficher en entier. Il est préférable d'être concis.

Les caractères interdits : Les signes qui suivent ne sont pas admis dans un nom de fichier. Windows affichera un message d'erreur si vous tentez d'en utiliser un.

```
* / : < > ? \ | "
```

Dans Windows, ces signes ont une signification spéciale. Si vous en placez un dans un nom de fichier, Windows refusera l'enregistrement.

Point : Utilisez le point (.) avec parcimonie. Bien qu'il soit possible d'en placer plusieurs dans un nom de fichier, il n'est pas possible d'enregistrer un fichier dont le nom ne comporte que des points (j'ai essayé, ça ne marche pas).

Espace : Un nom de fichier peut contenir des espaces. Evitez d'en placer un au début d'un nom, car il serait difficile à voir. Dans le petit monde de l'informatique, il est de bon ton de remplacer l'espace par le signe de soulignement (_). C'est un vestige de l'époque où, l'espace étant interdit, le soulignement en tenait lieu.

Les chiffres : Ils sont utilisables tout comme les lettres, y compris au début d'un nom.

Types et icônes de fichiers

Le contenu d'un fichier est mystérieux tant qu'il n'a pas été ouvert. A vrai dire, le système d'exploitation peut essayer de deviner ce qu'il contient et, le plus souvent, sa déduction est bonne, mais il ne faut pas s'y fier.

Il se base pour cela sur l'extension du nom de fichier. Elle renseigne Windows non seulement sur le type de fichier, mais aussi sur le programme qui l'a créé, dont l'icône est affichée. Voyons tout cela de plus près.

L'extension du nom de fichier

L'extension du nom du fichier est une sorte de code d'identification ajouté au nom du fichier au moment de sa création. Appliquée par le programme, elle informe le système d'exploitation de ces trois points :

- Le type de fichier créé : document, image, son...
- Le programme qui a créé le fichier.
- L'icône à utiliser pour représenter le fichier.

L'extension procure au système d'exploitation un indice lui permettant de deviner ce que contient le fichier.

Des détails sur l'extension

L'extension du fichier est la dernière partie du nom. Elle se présente sous la forme d'un point suivi de un à quatre caractères. L'extension est généralement masquée.

Par exemple, l'extension `.doc` est utilisée par Microsoft Word pour identifier des documents Word.

L'extension des fichiers des pages Web est généralement `htm` ou `html`.

Les fichiers d'images ont diverses extensions, selon leur type : `jpg`, `gif`, `tif` ou `png`, pour ne citer que les plus connus.

Remarquez qu'il est courant d'écrire l'extension, dans du texte, sans la faire précéder du point, mais dans un nom de fichier, il est obligatoire :

```
Chapitre 20.doc
```

Sur le disque dur, le fichier est enregistré sous le nom Chapitre 20.doc, mais à l'écran, vous ne le verrez peut-être s'afficher que sous la forme Chapitre 20 (l'extension n'en existe pas moins).

- Il existe des milliers d'extensions de fichiers.
- Dans Windows, la plupart des programmes ont une extension `.exe`, car ce sont des fichiers exécutables.
- Vous trouverez une liste des extensions quasiment exhaustive sur ce site :

```
www.filext.com
```

ATTENTION !

- L'extension de fichier est automatiquement ajoutée par le programme qui crée le fichier. Windows a en effet besoin de la connaître. En tant qu'utilisateur de l'ordinateur, il est utile d'en savoir un peu plus sur ce sujet, mais en pratique, vous n'avez pas à vous en occuper.

Voir ou masquer les extensions de fichiers

Vous pouvez demander à Windows d'afficher les extensions lorsque vous consultez une liste de fichiers. La plupart des débutants préfèrent ne pas les voir, les utilisateurs avertis, eux, préfèrent les connaître. Quoi qu'il en soit, masquer ou afficher les extensions s'effectue au même endroit. Procédez ainsi :

1. **Ouvrez l'icône du Poste de travail, sur le Bureau.**

   La fenêtre qui apparaît est celle du programme Explorateur Windows, qui sert à examiner le contenu des disques et des dossiers.

2. **Choisissez Outils/Options des dossiers.**

3. **Dans la boîte de dialogue Options des dossiers, cliquez sur l'onglet Affichage.**

4. **Localisez la case Masquer les extensions des fichiers dont le type est connu.**

5. **Cochez cette case pour afficher les extensions, décochez-la pour les masquer.**

   Si l'option est déjà définie comme vous le désirez, n'y touchez pas.

6. **Cliquez sur OK pour fermer la boîte de dialogue Options des dossiers.**

7. **Fermez la fenêtre Poste de travail.**

Si vous avez choisi d'afficher les extensions, ne manquez pas de lire la section suivante, où il est question du renommage des extensions.

C'est Windows qui se charge d'attribuer et gérer les extensions de fichiers. Ne les modifiez jamais.

Ne renommez pas une extension

Si vous avez configuré Windows pour qu'il affiche les extensions de fichiers (reportez-vous à la section précédente), faites très attention lorsque vous changez le nom d'un fichier avec la commande Renommer : l'extension, elle, ne doit en aucun cas être modifiée !

L'extension de fichier n'est qu'un ajout au nom. Il est parfaitement possible de la renommer ou de la supprimer. Mais, ce faisant, vous ôtez à Windows la possibilité de savoir quel type de données se trouve dans le fichier. Pagaille assurée.

Fort heureusement, Windows vous prévient chaque fois que vous tentez de modifier une extension. Si cela arrive, activez de nouveau la commande Renommer, puis modifiez soigneusement le nom en veillant à ne pas toucher à l'extension.

Les icônes

Windows est un système d'exploitation graphique ; à ce titre, il utilise des *icônes*, c'est-à-dire des pictogrammes, pour représenter les fichiers. Leur graphisme évoque le type de fichier ou le programme qui les a créés.

La Figure 9.1 montre un fichier tel qu'il apparaît dans Windows ; l'icône révèle qu'il s'agit d'un document créé par WordPad. Le nom complet est indiqué dessous, avec l'extension `.rtf`.

Document.rtf

Figure 9.1 L'icône d'un fichier, avec son nom et son extension.

Chaque extension de fichier, ou type de fichier, a une icône spécifique, comme vous le constaterez en utilisant Windows.

Créer des fichiers

Les fichiers sont créés par des *programmes* ou *logiciels*. Spécifiquement, un logiciel qui crée des fichiers est appelé *application.* Par exemple, vous utilisez le traitement de texte Word pour créer des documents : écrire du courrier, des nouvelles, un roman ou un tract tendancieux ou créer une brochure.

L'avantage de l'ordinateur est la facilité avec laquelle vous pouvez créer, grâce au logiciel approprié. L'inconvénient est la propension de l'ordinateur à perdre joyeusement et définitivement tout ce que vous avez créé, à moins d'avoir enregistré vos œuvres sur le disque dur.

Il est primordial d'enregistrer ! Rien n'est véritablement créé tant que vous n'avez pas enregistré !

Peu importe la durée du travail, ni même s'il est en cours. Tant que vous n'avez pas utilisé la commande Enregistrer, il n'existe que dans une partie très volatile de l'ordinateur, à la merci du moindre incident : la mémoire vive ou RAM. Une microcoupure, une erreur au clavier et *pfuiitt !* le travail s'est volatilisé !

Pour éviter ce désastre, vous devez impérativement enregistrer votre travail sur le disque dur, même et surtout en cours de création. C'est à cela que sert la commande Enregistrer.

La commande Enregistrer

Windows propose deux commandes : Enregistrer et Enregistrer sous. Toutes deux se trouvent dans le menu Fichier.

Chaque fois que vous enregistrez des fichiers sur le disque dur, c'est la commande Enregistrer sous qui est utilisée, même si vous avez choisi Fichier/Enregistrer. La commande Enregistrer sous demande à Windows d'attendre que le fichier ait été nommé, puis de l'enregistrer à l'emplacement désiré. C'est alors que le fichier est créé.

Après avoir enregistré sous le nom et dans le dossier choisis, et avoir ainsi créé le nouveau fichier, vous utilisez la commande Enregistrer pour procéder à la mise à jour du fichier. Après avoir avancé le travail, la commande Fichier/Enregistrer sauvegarde les modifications et ajouts faits depuis le dernier enregistrement. Un dernier enregistrement est effectué juste avant de quitter le logiciel.

- La commande Enregistrer peut aussi être exécutée en cliquant sur un bouton de la barre d'outils ou en appuyant sur Ctrl+S.
- Si vous n'avez pas encore enregistré votre travail, choisir la commande Enregistrer équivaut à choisir la commande Enregistrer sous.
- La commande Enregistrer sous sert aussi à enregistrer un fichier sous un autre nom et/ou à un nouvel emplacement.
- Quand un fichier a été enregistré, le nom que vous lui avez donné est affiché dans la barre de titre, en haut de la fenêtre.

La boîte de dialogue Enregistrer sous

La première fois que vous enregistrez quelque chose sur le disque dur, la boîte de dialogue Enregistrer sous apparaît. Elle sert de toute évidence à sauvegarder votre précieux travail sur le disque dur ou sur toute autre unité de stockage. Vous disposez ainsi d'un exemplaire que vous pourrez réutiliser ultérieurement.

C'est dans la boîte de dialogue Enregistrer sous que vous nommez le fichier et que vous choisissez le dossier où vous le stockerez.

La Figure 9.2 montre une boîte de dialogue Enregistrer sous. Elle contient beaucoup de commandes qui impressionnent le débutant. Mais le plus important, c'est le champ Nom de fichier, en bas. C'est là que vous tapez le nom du fichier que vous êtes en train d'enregistrer.

Voici comment utiliser la boîte de dialogue Enregistrer sous, au niveau le plus élémentaire :

1. **Tapez le nom du fichier.**

   Respectez les règles de nom de fichier exposées précédemment. Faites preuve d'astuce. Soyez clair et concis.

2. **Cliquez sur le bouton Enregistrer.**

   Le fichier est à présent en lieu sûr, sur le disque dur.

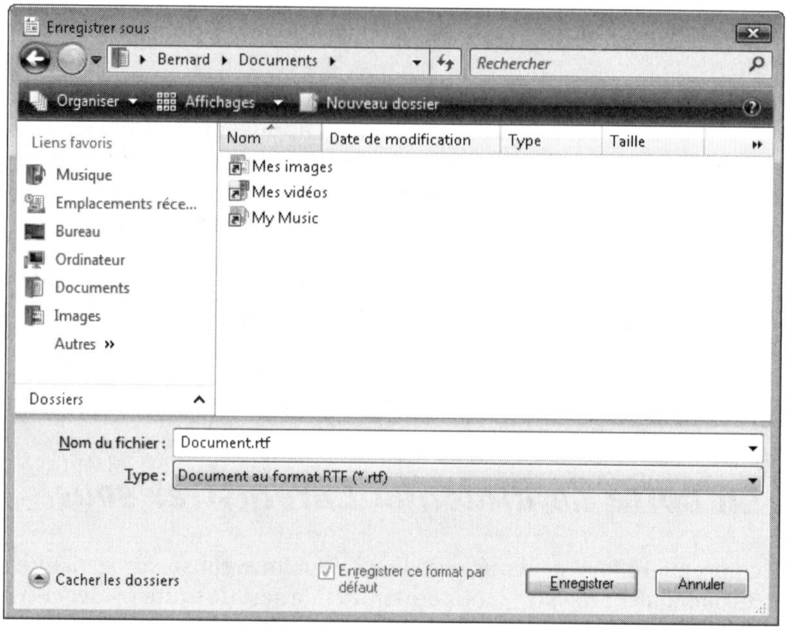

Figure 9.2 Une boîte de dialogue Enregistrer sous.

Vous pouvez me croire, le fichier est désormais à l'abri. Inutile de le confirmer. S'il y avait eu une erreur au cours de la procédure, Windows vous en aurait informé.

Si le bouton Enregistrer ne fonctionne pas, c'est probablement parce que vous avez tenté d'utiliser un caractère non valide dans le nom du fichier, ou tapé le nom d'un fichier qui existe déjà à cet emplacement. Les logiciels les plus conviviaux affichent une boîte d'alerte expliquant succinctement ce qui ne va pas. Les logiciels les plus frustes vous empêchent tout bêtement d'utiliser le bouton Enregistrer.

Les autres commandes de la boîte de dialogue Enregistrer sous vous permettent de sélectionner un autre lecteur ou un autre dossier pour y stocker le fichier.

N'OUBLIEZ PAS

- La boîte de dialogue Enregistrer sous n'apparaît que la première fois que vous enregistrez votre travail sur le disque dur. Ensuite, la commande Enregistrer se contente de réenregistrer le même fichier.

- Toutes les boîtes de dialogue Enregistrer sous ne ressemblent pas exactement à celle de la Figure 9.2. D'autres sont beaucoup plus compliquées, en fonction du programme utilisé. De même, quand vous enregistrez certains types de fichiers, des boîtes de dialogue supplémentaires peuvent vous demander d'autres informations.

- Pour enregistrer un fichier dans un dossier spécifique, ouvrez-le dans la partie principale de la boîte de dialogue Enregistrer sous (ouvrez le dossier en double-cliquant dessus avec la souris).

- Un dossier ou un disque dur peut aussi être choisi dans la liste déroulante Enregistrer dans.

- Cliquez sur le bouton Nouveau dossier, si vous en avez besoin pour y placer votre travail.

- Si vous avez demandé à Windows de ne pas afficher les extensions des noms de fichiers, vous ne les verrez pas dans la boîte de dialogue Enregistrer sous. Dans le cas contraire, elles apparaissent, comme vous le constatez dans la Figure 9.2, où plusieurs fichiers `rtf` (*Rich Text Format*, format de texte enrichi) sont visibles.

- La liste déroulante Type oblige le programme à enregistrer le fichier dans un format défini. Cette commande peut être utilisée pour outrepasser le type de fichier normal du programme, et enregistrer le vôtre sous un autre type. Par exemple, un document Word sera enregistré en texte seul (sans gras ni soulignements, etc.) si vous sélectionnez le type Texte brut (`txt`). Ne jouez avec ces options que si vous savez ce que vous faites.

Travailler avec des groupes de fichiers

Avant de pouvoir vous occuper d'un fichier, vous devez le sélectionner. Vous pouvez sélectionner un fichier seul ou un groupe de fichiers.

Pour sélectionner un seul fichier, cliquez une fois sur son icône avec le bouton de la souris. Comme le montre la Figure 9.3, quand un fichier est sélectionné, son nom est surligné.

Figure 9.3 A droite, l'icône d'un fichier sélectionné.

- Cliquez sur un fichier avec la souris pour le sélectionner.
- Les fichiers sélectionnés apparaissent légèrement surlignés (on dit aussi "en surbrillance") dans le dossier.
- Les commandes Copier, Couper, Renommer, Supprimer, etc., n'affectent que les fichiers sélectionnés.

Sélectionner tous les fichiers d'un dossier

Pour sélectionner rapidement tous les fichiers d'un dossier, cliquez sur Organiser/Sélectionner tout. Cette commande sélectionne – met en surbrillance – tous les fichiers du dossier, mais aussi les sous-dossiers et tout ce qu'ils contiennent.

Une technique encore plus rapide consiste à appuyer sur Ctrl+A.

Sélectionner des fichiers non contigus

Dans un dossier, vous n'avez pas toujours besoin de sélectionner un ensemble de fichiers qui se suivent. Pour sélectionner des fichiers non contigus, comme à la Figure 9.4 :

1. **Cliquez sur un fichier pour le sélectionner.**

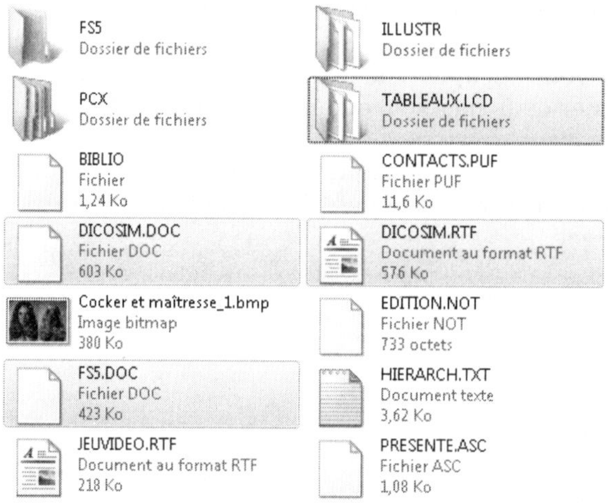

Figure 9.4 Sélection de fichiers non contigus.

Placez le pointeur de la souris sur ce fichier et cliquez une fois sur son icône.

2. **Appuyez sur la touche Ctrl et maintenez-la enfoncée.**

   N'importe laquelle des deux touches Ctrl du clavier fonctionne.

3. **Cliquez sur les autres fichiers à sélectionner.**

   Tant que la touche Ctrl est enfoncée, vous pouvez cliquer sur autant de fichiers que vous le désirez (mais si vous la relâchez, vous ne sélectionnez que le fichier sur lequel vous venez de cliquer).

4. **Répétez l'Etape 3 jusqu'à ce que vous ayez sélectionné tous les fichiers voulus.**

   Ou jusqu'à ce que votre index commence à fatiguer.

5. **Une fois les fichiers sélectionnés, relâchez la touche Ctrl.**

Ce groupe de fichiers sélectionné est maintenant prêt à être manipulé.

Pour désélectionner un élément du groupe, cliquez dessus, touche Ctrl enfoncée.

Sélectionner des fichiers adjacents

Pour sélectionner un groupe de fichiers contigüs, comme Figure 9.5 :

1. **Dans le menu Affichages, choisissez Liste ou Détails.**

2. **Cliquez sur le premier fichier à sélectionner.**

3. **Appuyez sur la touche Maj et maintenez-la enfoncée.**

   N'importe laquelle des deux touches Maj du clavier fonctionne.

4. **Cliquez sur le dernier fichier du groupe à sélectionner.**

   Ainsi, tous les fichiers situés entre le premier et le dernier sont sélectionnés, comme à la Figure 9.5.

5. **Relâchez la touche Maj.**

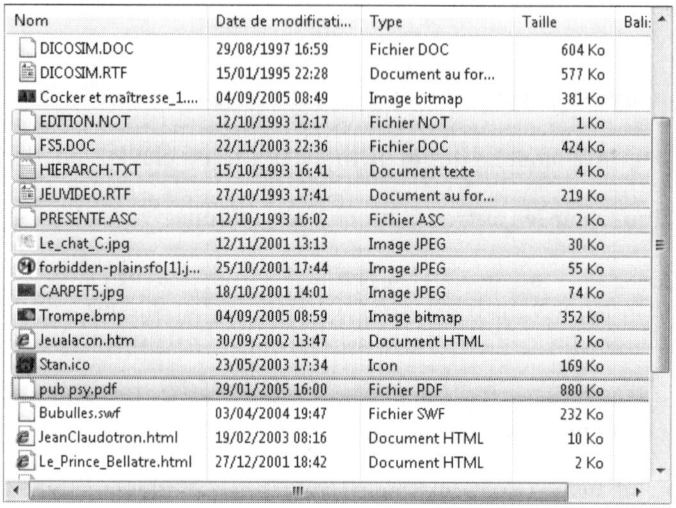

Figure 9.5 Sélection d'un groupe de fichiers contigus.

Cette technique de sélection avec la touche Maj fonctionne admirablement bien quand les fichiers sont affichés en mode Liste ou Détails.

Ne manquez pas d'exploiter les diverses fonctions de tri d'une liste de fichiers. Cliquez du bouton droit dans une partie vide de la fenêtre contenant les fichiers, puis sélectionnez l'une des commandes du menu contextuel. Vous pouvez notamment trier par nom, taille, type...

Prendre un groupe de fichiers au lasso

Une manière pratique de sélectionner des fichiers placés côte à côte consiste à les entourer d'un lasso de sélection à l'aide de la souris. La Figure 9.6 montre comment procéder avec la souris.

Pour sélectionner des fichiers au lasso, commencez par cliquer en haut à gauche de l'ensemble d'icônes qui vous intéresse. Le bouton de la souris enfoncé, tirez en diagonale pour créer un rectangle – le lasso – entourant les fichiers, comme l'illustre la Figure 21.4. Relâchez le bouton : tous les fichiers qui se trouvent totalement ou partiellement à l'intérieur du lasso sont sélectionnés.

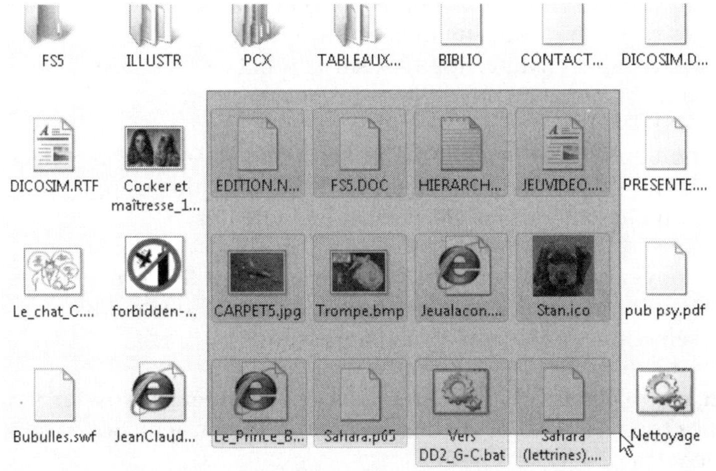

Figure 9.6
Un groupe de fichiers sélectionnés au lasso.

Tout sélectionner sauf un

Voici une astuce que j'utilise constamment. Imaginez un dossier où vous désirez sélectionner tous les fichiers sauf un :

1. **Paradoxalement, cliquez, ou cliquez avec la touche Ctrl enfoncée, pour sélectionnez le ou les fichiers que vous ne désirez pas sélectionner.**

2. **Appuyez sur la touche Alt et, dans la barre de menus, cliquez sur Edition/Inverser la sélection.**

   Voilà ! Les fichiers qui vous intéressent sont maintenant sélectionnés et les autres désélectionnés !

Cette technique fonctionne avec trois, quatre, cinq, etc., fichiers que vous ne désirez pas sélectionner. Vous commencez par ne sélectionner que ces fichiers, et ensuite vous inversez la sélection.

Mélanger ces techniques de sélection

Vous travaillerez souvent avec des groupes de fichiers. Les techniques décrites dans les précédentes sections sont particulièrement utiles, rapides et simples. Sachez que, pour aller encore plus vite, il est possible de combiner ces techniques.

Admettons que vous souhaitiez sélectionner, avec la technique du lasso, deux groupes de fichiers dans un même dossier. Commencez par sélectionner le premier groupe. Ensuite, appuyez sur la touche Ctrl et sélectionnez le second groupe de la même manière que le premier.

Vous pouvez utiliser la méthode de la touche Maj+clic pour sélectionner des fichiers qui se suivent, puis en retirer de la sélection en appuyant sur la touche Ctrl et en cliquant sur les éléments non souhaités.

Vous pouvez aussi sélectionner avec le lasso des fichiers que vous ne désirez pas sélectionner, et appuyer sur Alt puis choisir Edition/Inverser la sélection pour sélectionner ceux qui vous intéressent.

Enfin, n'oubliez pas ceci : Quand vous sélectionnez un dossier, vous sélectionnez tous les fichiers et sous-dossiers qu'il contient. Soyez donc très prudent !

Désélectionner

Pour désélectionner un ou plusieurs fichiers, contentez-vous de cliquer dans un endroit vide du dossier. Vous pouvez également fermer la fenêtre du dossier. Dans ce cas, Windows oublie la sélection.

Des fichiers par-ci, par-là

Les fichiers ne restent jamais en place. Vous allez constamment les copier, les déplacer, les supprimer, etc. Si ce n'était pas le cas, votre disque dur ressemblerait vite à un tel champ de bataille que vous éteindriez votre ordinateur de honte, si des amis se présentaient chez vous à l'improviste.

Déplacer ou couper des fichiers d'un dossier à un autre

Des fichiers sont déplacés et copiés tout le temps. *Déplacer* un fichier consiste à le transplanter d'un dossier vers un autre. *Copier* consiste à dupliquer un fichier, en gardant l'original en place tout en réalisant une copie à l'identique, stockée ailleurs dans le disque dur.

Windows connaît une douzaine de manières de copier et déplacer des fichiers. Peut-être en existe-t-il davantage. Plutôt que de vous les infliger toutes, je préfère vous expliquer ma technique favorite pour déplacer ou copier un fichier ou un groupe de fichiers :

1. **Sélectionnez les fichiers ou les dossiers à déplacer ou à copier.**

2a. **Pour un déplacement, appuyez sur la touche Alt puis, dans le menu, choisissez Edition/Déplacer vers un dossier.**

2b. **Pour une recopie, appuyez sur la touche Alt et choisissez Edition/ Copier dans un dossier.**

   Vous ouvrez la boîte de dialogue Déplacer les éléments que montre la Figure 9.7.

Figure 9.7 La boîte de dialogue Déplacer les éléments.

3. **Sélectionnez le dossier de destination dans la liste défilante.**

   La liste est structurée en arborescence.

4. **Cliquez sur le bouton Déplacer.**

   Le fichier rejoint aussitôt sa nouvelle demeure.

N'OUBLIEZ PAS

La commande Copier duplique les fichiers, la commande Déplacer les met ailleurs.

TRUC

ATTENTION !

- Si le dossier de destination n'existe pas, cliquez sur le bouton Créer un nouveau dossier. Attribuez-lui un nom et placez-y le ou les fichiers.
- Pour déplacer ou copier des fichiers sur un autre lecteur, choisissez sa lettre dans la liste.
- Vous pouvez également couper et coller un dossier. Toutefois, cela implique un plus grand déménagement dans la mesure où vous déplacez par la même occasion le contenu du dossier – lequel peut être très important. Gardez cette option pour les grands ménages de printemps.
- Le très populaire dossier Mes documents se trouve en haut de la liste des dossiers de la boîte de dialogue.
- Plutôt que de copier un fichier, créez un raccourci comme cela est expliqué un peu plus loin dans ce chapitre.

Déplacer ou copier et coller des fichiers

La procédure copier/coller ressemble à la procédure couper/coller, avec toutefois deux petites différences. Le fichier d'origine n'est pas supprimé. Vous vous retrouvez avec deux versions identiques d'un même fichier : l'original et la copie.

Le déplacement d'un fichier est un couper-coller. Voici ces deux procédures :

1. **Sélectionnez les fichiers à déplacer ou à copier.**

2a. **Pour déplacer les fichiers, appuyez sur la touche Alt et choisissez Edition/Couper.**

Ou, ce qui est plus rapide, appuyez sur Ctrl+X.

2b. **Pour copier les fichiers, appuyez sur la touche Alt et choisissez Edition/Copier.**

Ou appuyez sur Ctrl+C. Les fichiers coupés apparaissent en surbrillance encore plus claire, indiquant un état transitoire. Il n'y a pas à s'en formaliser, puisque cet état va disparaître quand vous procéderez à l'Etape 4.

3. **Ouvrez le dossier où vous désirez déplacer ou copier les fichiers.**

4. **Choisissez Edition/Coller.**

Inutile d'appuyer de nouveau sur Alt puisque la barre de menus est toujours affichée.

Les fichiers sont déplacés ou copiés.

Windows mémorise les fichiers sélectionnés pour assurer leur bonne copie ou leur déplacement correct.

- Pour plus de rapidité, privilégiez les raccourcis clavier Ctrl+C pour copier, Ctrl+X pour couper et Ctrl+V pour coller.
- Pour annuler l'opération, appuyez simplement sur Echap avant de procéder au déplacement ou à la copie. Les fichiers en surbrillance claire reprennent leur apparence normale.

Déplacer ou copier des fichiers par glisser-déposer

La manière la plus rapide de déplacer ou de copier un fichier consiste à le glisser et à le déposer dans un dossier à l'aide de la souris. Pour déplacer le fichier, cliquez dessus et, sans relâcher son bouton, faites glisser le fichier jusqu'au dossier de destination. Le signe + et la mention "Déplacer vers" apparaissent à côté de l'icône.

Pour effectuer une copie, utilisez la technique ci-dessus, mais appuyez aussi sur la touche Ctrl. Le signe + et la mention "Copier sur" apparaissent à côté de l'icône du fichier attestant qu'il s'agit bien d'une copie et non d'un déplacement.

Lorsque vous glissez-déposez des dossiers dans d'autres lecteurs, Windows effectue toujours une copie. Pour qu'il effectue un déplacement, appuyez sur la touche Maj.

Dupliquer un fichier

Pour dupliquer un fichier, copiez-le dans le dossier où il se trouve. La duplication est identifiée par l'ajout d'un tiret et du suffixe `Copie` au nom du fichier, avant le point et l'extension. Exemple : le fichier Toto.txt devient Toto - Copie.txt.

Copier un fichier vers un disque amovible

Aujourd'hui encore, il arrive que l'on copie des fichiers sur un lecteur de disquettes (eh oui !) ou sur un lecteur amovible. Voici comment procéder :

1. **Insérez une disquette ou un disque dans le lecteur.**

   Dans le cas d'un lecteur de cartes, assurez-vous que la carte est montée dans le lecteur.

2. **Cliquez du bouton droit sur le fichier à copier et choisissez Envoyer vers, puis, dans le sous-menu, sélectionnez le disque de destination.**

   Le sous-menu Envoyer vers contient la liste de tous les disques amovibles, y compris les lecteurs de CD et de DVD.

   Les fichiers sont aussitôt copiés sur le lecteur.

Vérifiez toujours que le disque inséré dispose d'un espace libre suffisant pour y copier vos fichiers.

- N'ôtez pas la disquette, la carte mémoire ou la clé USB tant que tous les fichiers n'ont pas été copiés.
- Les options du sous-menu Envoyer vers diffèrent d'un ordinateur à l'autre. Tout dépend des périphériques de stockage installés.
- Pour copier des fichiers vers un autre disque dur, utilisez les commandes Déplacer et Copier décrites précédemment.

Créer des raccourcis

Quand vous copiez un fichier, vous le copiez *en totalité*. Quelquefois, il n'est pas nécessaire de tout copier, en particulier ces gros fichiers qui avalent de l'espace disque comme les ours avalent le saumon. Vous pouvez vous contenter de créer un raccourci.

Un *raccourci* est un fichier extrêmement léger dont la seule fonction est de pointer vers un autre fichier afin de l'ouvrir. Il permet d'y accéder rapidement depuis n'importe quelle partie de votre ordinateur. Par exemple, vous placerez un raccourci vers Word sur le Bureau, ce qui permettra de le démarrer beaucoup plus vite que par le menu Démarrer.

Pour créer un raccourci, suivez les mêmes étapes que pour copier un fichier (décrites dans les sections précédentes), mais choisissez la commande Edition/Coller le raccourci au lieu de la commande standard Coller.

- Si la commande Touche Alt puis Edition/Coller le raccourci n'est pas disponible, cliquez du bouton droit sur le fichier de destination. Dans le menu contextuel, choisissez Coller le raccourci.
- Pour créer rapidement un raccourci sur le Bureau, cliquez du bouton droit sur une icône et choisissez Envoyer vers/Bureau (créer un raccourci).
- Les icônes de raccourci sont accompagnées d'une petite flèche dans un carré blanc. Elle indique qu'il s'agit d'un raccourci de fichier et non du fichier lui-même.

- Ne craignez pas de supprimer des raccourcis ; cela n'affecte en rien le fichier, dossier ou programme d'origine.

Supprimer des fichiers

Une partie des tâches de maintenance du disque dur consiste à éliminer les éléments obsolètes ou devenus inutiles.

Pour supprimer un fichier, cliquez dessus du bouton droit et, dans le menu contextuel, choisissez Supprimer. Cette procédure place en réalité le fichier sélectionné dans la Corbeille, d'où il pourra éventuellement être récupéré ultérieurement. Vous pouvez également supprimer des fichiers en pressant simplement la touche Suppr. Vous pouvez aussi supprimer les fichiers en les faisant glisser avec la souris sur l'icône de la Corbeille, sur le Bureau de Windows.

- Windows vous met en garde lorsque vous supprimez des fichiers. Etes-vous *bien sûr* de ce que vous faites ? Vous l'êtes probablement, mais Windows est prudent.
- Vous pouvez supprimer des fichiers comme des dossiers. Toutefois, n'oubliez pas que, dans ce dernier cas, vous supprimez d'un coup tout leur contenu, soit peut-être des dizaines d'icônes, de fichiers, de dossiers, etc.
- Ne supprimez jamais de fichiers ou de dossiers appartenant au dossier Windows.
- Ne supprimez jamais de fichiers du dossier racine de votre disque dur.

- En fait, ne supprimez jamais de fichiers que vous n'avez pas créés vous-même.
- Ne supprimez pas vos programmes ! Utilisez plutôt un outil spécialisé pour cette tâche dans le Panneau de configuration Windows.
- Sous Windows, les logiciels et les programmes ne doivent en aucun cas être supprimés, mais désinstallés.

Récupérer des fichiers supprimés

Si vous venez tout juste de supprimer un fichier, choisissez Edition/Annuler (Ctrl+Z) avant d'entreprendre toute autre action. Le fichier reviendra à sa place.

Si la commande Annuler ne fonctionne pas, récupérez un fichier supprimé par erreur en procédant comme ceci :

1. **Ouvrez la Corbeille, située quelque part sur le Bureau.**
2. **Sélectionnez le fichier que vous désirez récupérer.**
3. **Dans la barre d'outils, cliquez sur le bouton Restaurer cet élément.**

   Le fichier réapparaît comme par magie à son emplacement d'origine.
4. **Fermez la fenêtre de la Corbeille.**

Tant qu'un élément n'est pas supprimé de la Corbeille, il peut toujours être restauré. Ne supprimez des fichiers dans la Corbeille que si vous avez l'absolue certitude qu'ils sont désormais inutiles.

- Dans le menu de la Corbeille, accessible en appuyant sur la touche Alt, choisissez Affichage/Regrouper par/Date de suppression. Vous affichez ainsi chronologiquement les éléments supprimés, ce qui facilite la recherche d'un fichier à récupérer.
- Les fichiers supprimés avec les touches Maj+Suppr le sont définitivement. Ils ne sont pas stockés dans la Corbeille et ne peuvent plus être récupérés. C'est pourquoi vous ne devez utiliser cette commande qu'à bon escient, par exemple pour supprimer des données confidentielles.

Pour quitter la fenêtre de recherche, appuyez sur le bouton Précédent, en haut à gauche.

Si votre clavier a une touche Windows, appuyez sur Win+F pour ouvrir la boîte de dialogue de recherche.

Chapitre 10

De l'ordre dans l'ordi

Dans ce chapitre :

- La notion de dossier.
- Le jargon des dossiers.
- Les dossiers les plus connus.
- Utiliser Windows Explorer.
- Manipuler des dossiers.
- La boîte de dialogue Ouvrir.

Au fur et à mesure que vous travaillerez avec votre PC, vous vous rendrez rapidement compte que les fichiers s'accumulent. Il y en a partout ! Des fichiers que vous avez créés, d'autres que vous avez téléchargés de l'Internet. Ils se multiplient comme des lapins. Que faire, que faire ?

La solution à ce déferlement de fichiers tient en un mot : organisation. C'est de là que découle la notion de *dossier*, qui correspond au premier niveau d'organisation de vos documents. Même les programmes, et Windows, ont recours aux dossiers pour leur organisation interne. Ce sont comme des armoires ou des étagères où vous placez vos affaires.

Les dossiers

Un *dossier* est un emplacement destiné à recevoir des fichiers traitant d'un thème commun. En vérité, rien ne vous oblige à organiser les données que vous stockez sur votre disque dur. Vous pouvez même l'utiliser des mois entiers sans jamais créer un seul dossier. Mais quelques problèmes risquent d'apparaître très vite. En effet, Windows ne se soucie guère de vos habitudes de rangement. Avec des dossiers, vous serez organisé et pourrez toujours retrouver vos données. Sinon, vous parviendrez quand même à vos fins... mais beaucoup moins vite.

En ce qui me concerne, je préfère m'organiser. Sachant qu'un PC peut contenir des dizaines voire des centaines de milliers de fichiers, imaginez le travail s'il fallait les faire défiler pour trouver un fichier dont on ne se souvient que très vaguement du nom. Et je ne parle pas des fichiers dupliqués et de la lenteur de l'ordinateur chaque fois que vous devriez en ouvrir ou en enregistrer un !

Les dossiers sont indispensables. Sans eux, il n'y a ni ordre ni organisation. Windows les utilise, alors pourquoi pas vous ?

- Un dossier est un espace de stockage pour les fichiers.
- Tous les fichiers stockés dans le disque dur de l'ordinateur sont conservés dans des dossiers d'où ils ne risquent pas de s'échapper.

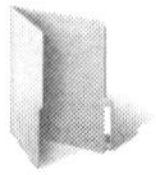

  Sous Windows, les dossiers apparaissent sous cette forme. Pour les ouvrir, double-cliquez dessus. Cette action affiche le contenu du dossier dans une fenêtre.

- Des dossiers peuvent contenir des sous-dossiers. C'est un peu comme les poupées russes.

- Un dossier est parfois appelé *répertoire*. C'est une relique de l'époque de MS-DOS, qui découlait lui-même d'Unix, le système d'exploitation qu'utilisait le druide Panoramix.

La fabuleuse filiation des dossiers

Que vous le vouliez ou non, le disque dur de tous les ordinateurs contient des dossiers. Un disque dur sert à stocker des fichiers, et ces fichiers doivent est stockés dans des dossiers. Cela dit, des dossiers judicieusement nommés sont à votre disposition lorsque vous démarrez Windows, comme nous allons le voir.

Le dossier racine

Chaque disque, même une modeste disquette, contient au moins un dossier. Ce dossier – le dossier principal – est appelé *dossier racine*. Telles les branches d'un arbre, tous les autres dossiers de votre disque dur partent de cette base.

Le dossier racine ne possède pas d'icône spécifique. Il utilise celle du lecteur. Par conséquent, le dossier racine du lecteur C est identifié par l'icône du lecteur C dans Ordinateur ou Windows Explorer.

- Le dossier racine est le dossier principal, voire unique, de n'importe quel disque.
- Ce dossier racine n'est pas associé à une icône particulière. En fait, s'il devait ressembler à quelque chose, ce serait au lecteur de disques lui-même. En tout cas, c'est ainsi que les programmes Ordinateur et Explorateur Windows le présentent.
- Le dossier racine est aussi parfois appelé *répertoire racine*.

Le sous-dossier

Un *sous-dossier* est un dossier contenu dans un dossier. Par exemple, le dossier Windows est un *sous-dossier* du dossier racine du disque C, et le dossier Images est un sous-dossier du dossier Documents.

- Les dossiers peuvent contenir des fichiers ainsi que d'autres dossiers.
- Le nombre de sous-dossiers est illimité. Le niveau d'imbrication aussi, c'est-à-dire que vous pouvez avoir le dossier d'un dossier d'un dossier contenant lui aussi des dossiers... à l'infini. Attention ! la création des dossiers répond à un souci d'organisation. Ne créez pas des dossiers et des sous-dossiers à tort et à travers !
- Un sous-dossier s'appelle aussi "dossier *enfant*".
- Le dossier *parent* est celui qui contient le sous-dossier. Donc, si Windows est un dossier du répertoire racine, ce dernier est le parent de son enfant Windows.
- Oui, "dossier parent" et "dossier enfant" sont des termes peu utilisés. Peut-être pour des raisons de famille...

Le dossier Documents

Le dossier racine appartient au disque dur ; l'être humain n'a rien à y faire. A la place, Windows propose un dossier destiné à recevoir vos créations : le dossier Mes Documents. C''est l'emplacement de stockage par défaut de votre travail. Si vous ne changez pas l'emplacement de sauvegarde de vos fichiers, ils seront enregistrés dans ce dossier.

Le dossier Documents est votre dossier personnel dans Windows, où vous entreposerez vos petites affaires.

- Faites du dossier Documents l'emplacement unique où vous engrangerez ce que vous créez et ce que vous récupérez.
- N'hésitez pas à créer des sous-dossiers dans le dossier Documents. Ce sujet est développé tout au long de ce chapitre.
- Le dossier Documents se trouve par défaut sur le disque C. Mais si votre PC est équipé de plusieurs disques durs, vous y stockerez sans doute des fichiers. Dans ce cas, vous pouvez sans problème utiliser leur dossier racine.

Mes dossiers rien qu'à moi

Le dossier Documents contient des sous-dossiers prédéfinis qui vous aideront à comprendre comment organiser le disque dur. Vous y trouverez les dossiers suivants :

Images : C'est là que les logiciels de création graphique enregistrent spontanément les images. Ça, c'est de l'organisation ! Vous n'avez rien fait et c'est déjà rangé !

Musique : Les logiciels audio, comme le Lecteur Windows Media, y placent les différents fichiers audio que vous enregistrez dans le PC.

Vidéos : Vous avez deviné ? Mine de rien, vous commencez à devenir organisé...

Keskeucé ? comme dirait le Concombre masqué. Vous découvrirez par la suite d'autres dossiers dans Documents, créés à votre insu mais de votre plein gré par tel ou tel programme ou par vous-même. Et si vous ne savez décidément pas où mettre quelque chose, il reste deux oubliettes fort connues : le dossier Divers, que vous ne manquerez pas de créer, et la Corbeille.

Les dossiers interdits

L'ordinateur crée des dossiers pour les éléments nécessaires au fonctionnement de Windows et pour les applications que vous installez sur votre machine. C'est ce que j'appelle les *dossiers interdits*. Ne jouez pas avec !

- Ne farfouillez pas dans un dossier que vous n'avez pas créé.
- Enregistrez vos fichiers dans le dossier Documents, jamais dans le dossier racine du disque C, et moins encore dans le dossier Windows.
- Seuls les experts en informatique peuvent s'aventurer dans les dossiers interdits.
- N'allez dans un dossier interdit que si cela vous a été expressément demandé.
- Le dossier racine du disque dur est considéré comme interdit.

Le dossier Windows

Windows lui-même réside dans le dossier Windows. Il contient de nombreux fichiers vitaux indispensables au système d'exploitation. N'y touchez en aucun cas.

Le dossier Windows et ses sous-dossiers sont quelquefois appelés *dossiers système* (NdT : à ne pas confondre avec un des sous-dossiers de Windows nommé System).

Le dossier Program files

Ce dossier, dont le nom n'a pas été traduit pour des raisons de compatibilité logicielle, contient tous les programmes installés sur votre ordinateur. Chacun se trouve dans son propre dossier ou dans un dossier portant le nom de l'éditeur du programme. Pourquoi ne pas y regarder de plus près ?

1. **Ouvrez l'icône Ordinateur.**

2. **Ouvrez l'icône du lecteur C (disque dur).**

   Cette étape affiche le contenu du dossier racine du lecteur C.

3. **Ouvrez le dossier Program files.**

   La fenêtre Program Files apparaît. Elle affiche tous les dossiers de tous les programmes installés sur votre PC.

   Regardez mais ne touchez à rien.

4. **Fermez la fenêtre Program files.**

Comment savoir qu'une application se trouve bien dans son dossier ? Parfois, les programmes sont dans un dossier générique, c'est-à-dire un dossier créé par l'éditeur du programme qui y place toutes les applications dont il est l'auteur. Ainsi, le dossier Adobe contient tous les programmes de l'éditeur Adobe, comme Acrobat Reader, Photoshop, Premiere, etc. Chaque fois que vous installerez un programme Adobe, il ira directement dans ce dossier.

Les autres dossiers

Le lecteur C contient bien plus de dossiers que cela. Certains appartiennent à Windows, d'autres ont été créés par les programmes que vous avez installés sur votre machine.

Ne modifiez aucun dossier dont vous n'êtes pas le créateur ! On regarde, mais on ne touche pas !

Windows Explorer

La manipulation des fichiers et des dossiers se déroule dans un programme appelé Explorateur Windows dans les versions précédentes, et à présent resté en anglais sous le nom de Windows Explorer, peut-être pour rimer avec Internet Explorer... Vous y voyez tous les dossiers présents sur votre ordinateur et les fichiers qu'ils contiennent. Il vous est aussi possible de créer de nouveaux dossiers, d'en supprimer, d'en déplacer, de les copier d'un disque à un autre... Grâce à l'Explorateur... oups, Explorer Windows vous peaufinez l'organisation de vos éléments de travail.

Windows Explorer s'ouvre de multiples façons. La plus rapide consiste à appuyer sur la touche Windows de votre clavier, puis sur la touche E. Il apparaît comme à la Figure 10.1.

Dans la Figure 10.1, Windows Explorer afgfiche tous les dossiers et les fichiers du dossier Projets perso où règne, osons le dire, un joyeux désordre. Le chemin `Bernard > Documents > Projets perso` est affichée dans la barre de titre ; vous savez ainsi quel est le dossier que montre Windows Explorer. Son contenu apparaît dans la fenêtre de droite ; la barre d'outils et l'arborescence sont en haut et à gauche.

Une barre de menu contenant des menus Fichiers, Edition, Affichage et Outils peut être affichée et masquée en appuyant sur la touche Alt. Elle poeut aussi être affichée en choisissant Organiser/Disposition/Barre de menus. Cette manipulation fonctionne avec beaucoup de fenêtres de Vista.

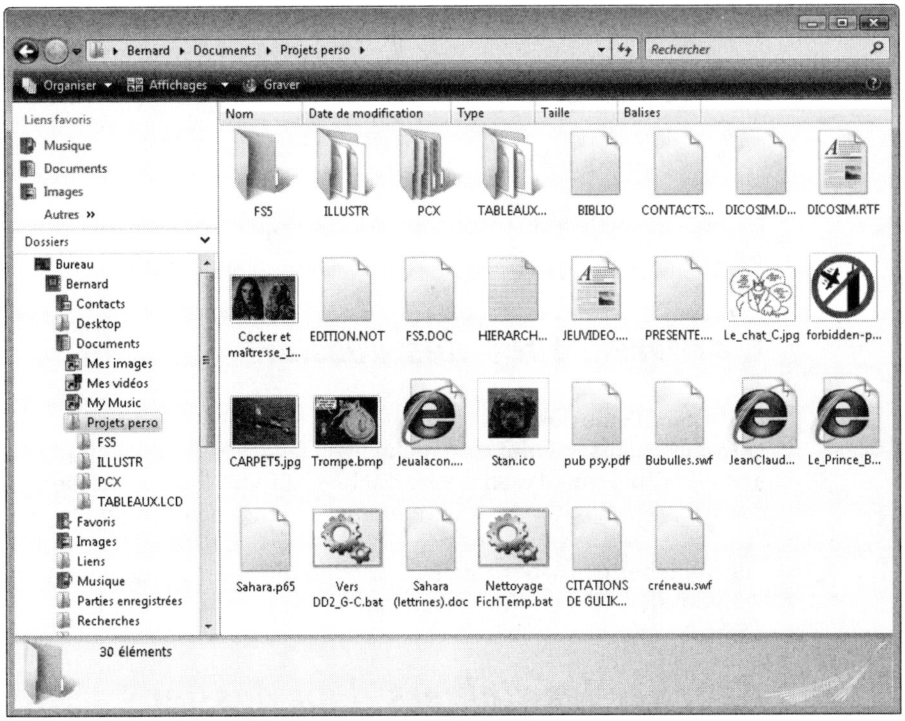

Figure 10.1 A gauche, Windows Explorer affiche la structure arborescente de vos lecteurs. A droite, il affiche le contenu du dossier sélectionné (et vous appelez ça un dossier bien rangé ?).

Ouvrir un dossier

Chaque fois que vous double-cliquez sur un dossier, dans Windows Explorer, il s'ouvre et affiche son contenu comme à la Figure 10.1.

Quand vous ouvrez un fichier, là encore en double-cliquant dessus, le programme qui l'a créé démarre et en affiche le contenu. A vrai dire, ce n'est pas forcément le programme qui l'a créé : un fichier d'image peut s'ouvrir dans un visualiseur et non dans un logiciel de création graphique.

Quand vous ouvrez un fichier de programme, ce programme – ou logiciel – s'exécute.

Ouvrir un sous-dossier affiche son contenu. La fenêtre montre à présent d'autres fichiers. Vous pouvez configurer Windows afin que chaque dossier s'ouvre dans une fenêtre distincte. Voici comment :

1. **Dans la barre d'outils, choisissez Organiser/Options des dossiers et de recherche.**

La boîte de dialogue Options des dossiers apparaît.

2. **Sous l'onglet Général, choisissez l'option Ouvrir chaque dossier dans une fenêtre séparée.**

3. **Cliquez sur OK.**

N'oubliez pas de fermer tous les dossiers ouverts lorsque vous n'en avez plus besoin.

L'arborescence des dossiers

Cette kyrielle de dossiers et fichiers est organisée en *structure arborescente*. Elle est visible dans le volet de gauche de la Figure 10.1. Vous cliquez dedans pour accéder rapidement à un dossier, si bien sûr vous savez où il se trouve. Cliquez dessus pour afficher son contenu dans le volet de droite de la fenêtre.

Les branches de l'arborescence sont déployées en cliquant sur le signe plus (+) d'un dossier. Cliquez sur le signe moins (-) pour les rétracter.

Afficher les fichiers d'un dossier

Le bouton Affichages, situé à l'extrême droite de la barre d'outils Standard de Windows Explorer, contient un menu permettant d'afficher les fichiers de différentes manières :

Très grandes icônes : Idéal pour prévisualiser les fichiers graphiques, qui apparaissent en miniature. Les autres icônes sont représentées par de magnifiques dessins, mais cependant encombrants. Observez les icônes des dossiers : l'on voit dépasser les documents et images contenus dans le dossier, comme le montre la Figure 10.2.

Grandes icônes : Les miniatures sont plus petites, permettant d'en afficher davantage et retrouver plus facilement le fichier graphique désiré.

Grandes icônes : Les miniatures sont plus petites, permettant d'en afficher davantage et retrouver plus facilement le fichier graphique désiré.

Icônes moyennes : C'est une bonne option pour afficher de nombreuses icônes à la fois.

Petites icônes : Les icônes sont minuscules, affichées sur plusieurs colonnes.

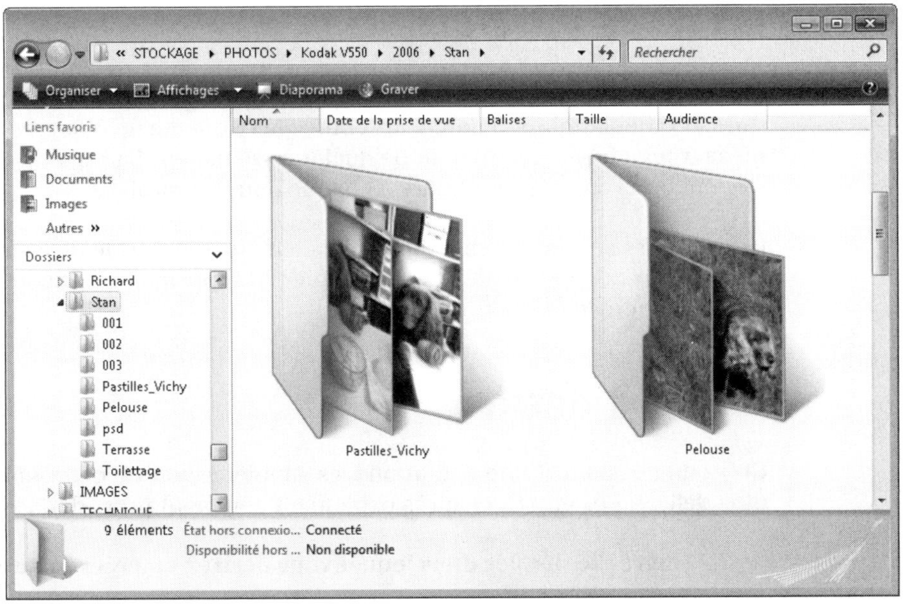

Figure 10.2 Eh oui, ce sont bien les photos présentes dans le dossier qui dépassent !

Notez que la glissière passe d'une option d'icône à une autre sans solution de continuité, permettant de choisir une taille d'icône intermédiaire. En revanche, dans les options qui suivent, la taille des icônes est prédéfinie.

Liste : Affiche les fichiers sous forme de liste. Une toute petite icône précède le nom du fichier.

Détails : Permet d'afficher des informations détaillées sur les fichiers contenus dans un dossier. Ces informations sont réparties en colonnes. C'est une excellente option pour travailler efficacement.

Mosaïques : Affiche des petites icônes qui représentent le type de fichiers stockés dans un dossier.

Si vous avez un peu de temps, testez ces différentes options d'affichage.

- Ces modes peuvent être sélectionnés dans le menu Affichage.
- Le mode Pellicule de Windows XP a disparu de Vista.

Manipuler des dossiers

En fonction de votre activité, vous devrez organiser vos fichiers dans des dossiers thématiques. Sinon, vous courez le risque de ne plus très bien savoir où se trouve tel fichier au bout de quelques semaines. La sagesse et la logique veulent que l'on crée un dossier à chaque nouveau projet.

Les dossiers se manipulent comme des fichiers. Une fois le dossier créé, vous pouvez le renommer, le déplacer, le copier, le supprimer ou encore créer un raccourci vers le dossier.

Créer un dossier

Créer un dossier est une opération très simple. Savoir où créer un dossier est plus délicat. Les étapes ci-après expliquent comment procéder :

1. **Ouvrez le dossier dans lequel vous désirez en créer un autre.**

   Ce dossier peut être la racine du disque dur : dans le menu Démarrer, cliquez éventuellement sur l'icône Ordinateur et ouvrez le disque C. Si ce dossier n'existe pas, vous pouvez le créer après avoir suivi cette leçon.

2. **Choisissez Disque local (C:) ou cliquez dans le dossier qui doit recevoir le nouveau dossier et, dans le menu contextuel, choisissez Nouveau/Dossier.**

   Un dossier nommé Nouveau dossier apparaît. Remarquez que son nom est sélectionné. Cela signifie que vous pouvez taper immédiatement un nouveau nom de fichier.

3. **Remplacez le nom attribué par défaut, Nouveau dossier, par un nom plus explicite comme Textes.**

   Le dossier s'appelle à présent Textes, ce qui est plus explicite que l'insipide Nouveau dossier.

4. **Appuyez sur Entrée pour valider ce nom.**

   Le nouveau dossier est prêt à recevoir vos documents.

Double-cliquez sur l'icône du dossier pour l'ouvrir. Une fenêtre vierge apparaît. Logique, puisqu'il n'y a encore rien dans ce nouveau dossier. A vous de le remplir !

N'OUBLIEZ PAS

- Faites preuve d'astuce dans la dénomination de vos dossiers ! Le nom doit évoquer son contenu.
- On peut dire que les dossiers se manipulent comme des fichiers. Après en avoir créé un, vous pouvez le renommer, le copier, le supprimer ou créer un raccourci pointant vers lui.

La boîte de dialogue Ouvrir

Quand vous utilisez l'ordinateur, vous êtes souvent obligé de rechercher un fichier dans des dossiers, lorsque vous utilisez la commande Ouvrir. Par exemple, vous voulez ouvrir ce document sur lequel vous avez travaillé d'arrache-pied hier, celui qui contient les plans secrets pour envahir le Kentucky.

Vous utilisez la commande Ouvrir pour récupérer un fichier précédemment enregistré sur le disque dur. Elle se trouve sous le menu Fichier, à moins que vous préfériez cliquer sur le bouton Ouvrir qui figure en principe sur la barre d'outils ou recourir au raccourci clavier Ctrl+O ?

La Figure 10.3 montre une boîte de dialogue Ouvrir tout à fait caractéristique.

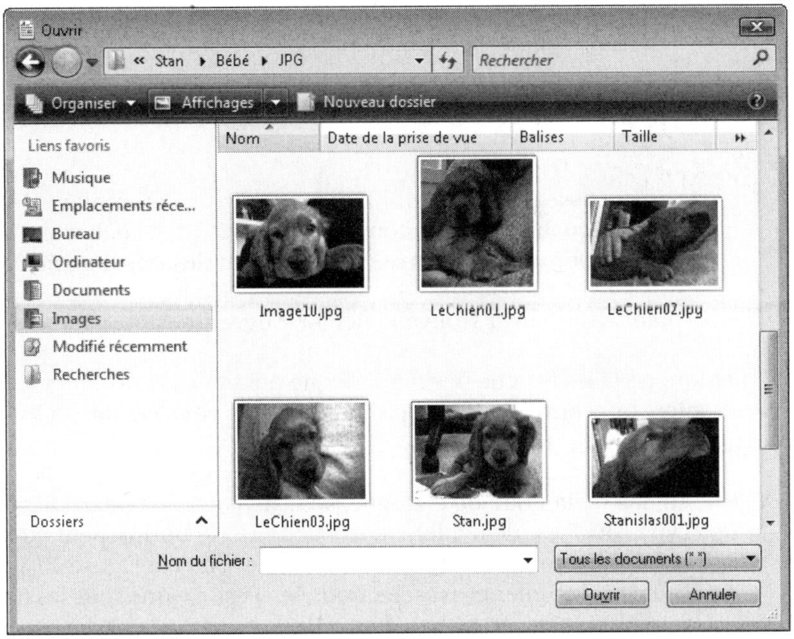

Figure 10.3 Une boîte de dialogue Ouvrir type.

A l'instar de Windows Explorer, la partie principale de la boîte de dialogue Ouvrir montre des fichiers. Vous pouvez présenter son contenu de diverses manières, exactement comme nous l'avons expliqué ci-avant dans la section "Afficher les fichiers d'un dossier".

Quand vous avez trouvé le fichier qui vous intéresse, dans la boîte de dialogue Ouvrir, cliquez dessus. Cette action sélectionne le fichier, dont le nom apparaît surligné en bleu. Cliquez ensuite sur le bouton Ouvrir. Windows affiche aussitôt son contenu à l'écran. Vous pourrez ensuite en faire ce que vous voulez : le consulter, l'éditer, le modifier, l'imprimer... Ce que vous voulez !

Si vous ne parvenez pas à trouver le fichier désiré, utilisez les diverses commandes qu'offre la boîte de dialogue :

1. **Si votre fichier apparaît, ouvrez-le.**

    - Cliquez sur le bouton Documents, dans le volet de gauche. Vous affichez le contenu de ce dossier dans la partie droite.

    - Double-cliquez sur un dossier pour l'ouvrir et afficher son contenu dans la zone centrale de la boîte de dialogue.

    - Pour revenir au dossier précédent, cliquez sur le terme précédent, dans la barre d'adresse de la barre de dialogue. Par exemple, dans la Figure 10.3, pour quitter le dossier `JPG` et revenir au dossier `Bébé`, en amont, cliquez sur le mot Bébé. Vous pouvez aussi cliquer directement sur `Stan` pour remonter de deux niveaux dans l'arborescence, ou cliquer sur les doubles chevrons (<<) pour remonter encore plus loin dans l'arborescence.

    - Choisissez un autre emplacement où vous étiez allé antérieurement en cliquant sur le bouton fléché à droite dans la barre d'adresse afin de le dérouler, et en sélectionnant l'un des dossiers mémorisés.

    Quand vous aurez trouvé le fichier, ouvrez-le.

C'est lors de la recherche des fichiers que nommer les dossiers et les fichiers de manière appropriée fait gagner du temps. Ne vous en faites pas si l'un d'eux est mal nommé.

- Au bas de la boîte de dialogue, se trouve une liste déroulante intitulée Type (ou Type de fichier, dans Word). Cette option peut vous aider à réduire le nombre de fichiers de la liste. Dans la Figure 10.3, l'option Tous les documents est sélectionnée, de sorte que tous les fichiers qu'ils soient textuels, graphiques ou autres, apparaissent dans la liste.

- Notez qu'un programme n'est pas capable d'ouvrir tous les types de fichiers. Il fonctionne au mieux avec un fichier qu'il a lui-même créé (ou qui a été créé par ce même programme sur un autre ordinateur).
- La boîte de dialogue Parcourir, présente dans de nombreuses applications, est semblable à la boîte de dialogue Ouvrir. Elle permet d'explorer l'arborescence des dossiers.
- Vous pouvez aussi ouvrir un fichier en cliquant dessus, puis sur le bouton Ouvrir. Personnellement, je trouve que si vous cliquez une fois, vous pouvez aussi bien cliquer deux fois et oublier ce bouton.
- Si vous ne parvenez vraiment pas à trouver un fichier, utilisez la commande Rechercher de Vista.

Chapitre 11

Logiciels, programmes et applications

Dans ce chapitre :

- Installer des programmes.
- Démarrer des programmes.
- Créer des raccourcis sur le Bureau.
- Désinstaller un programme.
- Mises à jour.

Pour qu'un ordinateur puisse fonctionner, il lui faut des programmes. Sans eux, vous aurez beau taper frénétiquement de vos petits doigts sur le clavier, il n'en sortira rien d'autre que de vains bruits mats.

Le gros problème avec les logiciels est la terminologie. Combien existe-t-il de mots pour les désigner ? *Logiciel*, bien sûr. *Programme informatique* est plus technique, et le substantif *exécutable* l'est plus encore. Et puis, il y a les *applications* et les *suites logicielles*. J'allais oublier, il y a aussi *soft* et *software*, pour ceux qui ne craignent pas de se ridiculiser en truffant le français de termes américains. Quel que soit le jargon, ce chapitre est consacré à l'installation et à la mise en œuvre des programmes.

Les corvées lors de l'installation

Le logiciel est ce qui fait fonctionner l'ordinateur. Mais le logiciel ne sautera pas hors de son emballage – fait de beaucoup de vide – pour se jeter aussitôt dans l'ordinateur et se mettre frénétiquement au travail. Vous devrez mettre la main à la pâte. Ce n'est pas très compliqué. En réalité, c'est tellement facile que beaucoup d'éditeurs se dispensent désormais de placer un manuel dans la boîte. Voici comment s'effectue généralement l'installation d'un logiciel :

1. **Ouvrez la boîte du logiciel.**

   Il faut parfois un cutter ou des ciseaux pour enlever le blister.

   Conservez la boîte en lieu sûr ; ne la jetez pas. Elle vous sera utile si vous décidez de revendre votre logiciel sur un site comme eBay.

2. **Reniflez la suave odeur industrieuse du contenu de la boîte (pouerk !).**

3. **Trouvez le ou les CD-ROM d'installation.**

   S'il y en a plusieurs, notez leur ordre d'utilisation. Les CD sont généralement numérotés, et le premier porte souvent la mention Install ou Installation.

   Parfois, un DVD se trouve dans la boîte. Si votre PC est équipé d'un lecteur de DVD, celui-ci évitera de devoir jongler avec de multiples CD-ROM.

   En plus du ou des CD du logiciel, vous découvrez parfois des disques supplémentaires (logiciels donnés en cadeau, CD publicitaires, bibliothèques de cliparts...). Il est inutile de tout installer dès maintenant.

4. **Grattez fébrilement le fond de la boîte pour voir s'il n'y a pas un manuel caché quelque part.**

   Cherchez bien, ce n'est peut-être qu'une feuille en papier glacé avec des instructions.

   C'est une blague ! Il arrive parfois qu'il y ait une petite plaquette, mais en règle générale l'époque où les logiciels étaient accompagnés d'un manuel plus ou moins épais est révolue. Il se trouve à présent sur le CD, sous la forme d'un fichier d'aide ou d'un document de texte, ce qui n'est guère pratique.

   Si des instructions sont livrées avec le logiciel, suivez-les scrupuleusement.

5. **Insérez le CD d'installation dans le lecteur.**

6. **Démarrez le programme d'installation.**

Avec un peu de chance, le programme d'installation démarre automatiquement sitôt le CD introduit dans le lecteur.

Si le programme d'installation ne démarre pas spontanément, vous devrez le lancer vous-même, à la manivelle. Pour ce faire, ouvrez l'icône Programmes et fonctionnalités, dans le Panneau de configuration. Utilisez les fonctions de la boîte de dialogue qui apparaît pour vous aider à installer le programme (NdT : une autre solution consiste à rechercher un programme nommé Setup.exe dans un dossier du CD-ROM, puis de double-cliquer dessus).

7. **Suivez les instructions qui apparaissent à l'écran.**

   Lisez les informations attentivement, car elles contiennent parfois des instructions cruciales. Mon ami Jerry – c'est son vrai nom – avait l'habitude de cliquer aveuglément sur le bouton Suivant. Et c'est ainsi qu'il omit de lire que l'installation effacerait l'ancienne version du logiciel, à laquelle il tenait beaucoup. Ce pauvre Jerry ne l'a plus jamais retrouvée.

8. **Sélectionnez les diverses options.**

   Un logiciel demande généralement votre nom, celui de votre organisation et parfois un numéro de série. Tapez toutes ces informations.

   Ne vous alarmez pas s'il s'avère que le logiciel sait déjà qui vous êtes. C'est le côté extralucide de Windows, qui fait flipper les paranos.

   Quand il vous est demandé de prendre une décision, l'une d'elles est déjà sélectionnée ; c'est l'option par défaut, généralement la plus appropriée. C'est uniquement si vous savez pertinemment ce que vous faites que vous en choisirez une autre.

   Le numéro de série peut se trouver dans la boîte, sur le boîtier du CD-ROM, sur le disque d'installation ou sur une petite carte que vous avez sans doute jetée par inadvertance alors que je vous avais dit de bien tout garder ! Ne perdez jamais ce numéro ! Je le recopie généralement sur le manuel ou à l'intérieur de la boîte (NdT : créer une base de données des numéros de série, dûment sauvegardée sur un CD, est aussi une excellente idée).

9. **Les fichiers sont copiés.**

   Le programme transfère finalement les fichiers du CD vers le disque dur, leur dernière demeure.

   Si cela vous est demandé, remplacez le CD par un autre.

10. C'est fini.

Le programme d'installation se termine. Il se peut que l'ordinateur doive redémarrer. C'est le cas lorsque des composants du logiciel doivent interagir étroitement avec Windows.

Vous pouvez maintenant utiliser le logiciel.

Comment désactiver l'antivirus ?

Un logiciel antivirus digne de ce nom surveille constamment l'ordinateur à la recherche d'un risque d'infection. Chaque fois que vous tentez d'installer un nouveau logiciel, il risque de se manifester et d'interdire l'installation – l'intrusion, pour lui – de fichiers qu'il ne connaît pas. Le seul moyen d'empêcher cet excès de zèle consiste alors à désactiver temporairement le logiciel antivirus.

La manière la plus simple de procéder consiste à repérer la petite icône de l'antivirus dans la zone de notification. Cliquez dessus du bouton droit et, dans le menu contextuel, choisissez l'option Désactiver. Installez ensuite le logiciel. N'oubliez pas cependant de réactiver ensuite l'antivirus. Si l'installation se termine par un redémarrage de l'ordinateur, l'antivirus sera automatiquement réactivé à ce moment.

C'est vrai, ces étapes sont vagues et générales. J'espère que les instructions d'installation de votre nouveau logiciel seront plus spécifiques. Reportez-vous aux deux encadrés pour obtenir des réponses à des questions souvent posées.

Vous devez disposer des privilèges d'administrateur pour installer de nouveaux logiciels dans l'ordinateur. C'est parfait ainsi, car la plupart des utilisateurs sont définis comme administrateurs. Si l'ordinateur est utilisé par plusieurs personnes, veillez à ce que l'installation ait été faite pour tous les utilisateurs.

Démarrer un programme

Le logiciel installé dans le PC, il faut à présent le démarrer. A l'instar de bien d'autres éléments de Windows, il existe à cette fin divers moyens étranges, curieux et potentiellement efficaces. C'est ce que nous allons voir.

Trouver un programme dans le menu Démarrer

Un nouveau logiciel que vous venez d'installer doit apparaître de lui-même dans le menu Démarrer/Tous les programmes. En fait, si les opérations ont été faites correctement, une info-bulle signale qu'un nouveau programme a été installé, et ce dernier apparaît en surbrillance dans la liste des logiciels.

Procédez comme suit pour démarrer votre logiciel :

1. **Cliquez sur le bouton Démarrer.**

2. **Cliquez sur Tous les programmes afin de déployer la liste des logiciels installés.**

3. **Dans la liste, cliquez sur l'icône du logiciel.**

   Cette action démarre le programme. La liste disparaît tandis que s'affiche la page d'accueil du logiciel.

4. **Si vous ne parvenez pas à trouver le programme, cherchez-le dans un sous-menu de la liste, puis reprenez à l'Etape 3.**

   Certains programmes sont enfouis dans des sous-menus, voire des sous-sous-menus. Tout dépend de l'organisation du menu Tous les programmes.

Eh oui, un sacré désordre peut régner dans le menu Tous les programmes ! Il est possible de le réorganiser, mais c'est un sujet pour un autre livre.

TRUC

Le risque existe de déplacer accidentellement un sous-menu ou l'icône d'un logiciel, dans le menu Tous les programmes. Si cela vous arrive, appuyez *immédiatement* sur Ctrl+Z. Cette commande d'annulation devrait tout remettre en place.

NOTE TECHNIQUE

Ce n'est pas le logiciel lui-même qui se trouve dans le menu Tous les programmes, mais seulement l'icône d'un raccourci. Le logiciel, lui, se trouve dans un sous-dossier du dossier Program Files, sur le lecteur C.

Accéder aux programmes récents

Chaque fois que vous démarrez un programme dans Windows, il apparaît dans la partie de gauche du menu Démarrer, comme le montre la Figure 11.1 (remarquez le portrait : l'ordinateur appartient à quelqu'un particulièrement cabot).

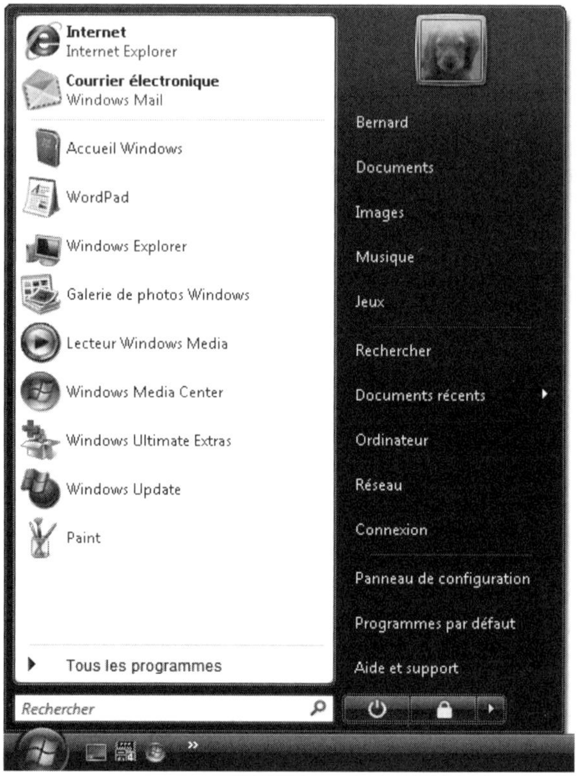

Figure 11.1 Les programmes du menu Démarrer.

Choisissez un programme dans la liste pour le démarrer aussitôt. Cette action vous dispense d'errer dans la liste Tous les programmes. Remarquez que les programmes ouverts chassent de cette liste ceux qui s'y trouvaient.

Procédez comme suit pour définir le nombre de programmes récemment utilisés à afficher dans le menu Démarrer :

1. **Cliquez sur le bouton Démarrer du bouton droit de la souris.**

2. **Dans le menu contextuel, choisissez Propriétés.**

   La boîte de dialogue Propriétés de la Barre des tâches et du menu Démarrer apparaît.

3. **Cliquez sur le bouton Personnaliser.**

Je présume que vous avez préalablement sélectionné l'option Menu Démarrer, et non Menu Démarrer classique, que n'utilisent que les mécréants et les va-nu-pieds.

La boîte de dialogue Personnaliser le menu Démarrer apparaît.

4. **Définissez le nombre de programmes récemment utilisés à afficher dans la liste en réglant le compteur au milieu de la boîte de dialogue.**

   Mettre le compteur à zéro élimine la liste.

5. **Cliquez sur OK, puis de nouveau sur OK pour fermer toutes les boîtes de dialogue.**

Placer un programme dans la liste des éléments ajoutés

Si vous tenez à ce qu'un logiciel figure en permanence dans le menu Démarrer, ce qui est fort commode, placez-le dans la liste des éléments ajoutés (voir Figure 11.1). Qu'il pleuve ou qu'il vente, le programme restera là, à disposition.

Pour placer un programme dans la liste des éléments ajoutés, cliquez du bouton droit sur son icône et, dans le menu contextuel, choisissez Ajouter au menu Démarrer.

N'importe quelle icône de programme peut être ainsi ajoutée dans le menu Démarrer, même une qui s'y trouverait déjà, ou une icône de la liste Tous les programmes. Rappelez-vous : il faut cliquer dessus du bouton droit.

Placer un raccourci sur le Bureau

Quand un programme est installé, il place une commande, voire un sous-menu plein de commandes dans la liste Tous les programmes. Il peut aussi créer un raccourci sur le Bureau, ce qui permet d'accéder encore plus rapidement au programme, puisque vous l'avez toujours sous les yeux.

Si vous appréciez d'avoir des raccourcis plein le Bureau, voici comment procéder pour en ajouter à foison :

1. **Localisez le fichier à placer sur le Bureau.**

Il peut s'agir d'une icône de raccourci ou d'un fichier, dossier ou programme original. Il peut même s'agir d'un logiciel listé dans le menu Tous les programmes.

2. **Cliquez du bouton droit sur l'icône du fichier afin d'accéder à son menu contextuel.**

3. **Choisissez Envoyer vers/Bureau (créer un raccourci).**

   Le raccourci du fichier apparaît sur le Bureau.

Placer une icône dans la barre Lancement rapide

La barre d'outils Lancement rapide est un autre emplacement commode pour les programmes fréquemment utilisés. Si elle s'appelait Lancement poussif, son intérêt serait moins évident.

Le meilleur moyen d'y placer des icônes consiste à les faire glisser depuis le Bureau et de les déposer dans cette barre d'outils, qui se trouve immédiatement à droite du menu Démarrer, dans la barre des tâches.

Désinstaller un programme

Pour supprimer des programmes installés, vous devez exécuter l'utilitaire de désinstallation livré avec le programme. Si vous ne le trouvez pas, utilisez les fonctions de suppression des programmes de Windows.

Pour désinstaller un programme, cliquez sur Démarrer/Tous les programmes/[Dossier du programme à désinstaller]/Désinstaller ou Uninstall. La Figure 11.2 montre le démarrage de la désinstallation d'une très ancienne version du logiciel Paint Shop Pro.

Si votre programme n'est pas doté d'un *désinstalleur* comme celui de la Figure 11.2, ouvrez le Panneau de configuration et double-cliquez sur l'icône Programmes et fonctionnalités. Vous accédez à la boîte de dialogue représentée à la Figure 11.3. Sélectionnez le programme à désinstaller, puis cliquez sur le bouton Modifier/Supprimer.

- N'essayez pas de désinstaller un programme en supprimant son dossier du disque dur. Vous n'effacez rien d'autre que des fichiers. Un programme inscrit des informations capitales dans un élément de

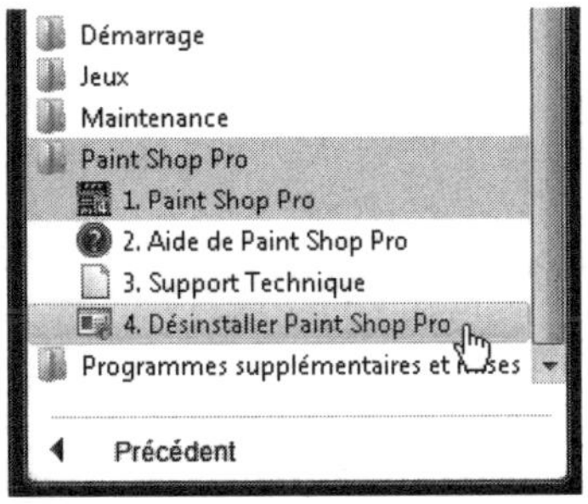

Figure 11.2 Le démarrage du programme de désinstallation.

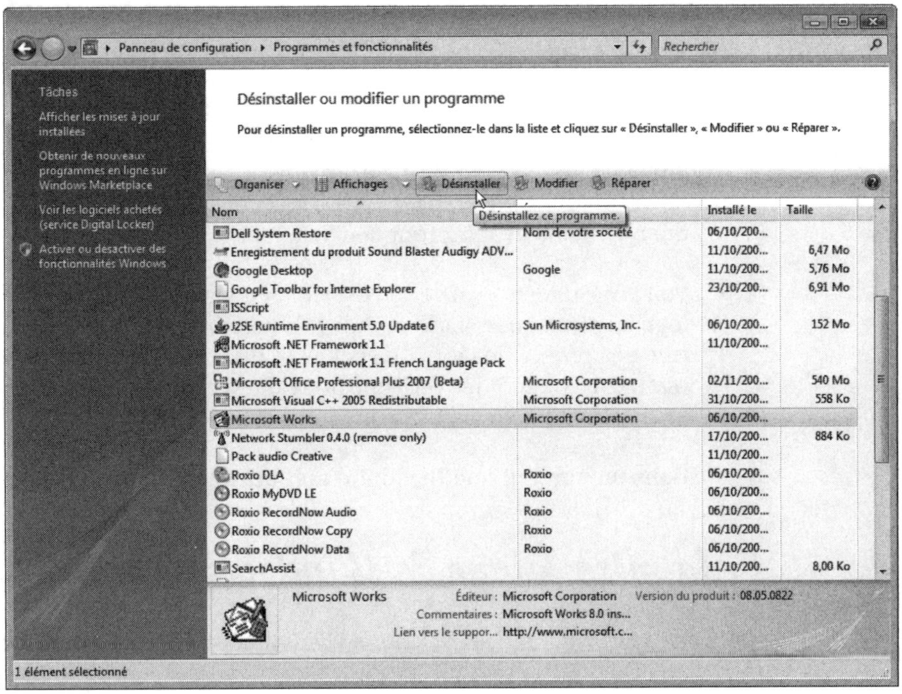

Figure 11.3 La boîte de dialogue servant à désinstaller des programmes.

Windows appelé Base de registres, que seul le désinstalleur est capable de supprimer. En revanche, vous pouvez supprimer les raccourcis que vous avez créés.

- Certains programmes ne désinstallent pas complètement un logiciel. Dans ce cas, vous pouvez supprimer manuellement les éléments qui perdurent sur votre disque dur. Il s'agit souvent de dossiers contenant des fichiers qui ne servent plus à rien.

Mettre à jour votre programme

Quand un roman est écrit et publié, il est fini. Un logiciel n'est jamais terminé. Il est trop tentant de le faire évoluer. La majorité des programmes sont mis à jour tous les un à deux ans, parfois plus souvent.

La mise à jour d'un programme répond à plusieurs nécessités. La première est de corriger des dysfonctionnements. La deuxième est d'introduire de nouvelles fonctions. La troisième, la plus objective, est de permettre à ses auteurs de gagner encore plus d'argent.

Voici mon conseil : n'installez une mise à jour que si elle présente des fonctions vraiment utiles ou des modifications que vous attendiez. Sinon, conservez votre version actuelle.

- Analysez bien chaque nouvelle mise à jour : Utiliserez-vous les nouvelles fonctions ? Avez-vous besoin d'un logiciel de traitement de texte qui imprime recto verso les titres et qui affiche des statistiques sous forme de graphiques à colonnes ? Avez-vous besoin d'une version intranet quand vous travaillez tout seul à la maison ?

- Voici une chose à garder à l'esprit : Si vous utilisez la version 4.2 d'un logiciel alors que tout le monde a la version 6.1, vous risquez de rencontrer des problèmes lors de l'échange de documents. Après un certain temps, il faut évoluer vers une nouvelle version, car des éléments ou des fonctionnalités deviennent incompatibles.

- Dans un bureau, tout le monde doit utiliser la même version du logiciel.

Et la mise à jour de Windows ?

Voici une question qu'elle est bonne ! Faut-il mettre à jour Windows ? La réponse est difficile, car dans un PC tout dépend de ce programme. De ce fait, un changement risque de perturber certains éléments.

La plupart du temps, une nouvelle version de Windows dispose de meilleures fonctionnalités. Mais en avez-vous besoin ? Non ?! Alors ne mettez pas à jour !

Au fil du temps, vous verrez que quelques logiciels exigent la dernière version de Windows, ou du moins sont optimisés pour elle. Dans ce cas, la mise à jour s'impose.

Que faire ? En bref, nous dirons qu'il ne faut pas s'occuper des mises à jour de Windows. Attendez d'acheter un nouvel ordinateur. Il sera inévitablement livré avec la dernière mouture de ce système d'exploitation.

Et les correctifs de Windows ?

Régulièrement, Microsoft crée des correctifs, des mises à jour de sécurité ou tout autre "patch" capable de corriger un problème. Ces correctifs peuvent être téléchargés sur Internet soit manuellement, soit automatiquement grâce à la fonction Windows Update.

Il fut un temps où j'étais opposé à l'application des mises à jour de Windows, surtout parce qu'elles n'étaient pas sans risque et pouvaient entraîner un plantage du PC. Mais les choses ont changé, car Microsoft a fait de gros progrès. Je recommande à présent de les appliquer chaque fois qu'il en paraît. Vous pouvez configurer Windows Vista pour qu'il installe automatiquement les mises à jour :

1. **Ouvrez le Panneau de configuration.**

2. **Ouvrez l'icône Windows Update.**

3. **Dans la boîte de dialogue de Windows Update, sélectionnez l'option Modifier les paramètres.**

4. **Configurez le téléchargement des correctifs.**

   Veillez à ce que l'option Installer les mises à jour automatiquement soit cochée. Par défaut, elles sont recherchées tous les jours à trois heures du matin (cette fréquence peut être modifiée). Si l'ordinateur n'était pas allumé à ce moment – choisi parce que l'activité du PC est probablement réduite –, le téléchargement se produira à la prochaine connexion à Internet.

5. **Cliquez sur OK, puis fermez le Panneau de configuration.**

La mise à jour peut aussi s'effectuer manuellement, en démarrant le programme Windows Update : cliquez sur le bouton Démarrer, puis choisissez Tous les programmes/Windows Update. Cette commande vous connecte au site des mises à jour de Microsoft, où vous pourrez choisir les correctifs et les mises à jour à installer.

Chapitre 12

Graver vos propres CD

Dans ce chapitre :

- Créer un CD ou un DVD de données.

Quand les premiers lecteurs de CD ont fait leur apparition, à la fin des années 1980, une question revenait sans cesse : "Sera-t-il un jour possible de créer ses propres CD ?" A cette époque, plusieurs formats de disquettes étaient le support de stockage de prédiction des utilisateurs. Les disques durs de 10 ou 20 mégaoctets étaient encore très onéreux. Quant aux CD, leur pressage – on ne les gravait pas, à l'époque – n'était réalisable que par d'énormes machines complexes, extrêmement coûteuses, dont le nombre, sur la planète entière, se comptait sur les doigts de la main.

Les choses ont bien changé.

Aujourd'hui, un gamin correctement équipé est capable de produire plus de CD dans la journée que le magasin de musique du coin en vend dans la semaine. Graver des CD de données ou de musique est devenu un jeu d'enfant.

Créer un CD de données

Pour créer un CD, vous n'avez besoin que de trois choses :

- Un disque de type CD-R ou DVD+R conçu pour le stockage des données informatiques.
- Un graveur de CD.
- Un logiciel de gravure.

Le graveur de CD-ROM et de DVD est livré en standard avec votre ordinateur. S'il n'en est pas équipé, vous trouverez de nombreux lecteurs externes à des prix raisonnables. Le logiciel de gravure est intégré à Windows, bien qu'il en existe d'autres, plus performant, en vente sur l'Internet ou dans les boutiques informatiques.

Si vous disposez de tous ces éléments, vous êtes prêt à graver !

- Les CD-R vierges sont bon marché. Achetez-les par paquets de cent, plus économiques qu'en petites quantités. Vous en aurez vite l'usage.
- Certains CD-R sont meilleurs que d'autres. Bien que n'importe quel CD, même ancien, soit utilisable, je recommande de choisir les CD-R prévus pour la gravure à grande vitesse. La bonne conservation des données étant primordiale, ne pinaillez pas sur le prix du support.
- Les graveurs de CD et de DVD sont généralement capables de graver des disques réinscriptibles. Vérifiez que votre graveur est de type CD-R/RW (les initiales RW signifiant *ReWritable,* réinscriptible).

Monter le CD-R

A l'image d'une disquette, les CD-R et DVD+R doivent être préparés pour la gravure. Windows prend en charge cette tâche automatiquement en *montant* le disque. Voici la manipulation :

1. **Insérez un CD ou DVD vierge dans le graveur.**

   Windows Vista est suffisamment intelligent pour identifier le disque et vous demander ce qu'il doit faire, comme à la Figure 12.1.

Figure 12.1 Un CD-R vierge vient d'être détecté dans le lecteur-graveur de DVD.

2. **Cliquez sur Graver les fichiers sur un disque.**

   Windows monte le CD.

Une fois le CD monté, vous pouvez l'utiliser comme n'importe quel autre disque de votre ordinateur.

- Votre ordinateur peut reconnaître automatiquement le CD et le monter sans vous interrompre. Sympa.
- Si le graveur ne reconnaît pas le CD, celui-ci est probablement défectueux. Prenez-en un autre.
- Si vous utilisez un programme de gravure, il prend la main sur les possibilités de gravure de Windows Vista. Son fonctionnement se rapproche toutefois de celui de Windows.
- Si vous utilisez un autre programme que Windows, créez un CD standard qui pourra être lu par n'importe quel PC.
- Certains CD-R peuvent contenir plus de 700 Mo de données ou 80 minutes de musique. La capacité est généralement indiquée sur l'emballage ; vérifiez-la au moment de l'achat.

Graver des fichiers sur le CD

La procédure est simple : sélectionnez les fichiers à copier sur le CD ou le DVD, introduisez un CD ou un DVD inscriptibles, si ce n'est déjà fait, puis cliquez sur le bouton Graver, à droite dans la barre d'outil du dossier.

Chaque fichier ou lot de fichiers s'ajoute à ceux déjà présents dans le disque.

Windows ajoute une commande concernant le graveur de CD, dans le menu contextuel des fichiers. Elle permet de graver rapidement des fichiers et des dossiers d'un simple clic droit dessus, en choisissant Envoyer vers/Lecteur DVD RW (ce nom peut varier selon l'équipement).

- Evitez d'enregistrer directement vos fichiers sur le CD ou le DVD. Commencez par les sauvegarder sur le disque dur dans un dossier spécifique. Ensuite, copiez ce fichier sur le CD. Ne supprimez le fichier du disque dur que lorsque vous êtes certain qu'il est sur le CD. Pour cela, il suffit d'ouvrir, depuis le disque, le fichier gravé. Si vous le voyez sans aucun problème dans le programme qui l'a créé, c'est que la copie est bonne. Supprimez l'original, s'il encombre votre disque dur.

- Si vous gravez trop souvent sur un même CD, notamment de petits fichiers, vous perdez de l'espace disque. Chaque opération de gravure successive s'appelle *session*. Pour être validée, une session s'octroie quelques centaines de kilo-octets voire un ou deux mégaoctets qui sont perdus pour vos données.

TRUC

- Copiez les fichiers à graver dans un dossier réservé à la gravure. Pour connaître le volume de données que vous graverez, cliquez dans le dossier, appuyez sur Ctrl+A afin de sélectionner tous les dossiers et fichiers, puis cliquez du bouton droit dans la sélection et choisissez Propriété. Comme le montre la Figure 12.2, la boîte de dialogue indique la quantité de données sélectionnées. Veillez à ce qu'elle soit inférieure à la place restante sur le CD.

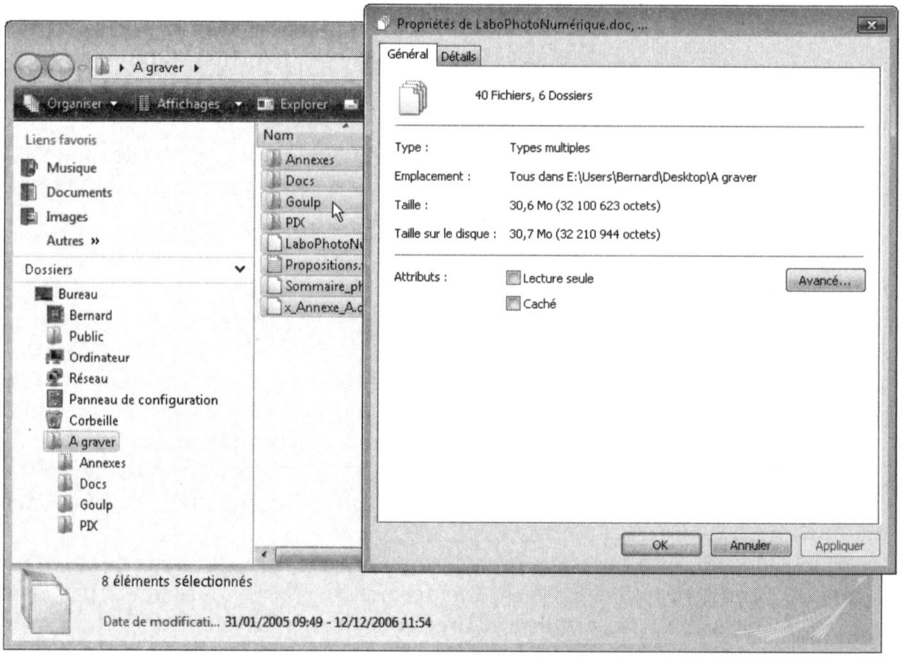

Figure 12.2 Le contenu des dossiers et les fichiers représentent 30,7 Mo.

Une fois la gravure lancée, vous pouvez reprendre votre travail sur Word ou Excel par exemple, ou relever votre courrier électronique, à moins que vous préfériez prendre un café.

La gravure terminée, Windows Vista éjecte automatiquement le disque. Il est lisible par votre graveur opar u n'importe quel lecteur de CD informatiques.

- La vitesse d'écriture des données sur le disque dépend de la vitesse maximale de gravure de votre graveur et de celle supportée par le CD ou le DVD.

Quelques mots sur les CD-RW et DVD+RW

Les CD-RW et DVD+RW s'utilisent comme des CD-R et des DVD+R. La grande différence est qu'il faut les formater à l'instar d'une disquette.

Pour reformater un CD-RW, cliquez sur la commande Effacer ce CD-RW du volet d'exploration ou cliquez sur Fichier/Effacer. Cela démarre un assistant qui vous guide dans la procédure de suppression des fichiers du CD-RW ou de son formatage complet.

Le reformatage terminé, vous pouvez de nouveau utiliser le CD-RW. C'est leur gros avantage sur les CD-R qui, eux, ne sont plus utilisables dès qu'ils sont pleins.

- La plupart des graveurs de CD-R gèrent les CD-RW.
- On identifie les CD-RW par cette inscription sur leur boîtier et sur la surface du disque. Ces CD sont plus chers.
- Les CD-RW ne sont pas lisibles par tous les lecteurs de CD. Pour une compatibilité universelle, préférez le CD-R au CD-RW.
- Supprimer, renommer ou déplacer un fichier après la gravure gaspille de l'espace disque sur le CD-RW. Effectuez vos modifications avant de procéder à la gravure.
- Il a souvent été dit que les CD-RW sont parfaits pour les sauvegardes de données, car ils peuvent être sans cesse réutilisés. Mais, sur la base "disque par disque", les CD-R sont plus économiques.
- La vitesse de réécriture sur un CD-RW est moitié moins rapide que ce qu'indique le graveur.

Troisième partie

Écouter et graver de la musique

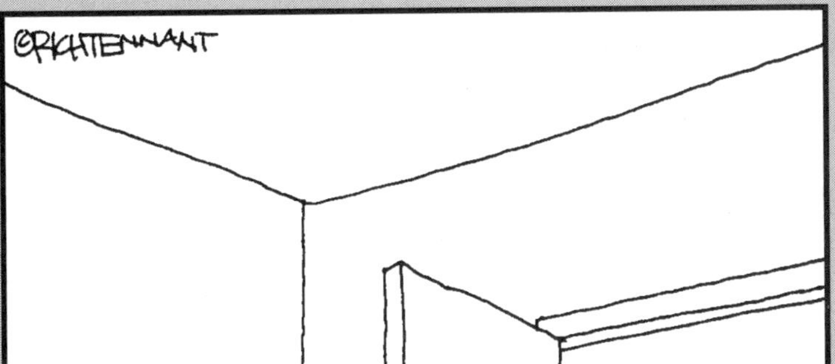

"Télécharger de la musique sans l'ADSL ? Laisse tomber !"

Dans cette partie...

Que vous collectionniez la musique depuis des décennies ou que vous commenciez aujourd'hui, ce qui est certain, c'est que la musique est quelque chose d'important pour vous, dans votre vie. Et depuis peu (ou peut-être pas), vous avez un ordinateur qui fonctionne sous Windows Vista. Vous sentez que ce système d'exploitation regorge de possibilités audio mais, en béotien que vous êtes, vous ignorez comment en profiter. Comment améliorer les conditions d'écoute de votre musique ?

La réponse donnée dépend de plusieurs choses. Windows Vista est un superbe environnement informatique qui permet de classer vos fichiers musicaux. En d'autres termes, l'informatique relevant de la gestion par essence, cette disposition est mise au service de l'audio. Vous allez constituer des collections audio dont vous organiserez les morceaux comme bon vous semble. Mais ce n'est pas tout, vous allez voir comment graver des CD audio pour créer des compilations personnalisées.

Chapitre 13

La musique sur PC, c'est élémentaire

Dans ce chapitre :

- Localiser les contrôleurs de son (la table de "mixage").
- Régler les volumes sous Windows Vista.

Vous êtes comme tout le monde. Dès qu'un nouveau *joujou* arrive dans votre foyer, vous voulez immédiatement l'utiliser, quitte à faire n'importe quoi et à n'utiliser que 10 % des capacités de l'appareil. Pourtant, des gens ont travaillé dur à l'élaboration d'une documentation qui explique comment tirer parti intégral de votre carte son (ou autre), et d'autres personnes, comme moi, s'évertuent à vulgariser l'informatique pour que vous ne passiez plus pour le dernier des imbéciles.

Peu de personnes savent qu'il est possible de régler divers volumes depuis Windows Vista. Elles préfèrent sans cesse jouer sur le bouton de réglage de leurs haut-parleurs, ce qui est une erreur. Normalement, le volume des haut-parleurs doit être réglé une fois pour toutes, l'application de mixage de Windows Vista ou de votre carte son faisant le reste.

Faire jaillir le son de Windows Vista

Je suppose une chose fort simple. Vous possédez un ordinateur acheté dans un magasin spécialisé ou commandé sur Internet (que nous dévoilons à la fin de ce livre) et, suivant attentivement la documentation qui précise qui se branche où, vous avez correctement connecté vos haut-parleurs à la petite prise *out*, c'est-à-dire "sortie audio" de la carte son du PC.

Pour mémoire, mais aussi peut-être parce que vous vous demandez si votre ordinateur possède une carte son, sachez que s'il est livré avec des haut-parleurs, c'est qu'il dispose de fonctionnalités audio. Je vois mal un revendeur vous faire une farce, d'autant qu'il n'a guère envie de vous revoir le lendemain avec l'immense carton d'emballage que vous avez eu tant de mal à faire entrer dans le coffre de la Twingo. Ceci étant dit, sachez que votre PC dispose à l'arrière de trois petits connecteurs femelles de couleur bleue, verte et rose. Vous devez brancher le petit connecteur mâle (appelée aussi *prise jack*) de vos haut-parleurs sur la prise verte ! Ne cherchez pas à en savoir plus. Si ces connecteurs n'ont pas de couleurs, ou si ces couleurs diffèrent des teintes standard, cherchez simplement celui légendé *out* ou, si vous avez de la chance, "sortie".

Ah oui, au fait ! Au démarrage de votre ordinateur, à moins – hypothèse peu probable – que vous n'ayez oublié d'allumer vos haut-parleurs, Windows Vista ne peut s'empêcher de jouer de la musique et d'émettre des sons dès que vous faites quelque chose. Preuve de ses fonctionnalités audio.

Sous Windows Vista, le son peut provenir de divers appareils dont l'ordinateur lui-même, un CD audio inséré dans votre lecteur de CD/DVD, un DVD vidéo ou un appareil audio externe connecté à l'entrée Ligne ou Aux de votre carte son (la fameuse prise verte... ah !). Enfin, le son peut provenir de beaucoup plus loin lorsque vous écoutez la radio diffusée sur Internet.

Chacune de ces sources doit être contrôlée. En d'autres termes, vous devez pouvoir régler le volume de chacune d'elles. Windows Vista et les petits programmes des cartes son (que l'on appelle aussi *pilotes,* comme pour n'importe quel périphérique informatique) proposent un mélangeur audio, c'est-à-dire une table de mixage qui permet de régler le volume de la source que vous écoutez et de désactiver les autres pour être certain de ne pas parasiter la musique avec d'autres éléments sonores.

Où se trouve la tour de contrôle audio ?

Windows Vista est un système d'exploitation basé sur une interface graphique remplie d'icônes et de menus. Voici donc la démarche à suivre pour trouver les contrôleurs du volume :

1. **Regardez en bas à gauche de votre écran. Vous y découvrez le bouton démarrer, comme à la Figure 13.1.**

2. **Cliquez dessus.**

   Le menu Démarrer apparaît, comme à la Figure 13.2.

Figure 13.1 Le bouton démarrer de Windows Vista.

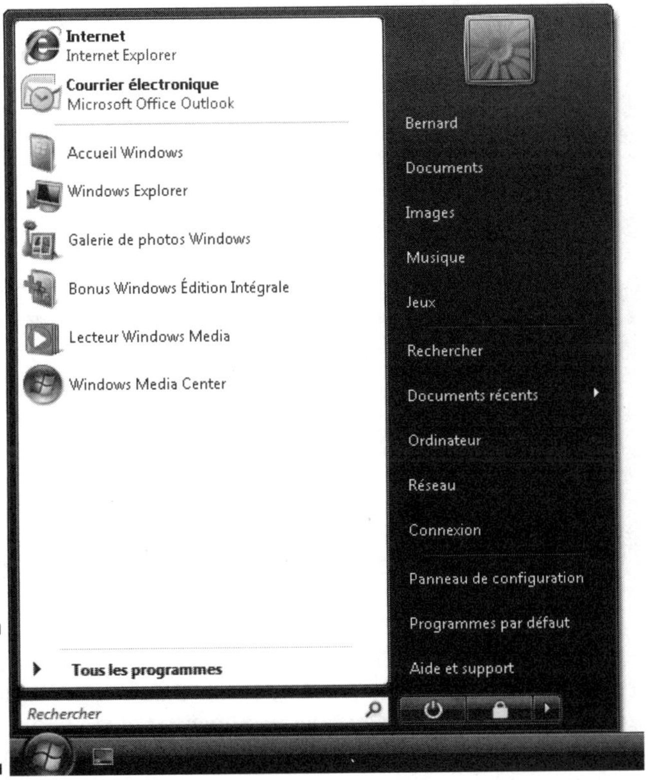

Figure 13.2 Le menu Démarrer de Windows Vista.

3. **Cliquez sur Panneau de configuration.**

Le Panneau de configuration contient tous les contrôles les plus importants de Windows Vista. Il vous servira à chaque instant de votre vie informatique.

4. **Dans le Panneau de configuration représenté à la Figure 13.3, cliquez sur Matériel et audio.**

Comme vous le supposez, c'est ici que Windows Vista stocke les contrôles audio du système d'exploitation.

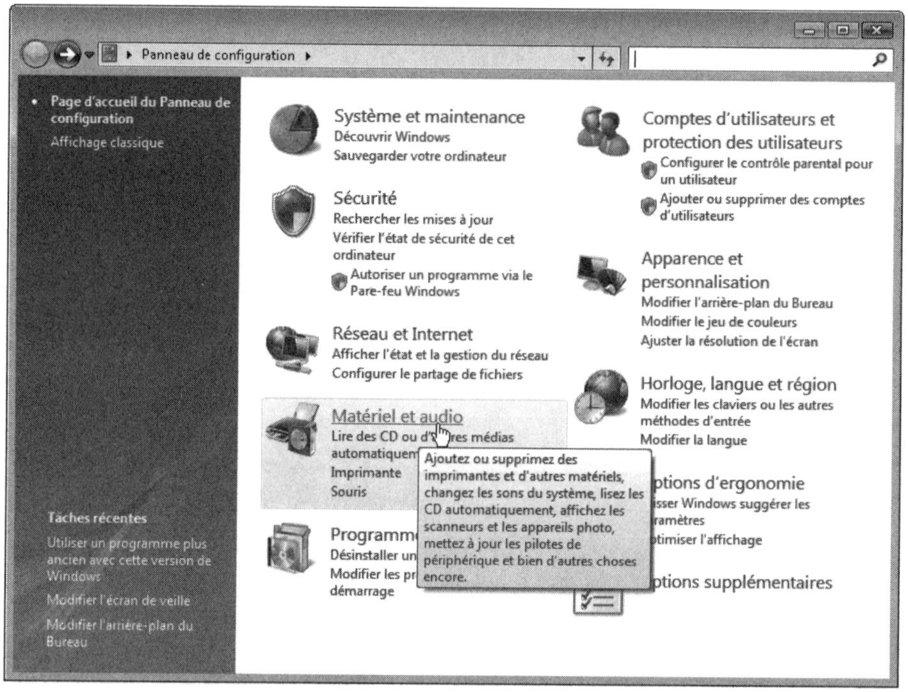

Figure 13.3 Cliquez sur la catégorie Matériel et audio.

Selon la carte son installée dans votre ordinateur, vous accéderez à d'autres fonctions que celles proposées par défaut par Windows Vista. Généralement le contrôleur audio, fourni par le constructeur de la carte son, s'affiche dans la zone de notification de la Barre des tâches (à proximité de l'horloge). Double-cliquez sur cette icône pour accéder à un ensemble de contrôles spécifiques, comme ceux du circuit audio intégré de ma carte mère illustré à la Figure 13.4.

5. **Cliquez sur Ajuster le volume du système, comme à la Figure 13.5.**

   La boîte de dialogue Mélangeur de volume s'ouvre.

6. **Comme le montre la Figure 13.6, réglez le volume général de votre périphérique audio à un niveau acceptable.**

Figure 13.4 Une interface de contrôle audio fournie par le constructeur d'une carte son.

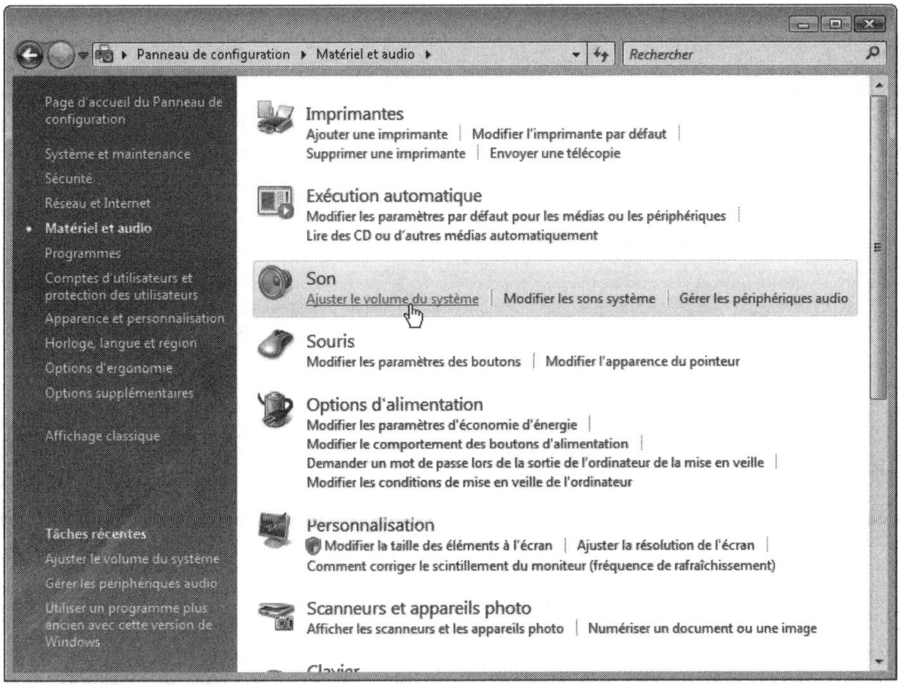

Figure 13.5 Pour accéder aux propriétés des réglages audio.

Qu'est-ce qu'un "niveau audio acceptable" ? C'est un niveau où le son est bien clair, sans saturation ni coupure audio. Aucune distorsion involontaire ne doit émaner du son. Généralement, un réglage comme celui de la Figure 13.6 est tout à fait correct.

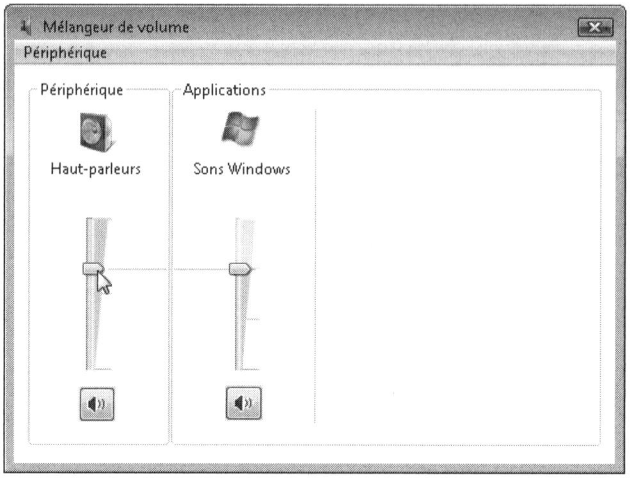

Figure 13.6 Réglage du volume général de votre système.

Pour éviter de passer par le Panneau de configuration si vous souhaitez régler de nouveau ce volume, cochez l'option Placer l'icône du volume dans la Barre des tâches. Un petit haut-parleur apparaît alors dans la zone de notification (à proximité de l'horloge). Il suffit de cliquer dessus pour accéder à un curseur de réglage du volume, comme le montre la Figure 13.7. En revanche, pour procéder au réglage séparé des diverses sources sonores gérées par votre ordinateur, vous double-cliquerez dessus.

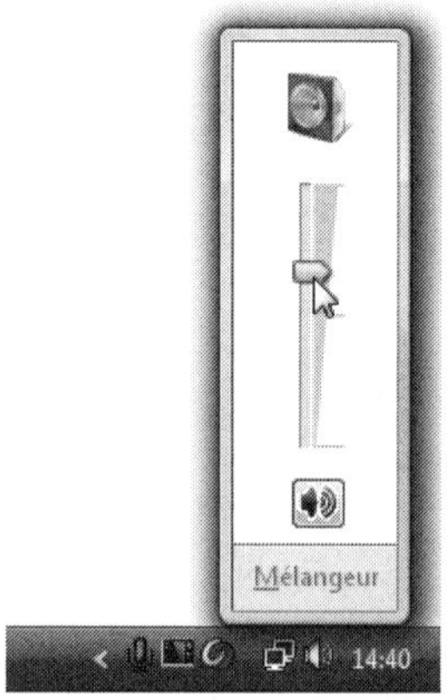

Figure 13.7 Réglez rapidement le volume général de votre système.

Comme je viens de le laisser entendre, régler le volume général du système est une chose, mais régler le volume des sources sonores elles-mêmes en est une autre. Ce réglage particulier – qui dépend étroitement de la carte audio installée dans l'ordinateur – permettra d'entendre, plus ou moins fort, telle ou telle source. Par exemple, vous souhaiterez peut-être que le volume des sons émis par Windows soit moins élevé que celui de vos CD audio ou de vos fichiers MP3.

Pour cela, dans la rubrique Son de la fenêtre Matériel et audio (reportez-vous à la Figure 13.5), cliquez sur Gérer les périphériques audio. Vous ouvrez une nouvelle boîte de dialogue qui affiche l'ensemble des sources sonores contrôlées par votre carte son, comme le montre la Figure 13.8. Ici, vous réglez le volume de chaque type de périphérique géré par votre carte.

Figure 13.8 Contrôle du volume de chacune des diverses sources sonores de votre périphérique audio.

Selon le matériel installé, contrôleurs suivants peuvent être proposés :

- **Balance :** La balance détermine la position du son stéréo. Soit vous l'écoutez à gauche, soit à droite, soit d'une manière équilibrée sur les deux canaux (position centrale), soit d'un côté plus que de l'autre. En règle générale, on laisse ce curseur au centre de manière à profiter des effets stéréo. Il n'est jamais très agréable de privilégier davantage le volume d'un canal plutôt que celui d'un autre. Faites une petite expérience : mettez un casque sur vos oreilles, insérez un CD audio dans votre lecteur de CD-ROM ou de DVD-ROM et changez la position du curseur en cours d'écoute. Si vous le placez à droite, vous n'entendez le son qu'à droite. De ce fait, vous risquez de ne pas entendre certains instruments qui pourraient momentanément n'être joués que sur le canal de gauche. Seule la positon centrale assure un équilibre parfait des deux canaux. Quand modifier la balance ? Lorsque vous avez affaire à un enregistrement de mauvaise qualité où la balance n'est pas bien respectée. Dans ce cas, équilibrez-la en modifiant la position de ce curseur.

- **Volume :** Le contrôle du volume est ce que l'on appelle un *fader* (prononcez *faideur* pour "faire anglais" ou *fadeur* pour "faire français parlant mal l'anglais") ou un *potentiomètre*. Ce paramètre contrôle le volume global de sortie de toutes les sources sonores mixées par votre ordinateur. Celui de gauche, situé dans la section Contrôle du volume, agit sur le volume de tous les autres. Ces derniers, en revanche, ne modifient le volume que de leur source sonore. Par exemple, le potentiomètre Volume du Lecteur CD ne modifiera que le volume du lecteur de CD.

- **Muet :** Le paramètre Muet coupe le son de la source concernée. Par exemple, si vous écoutez un CD audio, cliquez sur son option Muet pour couper instantanément le son, sans arrêter la lecture du disque. Il continue à tourner mais vous ne l'entendez plus. Pour couper le son de toutes les sources en une seule opération, cliquez sur la case à cocher Tous muets. Bien souvent, lorsque vous n'entendez rien, ne cherchez pas plus loin. Ouvrez la boîte de dialogue Contrôle du volume et décochez la case Tous muets, ou celle de la source qui a, je pense, été accidentellement activée.

Chaque source audio est libellée de manière très précise dans la boîte de dialogue. Par conséquent, vous savez sur quel média vous agissez. Voici une brève présentation des principales sources audio :

- Sons wave : Concerne tous les sons stockés sur votre ordinateur, ainsi que ceux provenant de sites Web.

- Synthé. SW : Contrôle les sons de la table d'ondes de votre carte son. En effet, certaines cartes son disposent d'une table d'ondes qui joue le rôle d'un petit synthétiseur local. Si vous avez un clavier MIDI, vous pouvez jouer les instruments de cette table d'ondes. Une table d'ondes s'apparente à un module de sons de type *expandeur* (pour ceux qui connaissent). Tout cela est une histoire destinée à ceux qui veulent vraiment, mais alors vraiment, créer leur propre musique sur un PC, comme cela est succinctement abordé dans la quatrième partie et étudié en détail dans l'excellent ouvrage *Home Studio pour les Nuls*, paru aux éditions First Interactive.

- Lecteur CD : Cette source parle d'elle-même. Vous contrôlez le volume du lecteur de CD-ROM diffusant un CD audio.

- Entrée ligne : La plupart des cartes son disposent d'un connecteur d'entrée ligne. Vous pouvez y brancher toutes sortes de matériels comme une platine cassette analogique, une platine CD, etc. Le volume d'entrée du son émis par ces sources est contrôlé par ce curseur.

Sous l'onglet Lecture, dans la Figure 13.8, cliquez sur Haut-parleurs afin de sélectionner cette source, puis cliquez sur le bouton Configurer afin de la régler. La boîte de dialogue de la Figure 13.9 s'ouvre. Elle permet de tester votre matériel. Choisissez votre configuration puis cliquez sur l'un des haut-parleurs (selon la configuration choisie dans la liste Canaux audio, il peut y avoir jusqu'à sept haut-parleurs). Observez, dans la Figure 13.9, le Vumètre de la boîte dialogue Son qui indique un éventuel risque de saturation du son.

Cliquez sur le bouton Suivant pour accéder à la boîte de dialogue de la Figure 13.10. Vous indiquez ici si vos haut-parleurs sont à large bande et/ou à effet Surround.

Cliquez sur Suivant, puis sur Terminer, pour valider la configuration de vos haut-parleurs.

Pour régler la balance des haut-parleurs, sélectionnez-les dans la boîte de dialogue (en principe, ils doivent encore l'être) puis cliquez à présent sur le bouton Propriétés puis, dans la boîte de dialogue Propriétés de Haut-parleur, sur l'onglet Niveaux (Figure 13.11). Actionnez la glissière Haut-parleur/casque, si vous estimez que la balance doit être réglée. Le bouton Balance donne accès à des réglages encore plus fins.

Si vous êtes férus de son, les onglets Améliorations et Statistiques avancées permettront entre autre de booster les basses, d'appliquer diverses corrections et de régler l'échantillonnage du sons à utiliser en mode partagé.

La Figure 13.12 montre les modèles de sons de Windows Vista. Vous y accédez en cliquant sur l'onglet Sons de la boîte de dialogue Son. Qu'est-ce donc ? Il s'agit d'un ensemble de sons émis par Vista pour signaler une erreur, un danger ou la validation d'une commande. En d'autres termes, chaque événement

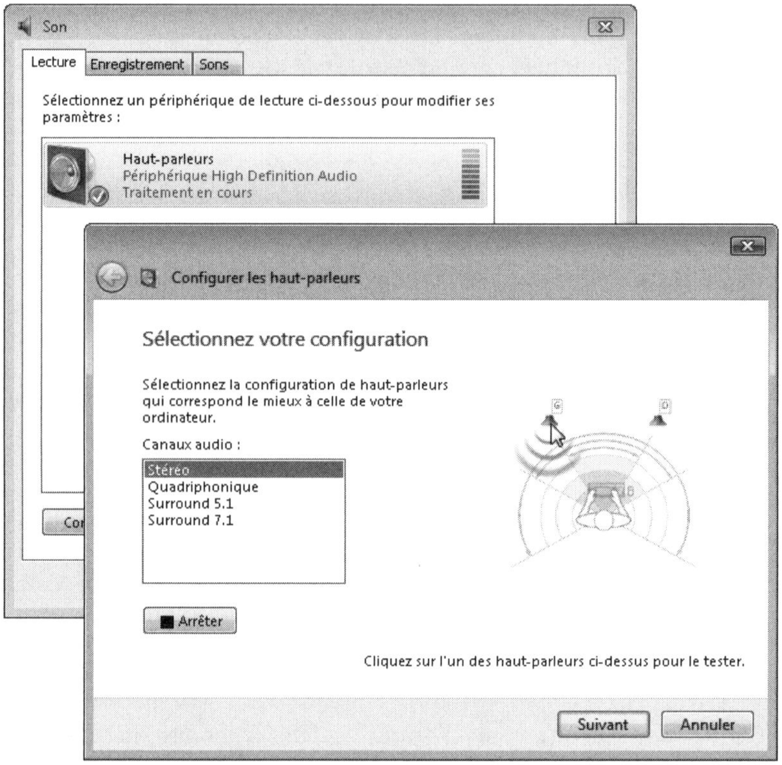

Figure 13.9 Testez ici vos haut-parleurs.

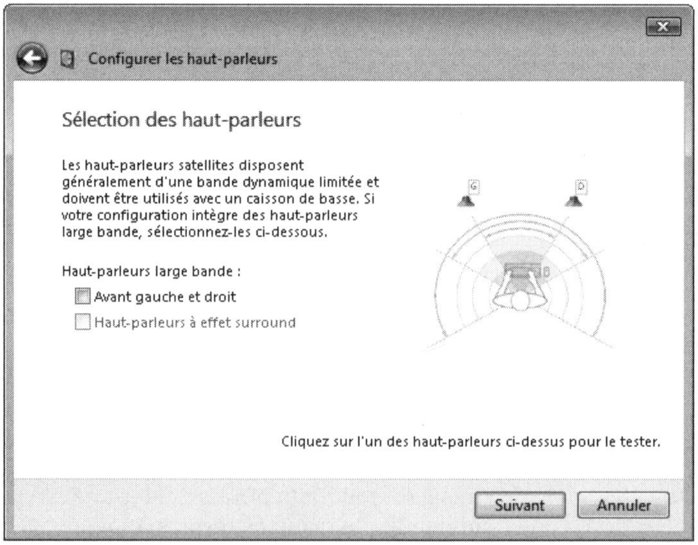

Figure 13.10 Configurez vos haut-parleurs.

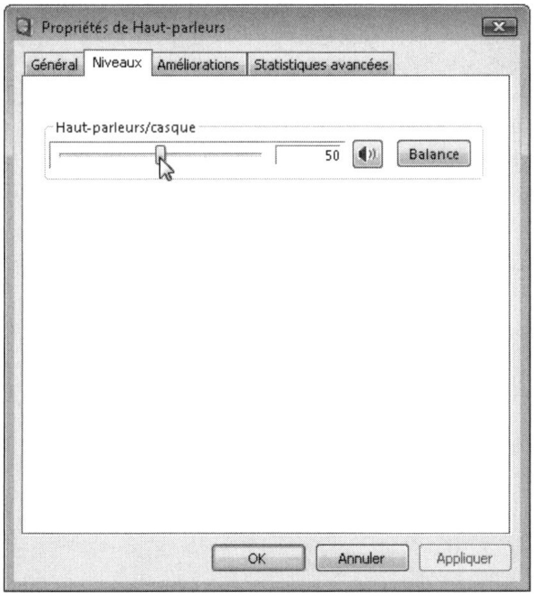

Figure 13.11 Réglez la balance de vos haut-parleurs.

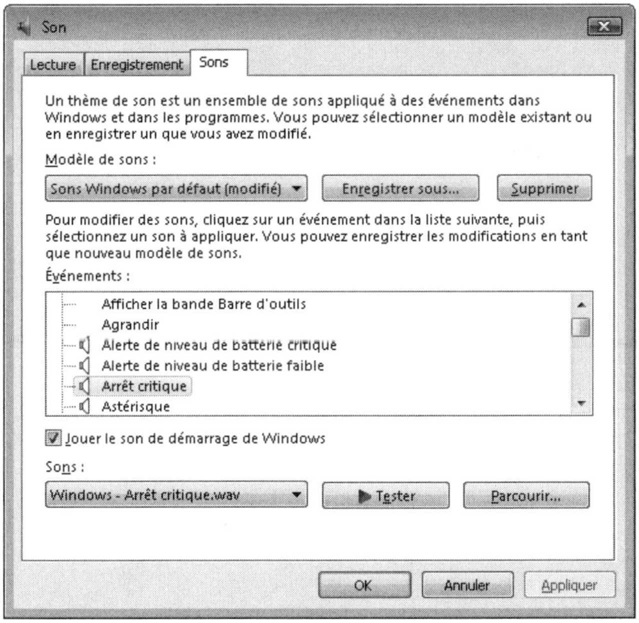

Figure 13.12 Choisissez les sons que Windows Vista doit émettre pour signaler une action ou un dysfonctionnement.

propre à Windows Vista peut être signalé par un indicatif sonore. Vous pouvez affecter les sons que vous voulez aux divers événements de Windows.

Pour choisir un autre son que celui proposé par défaut, cliquez sur une action, dans la liste Evénements, cliquez ensuite sur le bouton Parcourir, puis choisissez un son qui vous plaît. Cliquez ensuite sur le bouton Tester pour l'écouter.

Chapitre 14

Transformer Windows Vista en juke-box numérique

Dans ce chapitre :

- Lire vos fichiers musicaux.
- Organiser et nommer vos fichiers musicaux.
- Créer et graver des listes de lecture.
- Personnaliser votre juke-box.

Comme beaucoup de gens, vous possédez une chaîne hi-fi dont vous êtes très fier. Qu'il s'agisse d'un système à éléments séparés ou d'une micro-chaîne où tout est incorporé, la lecture audio est assez simple. Vous insérez le bon support dans le bon lecteur, allumez l'ampli, appuyez sur le bouton Lecture, et c'est parti.

Les lecteurs multimédias informatiques fonctionnent sensiblement de la même manière, ce qui devrait vous ravir. La grande différence est qu'étant présenté sous forme de logiciels, vous ne pouvez les toucher qu'avec le pointeur de la souris. Ces lecteurs multimédias font bien plus que de diffuser de la musique. C'est dans ce domaine que vous vous sentez une âme d'explorateur avec, au fond de vous, l'angoisse terrible de ne pas y arriver car vous n'y comprenez rien, ou pas grand-chose.

Pour vous débarrasser de vos complexes, nous allons étudier le premier lecteur multimédia mis à votre disposition par Windows Vista, je veux parler du Lecteur Windows Media. D'ailleurs, comme il est livré et installé avec

Windows Vista, je ne vois pas pourquoi, pour le moment, vous iriez en installer un autre.

Ce que sait faire le Lecteur Windows Media

Le lecteur a une apparence, parfois appelée *skin*. Il est possible d'en changer pour l'adapter à votre personnalité. Avant d'entrer dans le détail du fonctionnement du Lecteur Windows Media, je vais vous indiquer dans ce chapitre ce qu'il sait faire pour vous donner envie et aussi créer le besoin d'utiliser 100 % de ses capacités.

Lecture

C'est une lapalissade de dire qu'un lecteur multimédia est avant tout fait pour lire de la musique. Envisagez-le comme la platine laser de votre chaîne hi-fi. La différence est que le lecteur est votre lecteur de CD-ROM ou de DVD-ROM, et que vous disposez d'une interface logicielle à la place de l'éventuelle télécommande de votre lecteur de CD classique.

Une des grandes différences avec une platine CD de salon est que le lecteur multimédia lit autre chose que des CD. D'ailleurs, même si vous ne possédez pas un lecteur de CD-ROM, il pourra non pas lire des CD audio, mais tout au moins les fichiers audio stockés sur votre disque dur. Il en va ainsi des célèbres et incontournables fichiers MP3 qui ravissent jeunes et moins jeunes (les jeunes pour "faire jeune" et les vieux aussi).

Tout au long du Chapitre 15, j'explique le fonctionnement du Lecteur Windows Media, en montrant comment extraire des CD en fichiers MP3 ou autre et comment graver des CD audio à partir de fichiers compressés, notamment achetés sur Internet.

Organisation

Je possède de nombreux CD et je ne voudrais les perdre pour rien au monde. Mais voyez-vous, j'ai un gros problème : je ne suis pas organisé. Par conséquent, je peux passer plusieurs heures pour retrouver un CD dans mon impressionnante collection.

Un lecteur multimédia prend en charge cet aspect rébarbatif. En réalité, il vous aide à créer des collections qui organisent vos fichiers de manière rationnelle. D'ailleurs, trier est la seule tâche qu'une machine accomplit mieux qu'un être humain. Il suffit de lui communiquer les bonnes informations pour qu'elle retrouve, en moins de temps qu'il ne faut pour le dire, le morceau ou l'album que vous cherchez. Que ce soit par le nom de l'artiste, le titre d'une chanson ou d'un album, une date, un mot-clé, j'en passe et des meilleurs, le lecteur ciblera le fichier à partir du moment où il se trouve toujours sur votre disque dur. La recherche peut également se faire sur des *métadonnées* enregistrées dans le fichier lui-même. Ces métadonnées sont plus connues sous le terme de *balise d'identification* ou *ID* sur les lecteurs MP3 portables.

Listes de lecture

Les listes de lecture ne sont rien d'autre qu'une méthode d'organisation de vos morceaux. Ainsi, une liste est composée de plusieurs titres. Lorsque vous la chargez dans le lecteur multimédia, vous pouvez écouter son contenu.

Vous créez vous-même les listes de lecture. Par exemple, vous avez acheté, sur Internet, deux albums complets de votre groupe préféré. Vous pouvez facilement constituer les trois listes de lecture suivantes sans être obligé de faire des copies des fichiers existants : une première pour un album, une deuxième pour le second album et une troisième dans laquelle vous regroupez uniquement les meilleurs morceaux des deux albums. Vous comprenez que, sur le principe de la liste de lecture, les combinaisons sont infinies, sans jamais dupliquer les fichiers. En d'autres termes, dès qu'un fichier musical est sur votre disque dur, il peut appartenir à des milliers de listes de lecture que vous confectionnerez avec soin.

Rippage ou extraction audionumérique

Ripper un CD est la technique par laquelle vous en compressez le contenu sur votre disque dur. C'est un moyen idéal pour faire une copie de sauvegarde de votre CDthèque sans trop encombrer votre disque dur. Par exemple, vous ripperez vos CD au format MP3 ou WMA, deux formats très répandus et pris en charge par le Lecteur Windows Media. Vous pourrez ensuite copier ces fichiers sur un CD de données que vous mettrez en lieu sûr. Si, un jour, il arrive malheur au CD original, vous en graverez un nouveau à partir des fichiers de sauvegarde compressés.

Ripper un CD permet également d'en télécharger les fichiers dans un lecteur audio portable, vous savez ces petits appareils que tout le monde appelle à tort "un MP3" parce qu'en réalité un MP3 est un fichier audio et aussi que ces lecteurs savent lire d'autres formats dont le fameux WMA de Microsoft. Vous pouvez ainsi emporter votre musique avec vous.

Gravure

La plupart des lecteurs multimédias disposent d'un utilitaire de gravure qui permet de transformer une liste de lecture en un CD audio que vous pourrez écouter sur n'importe quel lecteur de DVD, platine laser de salon, autoradio ou baladeur CD. Pendant cette phase, le programme convertit le fichier MP3 par exemple en un fichier WAV. C'est l'ensemble des fichiers WAV qui sont ensuite gravés sur le CD en reprenant la structure traditionnelle des CD audio.

Cela va sans dire (mais ça va mieux en le disant), pour graver un CD, il faut disposer d'un graveur et de CD-R vierges.

Visualisations

Nous savons que le Lecteur Windows Media gère le son. C'est la moindre des choses. Mais il propose aussi des visualisations qui agrémentent la diffusion d'une musique par une animation. Cette animation répond à des algorithmes, c'est-à-dire des formules mathématiques, pour dessiner des éléments plus ou moins esthétiques dans un écran du lecteur. Ces visualisations réagissent aux fréquences de la musique pour créer des espèces d'arabesques souvent très psychédéliques.

Cette fonction n'est pas très importante. C'est une distraction, un gadget, un petit truc, un bidule qui fait tourner le machin... bon, vous m'avez compris. Cela permet au moniteur de s'occuper pendant que la carte son s'active.

Apparences

Comme beaucoup d'autres choses sous Windows Vista, vous pouvez modifier l'apparence du lecteur multimédia, c'est-à-dire son interface. Le choix va du simple changement de couleur, à une modification en profondeur de sa représentation à l'écran. Par exemple, la Figure 14.1 montre le Lecteur Windows Media affiché sous l'apparence Mode complet, tandis que la Figure 14.2 le montre en Mode apparence.

Vous choisissez l'interface du lecteur multimédia en exécutant la commande Sélecteur d'apparence.

Le site Web de Microsoft propose de nouvelles apparences à télécharger. N'hésitez pas à utiliser cette mise à jour si vous devenez un obsédé des apparences.

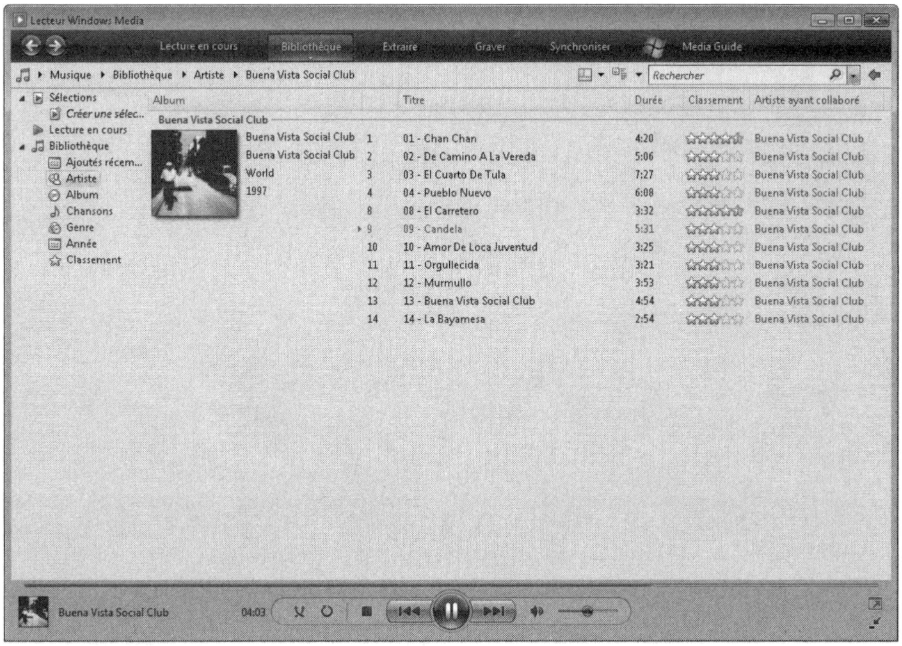

Figure 14.1 Le Lecteur Windows Media affiché en Mode complet.

Figure 14.2 Le Lecteur Windows Media affiché en Mode apparence.

La sélection d'une apparence dépend entièrement de vous et des fonctionnalités que vous avez l'habitude d'utiliser sur le lecteur. En effet, certaines formes compactes empêchent l'accès à des commandes. Il est vrai que la fenêtre d'un lecteur peut devenir embarrassante. Il est plus agréable d'en réduire l'apparence quand on travaille dans une autre application tout en voulant écouter de la musique. Changer l'apparence d'un lecteur multimédia n'est pas sans risque. En effet, le code de programmation n'étant pas très sophistiqué, on constate parfois des dysfonctionnements ou des blocages intempestifs du logiciel. À vous d'user de cette fonction en toute connaissance de cause.

Chapitre 15

Le Lecteur Windows Media

Dans ce chapitre :

- Lire vos fichiers musicaux.
- Organiser votre musique.
- Créer des listes de lecture.
- Graver un CD.
- Ripper vos fichiers.
- Écouter la radio.
- Les autres lecteurs multimédias.

Comme votre expérience en informatique et en musique numérique est toute récente – sinon vous n'auriez pas ce livre entre les mains –, je commencerai par le commencement : vous venez d'acheter un ordinateur, ou vous utilisez un PC depuis quelques mois, et vous avez remarqué la présence d'un programme appelé Lecteur Windows Media. Il vous intrigue car, à l'insertion d'un CD audio dans votre lecteur de CD-ROM, il se met systématiquement en route pour en lire le contenu.

Au cours de chapitre, nous découvrirons tout ce que sait faire le Lecteur Windows Media.

Lire des fichiers musicaux

Pour lire des fichiers audio avec le Lecteur Windows Media 11, suivez ces étapes :

1. **Cliquez sur démarrer/Tous les programmes/Lecteur Windows Media.**

   Le lecteur multimédia de Microsoft s'ouvre dans sa configuration par défaut. Vous pouvez ouvrir le lecteur beaucoup plus vite en cliquant sur son icône dans la Barre des tâches, ou sur un raccourci éventuellement installé sur le bureau de Windows.

2. **La touche Alt enfoncée, cliquez sur Fichier/Ouvrir.**

   Comme le montre la Figure 15.1, le Lecteur Windows Media présume que vos fichiers musicaux sont logiquement stockés dans le dossier Musique.

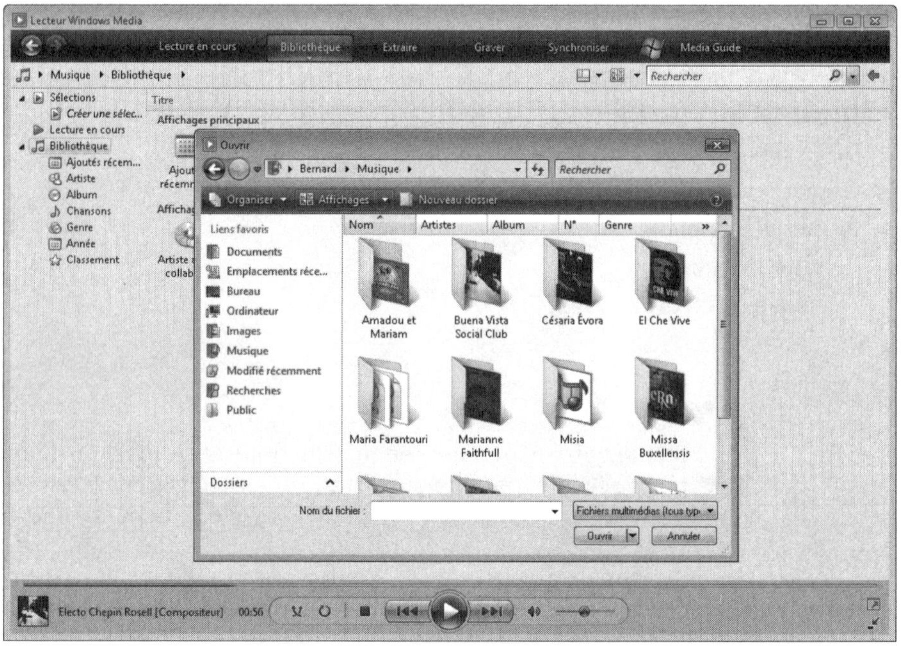

Figure 15.1 Ouvrez un fichier audio dans le Lecteur Windows Media.

TRUC

Si vous affichez le Lecteur Windows Media en appuyant sur Alt+Entrée, les menus et les onglets de l'interface disparaissent. La zone d'affichage et le panneau de contrôle du lecteur envahissent l'écran. Pour quitter ce mode, cliquez sur le bouton Quitter le mode plein écran situé dans le coin inférieur droit ou, plus simplement, appuyez de nouveau sur les touches Alt+Entrée.

Lassé d'appuyer toujours sur la touche Alt pour accéder aux menus Fichier, Affichage, Lecture et Outils ? Appuyez une dernière fois sur Alt et, tout en bas du menu, choisissez Afficher les menus classiques.

Dans ce livre, je nomme souvent des boutons qui ne portent pas de nom. Vous me direz qu'il ne va pas être simple de les identifier. Lorsque vous êtes confronté à un pareil cas de figure, sachez que le nom du bouton apparaît lorsque vous placez le pointeur de la souris dessus. Par conséquent, dans cet exemple, placez le pointeur de la souris successivement sur les trois boutons du coin supérieur droit. Dès que vous verrez apparaître une info-bulle indiquant Quitter le mode plein écran, c'est que vous venez d'identifier le bon bouton. Cliquez dessus !

Tant que vous n'êtes pas habitué à la gestion des fichiers sous Windows Vista, placez toutes vos données audio dans le dossier Musique automatiquement créé par Windows Vista lors de son installation. Plus tard, lorsque vous aurez gagné en expérience, il sera avisé de créer d'autres dossiers sur un autre disque dur que le disque système C:. Il est recommandé de stocker vos données sur un disque dur qui ne risque pas de souffrir des humeurs du système d'exploitation.

3. **Dans ce dossier, cliquez sur un fichier audio à écouter, puis sur le bouton Ouvrir.**

   La lecture commence instantanément avec une belle visualisation, comme à la Figure 15.2.

Si vous savez utiliser l'Explorateur Windows, ouvrez-y le dossier contenant les fichiers musicaux que vous désirez écouter. Comme pour le moment votre ordinateur n'est équipé que du Lecteur Windows Media, le fait de double-cliquer sur le fichier musical exécutera ce programme qui se fera une joie de le lire.

La procédure que je viens de vous indiquer est excellente et rapide pour lire un seul fichier audio. Mais qu'en est-il lorsque vous désirez que plusieurs morceaux s'enchaînent comme sur les CD audio que vous avez l'habitude d'écouter avec votre platine de salon ? Eh bien, il faut simplement apprendre à créer des collections, c'est-à-dire des groupes dans lesquels sont organisés vos fichiers audio favoris.

Organiser votre musique

Le calvaire de mon existence est de tenter de retrouver un CD parmi les centaines que je possède. En effet, organiser une CDthèque est une tâche rébarbative. Il faut mettre en place un système de classement sophistiqué et

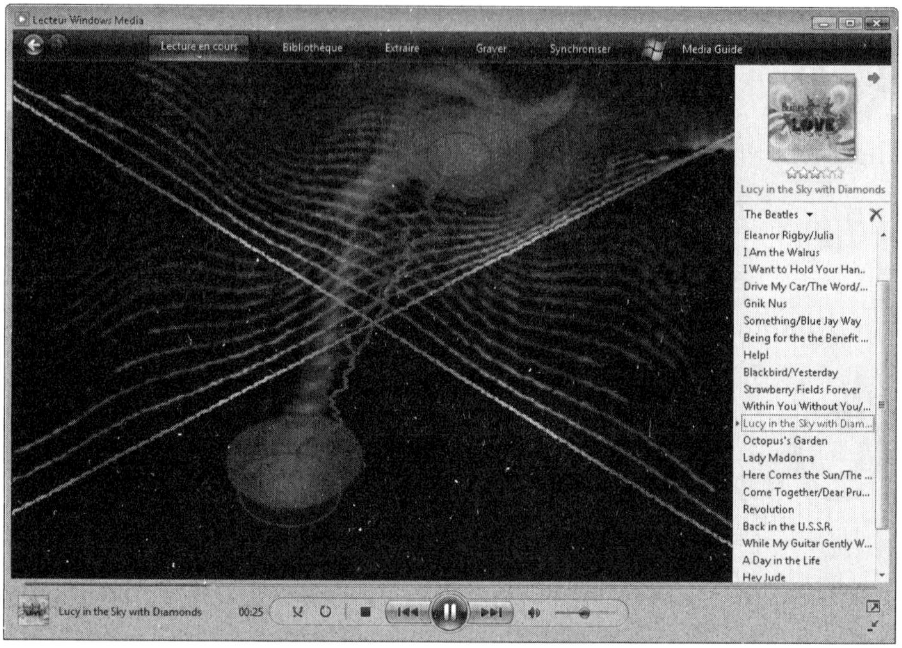

Figure 15.2 Lecture d'un fichier audio dans le Lecteur Windows Media.

bien ranger les CD dans une armoire ou sur des étagères spécifiques. Cependant, pour peu que quelqu'un déplace un CD, c'est la panique assurée.

Lorsque vous transformez un ordinateur en plate-forme de loisir audionumérique, vous pouvez profiter de ses qualités de gestionnaire de l'informatique pour classer vos fichiers de manière logique et être ainsi capable de les retrouver sans difficulté.

Pour simplifier, je dirais que vous pouvez entreposer tous vos fichiers dans un dossier d'un disque dur et que, grâce aux fonctions du Lecteur Windows Media, vous créerez, au sein de ce programme, une structure organisationnelle. C'est le Lecteur Windows Media qui va organiser des collections de fichiers musicaux. Ce n'est pas à vous de le faire avant de pourvoir utiliser correctement cette application.

Les collections

Le Lecteur Windows Media peut conserver la trace de tous les fichiers audio présents sur votre ordinateur. Il met à votre disposition des outils pour les classer. La meilleure organisation consiste à créer des collections dans lesquelles vous rangez vos fichiers par thème, artiste, genre, et même compilation personnelle.

Pour accéder aux collections existantes (quand il y en a), ou pour en créer des nouvelles, il suffit de cliquer sur l'onglet Bibliothèque. Vous modifiez alors l'interface du Lecteur Windows Media comme en témoigne la Figure 15.3.

Figure 15.3 La Bibliothèque du Lecteur Windows Media, lieu de gestion de vos collections.

Le volet de gauche permet de filtrer et d'afficher la collection de morceaux par artistes, albums, chansons, genre, années, etc. La Figure 15.3 montre des albums ajoutés récemment. Les couvertures des albums proviennent, soit des CD dont les pistes ont été copiées avec le Lecteur Windows Media, soit selon une recherche effectuée dans la base de données Gracenote (ou une autre) située sur le Web.. À partir du moment où l'artiste est clairement identifié, la base de données peut en effet retrouver des informations qui vous permettront notamment d'acheter d'autres albums ou chansons de l'artiste.

Si vous souhaitez retrouver les fichiers d'un artiste spécifique, saisissez son nom dans le champ Rechercher situé en haut à droite du Lecteur Windows Media. Cependant, pour que la Bibliothèque les retrouve, il faut qu'elle ait eu connaissance de leur existence. En d'autres termes, ils doivent avoir été ajoutés à la Bibliothèque. Pour ce faire :

1. **Choisissez Fichier/Ajouter à la bibliothèque ou appuyez sur la touche F3.**

   Vous accédez à la boîte de dialogue Ajouter à la Bibliothèque (Figure 15.4).

Figure 15.4 Recherchez des fichiers à placer dans la Bibliothèque.

2. **Pour prendre en compte tous les fichiers audio présents sur tous les disques durs de votre ordinateur, choisissez Mes dossiers et ceux auxquels je peux accéder.**

3. **Cliquez sur OK.**

   En fonction du nombre de fichiers et de lecteurs à vérifier, la procédure peut exiger un certain temps.

4. **Les fichiers trouvés sont regroupés dans Ajoutés récemment**

   Pour afficher les fichiers trouvés, cliquez sur Ajoutés récemment dans le volet gauche.

Ajoutés récemment est un emplacement de stockage global. Ainsi, tous les fichiers répertoriés et présents sur vos disques durs y sont centralisés. Par conséquent, ils ne sont pas organisés. C'est dans ce tronc commun que vous sélectionnerez les morceaux constituant vos futures collections. Bien sûr, il y a d'autres méthodes pour les créer.

TRUC

Lorsque vous ne savez plus où vous en êtes des fichiers audio présents sur votre ordinateur, affichez le contenu de Ajoutés récemment. Dans le volet central supérieur, cliquez sur le premier nom de fichier. Il est alors sélectionné. Faites défiler la liste pour atteindre le dernier fichier. Appuyez sur la touche Maj et cliquez sur ce fichier. Tous les fichiers sont ainsi sélectionnés. Cliquez sur n'importe quel fichier avec le bouton droit de la souris. Dans le menu contextuel, choisissez Supprimer. Un message vous indique le nombre de fichiers à supprimer de la Bibliothèque. Activez l'option Supprimer de la bibliothèque seulement, sinon vous les éliminerez également de votre disque dur. Cliquez sur OK. La Bibliothèque est vide. Pour la remplir de nouveau, choisissez Fichier/Ajouter à la bibliothèque. Suivez la procédure expliquée un peu plus haut.

Comment s'y retrouver parmi les centaines de morceaux que comptera un jour votre bibliothèque ? Voici plusieurs techniques :

- Dans la partie centrale du Lecteur Windows Media, notez la présence de colonnes intitulées Titre, Artiste, Album, Nom du fichier, etc. Pour organiser les fichiers par ordre alphabétique croissant, en fonction du titre par exemple, cliquez sur l'en-tête de la colonne Titre. Pour effectuer un tri alphabétique décroissant, cliquez de nouveau sur l'en-tête de cette colonne. Cette méthode fonctionne avec toutes les autres colonnes. Ainsi, pour classer les titres par nom d'artiste, cliquez sur l'en-tête de la colonne Artiste.

- Vous pouvez également saisir, dans le champ Rechercher, le nom de l'artiste, ou mieux encore, tout ou partie du titre d'une chanson. Par exemple, vous cherchez une chanson intitulée *I never see you before*. Comme l'anglais n'est pas votre fort, peut-être vous souvenez-vous simplement que le titre commence par *I never.* Saisissez ces deux mots dans le champ Rechercher et cliquez sur son bouton. La partie centrale affichera le titre. Pour l'écouter, cliquez dessus, puis sur le bouton Lire.

- Organisez vos fichiers soit en les glissant-déposant dans un des sous-dossiers prédéfinis de Ajoutés récemment, soit en créant une collection dans le dossier Mes sélections. Nous verrons comment créer et organiser vos collections (sélections) un peu plus loin dans ce chapitre.

Nommer vos morceaux

Pour retrouver facilement les fichiers stockés dans la Bibliothèque, il est préférable de leur attribuer un maximum d'informations. En effet, si vous extrayez (voir la section "Ripper vos fichiers ou l'extraction audionumérique", plus loin dans ce chapitre, pour en savoir plus sur l'extraction) un CD audio non répertorié dans une base de données musicales, les titres des morceaux seront Morceau 01, Morceau 02, ou Piste 01, Piste 02, etc. Pas facile de savoir de quoi il s'agit. Heureusement, vous pouvez renommer les titres :

1. **Avec le bouton droit de la souris, cliquez sur le titre à modifier ou auquel vous désirez ajouter des informations.**

   Ceci ouvre un menu contextuel illustré à la Figure 15.5.

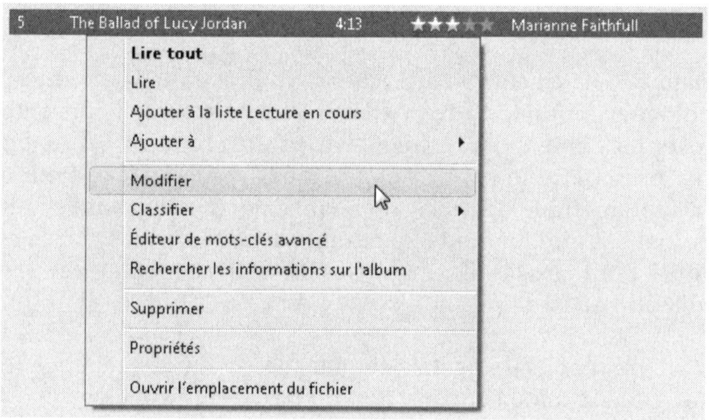

Figure 15.5 Modifiez ou ajoutez des informations aux fichiers multimédias répertoriés dans la Bibliothèque (ou ailleurs).

2. **Saisissez l'information.**

3. **Appuyez sur la touche Tab pour la valider et passer à la colonne suivante. Saisissez l'information adéquate.**

4. **Répétez ces opérations pour entrer toutes les données nécessaires.**

TRUC

Si vous n'avez qu'une seule donnée à entrer, c'est-à-dire que vous ne souhaitez pas saisir d'informations dans les autres colonnes, validez-la en appuyant sur la touche Entrée.

Les onglets du Lecteur Windows Media

Dans la partie supérieure du Lecteur Windows Media, se trouve un certain nombre d'onglets, dont Bibliothèque que nous venons d'étudier. Voici une brève description de ce qu'ils permettent d'effectuer :

- **Lecture en cours :** Affiche ce qui est actuellement diffusé, que ce soit un CD, un fichier audionumérique (MP3 ou WMA, par exemple), la radio. Une visualisation agrémente la lecture audio. Vous contrôlez cette lecture avec les boutons de commande situés dans la partie inférieure gauche du Lecteur Windows Media.

- **Extraire :** Les branchés diront plutôt *ripper.* Insérez un CD audio dans votre lecteur de CD-ROM ou de DVD-ROM. La liste des pistes s'affiche comme à la Figure 15.6. Vous constatez qu'elles sont cochées par défaut. Cela signifie qu'elles seront toutes rippées sur votre disque dur. Pour en savoir plus sur cette fonction, consultez la section "Ripper vos fichiers ou l'extraction audionumérique", un peu plus loin dans ce chapitre.

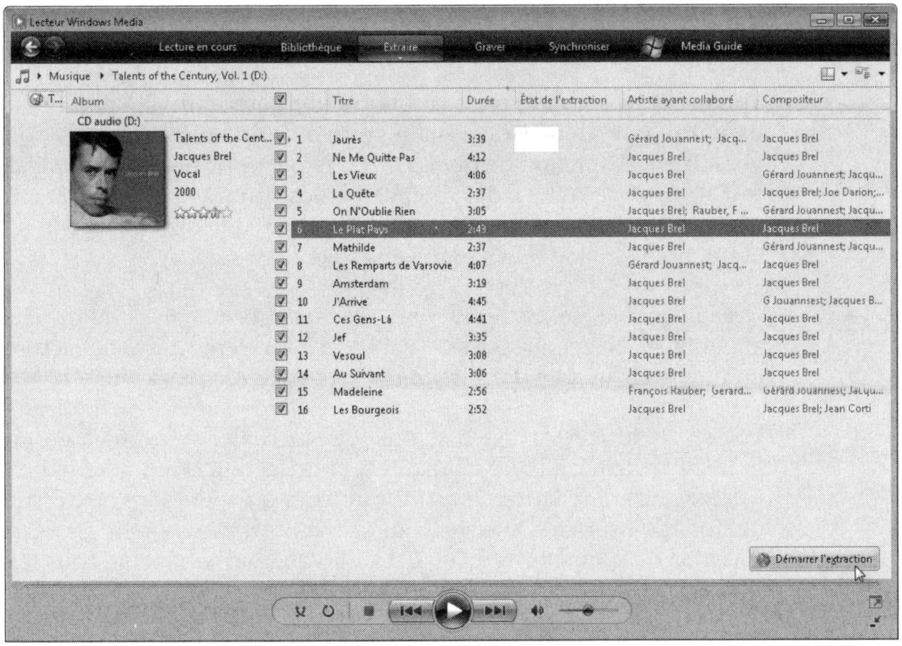

Figure 15.6 Les pistes d'un CD audio prêtes à être extraites.

- **Graver :** Permet de choisir des fichiers audionumériques, en général MP3 et WMA, pour les graver sur un CD audio. Consultez la section "Graver un CD", plus loin dans ce chapitre.
- **Synchroniser :** Permet d'ajouter des fichiers à un périphérique mobile comme un lecteur MP3. La synchronisation, quand vous l'exécutez à partir d'une collection dans laquelle vous avez ajouté de nouveaux morceaux, permet d'ajouter uniquement ceux-ci dans le lecteur portable et de conserver les anciens.
- **Media Guide :** Vous connecte au site Web `www.windowsmedia.com`. Vous y trouverez un certain nombre d'informations quotidiennement mises à jour sur l'actualité musicale et cinématographique. Vous pouvez écouter des extraits d'album et trouver des liens commerciaux pour les acheter en ligne. Microsoft vous tient informé des nouveautés sur son lecteur, et un lien permet d'accéder à de nombreuses radios diffusant sur le Web, que vous pouvez organiser en fonction de vos préférences musicales. (Pour plus d'informations sur Internet, consultez les septième et huitième parties de ce livre.)

Créer des listes de lecture

Vous savez désormais que la Bibliothèque gère la totalité des fichiers musicaux de votre ordinateur. Grâce à son système d'organisation, vous pouvez classer vos titres en fonction de divers critères qui vous permettront également de retrouver des artistes, des albums ou des titres à écouter. Je sais que cette organisation fait sourire quand on dispose d'une dizaine de titres, mais beaucoup moins quand on en a plusieurs centaines.

Organiser l'ensemble des fichiers est une chose, mais écouter plusieurs titres spécifiques en est une autre. C'est là qu'intervient la liste de lecture, également connue sous le nom de *sélection*.

La liste de lecture est un ensemble de morceaux que vous regroupez en une liste qui sera lue, à votre demande, par le Lecteur Windows Media. Cela revient à créer une compilation à partir de fichiers présents sur votre disque dur. Cette compilation sera lue avec le Lecteur Windows Media, et nous verrons qu'il est possible de la convertir en un CD audio qui, lui, sera lu par tous les lecteurs de CD dont votre platine laser de salon.

L'avantage d'une liste de lecture est que vous disposez d'une très grande liberté. Vous pouvez, par exemple, créer une liste de lecture avec tous les albums de votre groupe préféré. Vous pourrez même y réorganiser la position des morceaux. C'est votre domaine d'intervention. De même que personne n'a rien à dire si vous souhaitez mettre, dans une même liste de lecture, les airs d'accordéon d'Yvette Horner et les guitares saturées de Rammstein.

Comme d'habitude, il y a plusieurs manières de créer une liste de lecture. Voici, à mon sens, la plus intuitive :

1. **Ouvrez le contenu de la Bibliothèque qui, je le rappelle, centralise tous vos fichiers audio.**

   Ces fichiers sont accessibles par un clic sur Ajoutés récemment, ou en ouvrant un des dossiers dans lesquels vous avez classé vos titres par Compositeur, Album, Genre, etc.

   Quelle que soit la manière dont vous affichez vos fichiers audio, passez à l'étape suivante.

2. **Sélectionnez les titres qui constitueront la liste de lecture.**

   Pour sélectionner plusieurs titres qui se suivent, cliquez sur le premier d'entre eux, appuyez sur Maj et cliquez sur le dernier. Pour ajouter d'autres titres sans désélectionner les premiers choisis, appuyez sur Ctrl tout en cliquant sur les morceaux à ajouter.

   Il n'est pas nécessaire de sélectionner immédiatement tous les titres à inclure dans la liste de lecture. Vous pourrez l'enrichir ultérieurement. Ainsi, la Figure 15.7 montre que j'ai sélectionné sept titres.

3. **Cliquez du bouton droit sur un morceau sélectionné et choisissez Ajouter à/"Sélection sans titre".**

   Lorsque vous relâchez le bouton de la souris, les morceaux apparaissent dans le volet Sélection, à droite du Lecteur Windows Media, dans l'ordre qui était le leur dans la collection où vous avez effectué la sélection, comme le montre la Figure 15.8.

   Comme le volet central n'est pas assez grand pour afficher tous les fichiers répertoriés sur votre ordinateur, faites défiler la liste pour sélectionner d'autres titres.

   Si vous connaissez le titre d'un morceau que vous désirez insérer dans la liste de lecture, saisissez son nom dans le champ Rechercher et cliquez sur son bouton. Une fois affiché dans le volet central, glissez-déposez-le dans la liste de lecture. Pensez toujours à utiliser les fonctions de recherche et de classement du Lecteur Windows Media pour localiser rapidement un fichier audio à inclure dans une liste de lecture.

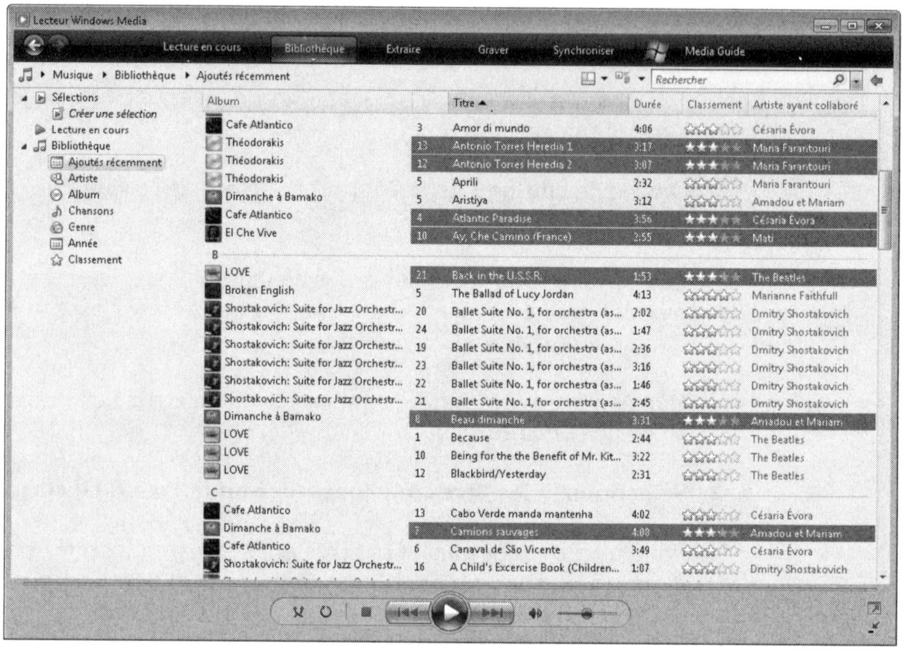

Figure 15.7 Sélection initiale de titres à placer dans une liste de lecture.

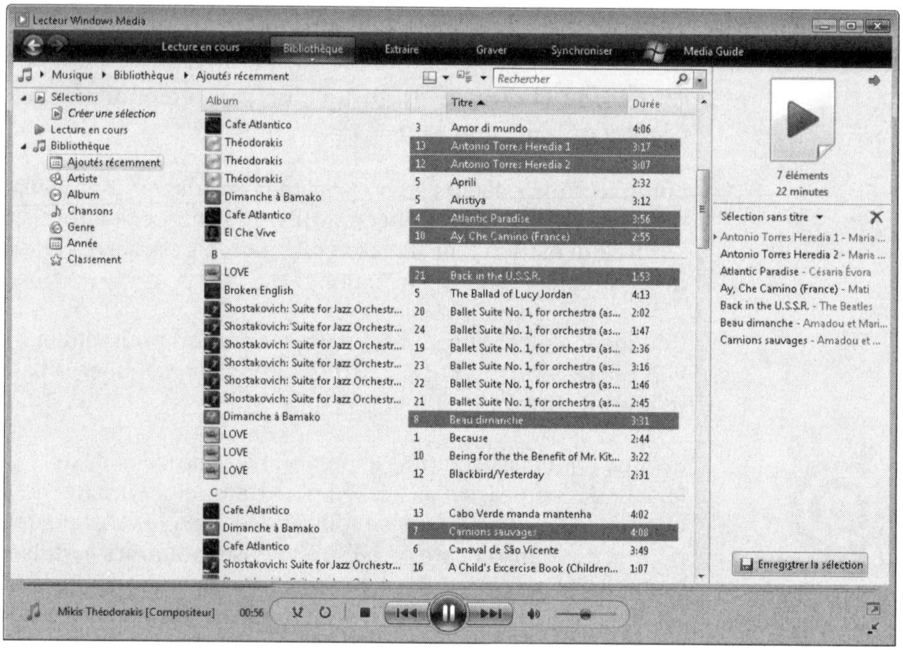

Figure 15.8 Une sélection en cours d'élaboration.

Une fois la liste constituée, réorganisez les morceaux. Pour cela, cliquez sur un des titres et, sans relâcher le bouton de la souris, faites-le glisser jusqu'à l'emplacement souhaité. Vous organisez vos listes de lecture comme bon vous semble ! N'oubliez pas qu'à tout moment vous pourrez modifier cette liste.

Lorsque tout paraît correct, enregistrez la liste. Il serait idiot de passer cette étape et d'être obligé de tout recommencer.

4. **Cliquez sur la petite flèche vers le bas à droite de Nouvelle sélection.**

5. **Dans le menu qui apparaît, choisissez la commande Enregistrer la sélection sous, comme le montre la Figure 15.9.**

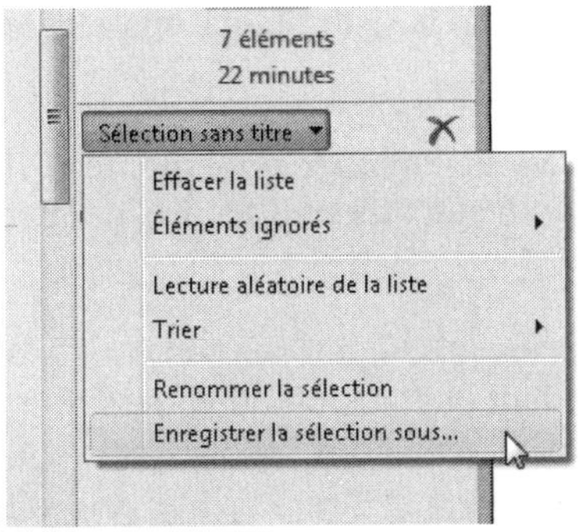

Figure 15.9 Enregistrez votre liste de lecture.

6. **Dans la boîte de dialogue qui apparaît, ne changez pas le dossier Playlist sélectionné par défaut, et saisissez le nom de votre compilation.**

Comme le montre la Figure 15.10, j'ai fait preuve d'une grande originalité en nommant cette nouvelle liste de lecture `Ma Compil`.

Figure 15.10 Nommez votre liste de lecture.

7. **Cliquez sur Enregistrer.**

   Voilà ! Ce n'est pas plus compliqué ! Et vous pouvez en créer des milliers !

   "D'accord, mais où puis-je la retrouver afin de la lire ?" demandez-vous sur un ton dont la candeur n'a d'égale que votre innocence.

8. **Dans le volet gauche de la Bibliothèque, cliquez sur la petite flèche qui précède Mes sélections.**

   Votre liste de lecture est présente. Le classement s'effectue par ordre alphabétique.

9. **Pour lancer la lecture de la liste, effectuez l'une des actions suivantes, double-cliquez sur son nom, dans la liste Sélections à gauche du Lecteur Windows Media.**

Une liste de lecture peut être modifiée à n'importe quel moment. Il suffit de l'afficher et d'y glisser-déposer de nouveaux titres. Ensuite, n'oubliez pas de sauvegarder les modifications.

Une fois la liste prête à être lue, vous pouvez cliquer sur l'onglet Lecture en cours pour afficher des visualisations pendant la diffusion de votre super compil.

Graver un CD

Stocker des fichiers audio sur votre ordinateur va changer vos habitudes de mélomane. Enfin, votre PC va faire autre chose qu'éructer des tableaux et du texte à n'en plus finir. Seulement voilà, un ordinateur est un objet suffisamment encombrant pour ne pas pouvoir l'utiliser comme baladeur ou l'emporter chez des amis qui organisent une soirée dansante. Ah ! Comme les ingénieurs de chez Microsoft sont prévoyants et intelligents ! Ils ont doté leur lecteur multimédia d'une fonction de gravure. Désormais, vos plus belles compilations, c'est-à-dire vos listes de lecture, peuvent être gravées sous forme d'un CD audio. Voici une manière de procéder :

1. **Insérez un CD-R vierge dans votre graveur.**

   Étape indispensable sans laquelle je ne vois vraiment pas comment vous pourriez graver.

2. **Sélectionnez une liste de lecture dans le volet de gauche du Lecteur Windows Media.**

3. **Cliquez sur le bouton Graver.**

   Le Lecteur Windows Media affiche, à droite, un volet Sélection à graver.

4. **Sélectionnez le ou les morceaux à graver.**

   Cliquez, touche Ctrl enfoncée, pour sélectionner des morceaux épars, ou appuyez sur Ctrl+A pour tout sélectionner.

5. **Cliquez dans la sélection et tirez-la jusque sur le volet de droite.**

   La sélection prête à être gravée se trouve dans le volet de droite, comme le révèle la Figure 15.11.

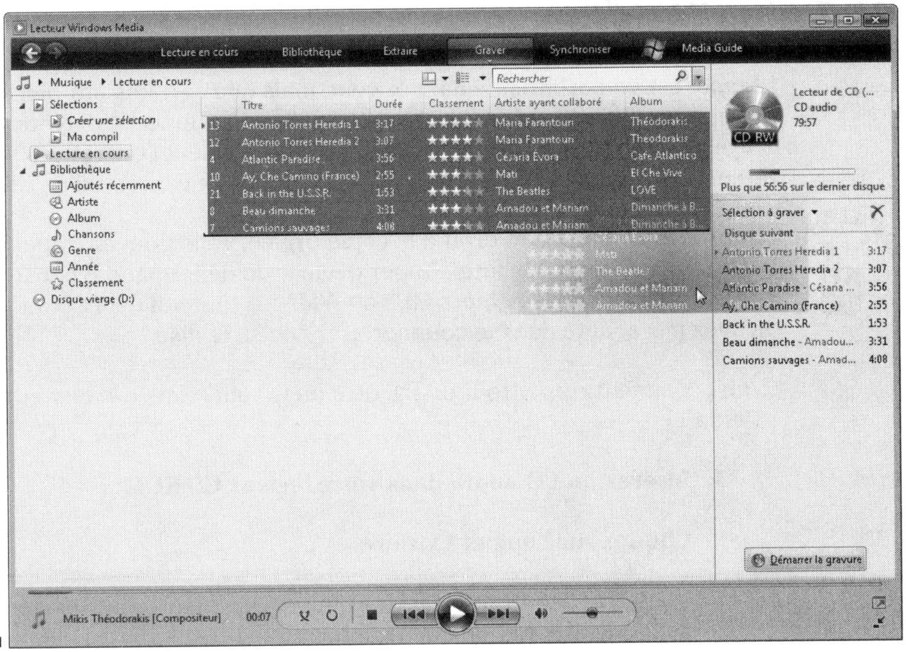

Figure 15.11 Gravez facilement vos listes de lecture sous forme d'un CD audio.

En haut à droite du Lecteur Windows Media, une barre indique l'espace vacant – en minutes – sur le CD. Si la compilation est trop importante pour tenir sur un seul CD, le Lecteur Windows se charge de la répartir lui-même sur plusieurs CD.

6. **Cliquez sur le bouton Démarrer la gravure, en bas à droite du Lecteur Windows Media.**

Une barre de progression indique l'avancement de la gravure. Patience...

La gravure terminée, et si vous avez gravé sur un CD audio, vous disposez d'un CD audio lisible par tous les lecteurs de CD compatibles avec les CD-R. Tous le sont depuis belle lurette ! (Toutefois, on connaît certaines incompatibilités avec des minichaînes et des lecteurs radio-cassette-CD.)

Si vous gravez sur un CD-RW, c'est-à-dire réinscriptible (comme à la Figure 15.11), il ne sera reconnu que par les lecteurs compatibles. Les platines laser de salon ne le sont quasiment jamais. En revanche, les lecteurs de DVD – qui, je le rappelle au passage, savent lire des CD audio – le sont quasiment tous.

Ripper vos fichiers ou l'extraction audionumérique

Ripper est un barbarisme dans le vent, mais que certains ont bien du mal à en cerner les tenants et les aboutissants. Souvent, "ripper" est synonyme de piratage, ce qui est complètement faux. C'est simplement l'opération qui consiste à transférer, sous forme de données numériques, le contenu d'un CD audio.

Dans le pur respect du droit à la copie privée, vous pouvez ripper votre CDthèque en toute légalité. Ripper devient un délit quand il consiste à récupérer, sous forme de fichiers MP3 ou WMA, le contenu d'un CD audio que vous n'avez pas acheté dans le commerce. Qu'on se le dise !

Voici comment ripper tout ou partie d'un CD audio avec le Lecteur Windows Media 11 :

1. **Insérez un CD audio dans votre lecteur CD-ROM.**
2. **Cliquez sur l'onglet Extraire.**

   Vous accédez à une interface qui liste les pistes du CD inséré. Toutes sont cochées par défaut, signifiant que l'ensemble du disque va être extrait, comme à la Figure 15.12.

   Chaque piste peut être écoutée avant de la sélectionner ou non. Il suffit de cliquer dessus, puis sur le bouton Lire, ou plus simplement de double-cliquer sur le nom du morceau.

3. **Cochez uniquement les pistes à ripper.**

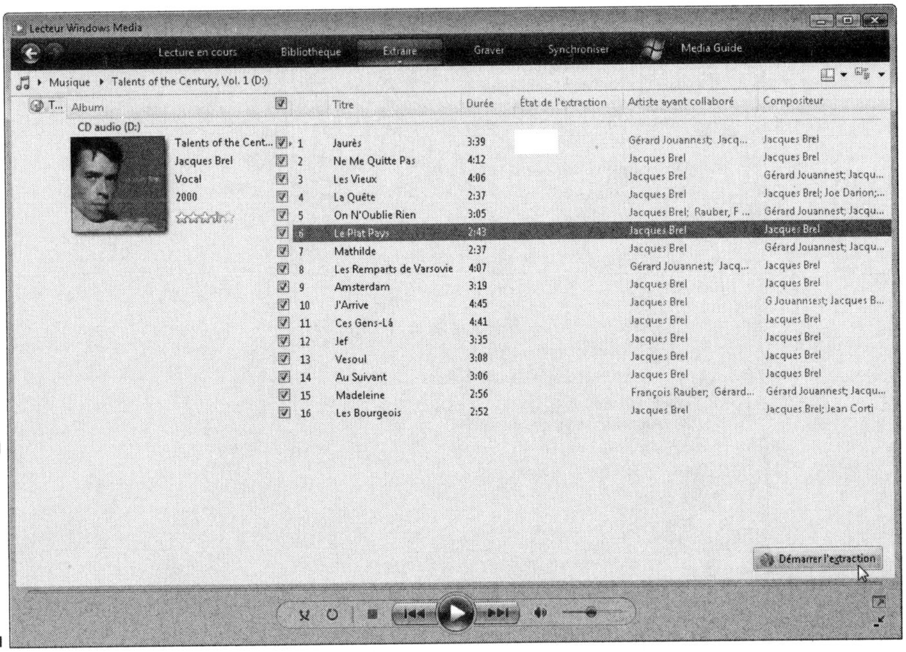

Figure 15.12 Dans l'onglet Extraire, sélectionnez les pistes du CD audio à ripper.

Avant de ripper, encore faut-il choisir le format d'extraction, comme MP3 ou WMA, ainsi que la qualité du débit binaire. Sachez que ripper dans un format compressé altère la qualité audio. Par conséquent, plus le débit binaire – c'est-à-dire le nombre de kilobits par seconde – est élevé, meilleure sera la qualité du fichier résultant. Vous comprendrez mieux cette technicité en effectuant la suite des opérations.

4. **Cliquez sur Outils/Options.**

5. **Dans la boîte de dialogue Options, cliquez sur l'onglet Extraire de la musique, comme à la Figure 15.13.**

6. **Dans la section Extraire de la musique à cet emplacement, cliquez sur le bouton Parcourir afin de sélectionner le dossier dans lequel le fichier sera rippé.**

   Il est judicieux de créer un dossier dans lequel vous stockerez systématiquement vos extractions.

7. **Cliquez sur le bouton Nom du fichier afin de sélectionner toutes les métadonnées à extraire.**

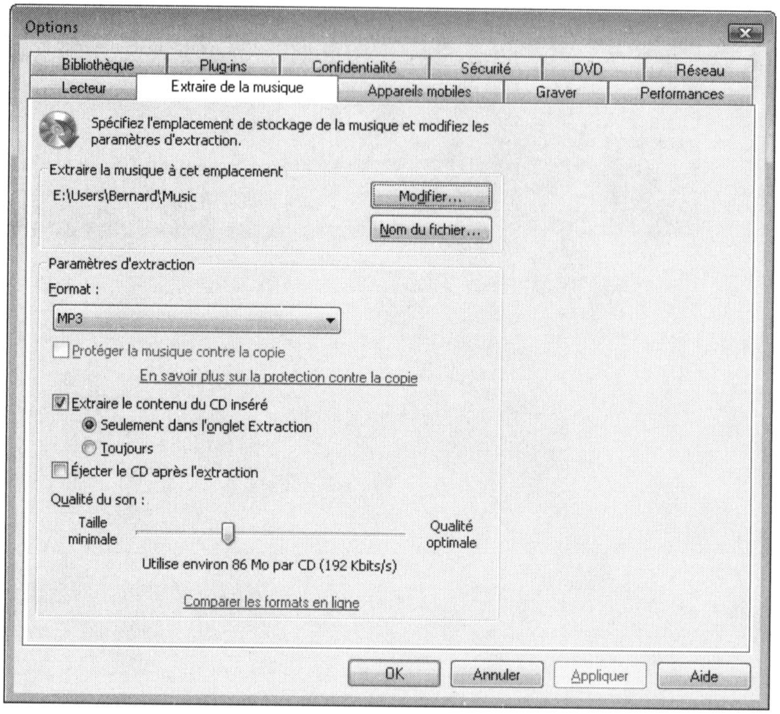

Figure 15.13 Paramétrage de l'extraction.

Les métadonnées sont des informations stockées dans les fichiers rippés comme le titre du morceau, celui de l'album, le nom de l'artiste, etc.

8. **Dans la zone Paramètres d'extraction, choisissez le format de fichiers.**

   C'est une étape essentielle. Microsoft ne vous donne pas beaucoup de choix. C'est soit WMA (sous plusieurs formes), soit MP3. Pour une question de compatibilité, je vous invite à choisir MP3.

9. **Dans la section Qualité du son, fixez le débit binaire de l'extraction.**

   Le réglage conditionne la qualité audio du fichier rippé. Je vous déconseille de descendre en dessous des 192 Kbits/s. Là encore, les choix sont limités : 128 Kbps, 192, 256 et 320 (ce dernier donnant une qualité assez remarquable).

N'OUBLIEZ PAS

Je me répète comme un vieux gâteux : plus vous choisissez un débit binaire élevé, meilleure est la qualité du son, mais plus les morceaux occupent de place sur votre disque dur. D'ailleurs, en fonction de la valeur choisie, le Lecteur Windows Media affiche une estimation de l'espace nécessaire pour ripper un CD complet. Si vous choisissez 128 Kbps, l'espace occupé par un CD de 80 minutes est d'environ 57 Mo. Cette allocation augmente au fur et à mesure du débit choisi. À 320 Kbps, un CD audio rippé occupera environ 144 Mo sur le disque dur.

10. **Une fois les paramètres définis, cliquez sur Appliquer, pour conserver ces réglages par défaut, et sur OK pour quitter la boîte de dialogue.**

11. **Revenu dans l'interface d'extraction, cliquez sur le bouton Démarrer l'extraction, comme à la Figure 15.14.**

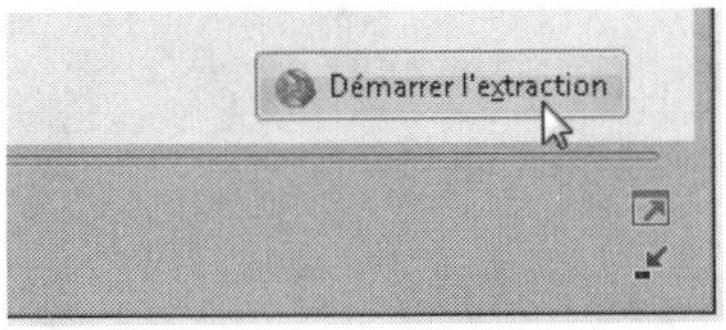

Figure 15.14 Lancez la procédure d'extraction en cliquant sur ce bouton.

Suivez la progression de l'extraction de chaque morceau dans la colonne État de l'extraction.

L'extraction terminée, cette même colonne indique que les morceaux ont été placés dans la Bibliothèque.

12. **Cliquez sur l'onglet Bibliothèque pour y voir vos morceaux fraîchement rippés.**

Le fait que les titres rippés soient dans la Bibliothèque permet de les classer immédiatement. Sachez, en revanche, que le fichier lui-même est stocké dans le dossier sélectionné à l'Étape 6.

13. **Pour écouter les titres extraits, double-cliquez dessus, ou constituez une liste de lecture, comme cela est expliqué à la section "Créer des listes de lecture", un peu plus haut dans ce chapitre.**

Visualiser la musique

C'est là que commence le *light show*. Rassurez-vous ! Ce que vous voyez n'est pas le résultat de quelques substances illicites (*Lucy in the Sky with Diamonds...*) que vous auriez ingurgitées, mais bel et bien d'algorithmes mathématiques. Le Lecteur Windows Media 11 est riche en *visualisations* diverses et variées. Pour sélectionner une visualisation qui varie au rythme de la musique, suivez cette procédure :

1. **Cliquez sur la petite flèche sous bouton Lecture en cours, choisissez Visualisations puis faites votre choix dans les divers sous-menus, comme le montre la Figure 15.15.**

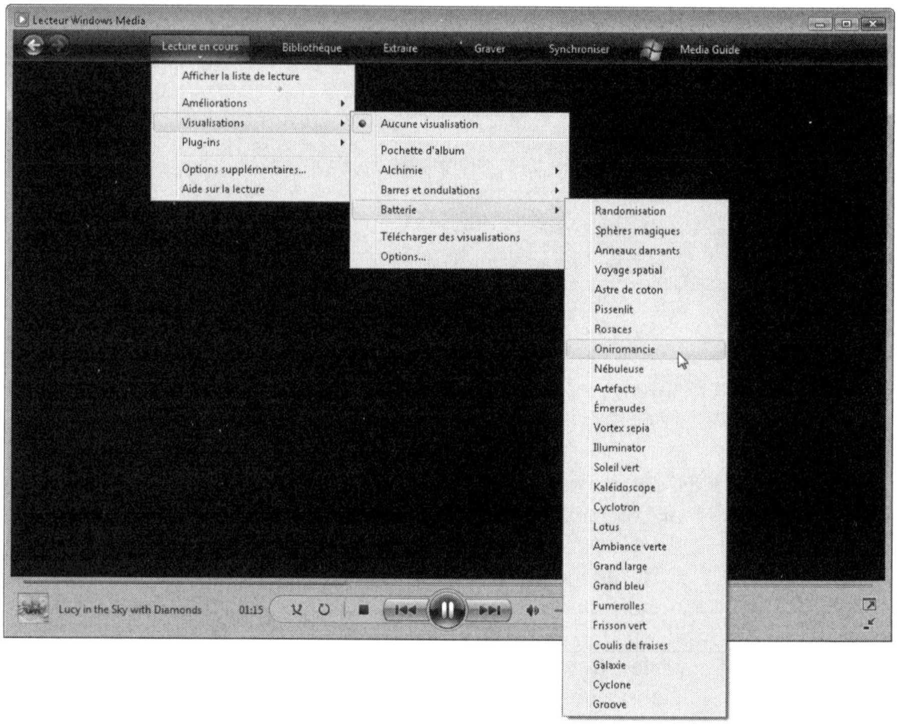

Figure 15.15 Choisissez une visualisation bien psychédélique.

2. **Pour diffuser les visualisations en plein écran, appuyez sur Alt+Entrée.**

   Attention, l'abus de visualisations en plein écran peut nuire à la santé de vos autres applications !

L'apparence du lecteur

Maintenant que vous savez utiliser le Lecteur Windows Media, il est temps d'apprendre à l'adapter à votre sens esthétique et à votre confort visuel. Voici comment procéder :

1. **Pour voir toutes les apparences disponibles, cliquez sur Affichage/ Sélecteur d'apparence.**

   Vous accédez à une interface qui affiche l'aspect du Lecteur Windows Media sélectionné dans le volet gauche, comme à la Figure 15.16. Par défaut, le Lecteur Windows Media 11 n'en propose que deux, pas géniaux : Entreprise et Revert.

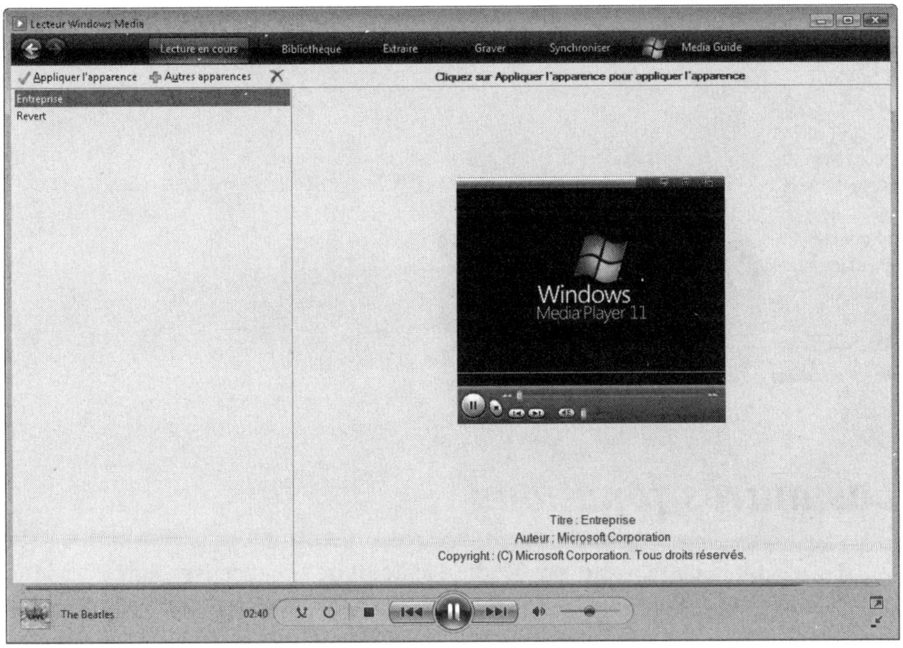

Figure 15.16 Une des deux seules autres variantes du Lecteur Windows Media.

2. **Dès qu'une apparence vous plaît, cliquez sur Appliquer l'apparence.**

   Si les deux apparences proposées vous paraissent bien ternes, sachez que vous pouvez en télécharger d'autres. Il suffit de cliquer sur le bouton Autres apparences. Vous êtes alors connecté au site Web américain de Microsoft où vous trouverez un grand nombre d'apparences gratuites (des *skins,* dans l'idiome vernaculaire baragouiné là-bas). Si l'une vous intéresse, cliquez sur le lien Download (téléchargement). Dans le message qui apparaît, cliquez sur Oui. Quelques secondes ou minutes plus tard, cliquez sur le bouton Afficher pour l'utiliser immédiatement. Sinon, vous la trouverez parmi les autres apparences disponibles sur votre Lecteur Windows Media.

TRUC

En général, les apparences ne donnent pas accès à toutes les fonctionnalités du lecteur, et notamment à la gestion de la Bibliothèque. Par conséquent, n'utilisez une apparence que pour la lecture.

3. **Pour quitter une apparence et revenir à l'interface par défaut du Lecteur Windows Media, cliquez sur le bouton Basculer en mode complet de l'apparence (ou Full Mode quand les apparences viennent du Web), comme à la Figure 15.17.**

Figure 15.17 Le bouton Basculer en mode complet de l'apparence permet de retrouver l'interface par défaut du Lecteur Windows Media.

Les autres fonctions

Le Lecteur Windows Media 11 inclut de nombreuses autres fonctions qui agissent notamment sur la qualité de reproduction audio.

Voici les fonctions supplémentaires du lecteur :

- **Plug-ins :** Il s'agit de modules qui ajoutent de nouvelles fonctionnalités au lecteur. Par défaut, seul le plug-in de gravure de CD est installé. Pour en trouver d'autres, cliquez sur Affichage/Plug-ins/Télécharger les plug-ins. . Ces modules qui ajoutent d'importantes fonctions comme la lecture de DVD, sont payants.

- **Fondu enchaîné et réglage automatique du volume :** Pendant la lecture, cette fonction recouvre progressivement la fin du morceau en cours de lecture avec le début du suivant. Il s'agit d'un effet de mixage entre deux sources audio qui se suivent. Pour afficher cette fonction, cliquez sur Affichage/Améliorations/Fondu enchaîné et réglage automatique du volume, ou sur un des petits triangles bleus situés sous la zone d'affichage des visualisations jusqu'à ce que cette fonction apparaisse.

- **Égaliseur graphique :** C'est la version virtuelle de l'égaliseur qui équipe certains amplificateurs hi-fi. Pour l'afficher dans le Lecteur Windows Media 11, cliquez soit sur Affichage/Améliorations/Égaliseur graphique, soit sur un des petits triangles bleus situés sous la zone d'affichage des visualisations jusqu'à ce que l'égaliseur en question apparaisse. Là, agissez sur les différents curseurs pour modifier la texture du son. Par exemple, renforcez les basses fréquences, les médiums ou les aigus. Si vous ne souhaitez pas vous casser la tête, sélectionnez un préréglage dans la liste qui couvre la majorité des genres musicaux existants. En revanche, pour ne pas dénaturer le son d'origine, cliquez sur le lien Désactiver. Dans ce cas, aucune égalisation n'est appliquée.

- **Lien multimédia pour la messagerie :** Cette fonction permet de partager avec une autre personne un clip que vous avez découvert sur Internet. Pour afficher cette fonction, cliquez sur Affichage/Améliorations/Lien multimédia pour la messagerie, ou sur un des petits triangles bleus situés sous la zone d'affichage des visualisations jusqu'à ce que cette fonction apparaisse.

- **Paramètres de vitesse de lecture :** Cette fonction permet de modifier la vitesse de lecture d'un fichier. Pour afficher cette fonction, cliquez sur Affichage/Améliorations/Paramètres de vitesse de lecture, ou sur un des petits triangles bleus situés sous la zone d'affichage des visualisations jusqu'à ce que cette fonction apparaisse.

- **Mode silencieux :** Grâce au mode silencieux, vous pouvez contrôler la différence entre le son le plus fort et le son le plus faible. Réduisez cette différence (plage dynamique audio) lorsque vous regardez un film le soir ou lorsque vous écoutez de la musique avec un casque. En mode silencieux, le son est plus uniforme, ce qui évite les grandes variations sonores dans le volume. Pour afficher cette fonction, cliquez sur Affichage/Améliorations/Mode silencieux, ou sur un des petits triangles bleus situés sous la zone d'affichage des visualisations jusqu'à ce que cette fonction apparaisse.

- **Effets SRS WOW :** Permet d'améliorer l'effet stéréo. Faites glisser le curseur TruBass, pour amplifier les basses fréquences, ou ajustez l'Effet

WOW, pour ajouter ou enlever de la spatialité au champ stéréophonique. Pour afficher cette fonction, cliquez sur Affichage/Améliorations/Effets SRS WOW, ou sur un des petits triangles bleus situés sous la zone d'affichage des visualisations jusqu'à ce que cette fonction apparaisse.

Les autres paramètres concernent l'affichage vidéo. Comme nous traitons de l'audio, je n'empiéterai pas sur les plates-bandes d'autres auteurs.

Écouter la radio

La radio reste le média le plus populaire qui permet de forger sa propre culture musicale. Personnellement, je manipule sans cesse le tuner de ma radio pour découvrir de nouvelles stations et accéder à un nouveau contenu susceptible d'élargir mes horizons musicaux. Quoi que vous pensiez de la radiophonie actuelle, elle n'en reste pas moins une force de pénétration importante auprès des adolescents. La radio permet de découvrir des nouveautés, de se forger une opinion et de décider d'acheter ou non les disques qu'elle diffuse.

Il suffit d'écouter la radio, l'appareil qui permet de la recevoir, pour comprendre que la technologie de réception et d'émission se base toujours et encore sur les ondes hertziennes. Or, Internet a considérablement modifié la donne. En effet, grâce à ce nouveau support de diffusion, il est désormais possible d'accéder à la quasi-totalité des stations de radio réparties dans le monde entier. Habitant en France, vous avez la possibilité de capter des radios d'Amérique du Nord, d'Albanie et pourquoi pas d'Afrique centrale. Seules la vitesse et la stabilité de votre connexion Internet sont des limites techniques à ce type de réception particulier. Dans la mesure où vous accédez aux stations de radio par l'intermédiaire de votre ordinateur, vous disposez de beaucoup plus de possibilités d'utilisation de la musique ainsi écoutée.

TRUC

Si vous n'avez pas de connexion Internet, ou si vous débutez sur Internet, consultez les septième et huitième parties de ce livre, puis revenez à cette section consacrée à la radio écoutée avec le Lecteur Windows Media.

Voici comment procéder :

1. **Ouvrez le Lecteur Windows Media.**
2. **Cliquez sur le bouton Media Guide.**

   Comme le montre la Figure 15.18, le Lecteur Windows Media propose par défaut plusieurs stations françaises.

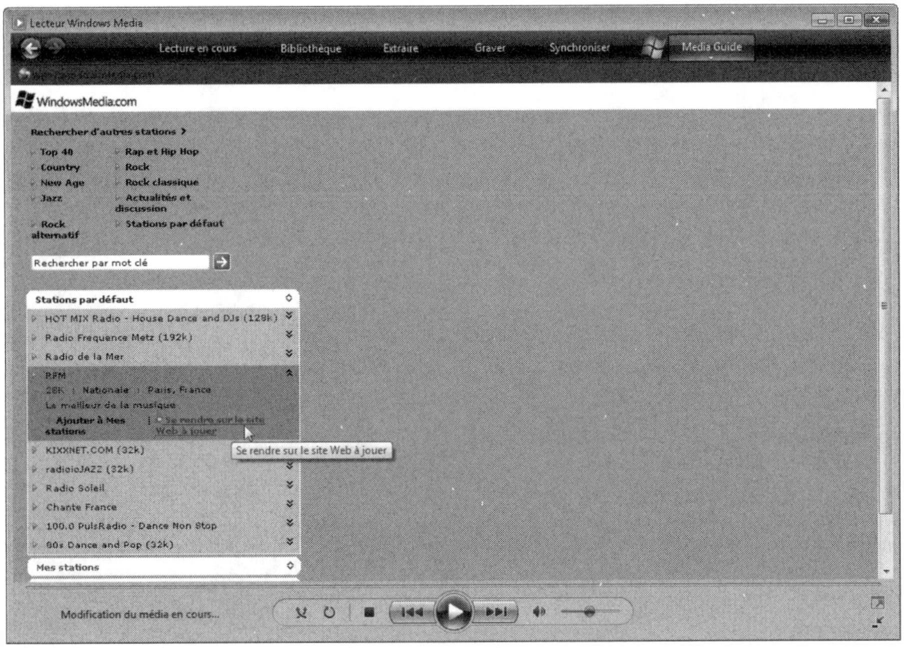

Figure 15.18 Le Lecteur Windows Media propose d'emblée plusieurs stations de radio Internet.

Si ces radios vous intéressent, ou pour avoir votre première expérience radiophonique en temps réel, cliquez sur le nom de la station (RFM, à la Figure 15.18), puis sur le lien Se rendre sur le site Web à jouer. Un site de radio Internet apparaît dans Internet Explorer, comme le montre la Figure 15.19.

3. **Naviguez parmi les pages et faites vos choix.**

Le Lecteur Windows Media ne se contente pas de vous mettre en relation avec des sites de radio. Tout en haut de la Figure 15-18, cliquez sur le lien Rechercher d'autres stations. Une page dont la présentation est à peine différente s'ouvre. Cliquez sur la flèche à droite de Parcourir par genre puis, comme à la Figure 15.20, sélectionnez un genre de musique qu'il vous plairait d'écouter.

Le Lecteur Windows affiche une liste de plusieurs dizaines de stations. Cliquez sur le nom d'une station afin d'accéder à ses détails, puis cliquez sur le lien Lecture (Figure 15.21).

Vous pouvez à présent réduire le Lecteur Windows Media en mode Apparence pour ne plus être gêné par l'imposante interface du mode complet. Observez comment, pour plus de discrétion, le lecteur en mode d'apparence Revert devient presque entièrement transparent.

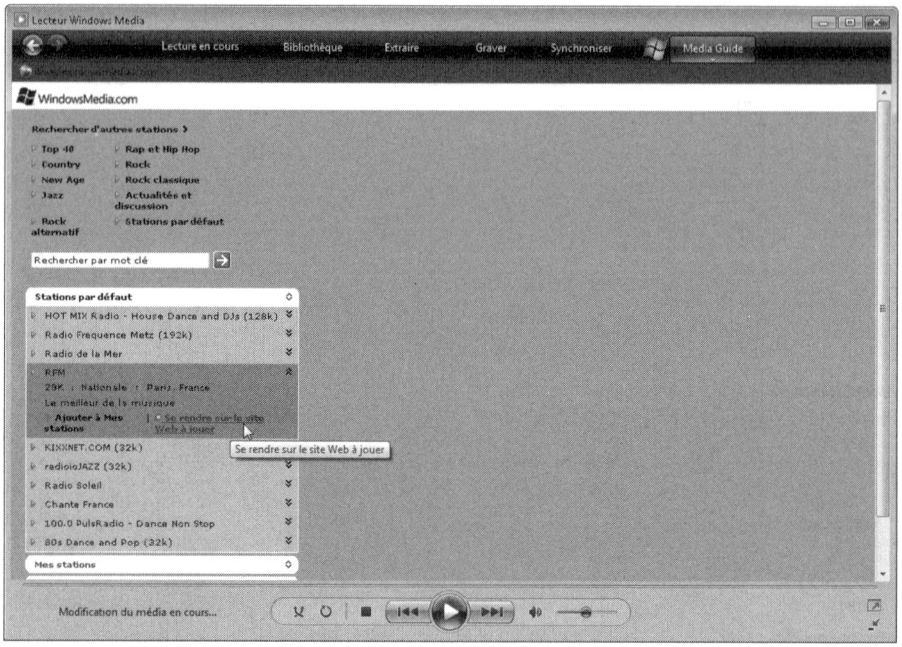

Figure 15.19 Le Lecteur Windows Media vous met en relation avec une radio Internet.

D'autres lecteurs multimédias célèbres

Bien qu'il soit important, vous ne devez pas vous focaliser uniquement sur le Lecteur Windows Media. Le marché regorge de lecteurs plus ou moins intéressants. Je propose d'en évoquer quelques-uns dans les sections qui suivent.

iTunes

iTunes est surtout réputé pour ses fonctionnalités d'achat de musique en ligne. Sachez que c'est un lecteur qui permet de ripper et de graver des CD. iTunes existe pour Mac et PC. L'extraction peut se faire sous divers formats : AAC, Apple Lossless Audio Format, AIFF, MP3 et WAV. Pour télécharger iTunes, connectez-vous à `www.apple.com/fr/itunes/download`.

RealPlayer

Pionnier dans la musique diffusée en temps réel sur Internet, RealPlayer est un lecteur multimédia très complet qui fonctionne sur des principes identiques au

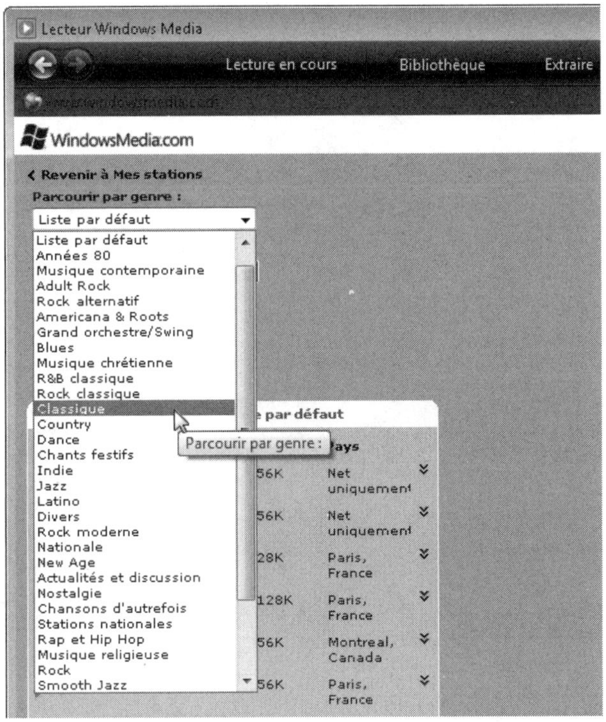

Figure 15.20 Choisissez ici le genre de musique que vous désirez écouter.

Lecteur Windows Media. Il possède l'avantage d'intégrer un navigateur Web. Ce lecteur s'accommode de presque tous les formats audio. Il sait bien entendu ripper avec un plus grand choix de qualité de compression et créer des CD audio à partir des fichiers son stockés sur votre PC. Attention : cette dernière fonction n'est gratuite que durant quatorze jours. Pour télécharger gratuitement RealPlayer, connectez-vous à `http://france.real.com/freeplayer_r1p.html`.

Winamp

Ce lecteur multimédia est très populaire. Ses fonctions rejoignent celles du Lecteur Windows Media. Il gère une grande quantité de formats. Comme Winamp est un programme *open source*, de nombreux plug-ins et apparences sont développés par une communauté de passionnés. Winamp est probablement le lecteur multimédia le plus personnalisable jamais réalisé. Téléchargez-le à `www.winampfr.com/indextele.php`.

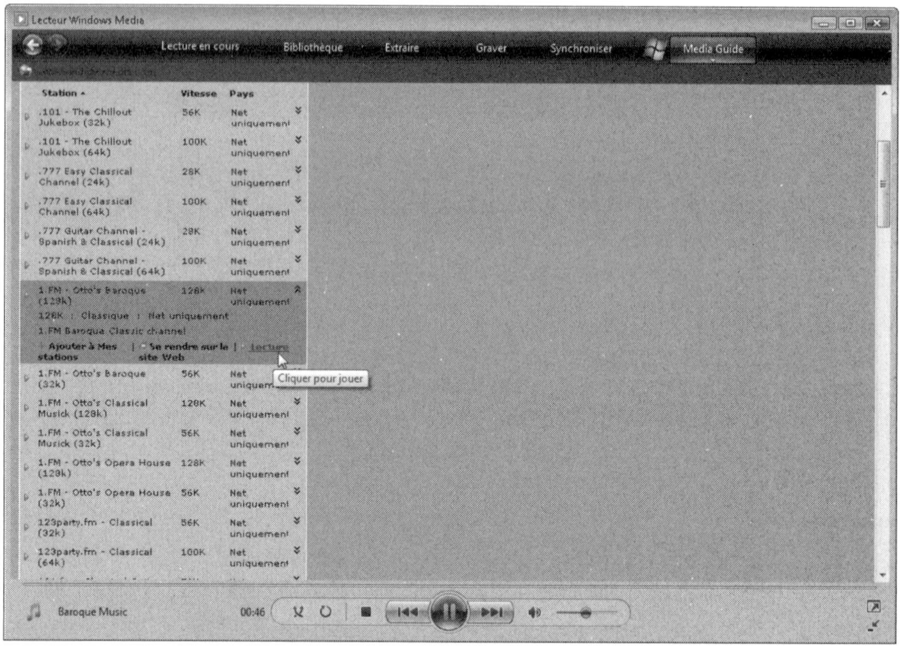

Figure 15.21 Démarrez l'écoute de la station de radio.

Figure 15.22 L'apparence Revert sait se faire extrêmement discrète.

Musicmatch

Voici une excellente alternative au Lecteur Windows Media, bien que son aspect soit un peu austère. Vous pouvez le télécharger à l'adresse `www.musicmatch.com`. Là, cliquez sur le lien "français" situé en haut de la page pour lire l'ensemble des informations dans votre langue natale (ou non). Musicmatch sait ripper et graver. Pour quelques dollars de plus, vous obtiendrez des plug-ins améliorant la plupart des fonctions implémentées par défaut, mais ajoutant également des caractéristiques absentes ou limitées dans la version gratuite.

TRUC

Je vous conseille de tester tous ces lecteurs. Gardez celui qui répond le mieux à vos besoins et avec lequel vous vous sentez le plus à l'aise. Pour désinstaller les players qui ne vous intéressent pas, il suffit de cliquer sur Démarrer/ Panneau de configuration. Dans ce panneau, cliquez sur Ajouter ou supprimer des programmes. Dans la liste des applications installées, sélectionnez le lecteur multimédia à supprimer, puis cliquez sur le bouton... Supprimer. Inutile d'encombrer le disque dur d'outils que vous n'utilisez pas.

Chapitre 16

Acheter de la musique avec le Lecteur Windows Media et avec iTunes

Dans ce chapitre :

- Découvrir les boutiques en ligne.
- iTunes.
- Acheter de la musique.
- Utiliser la musique téléchargée.

Votre PC est configuré pour la musique, vous savez comment la gérer, l'écouter, l'extraire et la graver, mais vous ignorez encore un des aspects les plus excitants de la musique numérique sous Windows Vista : l'achat et le téléchargement en ligne.

Comme nous venons d'accéder à Internet via le Lecteur Windows Media pour y écouter des stations de radio, nous allons voir ce que propose le lecteur adoré de Microsoft en matière d'achat en ligne.

N'OUBLIEZ PAS

Si votre connexion Internet ou votre expérience du Web n'est pas au top, consultez les septième et huitième parties de ce livre et revenez ensuite à cette section.

Une fois que vous avez téléchargé une musique achetée en ligne, vous l'écoutez avec le Lecteur Windows Media et vous pouvez, en fonction des conditions d'utilisation édictées par le magasin avec lequel vous avez passé ce contrat d'achat/vente, graver une ou plusieurs copies sur CD, ou tout autre support numérique autorisé.

Pour des raisons évidentes du respect des droits d'auteur, de la législation en vigueur et de la jurisprudence sur le téléchargement de fichiers musicaux MP3, nous ne saurions présenter et encourager l'utilisation des réseaux P2P, alias *peer-to-peer* ou *pair à pair*. Tout lecteur, prenant ce risque, doit savoir qu'il s'expose à des poursuites judiciaires se soldant par des amendes et des dommages et intérêts élevés.

Les boutiques en ligne 100 % légales

Il existe des milliers de boutiques dans le monde qui vendent de la musique en ligne en toute légalité. Microsoft a passé un accord avec trois d'entre elles : MSN music, qui fait partie de la maison, CoraMusic et VirginMega musique. Pour accéder à ces trois enseigne, cliquez sur la petite flèche sous le bouton Media Guide et, dans le menu déroulant, choisissez Parcourir tous les magasins en ligne. Le Lecteur Windows Media affiche l'écran que montre la Figure 16.1.

Dès que vous cliquez sur VirginMega Musique, vous êtes transporté sur le site Web de vente en ligne du géant de la distribution musicale, illustré à la Figure 16.2.

Vous n'êtes jamais, je dis bien jamais, limité aux magasins recommandés par votre lecteur multimédia. Il est tout à fait possible d'exécuter Internet Explorer et de surfer sur le Web à la recherche d'une boutique particulière où vous téléchargerez les musiques qui vous intéressent. Dans ce cas, veillez simplement à ce qu'il n'y ait pas de restrictions d'utilisation à un lecteur multimédia spécifique. Je rappelle malgré tout, et sauf si vous possédez un périphérique portable spécifique, que le seul format qui ne pose jamais de problème est le MP3.

Ouvrir un compte auprès d'une boutique virtuelle

Je suppose que vous avez passé un peu de temps à découvrir le contenu et les offres des magasins de musique en ligne, soit par l'intermédiaire du Lecteur Windows Media, soit en vous connectant à leur site au moyen d'Internet Explorer. L'intérêt d'une boutique en ligne à abonnement est que

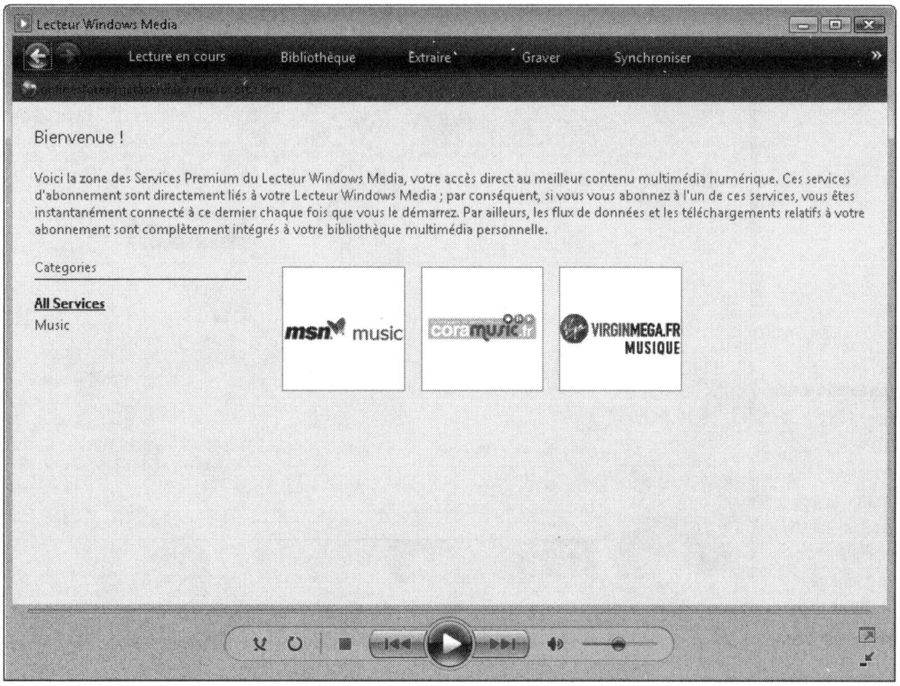

Figure 16.1 Le Lecteur Windows Media propose la connexion à trois magasins de musique en ligne.

vous achetez exactement ce que vous voulez. Ce n'est pas comme les systèmes d'abonnement à tel ou tel club de vente par correspondance où vous devez impérativement acheter quelque chose sinon vous recevez la sélection du mois qui est débitée sur votre compte bancaire. Et ceci, même si elle ne vous convient pas. Sur Internet, certains systèmes poussent à la consommation, un peu comme un forfait téléphonique de *x* heures de communication, non reportables sur le mois suivant, que vous vous empressez de consommer, même si vous n'en avez pas l'utilité. Psychologiquement, vous avez l'impression de ne pas vous être fait gruger.

Quel que soit le magasin où vous envisagez d'acheter de la musique en ligne, attendez-vous à remplir un formulaire. Pour valider l'ouverture d'un compte et surveiller vos achats, ces sociétés stockent des données qui leur sont indispensables. Cela va de vos nom, prénom, adresse, coordonnées bancaires, en passant par le choix d'un pseudonyme et d'un mot de passe pour accéder à votre compte. Voici les principaux champs rencontrés dans un formulaire d'ouverture de compte :

- **Nom d'utilisateur** ou **Identifiant :** Il s'agit d'un nom qui vous identifie sur le service en ligne, c'est-à-dire sur le site où vous désirez acheter des

Figure 16.2
Le Lecteur Windows Media charge la page Web du magasin en ligne VirginMega Musique.

musiques. Gardez votre véritable nom ou bien choisissez un pseudonyme.

- **Mot de passe :** Internet n'a pas fini de vous demander des mots de passe sur les sites commerciaux. En effet, c'est une sécurité évitant que quelqu'un d'autre ne se connecte sur le serveur à votre place et y fasse ses emplettes à vos frais. Choisissez un mot de passe sophistiqué, c'est-à-dire autre chose que votre date de naissance ou le nom de votre chien. Il est recommandé de mélanger lettres et chiffres dans un mot de passe. Surtout, ne l'oubliez pas. Pour les têtes en l'air, les services Web commerciaux demandent parfois de sélectionner une question dans une liste, question à laquelle vous êtes le seul à pouvoir répondre. Par exemple : "Le nom de jeune fille de votre mère". Vous saisissez la réponse dans un champ. Si vous oubliez votre mot de passe, un simple clic sur un lien vous enverra sur une page Web. Cette page vous posera ladite question à laquelle vous donnerez la réponse. Ce n'est que quelques minutes plus tard que vous recevrez votre mot de passe par e-mail.

- **Adresse électronique** ou **e-mail :** Le message électronique est la méthode la plus directe pour communiquer avec vous. Par ce biais, vous recevez un courrier de confirmation. Il contient souvent un lien sur lequel vous devez cliquer pour valider votre inscription. Par e-mail, vous recevrez également des offres promotionnelles.

TRUC

Si vous ne souhaitez pas recevoir de propositions commerciales, je vous conseille de créer une adresse électronique que vous réserverez aux échanges d'informations avec le service en ligne. Par exemple, créez une adresse sur `www.hotmail.fr`. Ainsi vous consulterez cette adresse sur le site hotmail et pourrez facilement éliminer les messages sans que votre gestionnaire de messagerie comme Windows Mail ne se retrouve encombré de courriers indésirables. Pour plus de détails sur les adresses et le courrier électroniques, consultez le Chapitre 26.

- **Informations bancaires :** Si vous avez déjà effectué des achats sur le Web, cette procédure ne vous surprendra pas. En revanche, le débutant peut hésiter à laisser ses coordonnées même sur un site réputé qui inspire confiance. Croyez-moi, vous ne risquez pas plus que lorsque vous commandez par téléphone ou que vous tapez ce code sur un distributeur de billets. En règle générale, les sites commerciaux acceptent les cartes Visa, MasterCard et American Express.

La majorité des magasins de vente de musique en ligne imposent leur programme de téléchargement pour acheter des chansons. iTunes fut l'un des premiers à mettre en place ce système, rapidement imité par beaucoup d'autres. Quel que soit le service que vous choisirez, suivez bien la procédure d'ouverture du compte. À un moment, elle vous indiquera la nécessité d'utiliser tel ou tel lecteur multimédia pour effectuer le téléchargement ou de télécharger vous-même le logiciel propriétaire du site en cliquant sur un bouton tellement gros que je ne vois pas comment vous pourriez l'ignorer. Ainsi, pour utiliser le service de vente de musique en ligne iTunes, vous devez télécharger le programme fourni par Apple. Voici la marche à suivre :

1. **Connectez-vous sur www.apple.com/fr/itunes/download.**

   Vous affichez la page d'accueil réservée à iTunes et iPod, illustrée à la Figure 16.3.

2. **Pour accéder au logiciel iTunes, activez l'option Windows 2000 ou XP (au moment où ces lignes étaient écrite, Vista n'était pas proposé), saisissez votre adresse électronique et cliquez sur Télécharger iTunes.**

   Le téléchargement commence.

3. **Dans la boîte de dialogue de téléchargement, cliquez sur Enregistrer.**

Figure 16.3 Connectez-vous au site iTunes pour télécharger le logiciel qui vous permettra d'acheter de la musique sur ce site et l'écouter.

4. **Dans la boîte de dialogue Enregistrer sous, parcourez vos dossiers pour sélectionner celui où vous avez l'habitude de stocker les programmes téléchargés et cliquez sur Enregistrer.**

   TRUC

   Dans la boîte de dialogue de téléchargement, ne cochez pas la case Fermer cette boîte de dialogue à la fin du téléchargement.

5. **Une fois le téléchargement terminé, cliquez sur le bouton Ouvrir le dossier.**

6. **Double-cliquez sur le fichier iTunesSetup.exe.**

   Cette action lance la procédure d'installation d'iTunes sur votre ordinateur.

7. **Dans le message d'avertissement de sécurité qui s'affiche, cliquez sur Exécuter.**

8. **Dans l'assistant d'installation, cliquez sur Suivant.**

9. **Acceptez les conditions d'utilisation en cliquant sur Oui.**

10. **Dans la nouvelle étape, cliquez sur Suivant.**

11. **Choisissez le type d'installation.**

12. **Cliquez sur Suivant.**

    L'installation commence. Apple installe le lecteur QuickTime, indispensable pour que iTunes puisse fonctionner.

    TRUC

    Si rien ne se passe, regardez la barre des tâches. Il est possible qu'un bouton orange clignoe, indiquant qu'une intervention de votre part est attendue. Cliquez dessus : c'est la système de sécurité de Vista qui vous demande l'autorisation d'exécuter une action. Cliquez sur Continuer – car c'est vous avez initié l'installation de QuickTime et d'iTunes – et les opérations se poursuivent.

13. **L'installation accomplie, cliquez sur Terminer.**

    iTunes est prêt à l'emploi.

Consulter l'offre

L'heure d'acheter a sonné ! Dans la procédure suivante, j'explique comment acheter de la musique sur iTunes :

1. **Une fois dans iTunes, cliquez sur le bouton Accéder au MiniStore, comme à la Figure 16.4.**

2. **Si cela ne vous suffit pas, cliquez sur iTunes Store, à la rubrique Store, dans le volet de gauche.**

   Vous découvrez l'offre complète d'iTunes.

3. **Dans le coin supérieur droit, cliquez sur Ouvrir une session, comme à la Figure 16.5.**

   Comme vous n'êtes pas inscrit, iTunes vous propose de le faire.

4. **Cliquez sur le bouton Créer un nouveau compte (Figure 16.6).**

   Une première page s'affiche. Elle explique les conditions générales d'utilisation d'iTunes Music Store, précisant entre autres que vous ne

Figure 16.4 Accédez au MiniStore pour connaître les nouveautés.

Figure 16.5 Ouvrez une session dans iTunes.

pouvez graver une liste de lecture que sept fois et écouter une même musique que sur cinq ordinateurs différents.

5. **Comme vous souhaitez ouvrir un compte, faites défiler le contenu de cette page pour afficher le bouton Accepter. Cliquez dessus.**

6. **Dans cette nouvelle étape, renseignez les divers champs et cliquez sur Continuer.**

7. **Ensuite, saisissez les informations concernant votre carte bancaire.**

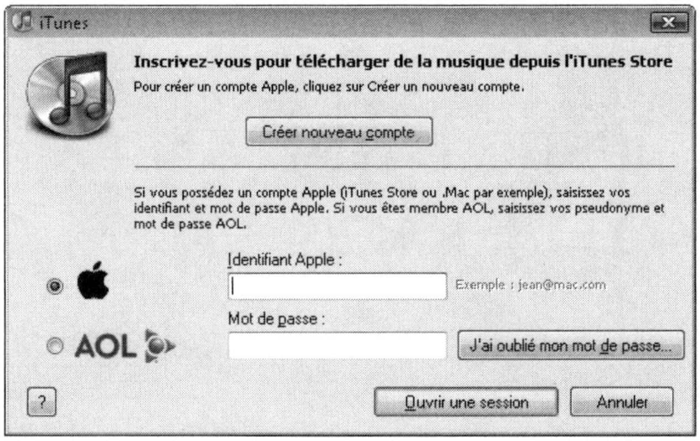

Figure 16.6 Pour acheter sur iTunes, ou ailleurs, la procédure commence toujours par l'ouverture d'un compte.

8. **Une fois le compte ouvert, vous accédez au Music Store. Dans le champ Rechercher Music Store, situé dans le coin supérieur droit d'iTunes, saisissez le nom du groupe, du chanteur ou de la chanson qui vous intéresse et appuyez sur la touche Entrée.**

9. **Pour lancer la procédure d'achat, cliquez sur le bouton Acheter le morceau ou Acheter l'album, comme les affiche la Figure 16.7.**

TRUC

Il est important de pouvoir entendre un morceau ou du moins un extrait. Sur iTunes par exemple, vous pouvez écouter des extraits de trente secondes. Il suffit de double-cliquer sur le titre dans la colonne correspondante. Sur ce site, la qualité audio des extraits est excellente. Sur d'autres, vous pouvez écouter l'intégralité d'un titre sous forme d'un fichier très compressé, donc d'une qualité comparable aux radios émettant sur les ondes courtes... horrible ! En revanche, le fichier que vous téléchargerez sera d'excellente qualité. D'ailleurs, certains sites affichent le débit binaire du format compressé. Je répète qu'en dessous de 192 Kbps, le son risque de vous décevoir. N'achetez jamais des titres en 64 Kbps!

Maintenant que vous avez compris la démarche générique d'achat d'un titre sur un site de musique en ligne, vous voici prêt à créer des compilations singulières ou à acheter des albums complets. D'ailleurs, comme si vous vouliez ressembler à tout le monde, les sites indiquent systématiquement la liste des meilleures ventes d'albums. (Ben oui, puisque tout le monde l'achète, c'est que ça doit être bien ! ah ah !)

Figure 16.7 Achetez un morceau ou un album.

Que puis-je faire de mes musiques téléchargées ?

Une fois les fichiers musicaux téléchargés, vous devez gérer cette nouvelle musique. Comme vous avez pu le constater dans la précédente section, la procédure de recherche de fichiers particuliers est très simple à accomplir. Maintenant, nous devons examiner ce que vous pouvez faire avec les fichiers musicaux acquis par cette technique. Dans un premier temps, je vais vous montrer comment lire le fichier sur votre ordinateur, puis comment utiliser cette musique en dehors de ce maudit boîtier informatique.

Sauvegarder votre musique

Chaque fois que vous téléchargez un fichier, vérifiez l'emplacement exact de son stockage sur votre ordinateur. En règle générale, les lecteurs multimédias qui vous permettent de télécharger ces musiques considèrent que le dossier de stockage par défaut est celui créé par Windows Vista. En l'occurrence, il s'agit du dossier Musique. Fort de cette constatation, sans véritablement m'insurger contre cette présomption des logiciels de téléchargement et des lecteurs multimédias, je constate simplement que le dossier Musique se situe sur le disque système, lequel n'est certainement pas l'emplacement idéal pour stocker des données. En conséquence, vous pouvez parfaitement télécharger, voire déplacer, vos fichiers sur un autre disque dur. Vous pouvez préciser ce dossier directement dans le lecteur multimédia utilisé pour le téléchargement. Les quelques étapes de la procédure qui suit peuvent être répétées dans la majorité des lecteurs multimédias installés sur un ordinateur :

1. **Dans iTunes, cliquez sur Édition/Préférences.**

2. **Dans la boîte de dialogue iTunes, cliquez sur l'onglet Avancé.**

   Comme le montre la Figure 16.8, vous constatez que l'emplacement de stockage par défaut est bien le dossier Musique. Dans ce dossier, iTunes a créé deux sous-dossiers : iTunes et iTunes Music.

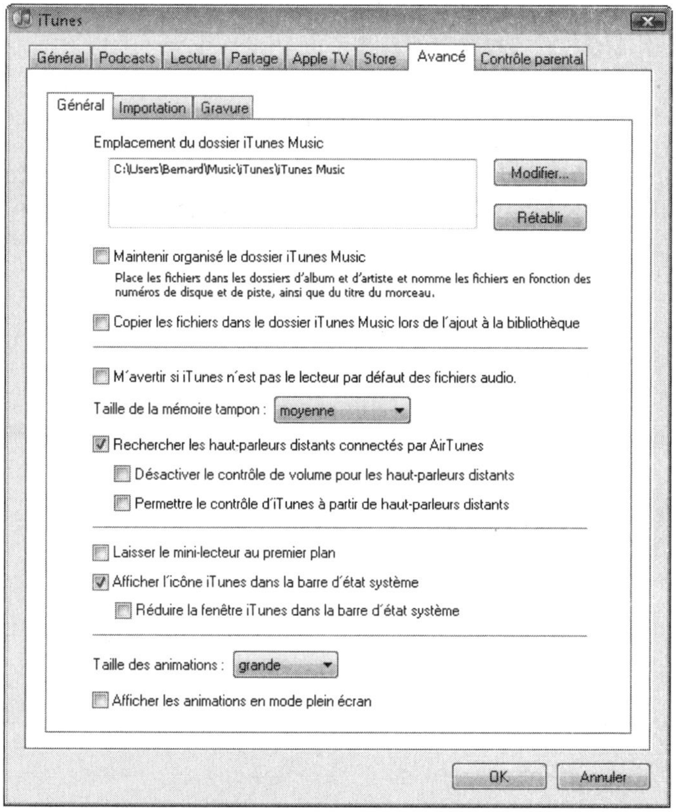

Figure 16.8 Le dossier Musique est généralement l'emplacement de stockage par défaut des fichiers téléchargés.

3. **Cliquez sur Modifier.**

4. **Dans la boîte de dialogue Rechercher un dossier, choisissez un autre disque dur et/ou un autre dossier.**

5. **Validez votre sélection par un clic sur OK.**

   Notez que vous pouvez créer un nouveau dossier en cliquant sur le bouton du même nom. Un dossier apparaît alors dans l'arborescence de votre disque dur. Il se nomme Nouveau dossier. Pour changer son nom, cliquez dessus avec le bouton droit de la souris. Dans le menu contextuel, choisissez Renommer. Saisissez le nouveau nom que vous validez en appuyant sur la touche Entrée.

6. **Cliquez sur OK.**

   Voilà, vous venez d'indiquer le nouvel emplacement de stockage pour les fichiers téléchargés.

Graver votre musique

Les fichiers peuvent être gravés sous forme de CD audio traditionnels, ou de CD MP3 et WMA. Ces derniers ne pourront être lus que sur des matériels compatibles. C'est le cas d'un ordinateur et de la majorité des lecteurs de DVD (du moins pour le MP3). Graver un CD est relativement simple à réaliser à partir de listes de lecture créées dans votre lecteur multimédia. Nous avons vu qu'iTunes, le Lecteur Windows Media, RealOne Player, Musicmatch et d'autres savaient très bien s'en charger. Par exemple, les Figures 16.9 et 16.10 montrent respectivement les commandes de gravure d'iTunes et du Lecteur Windows Media.

Figure 16.9 Gravez une liste de lecture avec iTunes.

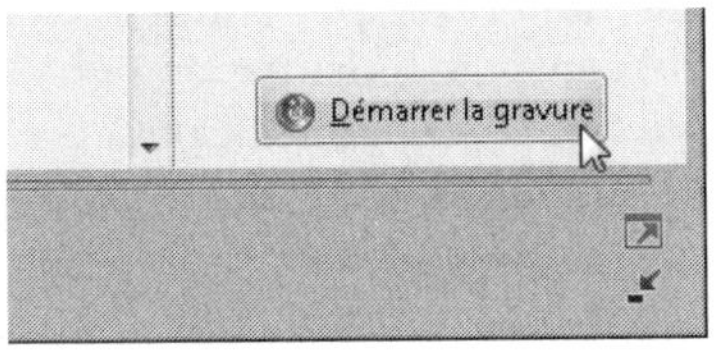

Figure 16.10 Gravez une liste de lecture avec le Lecteur Windows Media.

Transférer votre musique sur votre lecteur portable

Nous savons tous, pour avoir essayé, qu'il est très difficile d'utiliser son ordinateur comme un baladeur. Vous n'avez jamais tenté de le faire ? Alors laissez tomber ! Heureusement, l'heure est à la mobilité, à la portabilité. Ainsi, les musiques achetées sur Internet peuvent être transférées un certain nombre de fois sur un lecteur portable du type lecteur MP3/WMA. Il en existe des dizaines ! Apple, cherchant à fidéliser sa clientèle, propose le célèbre iPod. Cependant, il ne faut pas acheter un lecteur portable à la légère. En effet, assurez-vous toujours de sa compatibilité avec les formats de fichiers que vous avez l'habitude de télécharger. Il serait dommage de disposer d'un stock énorme de fichiers WMA et d'investir dans un lecteur portable qui ne gère pas ce format.

En général, le transfert d'une liste de lecture vers un périphérique portable est d'une simplicité enfantine. Par exemple, dans le Lecteur Windows Media, cliquez sur l'onglet Synchroniser. Préparez la liste de lecture à transférer, raccordez votre lecteur portable au PC et allumez-le, puis cliquez sur le bouton Démarrer la synchronisation.

Sur un iPod, la procédure est encore plus simple. Activez la liste de lecture à transférer, connectez l'iPod à votre ordinateur, et la synchronisation se fait automatiquement. Vous pouvez la contrôler en cliquant sur Édition/Préférences, puis en ouvrant l'onglet iPod.

De la musique gratuite

Les services présentés jusqu'à présent sont payants. C'est-à-dire que vous devez acheter la musique avant de la télécharger. Ce système équivaut à se déplacer dans un magasin réel pour y acheter vos CD. La grande différence est que vous restez chez vous, que vous n'avez ni le boîtier cristal ni la jaquette du disque et que vous pouvez acheter tel et tel titre plutôt que l'intégralité du disque.

Cependant, l'émergence de la musique numérique par l'intermédiaire d'Internet a préexisté aux magasins de vente de musique en ligne. Nous pouvons même dire que ces boutiques ont légèrement tardé à prendre en marche le train de l'Internet. Accusant un certain retard, les grandes compagnies de l'industrie du disque clament maintenant haut et fort que l'échange des musiques sur les réseaux P2P, ou par tout autre moyen, est illégal. La justice leur donne raison. Malgré cela, que ce soit légal ou non, le partage de musique est devenu tellement populaire grâce à Internet que l'on peut se demander dans quelle mesure les "majors" ne devraient pas remercier les pionniers qui ont permis à ce type de partage d'exister. L'économie est une chose, l'art en est une autre (NdT : et ce qu'il a dans la gamelle de l'artiste une autre encore), et cela explique qu'il est possible de télécharger gratuitement certaines musiques par Internet. Parallèlement aux sites commerciaux, il existe des sites de labels indépendants, d'artistes et de sociétés tierces qui donnent leurs créations aux internautes de tous pays.

Les labels indépendants

Les labels indépendants vendent leurs disques. Il est tout à fait normal que ces petits producteurs puissent vivre de leur activité pour permettre aux mélomanes de découvrir une culture en marge de celle distillée par les grands médias (si tant est que ce soit de la culture). Quelquefois, ces labels, en accord avec leurs artistes, donnent des titres en libre téléchargement sur leurs sites. C'est une manière de faire découvrir un groupe. Cette attitude, très appréciée des internautes, conduit bien souvent à l'achat du disque ou de titres d'un groupe qu'ils viennent ainsi de découvrir.

Les sites des artistes

Je suis un artiste et j'ai un site Web. Comme je crée ma propre musique, personne ne peut m'empêcher de laisser mes albums en téléchargement gratuit sur le Web et d'encourager leur échange sur les réseaux P2P. Vous découvrirez cette tendance auprès d'artistes bien plus renommés que moi. Visitez leur site et téléchargez ce qui est gratuitement mis à votre disposition. Ceci est totalement légal puisque l'artiste dispose de ses œuvres. À lui de s'arranger avec sa maison de disque s'il en a une.

Les sites indépendants

Ils présentent une extraordinaire alternative aux artistes qui n'ont pas la possibilité de signer avec des maisons de disque. Sur ce genre de site, ils peuvent mettre leurs œuvres en libre téléchargement.

Sachez qu'il existe de nombreux sites de ce type. Allez faire un petit tour sur :

- `www.purevolume.com`
- `http://garageband.com`
- `www.soundclick.com`
- `www.radiotakeover.com`
- `www.telecharger-de-la-musique.net` (site français)

Un PC et Windows Vista, avec le lecteur intégré qu'est Lecteur Windows Media ou des lecteurs rapportés comme iTunes, permettent d'écouter, d'acheter, d'organiser, de transférer vers des lecteurs portables et de graver des CD. Cependant, je sais que certains d'entre vous veulent aller plus loin. Le fait de parler de musique gratuite et de label indépendant vous donne des idées, que dis-je, vous donne l'Idée de créer votre musique. Pour cela, lisez la prochaine partie !

Quatrième partie

Créer votre musique !

"J'ai lancé un son aléatoire qui boucle à l'infini, sur lequel j'ai mixé des quintes de toux, avec des silences intermittents et une sonnerie de téléphone."

Dans cette partie...

Si vous voulez enregistrer une chanson de votre composition, les chapitres de cette partie sont faits pour vous. Vous y apprendrez comment créer un studio musical personnel que l'on nomme plus généralement *home studio*. Dans cette partie, vous découvrirez les matériels et les logiciels indispensables pour enregistrer, mixer et graver sur CD votre création musicale, ou bien encore la publier sur Internet. Attention, cette partie est plus technique que les autres car elle investit un univers de création qui vous fait passer du statut de contemplateur à celui de créateur.

Chapitre 17

Créer votre studio

Dans ce chapitre :

- Préparer votre ordinateur à l'enregistrement.
- Comprendre les différences entre les cartes son multimédias et celles dédiées aux home studios.
- Préparer et modifier des séquences MIDI.
- Utiliser des données musicales dans votre machine.
- Les points communs des différents logiciels d'enregistrement.
- Évaluer vos besoins pour choisir un programme adapté.
- Configurer et utiliser votre home studio.

Que vous soyez un musicien indépendant qui cherche à enregistrer ses œuvres ou simplement un passionné de musique qui souhaite effectuer ponctuellement des mixages, vous allez découvrir un univers à la fois complexe et excitant. Les technologies d'enregistrement audio, qui étaient l'exclusivité des grands studios de production, ont été déclinées et offertes aux artistes qui n'ont pas les moyens et/ou l'envie de dépendre de certaines conditions de travail. Elles intéressent également les musiciens qui œuvrent dans un style musical très marginal – donc peu lucratif – et qui ne peuvent s'offrir le luxe d'enregistrer dans des studios professionnels.

Aucune technologie ne vous permettra de devenir un génie. Soit vous ressentez la musique au point de chercher à l'arranger à l'aide de programmes puissants, soit vous ne la ressentez pas, ce qui m'encourage à vous dire de ne pas perdre votre temps dans des logiciels qui exigent une bonne dose de passion. Ce qui est certain, c'est qu'il n'est plus nécessaire d'être un musicien aux dimensions techniques énormes pour faire de la musique. Vos arrangements se feront dans des interfaces graphiques, et certains programmes seront capables d'imprimer des partitions sans que vous ayez écrit la moindre note de musique sur la plus petite portée musicale.

Ce chapitre explique comment transformer votre ordinateur en home studio.

Faire entrer un studio d'enregistrement dans votre machine

J'ai une bonne nouvelle pour vous : inutile de disposer d'énormes moyens techniques et financiers pour créer un home studio. Il suffit d'une bonne carte son et de quelques logiciels appropriés pour entrer de plain-pied dans l'univers de la production musicale indépendante.

Pour commencer, vérifiez que votre ordinateur répond aux exigences techniques imposées par un système d'enregistrement audionumérique. Cela sous-entend qu'il doit être bien plus puissant que les exigences de Microsoft pour faire tourner Windows Vista. Vous devez également vérifier que votre machine répond aux recommandations des fabricants des matériels et des logiciels que vous envisagez d'utiliser. L'enregistrement audio est l'une des applications les plus gourmandes, c'est-à-dire qu'il risque rapidement de retrancher votre PC dans ses dernières ressources.

Le processeur

Pour un home studio, vous devez posséder un processeur rapide. Donc, le contenu de cette section va se limiter à cette simple constatation : quelle que soit la marque de votre processeur, celui-ci doit être cadencé à 2,4 GHz minimum.

La mémoire

C'est un aspect essentiel de la création audionumérique sur PC. Pour configurer correctement un home studio, il faut une grande quantité de mémoire RAM. De toute évidence, il faut éviter de travailler avec moins de 1 Go de mémoire affichant une vitesse minimum de 400 MHz.

TRUC

Avant d'ajouter de la mémoire dans votre système, lisez le manuel de votre carte mère pour savoir quels type et quantité elle supporte. Si vous n'y comprenez rien, adressez-vous à un spécialiste qui se chargera de gonfler votre PC en mémoire RAM.

Plus vous possédez de *mémoire vive* (RAM), moins votre système recourra à la *mémoire virtuelle*.

Cette mémoire est une allocation d'espace disque vide pour stocker temporairement des données à traiter. Ce principe d'écriture sur le disque dur rend cette mémoire beaucoup plus lente que la mémoire RAM. Or, en matière d'enregistrement et de lecture multipistes audionumériques, vous ne pouvez pas vous permettre une pareille lenteur.

Il est recommandé de fixer la mémoire virtuelle à une fois et demie la quantité de mémoire physique installée sur votre ordinateur. Suivez ces étapes pour configurer la mémoire virtuelle :

1. **Cliquez sur le bouton démarrer. Puis, avec le bouton droit de la souris, cliquez sur Ordinateur et choisissez Propriétés.**

   Vous accédez aux Informations système générales.

2. **Dans le volet Tâches, à gauche, cliquez sur le lien Paramètres système avancés.**

   Vous ouvrez la boîte de dialogue Propriétés système.

3. **Dans la boîte de dialogue Propriétés système, cliquez sur l'onglet Paramètres système avancés que montre la Figure 17.1**

4. **Dans la section Performances, cliquez sur le bouton Paramètres.**

   Vous affichez la boîte de dialogue Options de performances, illustrée à la Figure 17.2.

5. **Cliquez sur l'onglet Avancé. Puis, dans la section Mémoire virtuelle, cliquez sur le bouton Modifier.**

   Vous ouvrez la boîte de dialogue Mémoire virtuelle. Comme le montre la Figure 17.3, elle indique la taille du fichier d'échange actuelle et la taille minimale autorisée. Le mieux est de laisser Windows Vista gérer luimême cette mémoire virtuelle.

Le disque dur

Le disque dur joue un rôle important dans un home studio. Il est le magnétophone numérique multipiste.

Vérifiez que le disque dur utilisé pour votre home studio contient suffisamment d'espace disque. Dans ce domaine aussi, plus vous disposez d'espace, meilleures seront vos conditions de travail. 100 Go paraît un minimum. Je ne

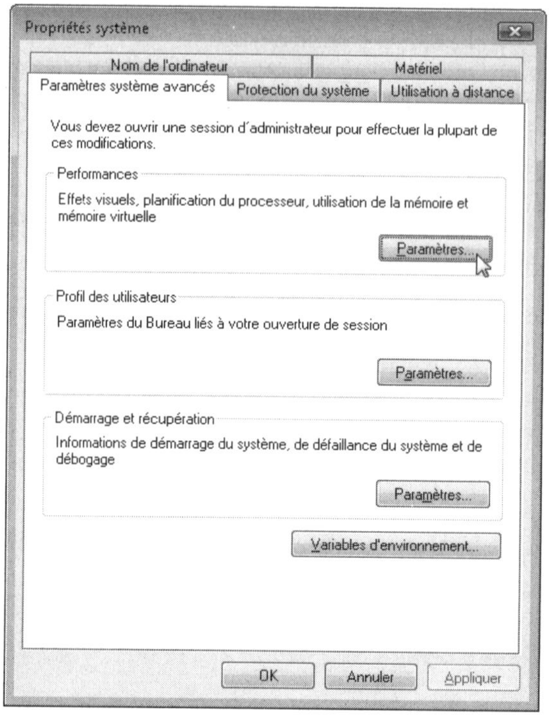

Figure 17.1 Le contenu de l'onglet Paramètres système avancés de la boîte de dialogue Propriétés système.

peux que vous encourager à installer un deuxième, voire un troisième, disque dur. Il est déconseiller d'utiliser le disque système C: comme unité d'enregistrement et de stockage des données.

Le disque C: contient Windows Vista ainsi que vos programmes. Le sens commun veut qu'il ne contienne que cela. Par conséquent, ne l'utilisez jamais pour créer et stocker vos créations musicales. La meilleure attitude consiste à réserver un disque dur à l'audionumérique, c'est-à-dire à votre home studio.

Considérez la vitesse de rotation du disque. Elle s'exprime en nombre de tours par minute, ou *rpm* (rotations par minute). Plus cette vitesse est élevée, meilleur est le rendement du disque, ce qui profite à la structure et aux performances de votre home studio. Vous ne devez pas utiliser un disque dur affichant une vitesse de rotation inférieure à 7 200 tours. Si vous le pouvez, investissez dans un disque à 10 000 tours. Plus la vitesse est élevée, plus le disque écrit et accède rapidement aux données.

Enfin, veillez à optimiser les performances de votre disque dur. Cela signifie que vous devez en assurer une maintenance régulière. Windows Vista met à votre disposition une série d'outils performants. La défragmentation et le

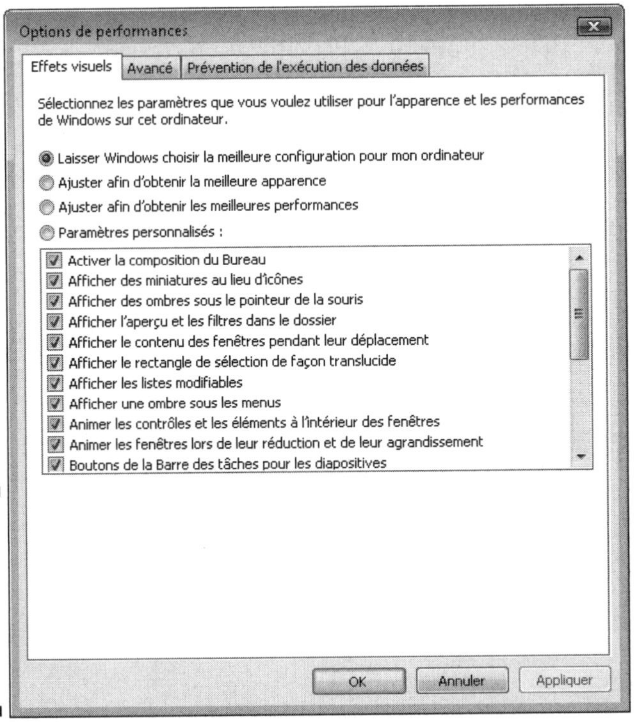

Figure 17.2 La boîte de dialogue de configuration des performances du système.

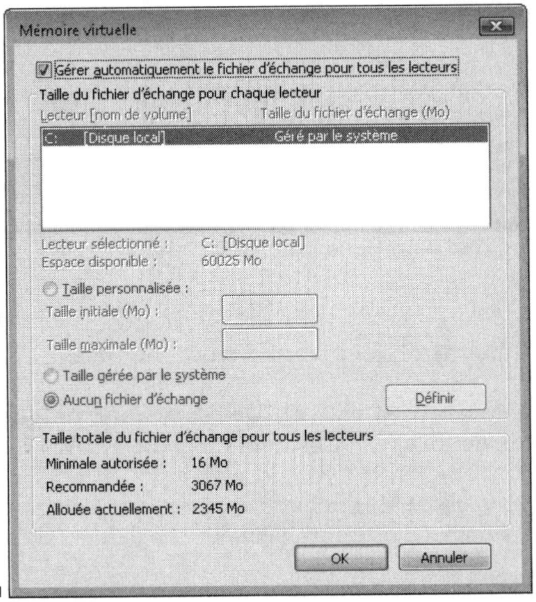

Figure 17.3 La mémoire virtuelle minimale autorisée est de 16 Mo, et plus de 2,3 Go sont actuellement alloués.

nettoyage sont deux procédures essentielles à la constance des performances de votre système informatique. Voici comment les réaliser :

1. **Cliquez sur le bouton démarrer, puis sur Ordinateur.**

   Vous affichez la liste de tous les lecteurs de votre ordinateur.

2. **Avec le bouton droit de la souris, cliquez sur le disque dur à nettoyer et à défragmenter. Dans le menu contextuel, choisissez Propriétés.**

   Vous affichez la boîte de dialogue Propriétés de Disque local <nom du disque dur>, comme le montre la Figure 17.4.

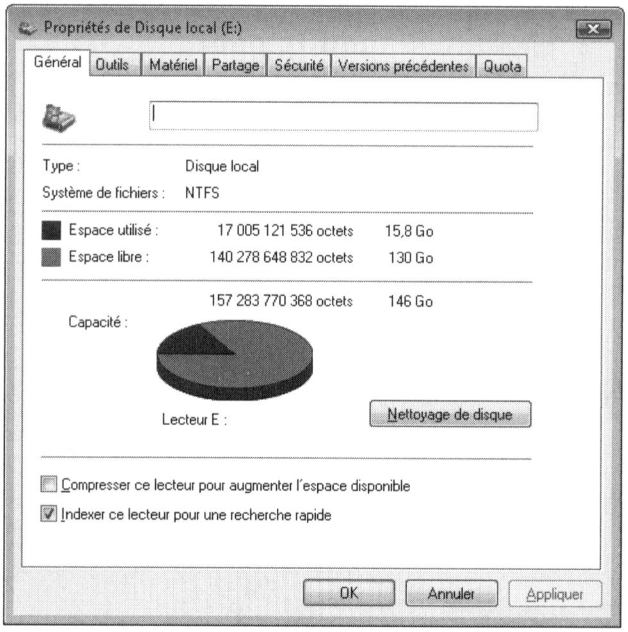

Figure 17.4 Affichage des propriétés d'un disque dur sous Windows Vista.

3. **Dans l'onglet Général, cliquez sur le bouton Nettoyage de disque.**

4. **Windows Vista demande si vous désirez supprimer uniquement vos fichiers, ou ceux de tous les utilisateurs (Figure 17.5).**

   Par prudence, choisissez Mes fichiers uniquement. Mais si vous tenez à faire un grand ménage, vous pouvez choisir Les fichiers de tous les utili-

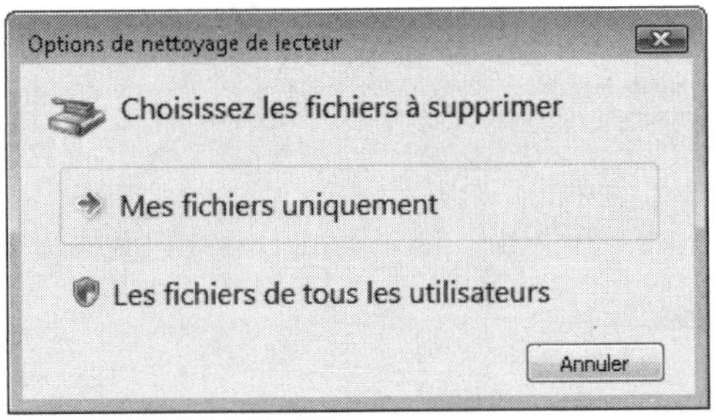

Figure 17.5 Choisissez de supprimer tous vos fichiers superflus, ou ceux de tous les autres utilisateurs.

sateurs. Attention toutefois car leur Corbeille sera définitivement vidée, les empêchant de récupérer ce qu'ils y auraient placés.

Windows Vista analyse le contenu du lecteur, puis affiche une liste des fichiers que vous pouvez supprimer. Cette liste contient généralement un certain nombre de fichiers temporaires, de fichiers Internet et d'autres données qui peuvent être supprimés sans conséquence pour votre ordinateur.

4. **Sélectionnez l'action de nettoyage à exécuter, puis cliquez sur OK. Windows Vista demande confirmation : cliquez sur Supprimer les fichiers.**

   Vous effacez les fichiers qui encombrent inutilement votre disque dur.

5. **Cliquez sur l'onglet Outils, puis sur le bouton Défragmenter maintenant.**

   Windows Vista affiche d'abord un message vous apprenant à quelle date la dernière défragmentation a eu lieu. Cliquez néanmoins sur le bouton Défragmenter maintenant.

   Le Défragmenteur de disque se met au travail, le révèle la Figure 17.6. Il analyse le contenu de tous vos disques durs et partitions afin d'évaluer la fragmentation des fichiers.

   Plus un fichier est fragmenté, plus il faut du temps pour réunir les données qui le composent, ce qui diminue les performances du disque dur donc, de facto, celle de votre système d'enregistrement audionumérique.

   Au bout d'un certain temps – qui peut être de plusieurs heures –, Windows Vista le bouton Annuler la défragmentation est remplacé par le bouton Défragmenter maintenant ; cela signifie que la défragmentation vient de s'achever.

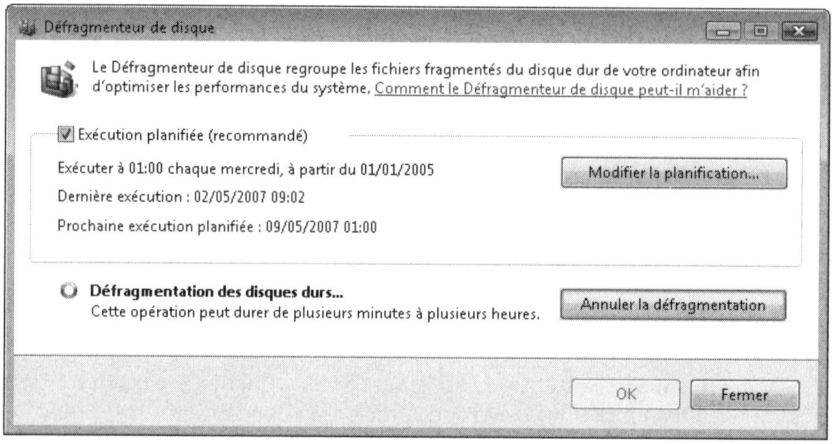

Figure 17.6 La défragmentation est en cours.

Lorsque vous travaillez à la création audio, je vous conseille de visiter régulièrement vos amis le Nettoyeur et le Défragmenteur.

Acheter la bonne carte son

La carte son agit comme une interface audio d'un système informatique. Elle envoie des signaux sonores à des haut-parleurs qui reproduisent le son. La majorité des cartes son multimédias suffisent pour écouter vos CD et vos fichiers audio compressés. En revanche, dès que l'on aborde le sujet de l'enregistrement audio de qualité professionnelle ou semi-professionnelle, il faut envisager du matériel plus sophistiqué.

La différence entre ces cartes haut de gamme et les autres se fait au niveau du nombre d'entrées et de sorties audio disponibles et à la qualité des convertisseurs analogique/numérique et numérique/analogique. Là où une carte multimédia propose une seule entrée ligne, la carte professionnelle en offrira entre deux et vingt-quatre, voire plus !

Multipiste

Le concept du *multipiste* repose sur l'idée que l'on puisse enregistrer plusieurs pistes simultanément. Par exemple, vous avez un orchestre de quatre instruments. Pour les enregistrer tous sur des pistes séparées alors qu'ils jouent ensemble, vous devez disposer d'une carte son dotée d'au moins quatre entrées de type jack. Chaque instrument est raccordé à une entrée. Puis, dans le logiciel d'enregistrement, vous assignez une piste à chacune des entrées. Ainsi, chaque instrument est enregistré sur une piste indépendante des autres.

Ce principe est très pratique. Si l'un des musiciens commet une erreur, ou si le réglage d'un des instruments est trop fort par rapport aux autres, vous pouvez facilement corriger ce problème sur la piste concernée. Comme les sons ne sont pas regroupés sur une piste unique, vous disposez d'une grande souplesse de travail.

Le principe du multipiste n'est pas réservé à un orchestre. Si vous êtes seul à composer et à jouer de la musique, vous incarnerez tous les membres d'un groupe. Ainsi, vous enregistrez un premier instrument. Une fois cet instrument enregistré sur une piste, vous en enregistrerez un autre sur une deuxième piste, puis un autre encore sur une troisième, et ainsi de suite jusqu'à ce que le morceau soit terminé. Si vous entendez une erreur sur une piste, vous ne modifiez que celle-ci. Il n'y a pas à recommencer tout l'enregistrement car chaque instrument a été enregistré sur une piste indépendante des autres.

Carte son interne et carte son externe

Lorsque vous créez un home studio, vous avez besoin d'une carte son autre que le circuit audio de votre carte mère. Vous devez en effet pouvoir connecter les instruments le plus professionnellement possible pour éviter des câblages aléatoires, susceptibles de parasiter le son.

Les systèmes audio professionnels et semi-professionnels proposent souvent une configuration matérielle assez spécifique. Les entrée/sorties et les convertisseurs analogique/numérique et numérique/analogique se trouvent dans un boîtier externe relié à la carte son par un câble spécifique. Ce système est assimilé à une carte son interne.

Il existe également des boîtiers externes qui combinent l'ensemble des éléments présentés au précédent paragraphe. Dans ce cas, ils se raccordent à l'ordinateur par une prise USB 2.0 ou FireWire (IEEE 1394).

Que choisir ? Il n'y a pas de réponse tranchée. Il faut bien lire les comparatifs et les fiches techniques des cartes. Malgré ces précautions, seule l'oreille est le juge suprême. Cependant, le prix est souvent une indication. Croyez bien qu'il y a de grosses différences entre des systèmes audio à 200 euros et des systèmes à plus de 1 000 euros. Dans ce domaine aussi, vous devez bien mesurer vos besoins pour ne pas regretter votre achat. Les facteurs les plus importants sont le nombre d'entrées et de sorties disponibles, la présence ou non d'un préampli, une alimentation Phantom, des prises XLR, et la qualité d'enregistrement et de restitution.

TRUC

Pour parfaire vos connaissances techniques en ce domaine, je ne saurais que vous recommander la lecture de *Home Studio pour les Nuls*, paru aux éditions First Interactive.

Les entrées

Sur les cartes son multimédias, vous disposez d'entrées de type minijack, c'est-à-dire 3,5. Ce n'est pas la meilleure option pour réaliser des enregistrements dans votre home studio. En effet, la plupart des instruments de musique disposent d'un jack 6,35, c'est-à-dire dont l'embout est quasiment deux fois plus gros. Vous pouvez utiliser un convertisseur 6,35 en 3,5, mais au risque de dénaturer le son et d'ajouter des parasites.

Les prises jack 6,35

Si vous jouez de la guitare électrique, ou d'un instrument électronique, vous connaissez ce type de connexion. C'est également elle qui équipe les casques hi-fi. En général, le cordon qui raccorde l'instrument à la carte son est de type double jack mâle. Les connecteurs femelles sont présents sur le boîtier externe de votre carte son, et ceci qu'il s'agisse d'un système interne ou externe, comme je l'ai mentionné dans la précédente section. Les prises jack existent en mono et en stéréo, comme le montre la Figure 17.7.

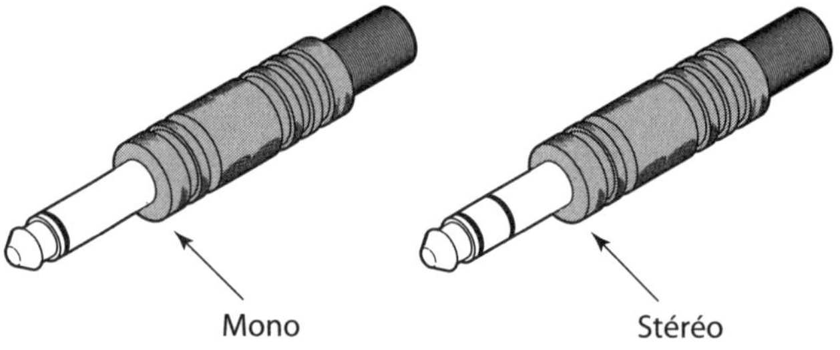

Figure 17.7 Des prises jack 6,35 mono et stéréo.

Les prises XLR

Ce type de prise est principalement utilisé pour les microphones. La prise XLR ressemble à un gros cylindre avec trois picots pour les XLR mâles, et trois trous pour les femelles, comme l'illustre la Figure 17.8. La connexion XLR est systématiquement utilisée sur les consoles d'enregistrement et les tables de mixage professionnelles car elle transmet à l'équipement un signal balancé.

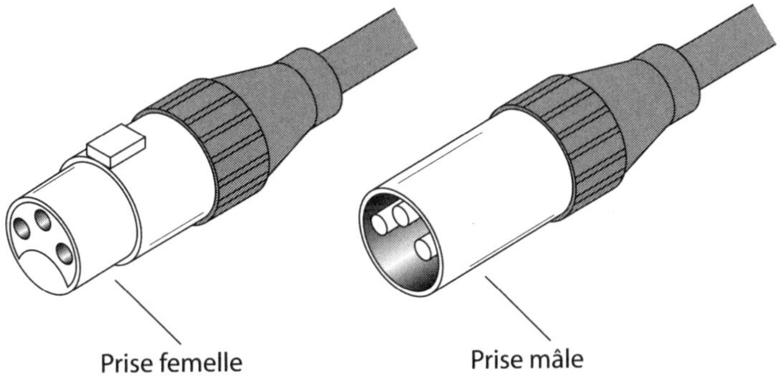

Figure 17.8
Les prises XLR mâle et femelle.

Avant les entrées – le préampli

Parfois, vous connectez un instrument dans une prise jack de votre carte son, mais le signal s'avère très faible ou considérablement parasité. Cela tient au fait que certains instruments doivent être préamplifiés avant d'être enregistrés. Par conséquent, un préamplificateur doit s'intercaler entre l'instrument et l'entrée ligne.

Bits et hertz

Si vous enregistrez régulièrement des signaux audio, cette terminologie vous est sans doute familière. Un enregistrement de qualité CD se fait en 16 bits et 44,1 kHz. Cela signifie que le son se compose de 44 000 échantillons par seconde et que chaque échantillon contient 16 bits d'informations sur le son lui-même.

TRUC

Les professionnels enregistrent le son en 32 bits avec un taux d'échantillonnage de 192 kHz. Pour gérer cela sur plusieurs pistes, il faut du gros matériel. Sachez qu'un amateur averti (en vaut deux, ah ah !) n'a pas besoin de monter aussi haut. Travailler en 24 bits et en 96 kHz est largement suffisant.

Pourquoi capturer autant d'informations si, au final, le son doit être réduit en 16 bits 44,1 kHz pour assurer une compatibilité avec le CD audio ? Parce qu'il est important de numériser un maximum d'échantillons audio pour obtenir une grande précision d'enregistrement. On travaille plus facilement avec un son de bonne qualité qu'avec un son déjà médiocre dès le départ. Un échantillonnage et un taux binaire élevé permettent de capturer un maximum de fréquences. Bien que certaines fréquences capturées ne soient pas perçues par l'oreille humaine, de nombreux ingénieurs du son prétendent qu'elles influent sur ce qui est audible.

Ce qu'il est important de retenir c'est qu'un ordinateur est capable de restituer un son de bien meilleure qualité que celui gravé sur un CD audio. Si vous possédez de bons haut-parleurs, le son diffusé par votre ordinateur sera bien meilleur que celui offert par votre chaîne hi-fi.

Configurer la table d'ondes

La fonction première d'une carte son est de convertir un signal audio analogique en numérique, et inversement. C'est un portail entre deux univers différents. Toutefois, la majorité des cartes son, même multimédias, proposent une banque de données sonores que l'on appelle une *table d'ondes*.

Cette table est soit synthétique (artificiellement créée), soit échantillonnée (enregistrement de sons assez courts). L'organisation de ces sons répond à la norme MIDI. En d'autres termes, il faut un événement MIDI pour déclencher un des sons de la table d'ondes. Mais qu'est-ce qu'un événement MIDI ? Il s'agit d'un signal électronique envoyé à votre ordinateur par l'intermédiaire d'un programme appelé *séquenceur*. Pour envoyer ce signal, soit vous appuyez sur une touche d'un clavier MIDI (qui ressemble à un clavier de piano avec, en général, beaucoup moins de touches), soit par le biais du clavier de votre ordinateur. En appuyant sur une touche, par exemple Do, l'information MIDI, par laquelle vous avez appuyé sur la touche Do de telle octave, est interprétée par le séquenceur qui indique à la table d'ondes de jouer un Do avec l'instrument sélectionné (un piano par exemple).

La table d'ondes est incorporée à la carte son. De ce fait, c'est elle qui est sollicitée dès qu'un signal MIDI lui parvient.

La norme MIDI

Vous savez depuis la précédente section qu'une carte son intègre souvent une table d'ondes que seuls des événements MIDI peuvent déclencher. Il est temps de vous présenter en détail les différents aspects de cette norme. La chose que vous devez intégrer est que le MIDI est un jeu d'instructions, destinés à des modules de sons, qui permettent d'entendre le son d'un instrument et qui sont capables de rejouer automatiquement une mélodie. Mais, la norme MIDI permet d'aller beaucoup plus loin que cette simple interprétation musicale.

Les bases du MIDI

Une information MIDI, ou *événement MIDI*, indique à un matériel compatible MIDI, comme un synthétiseur, un expandeur, une table d'ondes ou un instrument logiciel VST, la note à jouer, le moment précis où il doit la jouer, la puissance à laquelle il faut la jouer et le type d'instrument à utiliser pour la jouer. Cette information est transmise par des *canaux MIDI*. Pour simplifier, nous pouvons dire que les canaux MIDI (généralement au nombre de 16) permettent de jouer seize instruments différents contenus dans un module de sons, c'est-à-dire un instrument par canal. Donc, un musicien peut arranger des musiques avec seize instruments qui sont joués simultanément par un ou plusieurs modules de sons. C'est comme s'il disposait d'un orchestre de seize personnes.

La connexion MIDI est l'un des points les plus sensibles d'une configuration de multiples modules de sons. Retenez qu'il faut toujours partir des prises *OUT*, c'est-à-dire de sortie d'un instrument MIDI, que vous connecterez systématiquement à une prise MIDI *IN*, c'est-à-dire d'entrée. En musique, c'est un réflexe à prendre et à comprendre. Une sortie va toujours dans une entrée.

Le gros avantage du MIDI est de générer des fichiers à peine plus volumineux que ceux produits par votre traitement de texte. Cela tient au fait que le MIDI n'enregistre jamais le son. Cette norme indique à un programme appelé *séquenceur* de mémoriser telle note, tel volume, telle vitesse d'exécution, etc. Ces instructions ressemblent à du texte, donc à des caractères saisis sur une immense feuille blanche. Or, comme chacun sait, le caractère est la donnée informatique la moins lourde qui existe. En partant de ce principe d'interprétation d'événements décrits par des signes, la norme MIDI permet d'indiquer de nombreuses choses comme la modification de paramètres en cours d'exécution. Vous pouvez changer l'instrument joué ou indiquer une exécution sur un autre canal MIDI. Vous pouvez faire quelques modifications de votre arrangement musical, comme la *quantification* qui permet de remettre en mesure toutes les notes jouées. Ainsi, une erreur d'exécution, comme un léger décalage d'une ou plusieurs notes pendant l'enregistrement MIDI, sera compensée sans problème par le séquenceur. Vous pouvez bien évidemment changer l'octave d'une note, voire la note elle-même, si vous avez commis une erreur pendant l'exécution du morceau. Le MIDI permet aussi d'ajouter des effets comme de la reverb, du chorus, et bien d'autres choses encore.

Une fois que vous avez créé une musique par l'intermédiaire d'événements MIDI, il suffit de connecter les sorties audio de vos différents modules (synthétiseur, expandeur, table d'ondes internes) pour enregistrer le son sous forme d'onde sonore. C'est le séquenceur qui indique aux différents instruments MIDI ce qu'ils doivent reproduire. À partir de là, les circuits audio des modules diffusent le son vers leurs sorties audio que vous raccordez à votre carte son ou à un enregistreur externe, comme un magnétophone DAT, ou pire un magnétophone à cassette.

Les séquences MIDI

Pour organiser, c'est-à-dire séquencer les données MIDI, vous devez utiliser un programme spécifique qui répond logiquement au nom de *séquenceur*. Ce programme va organiser tous les événements MIDI sur tous les canaux MIDI sollicités. C'est une sorte de rédacteur de partition, mais il n'écrit pas la moindre note de musique. Dès que vous appuyez sur une touche de votre clavier MIDI, le séquenceur enregistre un certain nombre de données, comme la note elle-même, par exemple Do, la puissance à laquelle vous avez appuyé sur cette note pour déterminer le volume du son entendu, la vitesse à laquelle vous avez relâché la note, etc. L'ensemble de ces données sera lu par le séquenceur. Dans ce cas, c'est lui qui envoie toutes ces informations à l'instrument MIDI pour qu'il interprète cette note exactement comme vous l'avez jouée. Lorsque toutes les connexions MIDI sont faites, vous pouvez effectuer un enregistrement de trois manières différentes : en temps réel, pas à pas et manuellement.

TRUC

(N.d.T. : Pour plus d'informations sur le MIDI, je vous renvoie à l'ouvrage *Home Studio pour les Nuls*, paru aux éditions First Interactive).

Le clavier

Le clavier n'est pas uniquement le périphérique de saisie que vous utilisez quotidiennement avec votre ordinateur. La preuve, un piano dispose d'un clavier pour jouer des notes. En matière d'instruments MIDI, le clavier revêt plusieurs formes.

Contrôleur MIDI

Il s'agit d'un clavier tout simple dont la seule fonction est d'envoyer des informations MIDI à un instrument MIDI et/ou à un séquenceur. Un contrôleur MIDI n'a pas de banque de sons. Par conséquent, il ne pourra jamais rejouer lui-même les événements MIDI lus par un séquenceur. Ces claviers se connectent à un port MIDI standard via une prise MIDI, le port jeu de votre carte son (avec les câbles MIDI adéquats), ou un port FireWire ou USB.

Lorsque vous achetez un clavier MIDI, faites-le en toute connaissance de cause. Je répète qu'il ne contient aucune banque de son. Dans ce cas, vous serez limité aux sons de la table d'ondes de votre carte ou d'instruments logiciels VST que vous jouerez avec votre séquenceur.

Ce type de clavier est souvent le compagnon idéal des modules de sons ou expandeurs qui, eux-mêmes, n'ont pas de clavier.

Synthétiseur

C'est le clavier MIDI le plus répandu. En effet, il peut être utilisé de manière autonome. Vous le branchez et vous jouez les instruments de sa banque de sons que vous entendez par les haut-parleurs intégrés. Souvent, les synthétiseurs disposent d'un séquenceur intégré. Ils sont souvent laborieux, limités et ne bénéficient pas d'une interface aussi complète et conviviale que celle qui s'affiche sur l'écran d'un PC. Le couple synthétiseur/séquenceur est idéal. Vous enregistrez vos mélodies avec un ou plusieurs instruments répartis sur les seize canaux MIDI et, lorsque vous en lancez la lecture par le séquenceur, votre instrument joue tout seul, comme une sorte de piano mécanique ou d'orgue de Barbarie. Vous n'avez qu'à l'écouter pour être certain que votre création est à la hauteur de ce que vous espériez.

Boîte à rythmes

La boîte à rythmes, comme son nom l'indique, est faite pour créer la base rythmique d'un morceau. Les boîtes à rythmes sophistiquées permettent même de remplacer un batteur (mais retrouverez-vous le même *feeling* ?). Quoi qu'il en soit, elles proposent aujourd'hui des synthèses analogiques et des échantillons audio de très haute qualité. Il existe également des boîtes à rythmes logicielles qui prennent la forme d'instruments autonomes ou VST que vous pouvez jouer dans votre séquenceur par le biais de votre clavier MIDI, ou de la souris (voire du clavier de votre ordinateur).

Le gros problème du MIDI est que vous ne pouvez pas enregistrer de voix ! Il faudra nécessairement passer par un système d'enregistrement audionumérique pour enregistrer les paroles des chansons que vous écrivez et que vous chantez.

Logiciels : caractéristiques et fonctions communes

Les logiciels d'enregistrement audionumérique de qualité disposent de fonctions-clés nécessaires à l'utilisation performante de votre home studio. Cependant, chacun a sa spécialité. Par exemple, ACID est principalement utilisé pour les boucles d'échantillons, tandis que Cubase SE est plutôt orienté séquenceur MIDI avec des fonctions d'enregistrement audionumérique.

Le multipiste

L'enregistrement multipiste est la fonction dont vous avez impérativement besoin. Comme je l'indique dans les précédentes sections, elle permet d'enregistrer plusieurs instruments sur différentes pistes de manière à réaliser le mixage audionumérique de vos sons. La considération la plus importante est le nombre de pistes que peut gérer simultanément le logiciel.

La majorité des éditeurs de logiciels indiquent les caractéristiques techniques de leurs produits sur leur site Internet. Vous y verrez le nombre maximal de pistes audio supportées, par exemple 16 ou 24. Certains n'imposent aucune limitation. Seules les ressources de votre ordinateur limiteront le nombre de pistes utilisables simultanément.

Aujourd'hui, il est rare qu'un logiciel audionumérique ne permette pas de gérer simultanément des pistes audionumériques et MIDI. Ce mixage de deux éléments audio complètement différents ne pose pas de problème puisque le MIDI accapare très peu de ressources système. C'est une solution à envisager lorsque l'on possède un système informatique un peu poussif. Par exemple, tous les claviers seront enregistrés en MIDI, alors que les guitares et les voix le seront en audionumérique.

L'enregistrement audio

La différence entre cette section et la précédente est qu'ici je vais m'intéresser à la qualité de l'enregistrement et à la manipulation audio.

Chaque logiciel a son propre moteur de traitement audio. Il détermine la qualité du son de chaque piste audio. Ce processus doit être en adéquation avec la carte son que vous avez achetée ou que vous envisagez d'acheter. Par exemple, Cubase SE (environ 150 euros) gère 48 pistes audio en 24 bits 96 kHz et un nombre illimité de pistes MIDI.

Chaque piste doit pouvoir être mixée, c'est-à-dire qu'il faut contrôler son volume individuel et y ajouter des effets. Si vous travaillez sur des pistes stéréo, il est préférable de contrôler leur balance (ou PAN), soit intuitivement à l'aide d'un bouton, soit précisément à l'aide d'une enveloppe dessinée sur l'onde sonore elle-même. On retrouve ce principe pour le volume et les effets. Agir sur les *enveloppes* est un atout majeur. Vous définissez des points-clés sur une ligne droite. Entre chaque point-clé, vous pouvez incurver la ligne de manière à créer des variations du volume ou du panoramique (balance). La Figure 17.9 montre une enveloppe contrôlée dans Live 5.

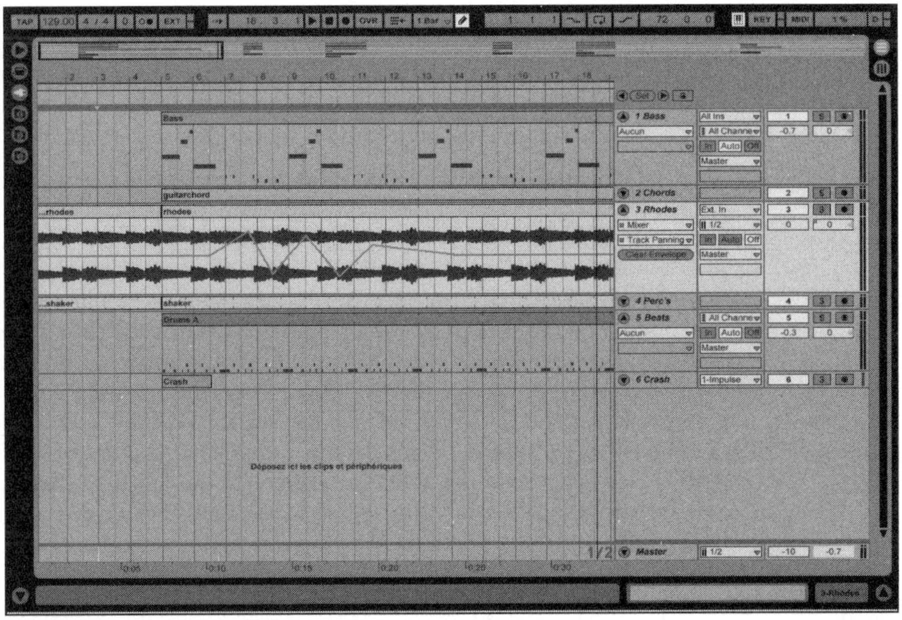

Figure 17.9 L'enveloppe du volume d'une piste audionumérique.

L'enveloppe représentée sur cette illustration montre la courbe du volume qui est rectiligne au début, puis monte légèrement pour redescendre progressivement d'un premier palier, remonte ensuite, etc. Désormais, à la lecture de cette piste, le mixage se fera automatiquement en suivant la forme de la courbe.

Vous devez également considérer le nombre d'effets géré par chaque piste. Les effets sont des filtres audio, comme la compression qui permet de réduire l'intensité des sections les plus fortes ou d'augmenter celle des sections les plus faibles, comme l'égalisation pour accentuer ou diminuer la puissance des basses, des médiums et des aigus, ou encore la reverb qui donne une certaine ampleur au champ mono ou stéréo. En plus des effets attribués à chaque piste, il existe un certain nombre d'effets assignés à l'ensemble du mixage, c'est-à-dire qu'ils vont avoir une incidence sur toutes les pistes. Souvent, le nombre d'effets utilisables simultanément dépend de la puissance de votre ordinateur. Si le logiciel se bloque, ou si la lecture devient chaotique, vous êtes face à une surcharge du processeur. Ceci n'est pas grave car il existe une astuce assez simple pour contourner ce problème, comme nous le verrons plus loin dans ce chapitre.

Chaque programme utilise des pilotes audio. Ils permettent au logiciel d'utiliser les fonctions de votre carte son. Recherchez toujours une compatibilité WDM ou ASIO autant dans la carte que dans l'application. Ces compatibilités améliorent la lecture audio et le transfert des informations MIDI. Les drivers sont essentiels à la réduction du *temps de latence*, un problème qui a longtemps fait pester les musiciens. Le temps de latence est celui qui s'écoule entre le moment où vous appuyez sur la touche d'un clavier et celui où le son se fait entendre. Si le temps de latence est trop élevé, il est impossible de faire un enregistrement multipiste précis, cohérent, sans s'énerver. Windows Vista gère ces pilotes facilement, ce qui ne fut pas le cas de ses prédécesseurs.

L'édition audio

Certains programmes ajoutent une fonctionnalité d'édition audionumérique. Elle permet de copier, couper, coller, insérer les éléments audio préalablement enregistrés. Des programmes comme ACID, Live, Audition, Cubase, et j'en passe, le permettent. D'autres sont plus timides en la matière.

Le couper-coller permet de déplacer vos échantillons audio vers d'autres pistes, de créer des boucles, etc. L'avantage est que cette édition est non destructive, c'est-à-dire que couper dans une piste ne supprime pas physiquement la partie que vous éliminez ou que vous déplacez. Elle restera disponible et utilisable sur d'autres pistes. Par conséquent, lorsque vous n'êtes pas satisfait de vos manipulations, il est facile de restaurer votre arrangement dans un état précédent plus convenable.

Certains programmes permettent d'effectuer ces manipulations pendant la lecture audio.

L'enregistrement MIDI

Généralement, les logiciels d'enregistrement audionumérique gèrent les données MIDI. Le nombre de pistes MIDI disponibles est souvent illimité. L'important alors est de savoir dans quelle mesure l'application permet de manipuler les événements MIDI.

L'enregistrement MIDI nécessite la compréhension d'un certain nombre de concepts. Le plus important est celui de canal MIDI. Pour enregistrer des données MIDI, vous devez activer le même canal dans le logiciel que sur l'instrument MIDI. Vous devez également configurer et activer l'interface MIDI utilisée pour cet enregistrement. Par exemple, si vous possédez deux instruments MIDI, comme un synthétiseur et une boîte à rythmes, vous devez indiquer sur quelle piste sera enregistré tel canal du synthétiseur, et sur quelle autre tel canal de la boîte à rythmes.

Un programme acceptant l'enregistrement et la lecture MIDI doit proposer des fonctions d'édition. Par exemple, vous devez pouvoir copier, couper et coller des données MIDI. Vous devez également avoir la possibilité de créer des boucles de séquences MIDI. La fonction de copier-coller permet de doubler une même piste mais avec un jeu d'instrument différent. Par exemple, si vous avez initialement enregistré une mélodie de piano sur une piste, le fait de copier et de coller ce contenu sur une autre piste permettra, par exemple, de faire jouer cette même mélodie par une clarinette, ou par le même instrument mais à une octave différente. Ce genre de manipulation est bien plus complexe à réaliser avec des échantillons audionumériques.

Les boucles

Le concept de la *boucle* a été popularisé par la musique hip-hop. Il a pris une nouvelle dimension avec des programmes dévolus, en grande partie, à la création de boucles, comme le fait si bien ACID Pro.

Avec un tel programme, l'utilisateur peut manipuler des clips audio, c'est-à-dire de petites séquences, avec une précision et une facilité jamais vues jusqu'à présent. Ces clips peuvent être déplacés à une nouvelle hauteur, étirés dans une proportion égale à deux ou trois fois leur longueur d'origine, raccourcis, joués à un autre tempo ou bouclés à l'infini. Cette fonctionnalité est devenue si populaire que les éditeurs de logiciels audionumériques l'ajoutent systématiquement à leur programme, ceci avec plus ou moins de succès. Ce genre d'outil profite largement aux compositeurs, et plus particulièrement aux musiques répétitives. On l'utilise beaucoup pour esquisser la structure générale d'un morceau qui sera affiné au fil du temps. La variation du rythme de lecture des échantillons ouvre de nouvelles perspectives aux créateurs.

L'interface utilisateur

Toutes les meilleures fonctions d'enregistrement audio peuvent être implémentées dans un logiciel et ne servir à rien si l'utilisateur ne bénéficie pas d'une interface simple et intuitive. Chaque programme a sa propre logique d'organisation des éléments d'enregistrement et de mixage.

L'organisation d'une interface se présente sous deux formes. Soit vous disposez des contrôles de pistes sur la gauche, avec les données sur la droite ou inversement, soit les contrôles sont situés sous les pistes qui occupent alors la partie supérieure du programme. La Figure 17.10 montre une organisation typique de contrôles et de pistes dans le programme Live 5 d'Ableton.

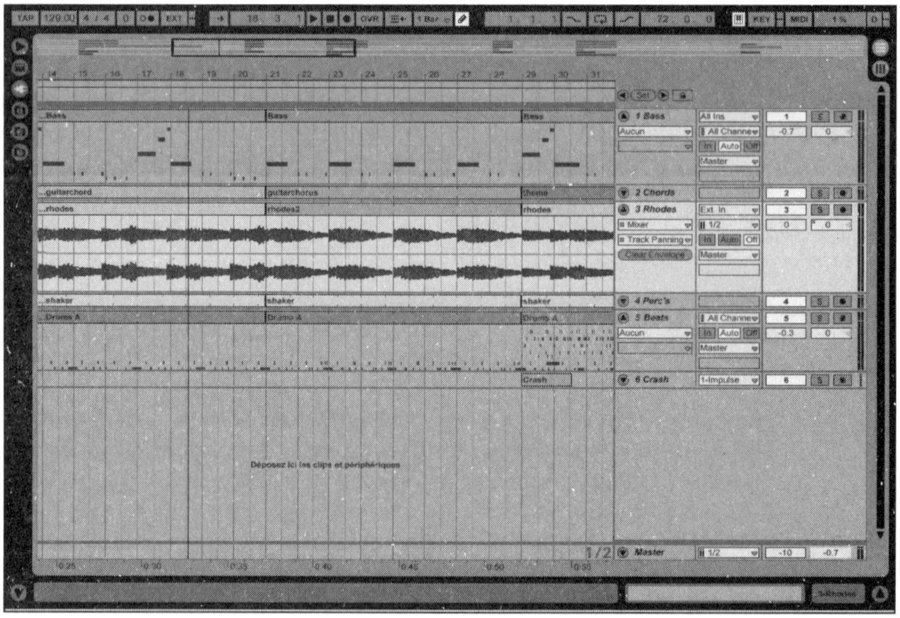

Figure 17.10 L'interface classique d'un logiciel audionumérique avec des pistes audio et MIDI.

Une autre vue commune concerne le mixage des pistes de votre arrangement. En général, vous l'affichez lorsque le morceau est terminé et que vous souhaitez mixer les pistes pour rendre la composition conforme à ce que vous désirez communiquer aux auditeurs. La Figure 17.11 montre la table de mixage des pistes MIDI et audio de Live 5. L'aspect varie d'un logiciel à un autre. Live 5 présente une interface très sobre, alors que d'autres montreront une interface plus ludique ou plus austère. Le passage d'une vue affichant des pistes ou des contrôles est assez commune. Le compositeur passe souvent de l'une à l'autre en un clic de souris.

D'autres vues permettent de détailler les données pour les modifier avec précision, qu'il s'agisse de données MIDI ou d'ondes audionumériques.

Les périphériques de contrôle

L'ensemble des contrôles s'affiche dans une interface qu'il n'est pas toujours facile et/ou souhaitable de régler à la souris. Vous pouvez utiliser des

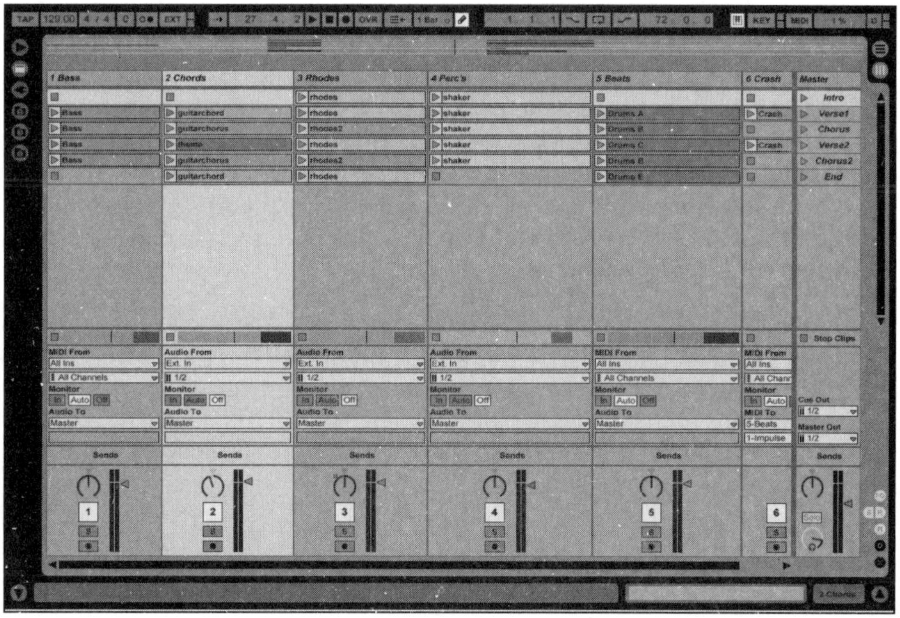

Figure 17.11
La table de mixage.

raccourcis clavier pour lancer la lecture ou l'arrêter, rembobiner et enregistrer les données.

Il existe également des périphériques de contrôle MIDI. Ils possèdent des boutons et des potentiomètres qui permettent de contrôler ceux de l'interface du logiciel. Ces appareils externes donnent une souplesse d'utilisation équivalente à celle que vous avez avec une table de mixage traditionnelle. Ces périphériques se connectent sur un port USB ou FireWire. Leur reconnaissance et leur configuration sous Windows Vista sont très simples. Il faudra nécessairement passer par une phase d'apprentissage pour que les différents boutons et potentiomètres de contrôle agissent correctement sur ceux de l'interface de l'application.

Mesurez bien vos besoins avant d'acheter un tel appareil. Comme chaque piste nécessite son propre potentiomètre et ensemble de contrôles, vous devez calculer le nombre de pistes que vous utilisez en moyenne dans vos compositions pour être certain que ce contrôleur externe peut les gérer sans problème.

Les plug-ins ou modules

La plupart des programmes peuvent enregistrer et modifier le contenu audionumérique et MIDI d'un arrangement. Toutefois, ce qui fait souvent la différence entre deux programmes audionumériques est la possibilité d'utiliser des *plug-ins*. Il s'agit de modules (petits programmes) qui ajoutent de nouvelles fonctionnalités au logiciel. En général, ces plug-ins permettent d'insérer des effets sur les pistes audio ou MIDI. Par exemple, un plug-in permettra d'ajouter un effet de distorsion.

Il existe de nombreux plug-ins. Ils sont développés par des sociétés tierces. L'éditeur de programmes audionumériques Steinberg a créé un type de plug-in devenu universel et indispensable : les modules VST. Ces modules s'intègrent dans toute application dite *compatible VST*. Il en existe de très puissants qui améliorent considérablement (ou détériorent selon vos envies) le contenu audio de vos pistes.

La puissance de ces plug-ins s'octroie une grande quantité de ressources système. En effet, ils produisent leurs effets en temps réel. Plus vous les multipliez, plus vous aurez du mal à mixer une grande quantité de pistes. Votre système doit donc être très puissant.

N'investissez pas dans un logiciel qui ne serait pas compatible VST.

Le mixage

Tout logiciel audionumérique multipiste doit permettre le mixage des pistes MIDI et audio. En d'autres termes, chaque piste doit disposer d'un potentiomètre de contrôle du volume, de la balance et des effets. Le mixage procède désormais de l'*automation* (ou automatisation). Ce concept est fort simple. Toute action opérée sur un potentiomètre (ou un *curseur* si vous préférez) est enregistrée par le programme. Ainsi, à la lecture, l'action est reproduite automatiquement par le logiciel. Si vous avez abaissé le potentiomètre de la Piste 1 pendant cinq secondes de la valeur 0 db à la valeur -10 db, l'application reproduira cette action à la lecture sans intervention de votre part.

Pour être encore plus précis, il est possible d'afficher différentes enveloppes (courbes) de réglages sur les pistes elles-mêmes. Ainsi, pour faire varier un volume, un panoramique ou l'impact d'un effet, il suffit de cliquer sur l'enveloppe pour positionner des points-clés que vous tirez vers le haut pour augmenter la portée du réglage, ou vers le bas pour la diminuer. En musique, le mixage est la phase de finalisation d'une composition.

L'exportation

Une fois l'arrangement mixé, vous possédez un morceau musical digne d'être produit. Vous n'allez pas vous contenter de le jouer sur votre ordinateur. L'intérêt est souvent de graver le(s) titre(s) sur CD, voire sur DVD audio. Pour cela, vous devez exporter le mixage sous forme d'un fichier WAV qui représentera votre morceau mixé et enregistré en stéréo comme si vous l'aviez fait sur une cassette audio.

La méthode d'exportation, également appelée *mixdown* (littéralement "écrasement des pistes"), varie en fonction des programmes. Le plus souvent, vous disposez d'une commande d'exportation qui peut s'appeler "mixdown", "exporter", "créer un fichier WAV" ou encore "convertir sur disque" (et il existe bien d'autres dénominations). Lors de cette exportation, vous avez parfois la possibilité d'opter pour la création d'un fichier compressé MP3 ou WMA. Si ce n'est pas le cas, vous créez un fichier WAV que vous compresserez avec un autre programme tel que Nero, Roxio Easy Media Creator ou un utilitaire de compression gratuit que vous trouverez sur Internet, comme l'excellent LAME.

La masterisation

Une fois les pistes créées et organisées, vous pouvez appliquer des traitements supplémentaires pour améliorer le son. Cette procédure, appelée *masterisation* ou *mastering*, inclut la compression, le réglage général du volume ou encore l'égalisation de certaines fréquences. C'est une phase complexe qui nécessite une initiation pour pouvoir en maîtriser tous les aspects.

Pour le moment, préoccupez-vous de savoir si votre application supporte tout un ensemble de modules susceptibles d'améliorer le son et de parfaire l'arrangement dans une phase de masterisation précise et efficace. Je le répète, seule la compatibilité du programme avec les plug-ins assure la réussite de cette phase délicate de la procédure de création d'un morceau.

La gravure

Cette fonction n'est pas souvent implémentée dans les programmes d'enregistrement et de mixage audionumérique. Lorsqu'elle est présente, comme dans un programme de montage et d'édition plus que de mixage audio comme WaveLab, vous pouvez directement graver vos titres depuis la table de montage.

Si votre programme ne permet pas de graver directement votre composition sur CD, vous utiliserez une application capable de créer des CD audio. Vous en trouverez gratuitement sur Internet ou bien vous investirez dans des programmes complets comme Nero Premium et Roxio Easy Media Creator.

Les synthétiseurs virtuels

Les synthétiseurs virtuels sont des interfaces musicales qui ressemblent aux synthés réels. La grande différence est qu'ils encombrent l'écran et non pas votre bureau. Ils s'affichent le plus souvent dans un programme d'enregistrement et de lecture audionumérique. Vous les placez sur une piste MIDI et vous les contrôlez avec la souris, le clavier de votre ordinateur ou un clavier MIDI externe.

Les instruments de ce type répondent généralement à la norme VST ou DXi. Ils sont plus ou moins sophistiqués, et leur banque de sons, c'est-à-dire les ondes à synthèse analogique ou FM, est plus ou moins importante. La Figure 17.12 montre le synthétiseur virtuel Model-E, développé par Steinberg sous forme de plug-in VST, inséré ici sur une piste MIDI du logiciel Live d'Ableton.

Figure 17.12
Un synthétiseur virtuel dans un environnement d'enregistrement audionumérique et MIDI.

L'efficacité d'un synthétiseur virtuel dépend de sa compatibilité avec les drivers ASIO ou WDM. En effet, il est essentiel que le temps de latence soit le plus faible possible. Ce temps est l'écart qui sépare le moment où vous jouez une note et le moment où vous l'entendez. Même un retard de 20 à 30 millièmes de seconde est insupportable. Ce décalage empêche de créer correctement une mélodie. Les pilotes WDM et ASIO réduisent largement ce temps de latence de manière à ne pas percevoir de retard. Merci Windows Vista ! Les pilotes WDM sont natifs au système d'exploitation et les pilotes ASIO en tirent le meilleur parti.

Connecter tout ce beau monde

Nous voici arrivés à la phase où tous les outils sont installés et où vous avez scrupuleusement suivi les instructions des éditeurs de logiciels et des fabricants de matériels. Vous devez configurer l'ordinateur pour que tous les éléments en place communiquent correctement. Cette tâche varie d'un système à un autre. Pour vous montrer la procédure générique, je vais appuyer ma démonstration sur Live 5 d'Ableton.

Y'a quelqu'un ?

Commencez par vérifier que tous les matériels et logiciels sont bien reconnus par votre programme. Il s'agit entre autres de votre carte son et de votre interface MIDI, comme le montre la Figure 17.13.

En règle générale, le programme liste les interfaces MIDI et la carte audio sous des onglets ou des boîtes de dialogue différents. Par exemple, la Figure 17.14 montre le contenu de l'onglet Audio de Live 5 où j'ai sélectionné ma carte son (Aardvark) et son pilote ASIO.

Si vos périphériques ne sont pas listés ou pas sélectionnés, voyons comment corriger ces problèmes de base :

1. **Vérifiez que le périphérique est allumé.**

   Cela paraît évident mais si vous saviez le nombre de personnes qui oublient d'y procéder ! Le périphérique est soit alimenté par la prise USB ou FireWire, soit par une prise secteur classique.

2. **Vérifiez que le périphérique est correctement connecté.**

   Là encore, tout le monde hurle à l'évidence. Pourtant si le câble USB ou FireWire n'est pas correctement inséré aux deux extrémités, l'ordinateur ne peut pas identifier le matériel.

3. **Vérifiez que les pilotes du périphérique sont chargés.**

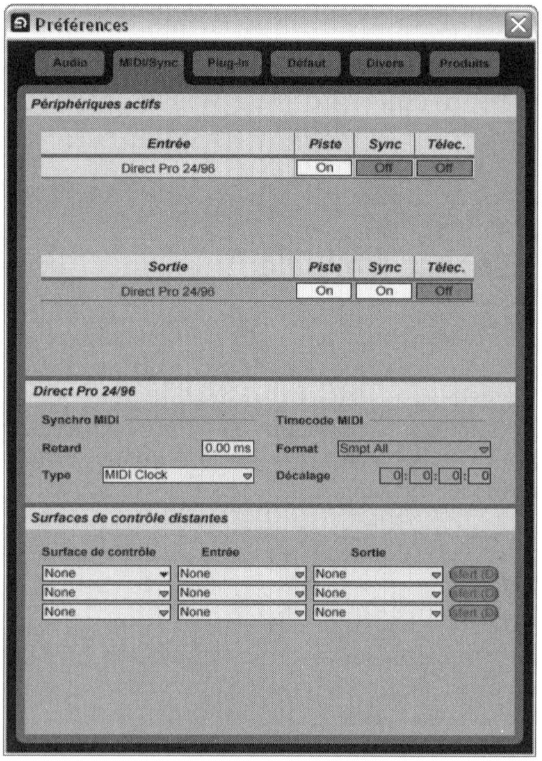

Figure 17.13 Voici les périphériques MIDI disponibles dans Live 5.

Windows Vista dispose de pilotes préchargés, mais il se peut que le constructeur du matériel exige l'utilisation de ses propres drivers. Lisez les instructions d'installation du matériel.

4. **Vérifiez que l'ordinateur reconnaît le périphérique.**

   Avec le bouton droit de la souris, cliquez sur l'icône Poste de travail. Dans le menu contextuel, cliquez sur Gérer. Cliquez sur Gestionnaire de périphériques pour afficher la liste de tous les matériels identifiés par votre machine.

   Si, malgré toutes les vérifications effectuées ci-dessus, votre matériel reste invisible, appelez le support technique de son constructeur.

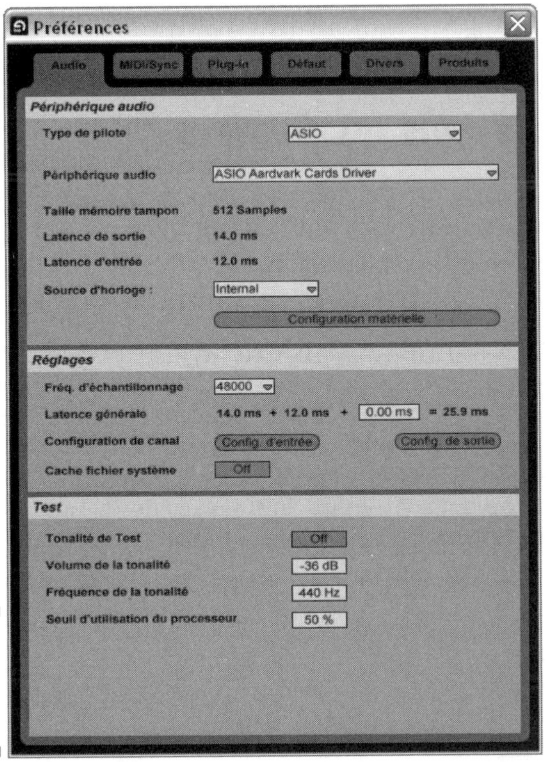

Figure 17.14 Sélection du pilote ASIO d'une carte son.

Réduction du temps de latence

Le temps de latence est un problème en enregistrement audio et MIDI. Le rythme est une donnée essentielle de la musique. Il est donc important qu'il n'y ait pas d'interférence entre ce rythme et le traitement des données. L'objectif est donc d'obtenir le temps de latence le plus faible possible. Ce temps dépend de la quantité de mémoire embarquée dans votre ordinateur et de la vitesse du processeur. Il dépend aussi du pilote que vous utilisez. Avec les pilotes MME, c'est-à-dire les drivers préinstallés de Windows Vista, le temps de latence varie de 50 à 100 millièmes de seconde. Ce n'est guère possible de travailler dans de bonnes conditions. Dans le pilote de la carte son, vous pouvez activer certaines options et modifier des paramètres afin de réduire ce temps de latence.

Chaque programme et pilote répond à des spécificités propres. Par conséquent, pour réduire le temps de latence sans ajouter d'autres problèmes de fonctionnement, consultez le manuel d'utilisation des applications et du matériel. Lorsque le son est distordu ou la lecture ralentie, c'est que vous avez trop réduit le temps de latence.

Où sont partis tous les fichiers ?

Veillez toujours à sauvegarder les fichiers sur le disque dur dédié à l'enregistrement audionumérique. Vous n'y enregistrez rien d'autre que des fichiers musicaux entrant dans la composition d'un morceau.

Chaque type de fichier devra être sauvegardé dans un dossier particulier. Le maître mot est : ORGANISATION ! Par exemple, les fichiers d'enregistrement temporaires (c'est-à-dire les données audio stockées temporairement jusqu'à ce que vous les nommiez et les sauvegardiez) peuvent être enregistrés dans un dossier spécifique. Les boucles que vous téléchargez ou créez seront placées dans un autre dossier. Enfin, les fichiers définitifs disposeront, à leur tour, d'un dossier qui leur est propre. La structure de stockage des fichiers est seule garante d'une facilité et d'une rapidité d'enregistrement audio et de sauvegarde des données.

Chapitre 18

Enregistrement, boucles, édition et mixage

Dans ce chapitre :

- Tirer un bon son de vos instruments externes.
- Comprendre les clips audio et les boucles.
- Composer par superposition de pistes.
- Annuler et corriger des erreurs.
- Mixer.
- Distribuer vos œuvres.

Vous voici prêt à travailler ! Vous venez d'exécuter vos programmes d'enregistrement audionumérique, et tous vos périphériques externes sont reconnus. Il vous reste suffisamment de santé mentale pour envisager de composer un titre.

Lorsque vous effectuez un enregistrement sur votre ordinateur, certaines règles doivent être respectées. L'ensemble des informations distillées par ce chapitre vous permettra de tracer votre route dans l'univers de l'enregistrement audionumérique.

Préparer votre projet

Avant de connecter votre instrument à votre ordinateur, vous devez procéder à quelques vérifications. Cette préparation va conditionner la manière dont vous utilisez votre équipement pour enregistrer de l'audio et des séquences MIDI. Quel que soit le programme utilisé, recherchez et définissez les fonctions suivantes :

- **Tempo :** Il s'agit de la vitesse de la chanson. Chaque projet a un tempo global qui pourra varier à des points précis de votre composition.

- **Résolution et taux d'échantillonnage :** Ces deux paramètres fixent la résolution et le taux d'échantillonnage de votre enregistrement, comme 16 bits, 44,1 kHz. Pour obtenir la meilleure qualité, enregistrez avec la résolution et le taux d'échantillonnage les plus élevés possible. 24 bits et 96 kHz suffisent pour un home studio. Si votre ordinateur ne dispose pas de ressources suffisantes, optez pour un enregistrement en 16 bits et 48 kHz.

- **Assignation des entrées :** Indique au logiciel d'enregistrement la provenance des données audio et des événements MIDI. Le programme affiche une liste de tous les périphériques disponibles. À vous d'activer celui que vous allez utiliser.

- **Modèles** ou **Templates :** Le programme d'enregistrement audionumérique propose parfois des modèles ou *templates*, c'est-à-dire des arrangements qui préparent l'interface de travail. Par exemple, un arrangement spécifique affichera seize pistes audio et seize pistes MIDI. À votre tour, vous pouvez créer des modèles. Par exemple, vous créerez un modèle uniquement composé de pistes audio, ou de pistes MIDI, avec tel périphérique utilisé pour le son, et tel autre pour les données MIDI. Si ce modèle est défini par défaut, l'environnement sera opérationnel dès l'ouverture du programme.

D'où viennent les données ?

Toutes les cartes son que je vous recommande d'utiliser présentent plusieurs entrées. Vous devez indiquer au programme audionumérique l'entrée à utiliser pour numériser le son. Cependant, avec les cartes haut de gamme, toutes les entrées sont actives simultanément. Il suffit donc de sélectionner votre carte et son pilote dans les préférences du programme pour enregistrer, sur la piste active, tout son provenant d'une entrée quelconque de la carte. Ainsi, la Figure 18.1 montre l'activation des entrées de la carte son utilisée.

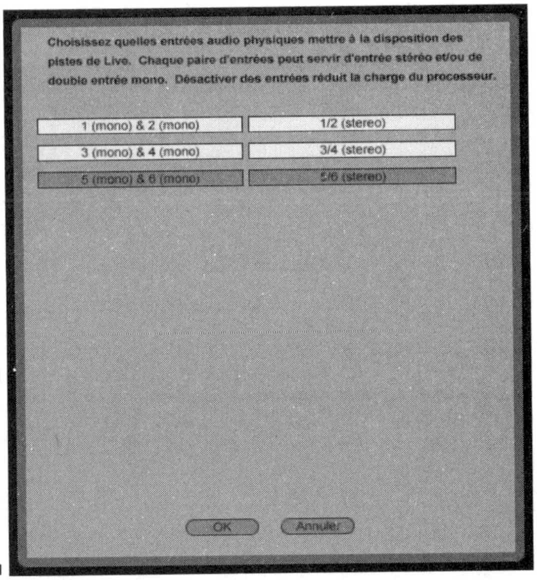

Figure 18.1 Activez les entrées de la carte son que vous pensez utiliser.

Parfois, plutôt qu'une assignation générale des entrées à vos pistes, vous serez obligé d'indiquer l'entrée assignée à telle ou telle piste. Ceci est important quand vous enregistrez simultanément, et sur des pistes différentes, plusieurs instruments répartis sur chaque entrée de votre carte son. La Figure 18.2 montre l'assignation d'une des entrées de ma carte son à la piste Audio 1 du programme Live 5.

Le niveau de sortie

Si vous regardez des clips vidéo à la télévision, je ne doute pas qu'au moins une fois dans votre vie, vous ayez vu un groupe dans un studio d'enregistrement où un ingénieur du son pousse des curseurs et appuie sur des boutons. Ces petites séquences montrent une chose essentielle de la création musicale : le réglage des niveaux.

Vous allez faire de même sur votre ordinateur. La seule différence avec les studios d'enregistrement professionnels est qu'ici, la table de mixage s'affiche sur un écran d'ordinateur et n'encombre donc pas votre table de travail.

Le signal audio qui sort du programme, donc de l'ordinateur, doit être le plus clair possible, c'est-à-dire sans saturation ni distorsion. Bien sûr, la distorsion

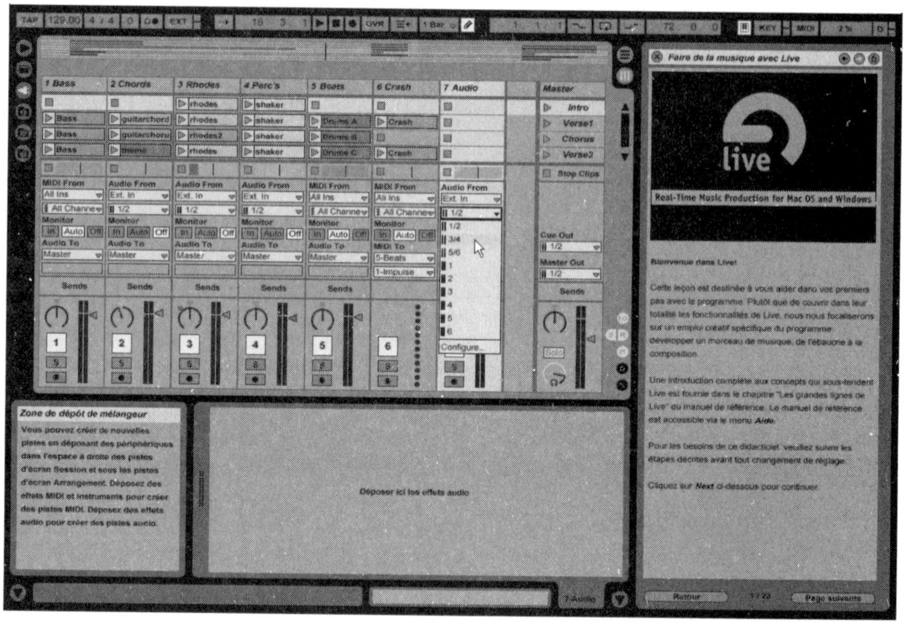

Figure 18.2 Assignation d'une entrée à une piste audio du programme.

peut être un élément de votre composition, mais dans ce cas, elle procède d'un traitement par plug-in et non d'une erreur flagrante du réglage des niveaux.

La Figure 18.3 montre un mixage impeccable où les niveaux de chaque piste et de la section master n'entrent jamais dans la zone rouge.

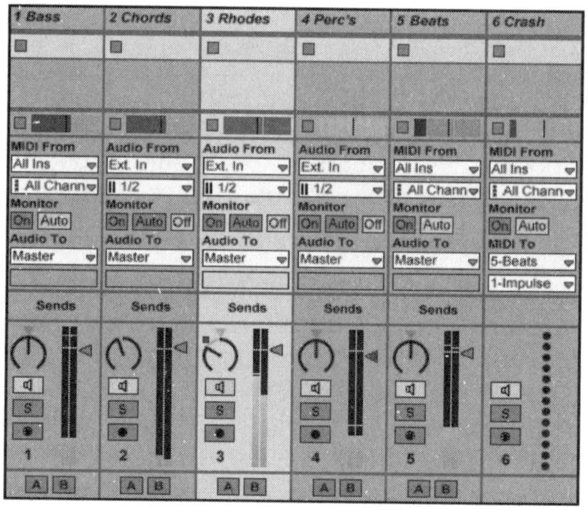

Figure 18.3 Niveau normal assurant un parfait enregistrement et une reproduction impeccable du son.

Les principes de base des niveaux sonores

Commencez toujours par fixer le niveau de sortie le plus élevé de l'instrument externe. Cela signifie que le bouton de réglage du niveau de sortie de la guitare électrique, de la basse, du clavier ou de l'expandeur doit être tourné au maximum. Si le signal de sortie de l'instrument était trop faible, vous ne profiteriez pas du potentiel de l'instrument enregistré, tout en risquant de capturer des parasites avec le son lui-même. Ces parasites viennent de sources électriques situées à proximité de l'instrument, ou d'autres sources provenant de l'ordinateur, comme le ventilateur.

Maintenant que le signal va de l'instrument à l'ordinateur, vous devez régler son volume d'entrée dans la table de mixage de Windows Vista. Pour cela, double-cliquez sur l'icône du haut-parleur de la zone de notification. Placez les potentiomètres de lecture et d'enregistrement (entrée ligne) au centre. Laissez la table de mixage ouverte.

Enfin, le réglage ultime s'opère dans votre programme d'enregistrement. Le volume s'ajuste de différentes manières. Vous devez définir le niveau d'entrée de la piste audio et le niveau de sortie général, c'est-à-dire la section Master du programme, comme à la Figure 18.4.

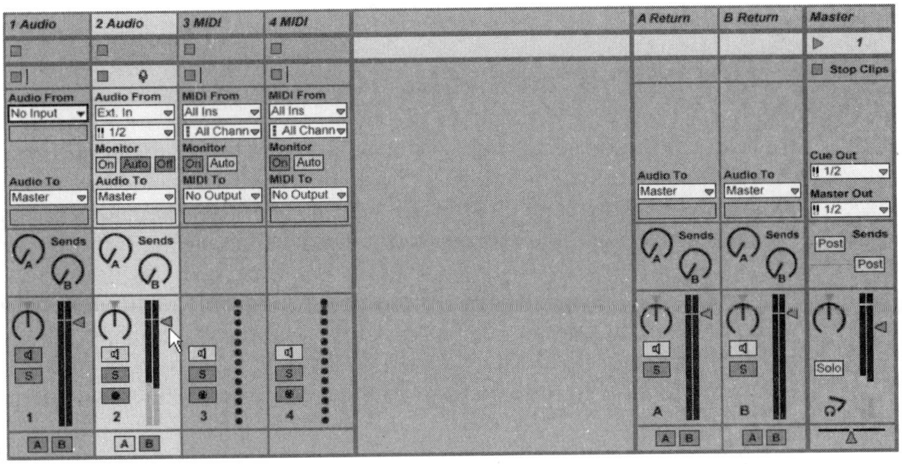

Figure 18.4 Réglage du volume de la piste d'entrée et du contrôle général de sortie (Master).

Lorsque vous n'avez pas d'indication du niveau du signal exprimé en décibels (dB), fiez-vous à votre oreille et à la couleur des diodes des vumètres. Sinon, veillez à ce que le son varie entre -6 et -2 dB. Souvent le néophyte se perd dans la gestion du volume car il doit jouer à la fois sur les contrôles du pilote de la carte son et sur ceux du logiciel d'enregistrement. Il peut arriver que la modification des niveaux dans le logiciel ne se répercute pas à l'écoute. En d'autres termes, même si les potentiomètres sont à zéro, vous entendez fort bien le signal d'entrée. Ceci est anormal. Cela tient certainement au fait que vous écoutez le son sur deux sources simultanément : l'entrée du pilote de la carte et la piste audio du logiciel d'enregistrement. D'ailleurs, si vous écoutez bien, il y a un très léger retard entre les deux sons, comme une reverb. Dans ce cas, ouvrez le pilote du périphérique audio et cliquez sur les boutons Mute des entrées de la carte. Ainsi, vous n'avez plus le monitoring par la carte, mais uniquement par le logiciel. Désormais, lorsque vous abaissez le niveau d'entrée de la piste audio ou le niveau de sortie Master, le son réagit à vos manipulations. De même, comme à la Figure 18.4, veillez toujours à activer le monitoring des pistes, sinon soit vous n'entendrez aucun son, soit vous entendrez un mélange du son entrant par la carte et traité par le logiciel. (Oui, je sais ! Que de complexité !)

Les principes généraux des effets audio

Les effets audio sont des traitements infligés soit à l'enregistrement, soit au mixage pour améliorer ou détériorer le signal d'une ou plusieurs pistes en fonction de vos aspirations créatrices. Par exemple, ajouter de l'écho ou de la reverb constitue un effet.

Dix comme un seul homme !

Voici un titre de section bien étrange. Il se justifie par le fait que certains effets augmentent tellement le gain audio qu'on a l'impression que dix musiciens jouent du même instrument. C'est le cas avec les effets de *distorsion* appliqués par une pédale externe, et que l'on peut simuler dans un logiciel d'enregistrement.

Par exemple, Live 5 permet d'ajouter ce type d'effet au moment de l'enregistrement et/ou du mixage. Une distorsion s'applique généralement aux guitares qui sonnent *heavy metal*. En revanche, pour singulariser un son, vous pouvez utiliser une distorsion sur une boîte à rythmes, des voix ou tout autre instrument.

Avez-vous enregistré dans une cave ?

Dans le langage musical, on ne dit pas une *réverbération* mais une *reverb*. Elle simule un environnement d'enregistrement allant d'une petite pièce bien capitonnée à un véritable canyon du désert américain. La reverb joue sur un très léger retard du son pour donner une illusion de profondeur audio. Elle donne plus de chaleur à un mixage. La reverb est souvent l'effet final qui améliore considérablement un enregistrement ou un mixage.

Y'aurait-il un léger retard ?

Le *retard*, plus communément appelé *delay*, crée un véritable phénomène d'écho. Contrairement à la reverb où ce retard est très bref, avec le delay, il peut atteindre plusieurs secondes. Cela signifie qu'il s'écoule plusieurs secondes entre le moment où le premier son est entendu et son écho. Évidemment, cet écho peut lui aussi générer d'autres retards. Tous ces paramètres son réglables dans le logiciel d'enregistrement/mixage. Parfois, un delay bien utilisé permet de multiplier des séquences de percussion au point de croire que plusieurs personnes jouent en décalage.

Le chorus

Le *chorus* est également un effet de delay spécifique qui donne l'illusion que plusieurs instruments du même type sont joués simultanément.

L'égalisation

Plus connue sous l'acronyme EQ, l'*égalisation* permet de dynamiser certaines plages de fréquences. C'est-à-dire que vous allez amplifier les basses, les médiums et les aigus dans les proportions que vous jugerez nécessaires. Ce n'est pas une affaire aussi simple qu'il y paraît. En fonction de l'effet d'EQ intégré au programme, ou du plug-in VST utilisé, vous pouvez disposer d'égaliseurs atteignant trente bandes. Il devient assez délirant de régler correctement les plages de fréquences. À l'extrême, le son d'origine n'aura plus rien à voir avec le son traité par l'égalisation. C'est un effet très puissant.

Où sont les limites ?

La musique créée ces dix dernières années use et abuse de la compression. Objectivement, il ne s'agit pas d'un effet. Cependant, les producteurs et les ingénieurs du son l'appliquent systématiquement sur chaque chanson sortant du studio. La compression abaisse légèrement les hautes fréquences et booste les basses fréquences. Le son est globalement plus fort et plus lourd. Ainsi, un morceau peut être écouté plus fort sans aucune distorsion dans les aigus et les médiums. La compression peut aussi s'appliquer à des instruments individuels pour compacter un son spécifique, comme des voix ou des guitares.

Le *limiteur* est un effet qui rejoint la compression en ce sens qu'il empêche le signal audio de dépasser un certain seuil. C'est un effet idéal pour éviter les distorsions dues à l'écrêtement d'un son trop fort.

Utiliser des effets

Vous pouvez appliquer des effets de deux manières différentes : directement sur le son en cours d'enregistrement et sur les pistes audio au moment du mixage. Chaque méthode a ses avantages et ses inconvénients.

Lorsque vous insérez l'effet sur une piste, c'est comme si le signal audio devait passer dans un autre matériel pour y être traité. C'est le principe d'une guitare que l'on branche, par exemple, sur une pédale de distorsion. La procédure d'ajout d'un effet varie d'une application à une autre. La plus simple me semble toutefois celle mise en place dans le programme Live 5 d'Ableton. Il suffit de cliquer sur la piste audio où vous souhaitez ajouter un effet, puis de le glisser-déposer depuis le volet gauche sur le volet inférieur, comme à la Figure 18.5.

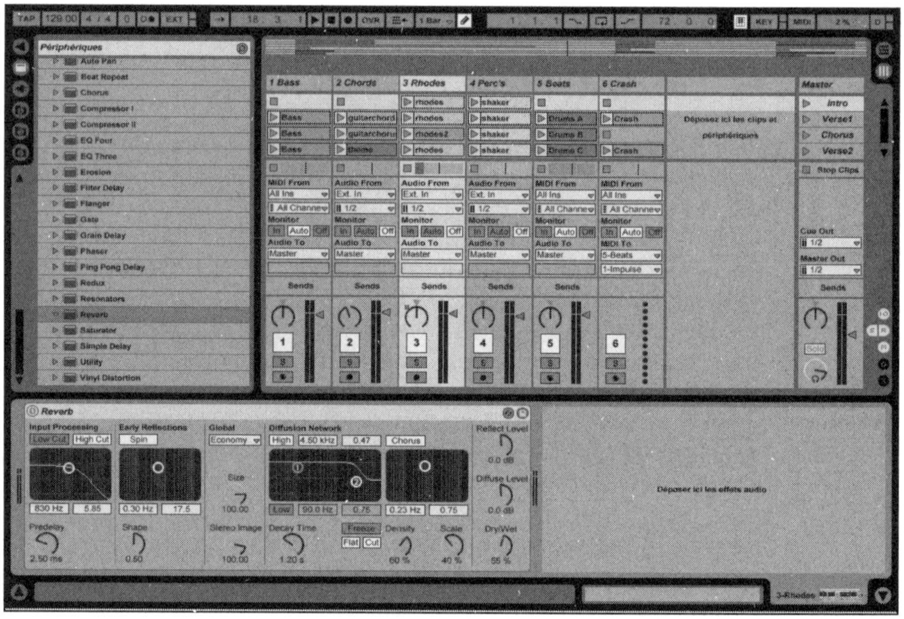

Figure 18.5 Une reverb facilement mise en place sur une piste audio de Live 5.

Cette méthode permet de laisser intact le son d'origine. Il est en effet traité par le module d'effet mis en place. Vous pouvez facilement activer et désactiver l'effet pour mesurer son impact sur le son. Bien évidemment, vous pouvez modifier les réglages de l'effet dans une interface graphique très intuitive, comme le montre la Figure 18.5.

Le gros inconvénient du traitement en temps réel est qu'il exige beaucoup de ressources système. Si vous multipliez les effets, vous risquez de surcharger le processeur qui ne pourra pas lire correctement votre mixage.

Toutefois, les meilleurs logiciels audionumériques dont fait partie Live 5 disposent d'une fonction qui consiste à *geler la piste*. Le principe est simple. Lorsque vous sentez que le logiciel peine à appliquer les effets en temps réel, vous activez une piste contenant beaucoup d'effet et exécutez une commande souvent appelée "Geler la piste". Le programme va calculer les effets de manière à ne pas traiter le son en temps réel. Il crée ainsi un fichier temporaire de la piste incluant les effets. Cela libère l'ordinateur du traitement, en temps réel, de ces effets. Les possesseurs de PC peu performant apprécieront !

L'autre technique consiste à traiter le son au moment de l'enregistrement, ce qui libère des ressources système pour le mixage, mais altère irrémédiablement le son d'origine. Le principe d'insertion d'un effet qui va traiter le son pendant sa numérisation est très simple à réaliser dans Live 5. Dans la mesure où la piste audio sur laquelle vous allez enregistrer est active, contentez-vous de glisser-déposer un effet dans la partie inférieure du programme.

Le métronome

Vous pouvez généralement utiliser une piste ou une fonctionnalité de métronome. Il s'agit d'un clic répétitif qui bat la mesure. Cela est important lorsque vous enregistrez des mélodies en temps réel. Vous êtes certain de respecter la mesure de lecture du mixage.

Le métronome est également très utile dans les enregistrements MIDI. C'est grâce à lui que vous pourrez effectuer une quantification des notes, c'est-à-dire un ajustement automatique de la longueur d'une note en fonction des mesures. En d'autres termes, si vous avez joué légèrement en retard ou légèrement en avance, le programme mettra tous les événements MIDI à la bonne mesure à partir d'une piste MIDI de référence.

Enregistrer

Avant d'enregistrer, vous devez activer les pistes concernées. Il serait dommage d'effacer par inadvertance le contenu d'une piste. Soyez donc vigilant.

Sur la Figure 18.6, vous constatez que la piste Audio 1 est active (fond blanc, icône du haut-parleur et bouton d'enregistrement enclenché) et que le bouton d'enregistrement global (rond gris) situé en haut de l'interface est allumé. Ces deux indicateurs montrent que le son va être enregistré sur la piste Audio 1, dès que vous cliquerez sur le bouton Lecture. C'est une procédure habituelle. Une fois le bouton REC ou un cercle rouge enclenché, le programme est en attente d'enregistrement. Il suffit alors de cliquer sur le bouton Lecture pour démarrer la procédure. Jouez de votre instrument pour en enregistrer le son.

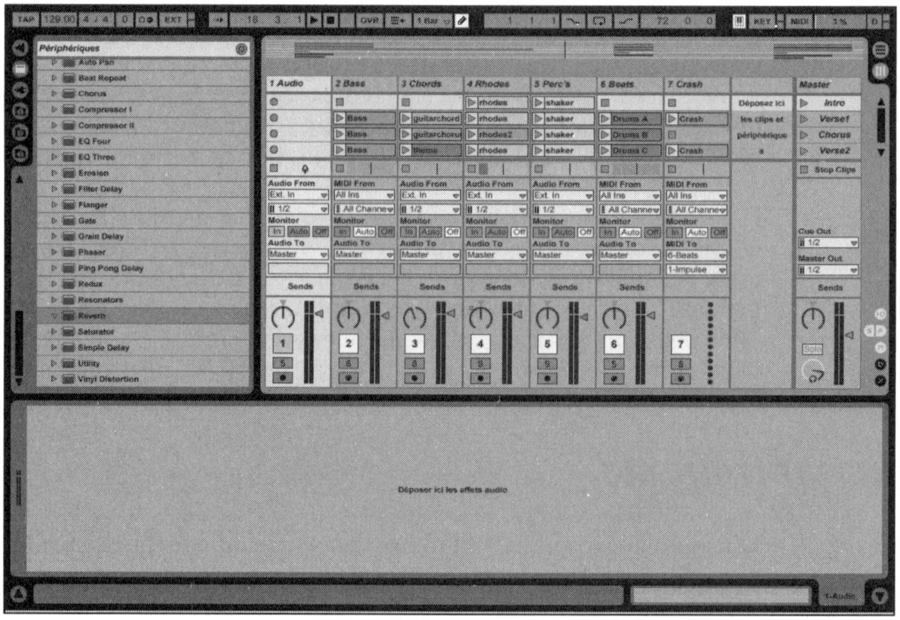

Figure 18.6 Une piste en attente d'enregistrement.

Dans d'autres programmes, la procédure est un peu plus simple. Vous activez la piste, puis cliquez sur le bouton d'enregistrement. C'est parti !

En enregistrement MIDI, il est possible de déclencher une sorte de compte à rebours qui va lancer la procédure automatiquement.

Vous pouvez démarrer un enregistrement au début de la piste ou à un autre emplacement. Pour cela, placez la tête de lecture à l'endroit précis où vous souhaitez enregistrer. Certains programmes permettent d'enregistrer sur une piste contenant des données audio. Ces données sont mixées avec le nouvel enregistrement. Une méthode appelée *punching* permet de démarrer l'enregistrement quand la tête de lecture atteint une durée spécifique. Les options de punching permettent notamment d'insérer le nouvel enregistrement sur une piste contenant des données, de remplacer ces données ou de les mixer.

Ajouter des pistes

Félicitations ! Vous venez d'accomplir avec succès un premier enregistrement audionumérique sur une piste. Vous connaissez désormais les bases permettant d'ajouter d'autres pistes pour créer une chanson.

Pour enregistrer sur une nouvelle piste sans effacer le contenu de la première, commencez par y désactiver toutes les fonctions d'enregistrement. Vous pouvez rembobiner pour commencer l'enregistrement depuis le début. Le son sera enregistré uniquement si vous jouez de votre instrument.

Activez la seconde piste audio. Enclenchez les fonctions d'enregistrement de la piste et d'enregistrement global, puis cliquez sur le bouton Lecture. Si vous activez l'écoute de la première piste et le monitoring de la seconde piste, vous entendez le contenu de la première et ce que vous enregistrez sur la seconde. C'est de l'enregistrement multipiste !

Oups ! J'ai fait une bêtise...

Tout ne peut pas être parfait ! Piste après piste, vous allez certainement commettre des erreurs. Ce n'est pas bien grave car, dans un programme d'enregistrement et de mixage audionumérique, vous pouvez effectuer une édition *non destructive* des données. En d'autres termes, quoi que vous fassiez, les échantillons audio d'origine ne sont jamais altérés.

Annuler

Gardez bien ceci dans un coin de votre mémoire : n'oubliez jamais le raccourci clavier Ctrl+Z ! En appuyant sur ces deux touches, vous annulez la dernière action réalisée. Toutefois, la plupart des programmes permettent de remonter dans l'historique de vos actions. Ceci est particulièrement utile lorsque vous avez, par exemple, effacé le contenu d'une piste et que vous vous rendez compte, plusieurs heures plus tard, que vous en avez finalement besoin.

Annulation sélective

Certains programmes permettent de sélectionner, dans une liste, l'action à annuler. C'est une fonction importante car elle évite d'annuler tout ce que vous avez fait après l'action qui pose problème.

En général, vous lancez cette commande à partir du menu Édition. Une boîte de dialogue apparaît. Sélectionnez l'action à annuler et cliquez sur OK.

Réenregistrer

Si vous loupez votre enregistrement, supprimez le clip de la piste audio et recommencez. Cliquez sur l'élément audio et appuyez sur la touche Suppr du clavier.

Certains programmes permettent d'enregistrer plusieurs pistes virtuelles sur une seule piste audio. Vous pouvez donc réaliser de multiples enregistrements de la même mélodie et conserver uniquement celui qui vous convient.

Si vous ne souhaitez pas supprimer le contenu d'un enregistrement, mais désirez malgré tout réenregistrer la même mélodie, désactivez la lecture de la piste concernée et effectuez un nouvel enregistrement sur une autre piste. Vous pourrez ensuite écouter les deux pistes, l'une après l'autre, et choisir la meilleure.

Certains programmes gardent le contenu audio des enregistrements que vous ne désirez pas conserver. Lisez le guide d'utilisation du logiciel pour supprimer physiquement les clips audio et libérer de l'espace de stockage sur votre disque dur.

Mixer votre musique

L'enregistrement des instruments et des voix représente une grosse partie du travail de création. Toutefois, avant de faire connaître vos compositions au public, vous devez réaliser le mixage.

Traitement encore et toujours

Depuis la nuit des temps, le mixage stéréo d'une composition multipiste requiert la plus grande attention. Les ingénieurs du son et les producteurs sont assis devant une gigantesque table de mixage dans laquelle arrivent des sons, des mélodies, donc des instruments de toutes sortes. Ce mixage est fait en temps réel. C'est une procédure contraignante qui demande de nombreux jours de travail.

L'avènement des systèmes audionumériques simplifie la tâche de mixage. En effet, les paramètres de chaque piste peuvent être automatisés grâce à une fonction appelée *automation*. Devenue très graphique, elle permet d'agir sur l'enveloppe du volume en dessinant une courbe directement sur l'onde sonore. Cela revient à pousser ou à tirer les potentiomètres d'une table de mixage traditionnelle. Lors de la lecture de l'arrangement, le programme lit la forme de la courbe et ajuste le volume en conséquence. Ceci permet des réglages très précis. L'automation s'applique aussi sur la balance et sur certains effets.

Les principes du mixage

Le mixage est souvent complexe. Dans le milieu professionnel, on fait généralement appel aux plus grands ingénieurs du son et producteurs pour mixer convenablement un disque. Comme vous n'avez pas les moyens de vous offrir leurs services, voici quelques grands principes à garder en mémoire pour réussir vos mixages.

Le mixage stéréo

La musique stéréophonique contient deux canaux audio. Les instruments utilisés dans la composition sont entendus à des niveaux sonores différents sur chacun de ces canaux. L'effet stéréo permet de donner l'illusion qu'un instrument se situe à un emplacement spécifique de l'espace d'écoute. Par exemple, vous entendez une guitare sur la droite, les voix au centre et la basse sur la gauche. C'est la *balance* qui permet de produire ces effets.

Chaque piste dispose d'un curseur de balance ou *PAN* qui définit le champ stéréophonique. En général, le bouton de la balance se situe au-dessus des potentiomètres de volume, comme le montre l'interface de mixage de Live 5 présentée à la Figure 18.7. Il s'agit d'un simple bouton à tourner vers la droite ou la gauche à l'aide de la souris.

Si tous les boutons de la balance sont au centre, votre son risque d'être très chargé sur les deux canaux stéréo. Le mixage ne sera pas très efficace. Essayez de respecter les principes suivants :

- Les voix et les lignes mélodiques principales doivent être placées au centre du champ stéréophonique. Elles focalisent l'attention de l'auditeur.
- Lorsque vous définissez plusieurs pistes de percussions, imaginez-vous assis derrière votre batterie et placez le son en conséquence. La grosse

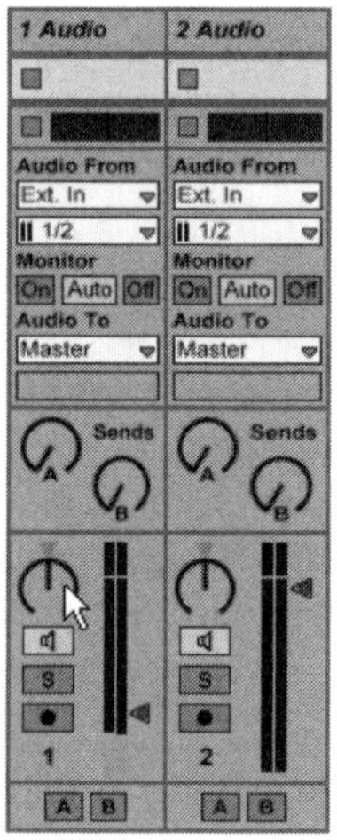

Figure 18.7
Les boutons de balance ou panpot.

caisse et la caisse claire peuvent se trouver au centre, tandis que les toms et les cymbales s'étendront sur une grande partie du champ stéréo.

- Si vous utilisez une boucle rythmique ou si les instruments ne sont pas répartis sur plusieurs pistes, dupliquez la piste des percussions. Placez le bouton de la balance de l'une sur la droite, et de l'autre sur la gauche. Vous créez ainsi l'illusion que les percussions entourent l'espace central réservé à la voix et à la mélodie principale.

- Placez la basse, la guitare et les claviers à différents points du champ stéréo.

- La balance, ou effet de panoramique, peut également être utilisée pour attirer l'attention de l'auditeur. Effectuer un panoramique d'accords profonds apporte un plus au mixage. Quand un solo de guitare arrive, vous pouvez effectuer un panoramique de gauche au centre. (Les gens adorent ça.)

N'abusez pas des effets de balance qui finissent par fatiguer l'auditeur. Lorsque vous mixez, pensez à un groupe dont les membres bougent sans arrêt sur la scène. C'est un show, pas une performance musicale.

La meilleure méthode pour contrôler précisément les panoramiques consiste à éditer leur enveloppe dans l'interface du programme, comme le montre la Figure 18.8.

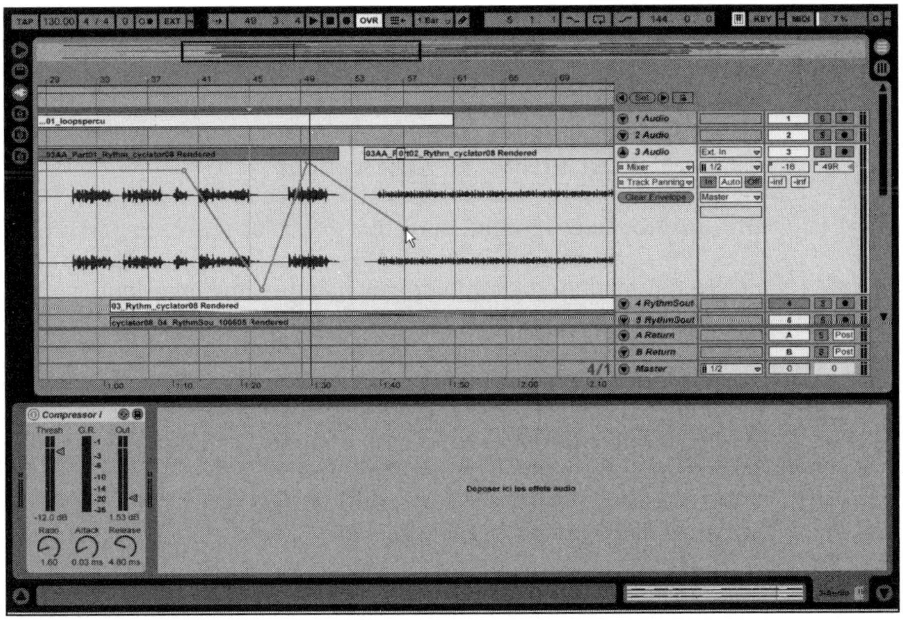

Figure 18.8 Modifiez l'enveloppe d'un panoramique.

Il s'agit d'une piste rythmique. L'enveloppe montre que l'instrument est principalement entendu sur le côté droit du champ stéréo. Puis, le son se positionne assez rapidement à gauche, pour retrouver sa position initiale au bout de quelques secondes, et enfin se stabiliser au centre.

Les niveaux des pistes

Le mixage audionumérique induit que vous prêtiez attention au volume individuel de chaque piste. C'est chose faite. Maintenant, écoutez toute la chanson. Repérez ce qui domine dans la composition et essayez de détecter ce qui a besoin d'être mis un peu plus en avant qu'il ne l'est. Le mixage est un savant mélange de fréquences plus ou moins intenses. Un morceau de musique a un caractère, une âme, et aussi un message à transmettre. Vous devez donc considérer toute l'émotion dégagée pour privilégier tel instrument plutôt que tel autre de manière ponctuelle ou sur toute la durée du mix. Par exemple, une guitare rythmique a sans doute besoin d'être très présente pendant l'intro, mais devra être mise en retrait dès les premières paroles chantées. De même, un solo de guitare devra être amplifié pour bien attirer l'oreille de l'auditeur. Le volume est une donnée essentielle du mixage que vous pouvez régler sous forme d'une enveloppe, comme vous l'avez fait pour la balance.

Je vous conseille de laisser passer du temps entre la session d'enregistrement et celle de mixage. Vous serez surpris par la manière dont vous percevez l'ensemble de la composition quelques jours après l'enregistrement des instruments et des voix.

Conversion du mixage en fichier audio

Une fois le mixage terminé, vous disposez d'un morceau parfaitement équilibré avec une occupation cohérente de l'espace stéréo. Toutefois, mis à part un enregistrement direct sur bande analogique ou numérique, vous ne pouvez rien faire de votre composition telle qu'elle se présente.

Si vous désirez écouter cette création sans ouvrir à chaque fois votre arrangement dans le logiciel audionumérique, vous devez *écraser* les pistes. C'est une procédure plus connue sous le nom de *mixdown*. Elle consiste à transformer un mixage multipiste en un fichier audio stéréo WAV (ou compressé en MP3/WMA). Ce fichier pourra faire partie des titres de votre futur CD audio que vous graverez dans une autre application.

Lorsque vous exportez le mixage sous la forme d'un tel fichier, vous en exportez toutes les données, c'est-à-dire les effets et les automations. Il en résulte un fichier audio dont l'écoute sera identique à celle du mixage.

Ce rendu spécifique consomme beaucoup de ressources système et peut prendre du temps en fonction de la complexité du mixage et des effets. En général, il dure moins longtemps que le morceau lu en temps réel.

Le mixdown est également utile sur les ordinateurs aux faibles ressources en l'absence de fonction de gel de piste, ou lorsque vous multipliez les pistes audio. En effet, vous pouvez composer quelques pistes que vous convertissez en un fichier audio stéréo. Ensuite, vous créez un nouveau projet dans lequel vous insérez le fichier en question. À cette première piste audio, vous en ajoutez d'autres sur lesquelles vous enregistrez de nouveaux instruments. La procédure peut être utilisée à l'infini. Ainsi, de mixdown en insertion de pistes, vous pourrez créer, en plusieurs mixages successifs, une composition de dizaines de pistes que ne pourrait pas supporter votre ordinateur si vous les affichiez toutes simultanément.

Cette conversion nécessite le réglage de quelques paramètres que je vous propose de découvrir dans les prochaines sections.

Les pistes converties

Activez toutes les pistes qui doivent être intégrées dans le fichier audio stéréo. Tout ce que vous ne désirez pas convertir doit être désactivé ou configuré sur

Muet (*Mute*). Reportez-vous au manuel d'utilisation de votre programme pour savoir comment inclure et exclure une piste d'un mixdown.

Le format du fichier

Il est essentiel d'exporter le mixage sous forme d'un fichier non compressé de qualité optimale. Par conséquent, vous privilégierez le format WAV. Certains programmes permettent une conversion MP3 ou WMA. Comme il s'agit de fichiers compressés, vous perdez des informations au passage. Ce n'est pas très bon si vous destinez votre composition à un CD audio. Créez un fichier WAV ! Vous aurez tout loisir de le compresser ultérieurement si cela s'avère indispensable à une méthode particulière de diffusion de votre musique.

Ne créez jamais un fichier compressé à partir d'un fichier déjà compressé ! Par exemple, ce n'est pas pace qu'iTunes convertit les fichiers WMA en ACC que c'est une idée à suivre. C'est un peu comme faire une photocopie d'une photocopie. Chaque compression enlève un peu plus de données, réduisant *de facto* la qualité du son.

La résolution ou profondeur du son

N'oubliez jamais qu'il est préférable de travailler dans la plus haute résolution possible. Ainsi, lorsque vous convertissez un mixage en fichier stéréo, optez pour une résolution de 24 bits et 96 kHz si, et seulement si, c'est la résolution des fichiers audio utilisée dans le mixage. Sinon, cela ne sert à rien d'autre qu'à augmenter la taille du fichier. En revanche, si vous destinez le morceau à un CD audio, effectuez le mixdown en 16 bits et 44,1 kHz.

Mixages multiples

L'avantage du mixdown est de pouvoir effectuer plusieurs mixages d'une même composition que vous pourrez comparer en créant, à chaque fois, un nouveau fichier audio stéréo. À l'époque des studios analogiques traditionnels, cette perspective nécessitait des prises de notes invraisemblables, une utilisation importante de bandes magnétiques, et beaucoup de courage et d'abnégation.

La masterisation

La *masterisation* est une autre technique de préparation des chansons pour la gravure ou le pressage industriel. Masteriser signifie que vous finalisez le projet en ajoutant de la compression, des limiteurs et une égalisation. La musique doit être de qualité égale pendant toute la durée du disque. Les quelques sections qui suivent ne donnent qu'une idée générale sur la procédure et la conduite à tenir. Pour en savoir plus, il faudra consulter des ouvrages spécialisés sur l'enregistrement et le mixage audionumériques.

La compression

Un peu de compression suffit à créer un morceau qui sonne plus fort et qui a davantage de dynamique. Pour cela, ajoutez un effet de compression dans la section Master du mixage pour l'appliquer à toutes les pistes.

Si cette compression ne vous satisfait pas, n'oubliez jamais la magie de la combinaison Ctrl+Z.

L'égalisation

Si le son est trop grave ou trop aigu, vous devez modifier les fréquences coupables en appliquant une égalisation ou EQ.

L'égalisation permet de renforcer des plages de fréquences basses, médiums et hautes. Elle permet, là aussi, d'équilibrer le son général du mixage. Il suffit parfois d'une très légère égalisation pour donner une plus belle couleur à votre musique.

Supprimer des informations inutiles

Vous pouvez supprimer toutes les données (ou les silences) inutiles situées en début de piste. La méthode la plus commune consiste à sélectionner cette partie à l'aide de la souris et à appuyer sur la touche Suppr, ou Retour arrière, du clavier.

Fade in et fade out

Les musiciens et les ingénieurs du son adorent parler anglais. Le *fade in* est un fondu à l'ouverture et le *fade out* un fondu à la fermeture. Cela permet de faire apparaître et disparaître le son progressivement. Vous agissez donc sur l'intensité du volume. Libre à vous d'expérimenter ces deux types de fondu.

Distribution de votre musique

Lorsqu'un artiste crée une œuvre, il cherche à la faire connaître, à la partager. Si vous désirez distribuer votre musique, utilisez les outils mis à votre disposition par Windows Vista. Dans cette phase ultime de l'expérience musicale numérique, la première question à se poser est de savoir à qui sont destinées vos compositions.

Aujourd'hui, les artistes (et les autres) disposent de plusieurs technologies pour distribuer leurs travaux. En effet, il n'a jamais été aussi simple d'exposer ses œuvres au monde entier sans se ruiner. Il suffit de personnaliser les fichiers en fonction du public à atteindre. Vous devez systématiquement faciliter l'accès à votre musique pour mieux vous faire connaître.

Distribuer vos fichiers en ligne

Vous pouvez, sans problème, sans restrictions et sans bafouer la loi, publier vos fichiers sur un site Web. Chacun pourra soit les écouter en temps réel, soit les télécharger, et peut-être même faire les deux. Dans ce cas, je conseille d'utiliser le format de compression le plus populaire, c'est-à-dire le MP3. Il est possible de publier plusieurs versions d'une même chanson à des niveaux de compression différents pour permettre à tous ceux qui accèdent à Internet d'écouter vos œuvres, que ce soit avec l'ADSL, le câble, ou un accès à distance RTC traditionnel.

Certains services de vente de musique en ligne, comme iTunes, proposent les chansons sous un type de fichier particulier. Si vous désirez les vendre par leur intermédiaire, vous devez créer des fichiers répondant à leurs spécifications techniques. Vous devez également respecter leur politique de protection contre la copie et déterminer ce que vous devez faire pendant la procédure d'encodage pour sécuriser vos fichiers.

Les fichiers dits en *streaming*, c'est-à-dire en *temps réel*, permettent aux auditeurs d'écouter la musique sans télécharger préalablement le fichier. Des formats, comme Real et Lecteur Windows Media, permettent une diffusion en temps réel. Techniquement, il y a quand même téléchargement. Cependant, la grande différence avec un téléchargement classique est que le streaming (ou *flux continu*) permet de commencer la diffusion de la musique avant téléchargement complet des données. Les informations restantes sont téléchargées pendant l'écoute. Pour diffuser en temps réel, il suffit de créer un lien vers le fichier musical encodé en Real Audio ou en WMA streaming. Si vous avez un peu d'expérience en création de sites Web, il est possible d'encoder des fichiers en MP3 qui seront également diffusés en temps réel.

ATTENTION !

La diffusion en temps réel ne permet pas à l'auditeur d'enregistrer le fichier sur son disque dur. Sachez qu'il existe des utilitaires qui permettent de "capturer" les streamings.

N'OUBLIEZ PAS

Si Internet vous pose problème, consultez les septième et huitième parties de ce livre.

Graver un CD audio

Créer un CD audio est plus onéreux que de publier des fichiers sur le Web. Toutefois, la création d'un CD se fait dans l'optique de le distribuer. Aujourd'hui, le nombre de personnes disposant d'un lecteur de CD est très important.

La plupart des programmes de gravure peuvent créer des CD audio à partir de n'importe quel type de fichier son. Lorsque vous gravez des fichiers compressés sous forme de CD audio, le programme doit d'abord les convertir en fichiers WAV 16 bits, 44,1 kHz. En revanche, si vous partez de fichiers WAV non compressés, vous êtes certain que la conversion n'altérera pas la qualité audio initiale du fichier. Je conseille donc de créer systématiquement des fichiers WAV en 16 bits 44,1 kHz quand on envisage de graver ses œuvres sur CD audio.

Lorsque vous créez un tel disque, vous devez bien penser l'ordre de vos titres. En effet, la gravure étant séquentielle, l'ordre initial conditionne celui dans lequel les auditeurs entendront les chansons. En règle générale, l'organisation des titres est très simple. Il suffit de les glisser-déposer au bon emplacement dans la liste des titres à graver, comme le montre la Figure 18.9.

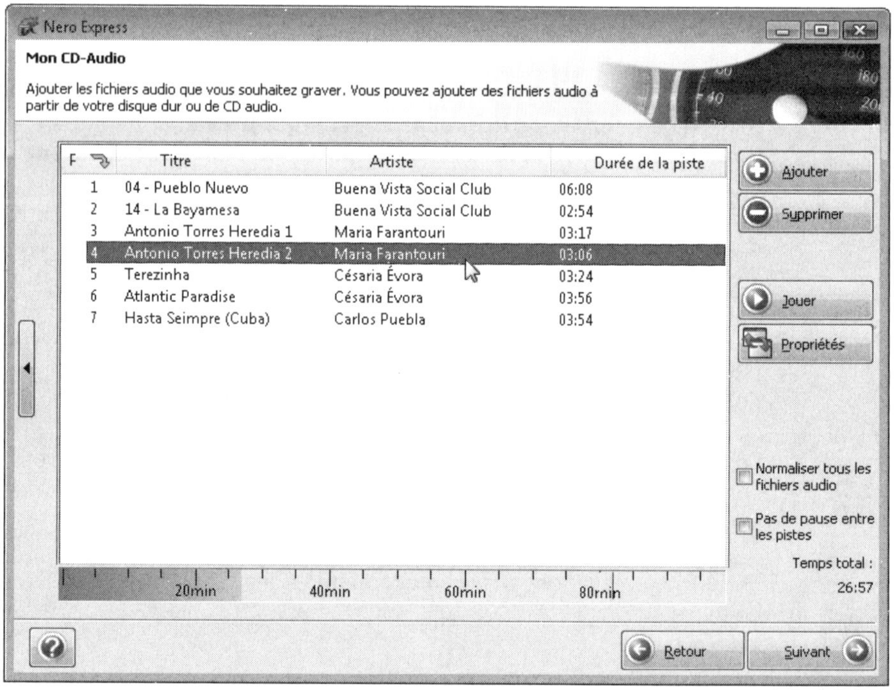

Figure 18.9 Structurez le CD par simple glisser-déplacer des titres dans l'interface de création d'un CD audio de Nero.

Vous pouvez créer un CD audio avec toute application de votre choix disposant de cette fonction. Rien ne vous empêche d'utiliser un lecteur multimédia comme Musicmatch, RealOne Player ou encore le Lecteur Windows Media.

Des programmes, comme Nero Premium ou Roxio Easy Media Creator, permettent d'améliorer les morceaux avant de les graver. La Figure 18.10 montre l'interface d'application de filtres de Nero sur un titre sélectionné pour la gravure.

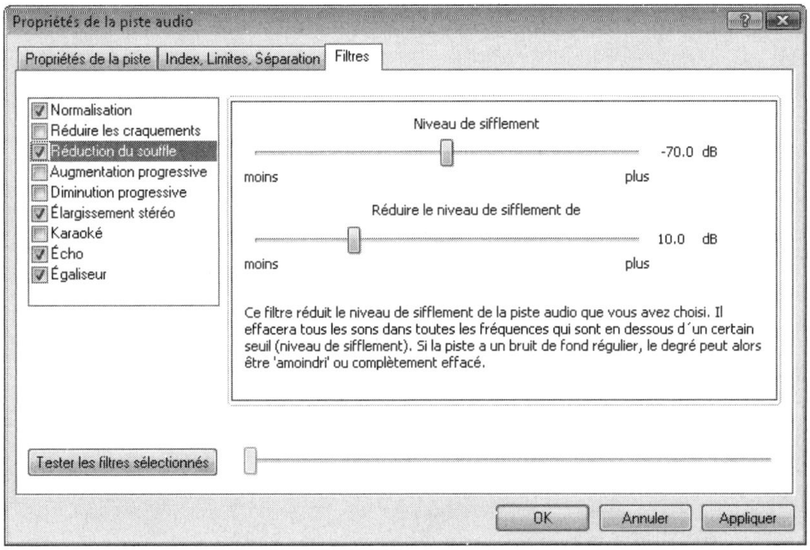

Figure 18.10 Améliorez les titres à graver dans Nero.

Dès que vos titres sont prêts, gravez ! De nombreux programmes de gravure comme Nero et Roxio permettent également de créer les jaquettes des boîtiers cristal. Vous pouvez faire œuvre de création graphique ou plus simplement imprimer votre nom et les titres des chansons.

TRUC

Il est judicieux d'insérer une note de copyright sur la jaquette. Sachez toutefois que, pour bénéficier d'une protection totale de vos œuvres, vous devez les déposer auprès d'une société comme la SACEM.

Votre parcours musical est terminé. Il y a toujours une certaine logique dans la vie, en général, et dans l'organisation des choses, en particulier. Après le son, je vous propose de découvrir, dans le pur respect de cette logique, l'image via deux parties qui se consacrent à la photo numérique sur PC.

Cinquième partie

La photo numérique sur PC

Dans cette partie...

Pourquoi avez-vous acheté un ordinateur ? Pour jouer, écouter de la musique, aller sur Internet et afficher vos photos numériques. Nous y voilà ! Fort de votre appareil photo numérique, vous ne savez pas très bien comment en tirer parti sur un PC. Les différents chapitres qui suivent présentent succinctement le matériel jugé indispensable à la photo numérique sur PC, expliquent comment mieux prendre vos photos et enfin ce que vous pouvez en faire, de la simple contemplation sur écran aux impressions les plus époustouflantes.

Chapitre 19

Folklore numérique

Dans ce chapitre :

- Le matériel indispensable.
- Améliorer vos prises de vues.
- Les problèmes purement numériques.

Vous ne pouvez imaginer mon bonheur lorsque les premiers appareils photo numériques abordables sont apparus sur le marché. Enfin un outil révolutionnaire qui me permettait non seulement de gagner du temps et de l'énergie dans mon travail quotidien, mais qui s'adaptait aussi aux loisirs et à la famille.

Dans ce chapitre, nous allons aborder quelques questions matérielles et surtout vous initier à la prise de vue numérique. En effet, même si vous pratiquez la photo argentique (mais si, vous savez, celle qui utilise une pellicule, impose un développement, ne permet que trente-six poses au maximum... mais fait aussi et toujours de meilleures photos que le numérique, à qualité d'appareil équivalent, bien entendu), le numérique répond à certaines exigences, parfois héritées de l'argentique et parfois propres au numérique.

Quel matériel dois-je utiliser ?

Il est toujours délicat de préconiser tel ou tel matériel. Pourquoi l'un plutôt que l'autre ? En effet, l'échelle des prix et la diversité des modèles existants suscitent souvent des hésitations. Il convient malgré tout de préciser au profane qu'un ordinateur et une imprimante sont nécessaires pour exploiter au mieux ses photographies. En ce qui concerne l'ordinateur, s'il tourne sous Vista, il devrait supporter aisément vos travaux graphiques.

Les prix cités sont donnés à titre indicatif, la durée de vie des modèles et la constante évolution des coûts dans le domaine informatique étant très aléatoires. Si le prix d'achat vous paraît élevé, je vous rappelle que vous n'achèterez plus jamais de pellicule et ne paierez plus de développement. Si une photo est ratée, vous l'effacez de la mémoire de l'appareil ou de la carte. Si vous êtes du genre à "mitrailler", vous aurez tôt fait de réaliser les économies générées par un appareil photo numérique.

Les appareils photo

Les prix des appareils photo numériques grand public s'échelonnent entre quelques dizaines d'euros, pour les tout premiers modèles, et sensiblement plus de 1 000 euros, pour le haut de gamme (je ne parle pas pour le moment des appareils professionnels dont les prix se comptent en milliers d'euros). Comme vous vous en doutez, les prix les plus bas concernent essentiellement des modèles offrant des résolutions peu importantes, c'est-à-dire une taille d'image réduite, et dénués d'options, comme l'écran de contrôle à cristaux liquides. Ce dernier permet de visualiser le sujet à photographier ou de modifier les paramètres de l'appareil.

La résolution d'un appareil photo numérique est essentielle à la qualité des images qu'il produit. Pour résumer, on peut dire que les basses résolutions sont essentiellement utilisées pour des images destinées à être affichées à l'écran, sur un téléviseur ou intégrées dans des pages Web. Elles pourront être imprimées, mais dans des tailles et une qualité relativement modestes. Pour réaliser des tirages plus élaborés, il est impératif de choisir un modèle supportant des résolutions élevées (les premiers prix de ces appareils gravitent autour de 150 euros).

Les cartes mémoire

La plupart des appareils photo numériques ont une mémoire interne insuffisante pour stocker un grand nombre de photos. En revanche, ils disposent d'un connecteur qui accueille des cartes mémoire. Ces cartes augmentent la capacité de stockage de l'appareil au même titre qu'un disque dur augmente celle d'un ordinateur.

Le prix des cartes mémoire a bien chuté (explosion du marché du numérique oblige). Mais cela reste un investissement auquel il convient de bien réfléchir. Le coût augmente en fonction de la capacité de stockage. Ainsi, le tarif généralement pratiqué pour une carte mémoire de 512 Mo se situe entre 12 et 30 euros (selon son type et sa provenance). Il existe aussi des cartes dont la capacité atteint 2 Go et même 4 Go, pour un prix situé autour de 40 et de 100 euros.

Attention ! Certaines marques d'appareils photo ne sont pas compatibles au niveau du formatage avec certaines cartes mémoire. Les mémoires les plus compatibles sont, la plupart du temps, les plus chères, aussi n'hésitez pas à prendre des renseignements avant votre achat.

Le nombre de photos que vous pouvez stocker sur une carte de 512 Mo dépend de la résolution de l'image et de sa compression, deux notions que nous aborderons prochainement. Avec un appareil photo numérique de 5 millions de pixels, réglé dans sa résolution la plus haute, vous mémoriserez environ trois cents photos sur une carte de 512 Mo. Plus la résolution est faible, plus la compression est élevée, et plus vous pouvez enregistrer d'images dans une carte mémoire. Évidemment, ce gain de place se fait au détriment de la qualité des clichés.

Inscrivez toujours la carte mémoire dans le budget d'achat de votre appareil numérique. Ce surcoût ne devrait pas réellement pénaliser votre dépense puisque, comme je l'ai déjà dit, la carte mémoire remplace les nombreuses pellicules que vous achetez, achetez et achetez encore. Elle s'utilise pratiquement *ad vitam aeternam*, puisque vous la videz périodiquement sur votre disque dur pour ne conserver que vos plus belles photos.

Les logiciels et les imprimantes

En complément de l'appareil lui-même, la photographie numérique demande un certain nombre de périphériques. En ce qui concerne l'ordinateur, il convient de posséder une machine assez rapide. Standardisation des connexions oblige, vous devez disposer d'un ordinateur dont la carte mère est dotée d'un port USB, universel et incontournable de nos jours. Aujourd'hui, les machines sont livrées avec des processeurs cadencés à des fréquences suffisamment importantes pour que le traitement des images soit très rapide. Je vous conseille donc d'utiliser un ordinateur au moins équipé d'un des processeurs précités. Vous aurez également besoin d'au moins 1 Go de mémoire et d'un disque dur d'une capacité suffisante pour stocker vos photos.

Tirer ses images sur papier exige, bien évidemment, une imprimante couleur. On trouve aujourd'hui des modèles à jets d'encre à partir de 50 euros qui offrent une qualité d'impression tout à fait acceptable. Pour obtenir le meilleur résultat, il est pratiquement indispensable d'utiliser du papier couché ou glacé, un peu plus cher que le papier ordinaire, mais qui vous permettra d'obtenir une qualité optimale. Les modèles d'imprimantes à jets d'encre les plus performants sont dits "qualité photo". Sur un papier adapté, il est difficile de voir la différence entre une impression et un tirage argentique classique.

En plus du matériel, vous devrez vous équiper d'un logiciel d'édition graphique. Rassurez-vous, ces logiciels sont généralement fournis avec l'appareil photo. Ces programmes sont assez modestes, mais il existe des possibilités de mise à jour qui vous permettront, si vous le désirez, d'acquérir des versions plus musclées répondant à vos besoins créatifs délirants.

Il ne faut pas négliger l'achat de piles, car les appareils modernes sont de grands consommateurs d'énergie. Les batteries représentent la meilleure solution, car elles se rechargent le soir à la maison quand votre journée de traque numérique est terminée. Et tout grand photographe qui se respecte a plus d'un objectif dans sa poche (si du moins vous avez la chance de posséder un appareil évolué), des flashes et un trépied, c'est-à-dire des accessoires indispensables à l'amateur de numérique comme d'argentique averti. Voilà des éléments qui viendront grever sensiblement votre budget.

En revanche, avec le numérique, plus besoin de chambre noire, de développement de négatif, de bains à telle température pour tirer les photos sur un papier de telle gradation. C'est un atout majeur pour ceux qui utilisent la photographie pour leurs activités commerciales, qu'elles soient nationales, internationales ou mondialisées. Grâce au logiciel d'édition et à une imprimante, vous sortez les clichés que vous voulez, avec la qualité que vous souhaitez. Et si le Web est votre support préféré, placez-y vos images en un rien de temps. Cela devrait également faire réfléchir les détenteurs d'appareils photo argentiques.

Bien, nous n'entrerons pas davantage dans le détail matériel pour la simple et certainement bonne raison que si vous achetez un ouvrage tel que celui-ci, c'est que vous possédez un ordinateur, Windows Vista et un appareil photo numérique. Par conséquent, voyons si vous savez bien vous en servir en passant en revue toutes ses possibilités.

Optimiser vos prises de vue

Il ne suffit pas de viser et d'appuyer sur le bouton de son appareil pour obtenir une photographie "à la Doisneau".

Pour faire non pas des photos mais de la photographie, il est nécessaire d'explorer les trois éléments principaux qui assurent la réussite d'une prise de vue : la composition ou le cadrage, l'éclairage et la mise au point. Si vous êtes attentif à tout ce qui va suivre, vous allez transformer vos photos de vacances en un acte créatif sans équivalent.

La composition d'une image

Au premier abord, la photo de la Figure 19.1 paraît tout à fait correcte. En la regardant de plus près, cette impression s'efface devant l'ennui qu'elle dégage.

Figure 19.1
Un angle de vue trop classique rend cette photo ennuyeuse.

Regardons maintenant la Figure 19.2. Vous constatez comme moi une différence flagrante entre les deux sujets photographiés. Pourtant, il s'agit bel et bien de la même statue. Le mérite d'une telle réussite en revient à une meilleure composition (ou *cadrage*).

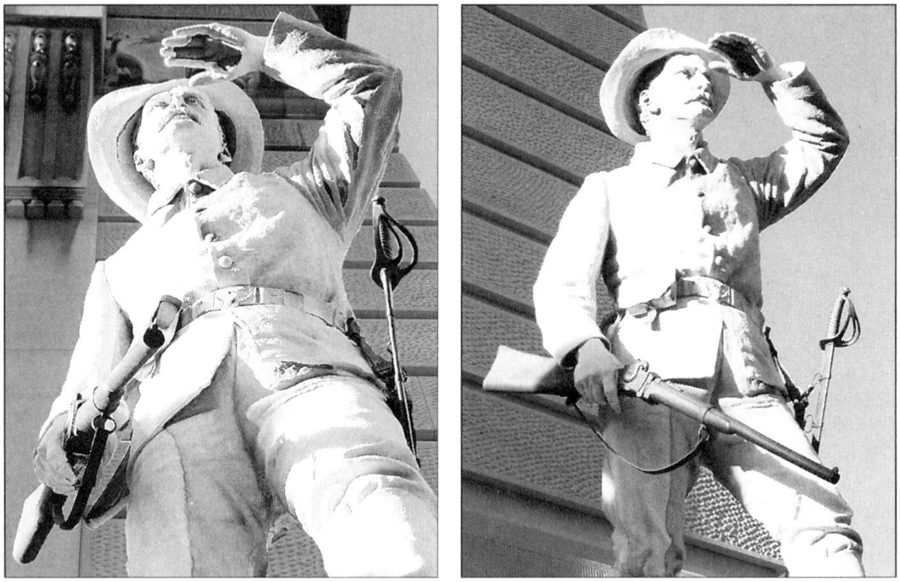

Figure 19.2 Dynamisez vos photos en faisant varier l'angle de prise de vue et en zoomant sur le sujet.

Il n'existe pas de règle absolue, incontournable, sur l'angle de prise de vue. Cependant, il est possible de rendre vos photographies plus vivantes en vous conformant aux suggestions qui suivent :

- Souvenez-vous de la règle des tiers. Pour un impact maximal, ne placez pas le sujet au centre de l'image, comme sur la Figure 19.1. Je vous conseille d'imaginer vos images comme étant composées de trois séries de rangées distinctes, comme le montre la Figure 19.3. La position du sujet principal est au centre de l'intersection des lignes de division.

- Pour donner plus d'impact à vos photos, n'hésitez pas à essayer des angles de vue insolites. La statue de la Figure 19.4 illustre parfaitement cette règle de composition (tout en respectant le conseil précédent, d'ailleurs issu non de la photographie mais de la peinture classique).

- Évitez l'emprise du décor. En d'autres termes, faites attention à l'arrière-plan. Sur la Figure 19.5, la jeune femme aurait été mise en valeur si le décor n'avait pas été aussi présent. La fleur au-dessus de sa tête est incongrue et attire trop l'attention.

- Photographiez vos sujets sous des angles inattendus. L'originalité d'une photo peut tenir à l'angle sous lequel vous l'avez prise. Prendre un sujet en plongée ou en contre-plongée provoque toujours une ambiance particulière. Montez sur les chaises, roulez sous la table, faites-vous un

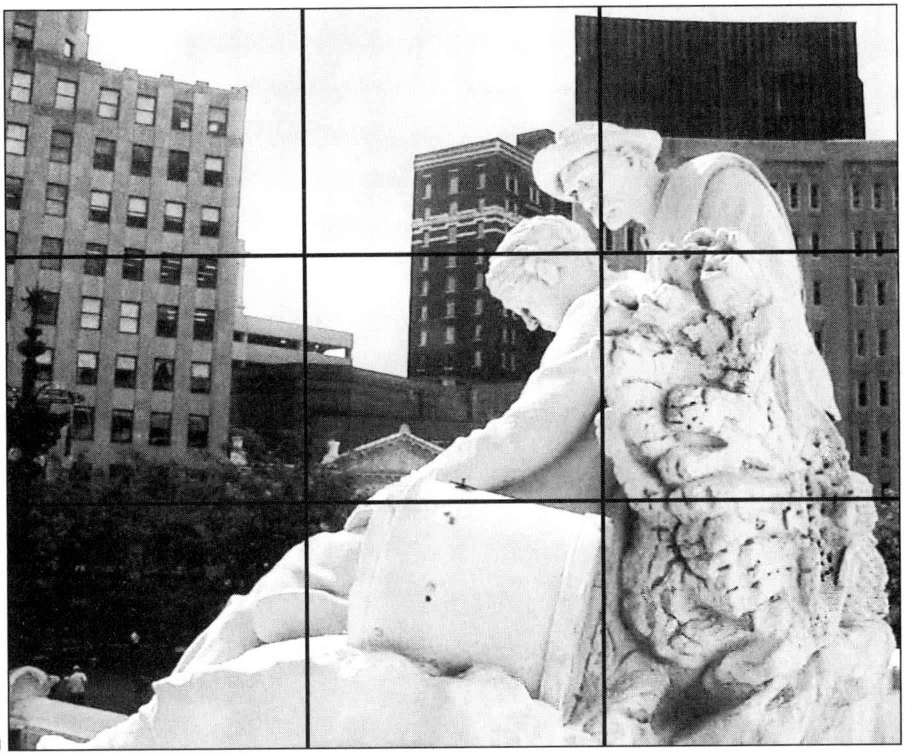

Figure 19.3 L'une des règles de la composition consiste à diviser l'image en tiers et à placer le sujet principal sur l'une des intersections.

lumbago ! Qu'importe si c'est pour faire naître des photographies aux angles originaux qui permettront à vos clichés de se démarquer des sacro-saintes photos de famille qui ne ravissent que la tante Adrienne (qui en plus ne fait que semblant d'y croire pour vous faire plaisir).

La photo de la Figure 19.6 montre un exemple de ce type d'angle de prise de vue.

- Photographiez au niveau des yeux. N'est-ce pas une autre approche intéressante ? Comme le montre la Figure 19.7, cette technique, limitée au portrait, renforce le regard de ce bébé.

- Restez proche de votre sujet (dans tous les sens du terme). La photo qui fait la différence est souvent celle mettant en évidence un détail qui a échappé à tout le monde, comme la petite ride d'expression de grand-père ou cette goutte de rosée sur une fleur au petit matin. N'ayez pas peur de vous approcher des sujets photographiés. Il en résultera des

Figure 19.4 Rendez vos images plus vivantes en changeant la composition selon le sujet photographié. L'œil va naturellement d'un bord à l'autre d'une image.

clichés dont la pertinence n'aura d'égal que votre art à avoir su trouver un cadrage original pour montrer ce que l'œil perçoit trop rarement.

Figure 19.5
La photo de cette secrétaire est gâchée par un arrière-plan trop envahissant.

- Captez la personnalité de vos sujets. Trop souvent, les photographies qui mettent en scène des personnes, et même parfois des modèles, sont ennuyeuses. Pourquoi ? Parce que la mise en scène en est affligeante. Plutôt que de faire poser bêtement les sujets qui vous entourent, tentez de les saisir sur le vif. Il en résulte des prises de vue plus naturelles et surtout plus vivantes.

Figure 19.6
Un angle bien choisi ne laisse personne indifférent.

Et la lumière fut !

L'appareil numérique est très sensible à la lumière ambiante. Un appareil normal possède une sensibilité équivalant à un film 100 ISO.

TRUC

Peu importe les détails techniques ISO. Retenez qu'il s'agit simplement d'une unité de mesure de la sensibilité. Plus la valeur ISO est élevée, plus vous pouvez prendre vos photos dans des conditions d'éclairage modeste, mais plus vous ajoutez du bruit (*grain*) à l'image.

Faire entrer dans l'appareil la bonne quantité de lumière ne se limite pas à une réflexion sur l'utilisation d'un flash ou d'un projecteur supplémentaire. Il faut aussi envisager le réglage de l'exposition.

TRUC

N'oubliez pas un élément essentiel. Si vous ne parvenez pas à régler les problèmes d'exposition lors de la prise de vue, les effets indésirables qui en résulteront pourront être corrigés dans un logiciel de retouche d'images (à moins que les défauts de la photographie ne soient rédhibitoires). Le réflexe à prendre n'est pas d'effacer les photos ratées, mais de penser à les retravailler avec un logiciel de retouche.

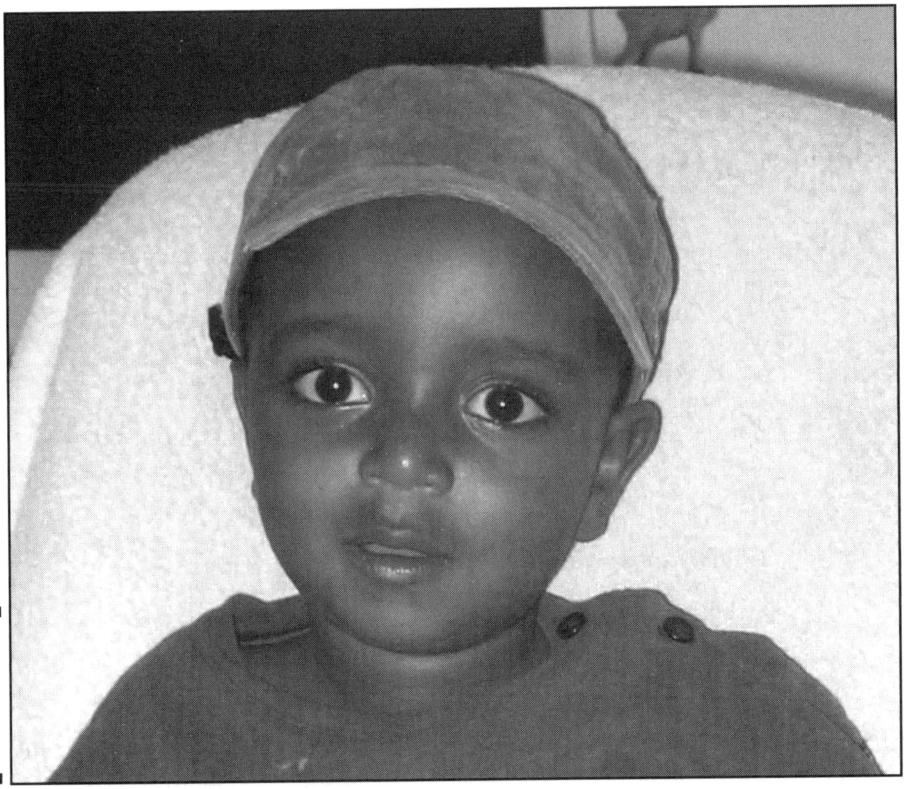

Figure 19.7 Toute la beauté d'un portrait se joue au niveau du regard.

L'exposition automatique

L'*exposition* est la quantité de lumière entrant dans un appareil photo pendant un laps de temps déterminé. La plupart des appareils disposent d'une fonction d'exposition automatique capable d'évaluer la quantité de lumière nécessaire à une prise de vue correcte.

Voici comment mettre en œuvre la fonction d'exposition automatique d'un appareil photo :

1. **Cadrez votre sujet.**

2. **Appuyez très légèrement sur le déclencheur.**

   L'appareil analyse la scène, effectue la mise au point et règle l'exposition. Si tout est OK, un voyant lumineux, un petit signal sonore ou les deux vous indiquent que la photo peut être prise. La méthode varie bien sûr d'un appareil à l'autre.

Si vous ne désirez pas que le sujet apparaisse au centre du cliché, recadrez la photo après avoir verrouillé l'exposition et la mise au point. En fait, ne relâchez pas le déclencheur après avoir vu et/ou entendu les signaux qui vous disent que la photo peut être prise. Surtout ne reculez pas, n'avancez pas et dites à vos sujets de ne pas bouger. Vous recadrez, c'est tout. Lorsque la composition semble correcte, prenez la photo, c'est-à-dire appuyez à fond sur le déclencheur. Comme personne n'a bougé, il n'y a aucune raison que l'image soit floue.

3. **Appuyez complètement sur le déclencheur pour prendre la photo.**

Sur les appareils bon marché, il n'existe que deux modes d'exposition automatique. Sur les appareils haut de gamme, vous disposez de nombreux paramètres pour contrôler l'exposition.

Choisir un mode de mesure

Sur les appareils coûteux, le contrôle de l'exposition se fait par l'intermédiaire de plusieurs *modes de mesure*. Les techniques les plus courantes sont les suivantes :

- **Mesure matricielle :** Également connue sous le nom de *multizone*, cette méthode divise l'image avec une grille et analyse la lumière à différents endroits de celle-ci. L'appareil établit une moyenne afin que l'exposition soit équilibrée entre les zones les plus claires et les plus sombres. Ce mode de mesure s'adapte à la plupart des conditions de prise de vue.

- **Mesure pondérée centrale :** Effectue une mesure globale de la lumière en donnant la priorité au quart central de l'image. Utilisez ce mode lorsque les éléments placés au centre du cadre importent plus que leur environnement.

- **Mesure spot :** Mesure la lumière uniquement au centre de l'image. Ce mode est particulièrement efficace lorsque le sujet photographié se trouve à contre-jour. Pour mieux comprendre, reportez-vous à la Figure 19.8. Lorsque vous souhaitez que la mise au point soit faite sur un élément particulier de votre cadrage, visez l'élément, appuyez légèrement sur le déclencheur pour effectuer la mise au point, recadrez votre image et prenez la photo.

Figure 19.8 La mesure multizone (en haut à gauche) et la mesure centrée (en haut à droite) sous-exposent le sujet, car elles prennent en compte le fond très lumineux. La mesure spot (en bas) expose l'image en se basant sur la densité de lumière qui atteint le visage du sujet photographié.

Régler la sensibilité ISO

La sensibilité d'un film s'exprime en ISO. Plus la valeur est élevée, plus le film est "rapide", c'est-à-dire qu'il réagit très vite à la lumière. Cela permet d'utiliser des vitesses d'obturation et des ouvertures plus faibles.

Les appareils photo numériques en milieu et haut de gamme permettent de sélectionner différentes sensibilités ISO. Cela correspond aux sensibilités des pellicules les plus courantes. Pourtant, le numérique ne réagit pas comme l'argentique. Si vous êtes habitué à manipuler ces valeurs sur votre appareil classique, ne vous attendez pas au même résultat sur un modèle numérique. Ici, l'appareil effectue quelques réglages électroniques pour photographier dans des conditions d'éclairage identiques à ce que ferait l'argentique. Vous obtenez alors une image avec un peu plus de grain.

Il est indéniable que les pellicules rapides ont également tendance à produire plus de grain que les films lents. Mais ce phénomène est généralement plus apparent dans le monde numérique.

Si votre appareil offre cette possibilité, n'hésitez pas. Si le résultat ne vous convient pas, refaites la photo avec de nouveaux réglages. Ici, vous ne gâchez pas de pellicule.

Certaines circonstances imposent l'utilisation d'une valeur ISO plus importante que prévu, sous peine de rater la photographie. Exemple type : la prise de vue d'un sujet en mouvement. Pourquoi ? La raison en est simple : pour obtenir la netteté d'un mouvement, vous devez utiliser une vitesse d'obturation très rapide ; or, plus cette vitesse est rapide, moins il entre de lumière dans l'appareil, car le diaphragme reste ouvert durant un minimum de temps. En élevant la valeur ISO, vous augmentez la rapidité de réaction de votre "pellicule numérique". L'appareil a donc besoin de moins de lumière pour réussir la photo. En contrepartie, vous ajoutez du grain au cliché.

Appliquer une compensation d'exposition

Si vous ne comptez plus l'argent que vous avez sur votre compte en banque, vous possédez certainement un appareil photo numérique très perfectionné. Dans ce cas, vous disposez de contrôles de *compensation d'exposition*. Cette fonction permet à l'utilisateur d'augmenter ou de diminuer la valeur de l'exposition automatique.

Les valeurs de compensation sont généralement identifiées par les lettres EV (*Exposure Value*, indice de lumination) et définies par une échelle de variation de l'exposition par tiers de diaphragme : +0,7, +0,3, dans un sens, -0,3, -0,7 dans l'autre. 0 représente la valeur d'exposition automatique non corrigée. Une valeur positive augmente l'exposition, ce qui génère une image plus claire. Au contraire, une valeur négative diminue l'exposition, produisant une image plus sombre.

Expérimentez les valeurs proposées par votre appareil pour choisir celles qui s'adaptent le mieux aux conditions de vos prises de vue.

D'autres appareils permettent de spécifier un temps d'exposition plus long que la normale, pour compenser une prise de vue faite dans des conditions de luminosité précaires. Cette option est semblable au "mode pause B" disponible sur les appareils conventionnels. Ici, l'obturateur reste ouvert aussi longtemps que vous appuyez sur le déclencheur. À partir du moment où vous augmentez le temps d'obturation, l'appareil doit être totalement immobile. Dans le cas contraire, vous générerez des images floues.

La Figure 19.9 montre la même image avec des valeurs de compensation différentes.

Figure 19.9 En augmentant ou en diminuant la valeur EV, vous ajustez l'exposition automatique pour produire une image plus claire ou plus sombre.

Cette photo met à profit la compensation d'exposition. Je voulais une exposition suffisamment faible pour mettre en évidence la flamme de la bougie et créer une lueur douce. Cela permettait aussi de conserver le contraste entre les zones ombrées de l'arrière-plan et les effets lumineux que produit un après-midi ensoleillé sur les lattes d'un parquet. L'exposition par défaut donnait une image un peu plus claire que ce que je désirais obtenir. J'ai donc modifié cette valeur jusqu'à l'obtention d'un mélange délicat entre l'ombre et la lumière. Le résultat approchait la perfection avec un indice de lumination (EV) de -0,3.

N'OUBLIEZ PAS

Si l'appareil offre des modes de mesure, n'hésitez pas à les tester au même titre que la compensation. Un mode de mesure modifie la zone du cadre sur laquelle l'appareil doit décider de l'exposition. Sur l'image de la bougie, j'ai utilisé un mode de mesure matriciel.

Priorité à la vitesse ou à l'ouverture ?

Les appareils perfectionnés permettent de choisir le mode de priorité. Il peut être donné à la vitesse ou à l'ouverture.

- **Priorité à l'ouverture :** Vous gardez le contrôle sur l'ouverture (autrement dit sur le diaphragme). Après avoir paramétré celle-ci, vous cadrez votre photo, puis vous pressez le déclencheur pour que l'appareil fasse la mise au point et définisse l'exposition, comme vous le feriez en mode automatique. Mais cette fois l'appareil connaît l'ouverture que vous avez choisie. Il sélectionne alors la vitesse d'obturation appropriée, afin d'obtenir la meilleure image possible pour cette ouverture.

  En modifiant l'ouverture, vous contrôlez la profondeur de champ. Une prochaine section de ce chapitre étudie cette technique.

- **Priorité à la vitesse :** Une fois que vous avez défini la vitesse d'obturation, l'appareil se base sur ce paramètre pour définir automatiquement la meilleure ouverture possible.

Théoriquement, vous devriez obtenir un temps d'exposition semblable, que vous optiez pour la priorité à la vitesse ou pour la priorité à l'ouverture. De toute façon, l'appareil effectue les mesures à votre place, n'est-ce pas ? Pour schématiser, disons que oui. Mais n'oubliez pas une chose essentielle : vous travaillez avec une plage limitée de vitesses d'obturation et d'ouverture. Ainsi, en fonction des conditions d'éclairage de la scène, l'appareil est ou non capable de compenser la vitesse d'obturation ou la valeur de l'ouverture que vous avez sélectionnée.

Supposons que vous preniez des photographies à l'extérieur par une belle journée ensoleillée. Vous enregistrez votre premier cliché avec une ouverture de diaphragme de f/11. L'image est géniale. Vous prenez une seconde photo, avec cette fois une ouverture de f/4. Résultat : l'appareil sera incapable de compenser ce déséquilibre avec une vitesse d'obturation adaptée et l'image sera donc surexposée.

Voici un autre exemple à ne pas suivre. Vous essayez de photographier des joueurs de tennis quand ils montent rapidement à la volée pour claquer un coup de maître. Ce jour-là, le temps est maussade, la lumière plutôt grise. Vous savez que la netteté des joueurs ne sera obtenue qu'avec une vitesse d'obturation très rapide, puisque les sujets sont en mouvement. Vous donnez alors la priorité à la vitesse en la fixant à 1/300e de seconde. Mais, au regard des conditions d'éclairage, l'appareil sera incapable de compenser par une ouverture de diaphragme suffisante. Résultat : l'image sera sous-exposée.

Dès que vous aurez en mémoire la plage disponible pour les rapports entre vitesse d'obturation et ouverture du diaphragme, le choix entre les deux sera bénéfique dans les scénarios suivants :

- Vous ne pouvez pas obtenir de l'appareil des conditions d'exposition idéales dans un des modes automatiques.
- Vous photographiez une scène en mouvement, et l'exposition automatique est incapable de sélectionner une vitesse d'obturation suffisamment rapide pour immortaliser cet instant.
- Vous souhaitez volontairement utiliser une vitesse d'obturation plus faible pour obtenir un effet de flou, créant une sorte de mouvement.
- Vous souhaitez modifier la profondeur de champ. Reportez-vous à la section "La profondeur de champ", plus loin dans ce chapitre, pour plus de détails sur cette possibilité.

Utiliser un flash

Si la valeur d'exposition est insuffisante pour produire un résultat satisfaisant, vous devez ajouter une source de lumière.

Comme vous n'êtes pas un professionnel de la photographie travaillant en studio, le plus simple est de vous servir d'un flash. De nombreux appareils disposent d'un flash incorporé. Certains (rares) modèles en sont dépourvus, car leur sensibilité permet d'obtenir des images correctes malgré une lumière ambiante faible. Le flash peut proposer plusieurs options :

- **Flash automatique :** C'est l'appareil qui juge si un flash est ou non nécessaire.
- **Flash de remplissage :** Ici, le flash est utilisé même en plein jour. La Figure 19.10 montre une photo avec et sans flash. À vous d'apprécier la différence.
- **Sans flash :** Cette option s'impose lorsque vous ne voulez pas utiliser le flash. Vous pouvez obtenir des effets de lumière très intéressants, comme le montre la Figure 19.11. Ici, le caractère du sujet est renforcé par la présence d'ombres portées qui créent une composition très contrastée.

  ATTENTION !

  Lorsque vous désactivez le flash, n'oubliez pas que l'appareil peut compenser automatiquement le manque de lumière en augmentant la durée d'exposition. Cela implique une stabilité absolue de l'appareil afin d'éviter une photographie floue. Utilisez un trépied ou une crosse.

Figure 19.10 Une prise de vue en extérieur avec et sans flash.

- **Flash avec réduction des yeux rouges :** Que le photographe n'ayant jamais été confronté à l'effet yeux rouges me jette la première pierre. Ce phénomène provient de la réflexion de la lumière du flash sur la rétine de la personne photographiée. Les flashes permettant de limiter cet effet indésirable ont envahi le marché des appareils photo. La méthode utilisée est simple : un premier éclair provoque la fermeture de la pupille, permettant au flash principal de s'enclencher en toute sécurité.

  Ce système, s'il est performant, ne marche pas à tous les coups. C'est pour cela que l'on parle de *réduction* et non de *suppression* de l'effet yeux rouges. Cette réduction approximative (et parfois néfaste) peut être compensée dans des logiciels de retouche d'images comme Photoshop Elements que vous découvrirez dans la sixième partie de ce livre.

- **Flash à synchronisation lente :** Il augmente le temps d'exposition normalement défini pour une prise de vue avec flash. Avec un flash classique, le sujet principal est éclairé, mais l'arrière-plan reste dans la pénombre. Avec la synchronisation lente, vous pouvez augmenter le temps d'exposition pour obtenir une composition plus homogène, où le sujet et le fond sont parfaitement visibles.

- **Flash externe :** Nous entrons ici dans l'univers du haut de gamme. Le flash s'ajoute à l'appareil photo numérique comme le flash externe d'un appareil conventionnel de type reflex. Il prend alors le pas sur le flash incorporé. Cet accessoire est très prisé dans les milieux professionnels, car ses nombreux réglages permettent d'obtenir l'éclairage précis des scènes photographiées.

Figure 19.11 L'absence de flash permet d'obtenir des détails très contrastés.

Compenser le contre-jour

On parle de *contre-jour* lorsque le sujet est placé entre la source de lumière et l'appareil photo. Ces conditions de prise de vue ont tendance à produire des images trop sombres, comme le montre la Figure 19.12.

Figure 19.12 L'image de gauche montre un premier plan sombre. Grâce au flash, vous pouvez compenser la sous-exposition de vos photos (image de droite) et mettre ainsi en valeur le sujet photographié.

Plusieurs solutions peuvent remédier à cette situation :

- Placer le sujet de telle sorte que la source de lumière ne se trouve plus derrière lui.
- Modifier l'angle de prise de vue.
- Utiliser un flash. De nombreux appareils photo disposent d'un réglage qui déclenche le flash sans se soucier de la luminosité ambiante de la scène. Ce type de flash incorporé ne donne le meilleur de lui-même que sur les sujets situés à proximité de l'appareil.
- Régler l'exposition. Cela suffit lorsque le contre-jour n'est pas excessif. Essayez d'augmenter le temps d'exposition. Consultez le manuel de votre appareil pour tout connaître des commandes de compensation et autres options d'exposition.

  ATTENTION !

  Si vous augmentez le temps d'exposition, les parties claires de la scène seront encore plus claires. Évitez les valeurs d'exposition extrêmes.

- Tromper la mesure d'exposition automatique. Dans la plupart des cas, l'exposition automatique analyse la lumière sur le point central de l'image. Déplacez votre appareil pour viser un élément relativement sombre, puis appuyez légèrement sur le déclencheur pour mémoriser la valeur d'exposition ainsi calculée par votre appareil. Replacez-vous sur le sujet à photographier et prenez la photo.

N'oubliez pas que la mise au point se fait lorsque vous appuyez légèrement sur le déclencheur. Dans un premier temps, il est impératif de viser un élément situé à la même distance que le sujet à photographier.

Sur l'image de droite de la Figure 19.12, j'ai légèrement augmenté l'exposition tout en utilisant le flash. L'image est loin d'être idéale, les sujets photographiés présentant des zones surexposées. Cependant, cette image est bien meilleure que l'original (à gauche). Un petit réglage de la luminosité dans un programme de retouche d'images devrait améliorer sensiblement le cliché. Ici, je me contenterai d'augmenter la luminosité sur les deux enfants, sans toucher au ciel.

Excusez-moi, mais que pouvez-vous faire face au soleil ?

Ajouter de la lumière est plus facile que d'en enlever. Si vous photographiez en extérieur et que le soleil brille comme nous aimerions qu'il brille chaque jour, vous allez avoir du mal à diminuer la luminosité ambiante. Dans de telles circonstances, emmenez votre sujet vers une zone de pénombre et utilisez votre flash. Une autre méthode consiste à réduire le temps d'exposition. Des bouts de carton faisant office de volets placés entre le sujet et la source de lumière limiteront la puissance de l'éclairage. Si votre appareil le permet, réduisez l'exposition en abaissant l'indice de lumination.

Mise au point fixe

Les appareils compacts, qu'ils soient numériques ou argentiques, disposent d'une mise au point automatique qui permet d'obtenir des images nettes dans la plupart des conditions de prise de vue. Les sections que je me propose de dérouler sous vos yeux ébahis envisagent les différentes formes de mise au point.

La mise au point fixe

Comme son nom l'indique, la mise au point fixe ne peut pas être modifiée. L'appareil est réglé de telle façon que les objets situés à une distance précise soient toujours nets. Les éléments placés avant ou au-delà de cette distance seront flous.

Sur les appareils disposant d'une mise au point fixe, ou plus exactement "à focale fixe", la distance ne peut pas être réglée. Il faut simplement que le sujet ne soit pas trop proche. C'est à cette seule condition que vous obtiendrez des images raisonnablement nettes.

Tirer profit de l'autofocus

Beaucoup d'appareils numériques disposent d'une mise au point automatique ou *autofocus*. Cela signifie que la mise au point est réglée automatiquement en fonction de la distance qui vous sépare du sujet. Pour un résultat optimal, il convient de le bloquer avant la prise de vue. Voici comment procéder :

1. **Visez le sujet à photographier.**

2. **Appuyez sur le déclencheur jusqu'à mi-course et maintenez votre doigt dans cette position.**

   Votre appareil analyse l'image et effectue la mise au point. L'exposition automatique sera également ajustée. Généralement, un signal sonore et visuel vous avertit que la photo peut être prise en toute sécurité.

3. **Appuyez complètement sur le déclencheur.**

Pour mieux tirer profit de l'autofocus, je vous propose d'en résumer brièvement les caractéristiques :

- Il existe deux méthodes de mise au point automatique :

  - **Mise au point centrée :** La cellule lit la distance qui sépare l'élément de l'appareil pour faire la mise au point.

  - **Mise au point multizone :** La mise au point est déterminée en fonction du sujet le plus proche.

  Comme la mise au point s'effectue lorsque vous appuyez à mi-course sur le déclencheur, il est important de comprendre ce mécanisme afin d'éviter les images floues. Une fois la mise au point bloquée, vous pouvez recadrer votre image à souhait. Tant que vous maintenez votre doigt appuyé à mi-course sur le déclencheur, la mise au point reste bloquée. Assurez-vous toujours que la distance entre l'appareil et le sujet ne change pas. Sinon vous devrez procéder à de nouveaux réglages.

- Certains appareils autofocus disposent également de réglages manuels. Il s'agit généralement d'un réglage en mode "macro" pour les prises de vue rapprochées et d'un réglage en mode "paysage" ou "infini" pour les photos d'ensemble. Lorsque vous commutez l'appareil sur l'un de ces réglages, l'autofocus est désactivé.

Mise au point manuelle

Sur les appareils grand public, on dispose de l'autofocus et de deux options de mise au point manuelle. Sur les modèles bas de gamme, l'autofocus n'est même pas toujours débrayable.

Quelques appareils haut de gamme disposent d'une mise au point manuelle sophistiquée. Ici, vous sélectionnez dans un menu la distance qui sépare l'appareil du sujet.

Ce réglage prend toute sa signification lorsque vous devez faire plusieurs clichés d'un sujet immobile à distance constante. Vous n'êtes plus contraint de verrouiller l'autofocus pour chaque prise de vue. Assurez-vous simplement que la distance est correctement mesurée, avant de la sélectionner dans le menu de mise au point manuelle.

Si vous utilisez la mise au point manuelle pour photographier en gros plan, mesurez la distance précise qui sépare l'objectif de l'objet et ne vous fiez surtout pas à ce que vous voyez dans le viseur ou sur l'écran LCD. Sinon, vous risquez de prendre une photo floue.

La profondeur de champ

La *profondeur de champ* est une zone de netteté acceptable de part et d'autre du plan de netteté. Plus elle est étendue, plus la zone de netteté apparente est importante.

La Figure 19.13 montre l'incidence du diaphragme sur la profondeur de champ. Pour ces deux images, j'ai utilisé le mode de mise au point macro de l'appareil. Les photographies ont été prises avec une ouverture du diaphragme de 3,4 (à gauche) et de 11 (à droite).

Sur l'image de gauche, seuls les objets les plus proches sont nets. En d'autres termes, la profondeur de champ est très faible. En réduisant l'ouverture, la profondeur de champ s'étend, ce qui place davantage d'éléments dans la zone de netteté tolérable de la photo.

Comme les réglages de l'ouverture des appareils photo numériques ne sont pas aussi importants que sur leurs homologues argentiques (laissons de côté les matériels que leur prix destine aux professionnels), votre action sur la profondeur de champ est plus limitée. Toutefois, la Figure 19.13 montre que l'on peut obtenir des résultats tout à fait satisfaisants. Sachez également que zoomer sur un sujet modifie la profondeur de champ.

N'OUBLIEZ PAS

Gardez ceci en mémoire !

Une image floue n'est pas toujours le fait d'une mise au point hasardeuse. Il peut s'agir d'une mauvaise combinaison entre vitesse d'obturation et mouvements du sujet.

Quelles que soient les circonstances, il faut impérativement garder son appareil immobile. Cette affirmation est encore plus vraie lorsque la lumière ambiante est faible. La durée d'exposition est alors plus longue, et le moindre mouvement risque de provoquer des images floues.

Voici quelques bonnes habitudes à prendre :

- Plaquez votre coude contre votre buste.
- Appuyez doucement sur le déclencheur.
- Placez l'appareil sur un élément immobile (par exemple un trépied).
- Si vous avez suffisamment de chance – ou plutôt d'argent – pour acheter un appareil numérique haut de gamme, n'hésitez pas à prendre la télécommande en option. Elle permet de lancer le retardateur à distance. Personne ne touche au déclencheur de l'appareil. Cool !

TRUC

Si votre appareil photo numérique ne permet pas de contrôler l'ouverture ou de zoomer, utilisez un logiciel de retouche d'images pour simuler les effets de la profondeur de champ sur une photo existante.

Des problèmes purement numériques

Nous allons décortiquer ici les problèmes relatifs au numérique. Vous apprendrez à modifier vos stratégies de prise de vue pour tirer profit de votre matériel et développer votre potentiel créatif.

En d'autres termes, il est temps de considérer la photographie sous l'angle du pixel.

Figure 19.13 Photographier ces tulipes avec une ouverture f/3,4 (à gauche) procure une profondeur de champ plus réduite que si l'ouverture est fixée à f/11 (à droite).

Les paramètres de prise de vue

Avant de prendre une photo, vous devez décider des paramètres de prise de vue et de son stockage. Les appareils numériques offrent plusieurs résolutions et compressions d'images, que vous pouvez enregistrer sous différents formats.

Choisir la résolution

Le terme *résolution* est souvent employé à tort et à travers. Techniquement, la résolution d'une image correspond au nombre de pixels par pouce linéaire. Cette valeur est généralement définie dans un logiciel d'édition graphique. Nombreux sont ceux qui emploient le terme *résolution* pour évoquer le nombre de pixels d'une image ; c'est d'ailleurs ainsi qu'il apparaîtra sans aucun doute dans le manuel d'utilisation de votre appareil. Pour éviter toute confusion, nous en conserverons cette acception courante.

En photo numérique, la valeur de la résolution est exprimée en *pixels*. 1 024 x 768 représente une image de 1 024 pixels de large sur 768 de haut.

Le manuel d'utilisation de votre appareil photo numérique vous indiquera précisément comment modifier la résolution et le nombre de pixels qu'offre chacun des paramètres qu'il propose. Certains appareils indiquent le nombre d'images que vous pouvez conserver dans la mémoire interne en fonction de la résolution sélectionnée.

La sélection d'une résolution dépend étroitement de la finalité de votre image. Pour une publication sur le Web, optez pour une résolution faible, comme 640 x 480 ou même 320 x 240. Si vos clichés sont destinés à être imprimés, vous devez choisir la résolution recommandée par votre appareil et le manuel de votre imprimante.

Supposons (très arbitrairement) que votre appareil photo numérique 5.0 mégapixels propose les résolutions suivantes : 640 x 480, 1 024 x 768, 1 632 x 1 232, 2 976 x 1 932. Le manuel de votre imprimante indique que la résolution pour une qualité d'impression optimale est de 300 dpi (points par pouce). Si vous prenez la photo dans la résolution (ou la dimension) la plus faible, la taille d'impression en 300 dpi est d'environ 5,4 cm de large par 4 cm de haut. En 1 024 x 768, vous obtenez une surface d'impression d'environ 8,6 x 6,5 cm ; en 1 632 x 1 232, elle passe à 13,5 x 10,1 cm et, en 2 976 x 1 932, vous obtenez une dimension de 25 x 16 cm.

N'OUBLIEZ PAS

Plus une image contient de pixels, plus elle occupe de place dans la mémoire. Donc, si votre appareil n'en possède pas beaucoup et que vous n'avez pas la possibilité de télécharger vos images sur un ordinateur, vous devrez opter pour une basse résolution. C'est à cette seule condition que vous pourrez prendre de nombreux clichés. Une alternative consiste à appliquer un taux de compression plus important pour limiter la taille des images (mais attention aux dégradations !).

ATTENTION !

Sur certains appareils, la résolution la plus faible est sélectionnée par défaut lorsque vous utilisez des fonctions spécifiques. Par exemple, il est possible d'effectuer des photographies en rafales ou même d'enregistrer de petites séquences vidéo. Dans la majorité des cas, cette résolution par défaut est de 640 x 480 pixels. Les appareils qui permettent de régler la sensibilité ISO ont une résolution par défaut très élevée.

Choisir un taux de compression

Sauf s'il se situe tout en bas de la gamme, votre appareil propose certainement différentes valeurs de *compression* des images.

N'OUBLIEZ PAS

Les compressions *sans perte* éliminent les données superflues d'une image sans en altérer la qualité. En revanche, vous ne gagnez pas beaucoup d'espace de stockage. Pour cette raison, nombre d'appareils offrent des compressions *avec perte*. Ici, la qualité d'une image est dégradée proportionnellement au taux de compression appliqué.

En général, les noms donnés aux taux de compression ne sont guère évocateurs (comme ceux de la résolution) : "Moyen/Bon/Meilleur" (ou en anglais *Good/Better/Best*) ou encore "Haut/Normal/Standard" (*High/Normal/Basic*). Ces noms se réfèrent à la qualité de l'image produite et non à la compression elle-même. Ainsi, une image à laquelle vous appliquez le réglage Bon sera moins compressée qu'une image prise avec le paramètre Moyen. Plus la compression est faible, plus la taille du fichier est importante et moins vous pouvez stocker d'images dans la mémoire de l'appareil (ou de sa carte).

Consultez le manuel d'utilisation de votre appareil pour connaître ses possibilités de compression. Ces guides de l'utilisateur indiquent simplement le nombre de photos que vous pouvez stocker avec telle et telle option de compression par rapport à la capacité de votre carte mémoire. L'important n'est pas de savoir combien de photos vous pouvez mémoriser, mais comment chaque réglage affecte la qualité de l'image. Par conséquent, photographiez un même sujet avec tous les paramètres de compression proposés par l'appareil. Vous saurez alors dans quelle mesure l'image est altérée par les uns et les autres.

N'OUBLIEZ PAS

Lorsque vous définissez les paramètres de prise de vue, n'oubliez jamais que le nombre de pixels fonctionne en tandem avec la compression pour déterminer la taille du fichier et la qualité de l'image. Des tonnes de pixels dans une faible compression génèrent des fichiers de grande taille, donc une qualité d'image optimale. En revanche, peu de pixels et une compression maximale génèrent des fichiers de petite taille et d'une piètre qualité.

Sélectionner un format de fichier

Certains appareils permettent de choisir le format sous lequel les images seront mémorisées ; par exemple JPEG, TIFF, etc. Il existe aussi des modèles qui disposent d'un format propriétaire, spécifique à leur utilisation, et aussi les fabuleux formats RAW, prisés des professionnels, car les données graphiques sont celles produites par le capteur, sans aucun traitement ultérieur. De plus, un fichier au format RAW conserve toujours la version d'origine d'une prise de vue, même si par la suite vous retouchez l'image avec un logiciel.

Le choix d'un format est lié aux considérations suivantes :

- La taille des fichiers varie d'un format à l'autre. Cela dépend de la méthode de compression ou de la structure du format.

  TRUC

  Essayez l'ensemble des formats proposés par votre appareil. Leur comparaison vous permettra de trouver le meilleur rapport qualité/poids.

- Je préconise de travailler avec des formats reconnus qui pourront être ouverts dans n'importe quel programme d'édition graphique.

N'oubliez jamais que vous obtenez la meilleure qualité d'image avec les tailles de fichier les plus importantes.

- Choisissez de préférence un format de fichier standard, comme le JPEG ou le TIFF.

  Si vous transférez vos images de l'appareil vers votre ordinateur en utilisant un câble, vous pouvez généralement opérer la conversion de format au moment du téléchargement. Si vous effectuez en revanche un transfert depuis un lecteur de carte mémoire, stockez vos images dans un format standard au lieu du format propriétaire de votre appareil. Vous pourrez ainsi ouvrir directement vos photos dans un logiciel de retouche sans vous poser de questions existentielles.

N'OUBLIEZ PAS

Que ces propos "alarmistes" ne vous affolent pas. Avec la quasi-totalité des appareils photo numériques récents, le dialogue avec l'ordinateur s'effectue sans problème.

La balance des blancs et des couleurs

Les sources lumineuses, aussi variées soient-elles, possèdent une *température de couleur* qui dépend des caractéristiques de la source d'éclairage.

La température de couleur affecte la manière dont un appareil photo, une caméra ou tout autre matériel perçoit les couleurs d'une scène. Si vous photographiez un sujet éclairé par un néon, vous obtiendrez des nuances tirant sur le vert.

En photographie argentique, on utilise des films ou des filtres spéciaux qui compensent les écarts chromatiques causés par les diverses sources lumineuses. En numérique, les problèmes liés à la température de couleur sont fréquents à cause de la *balance des blancs*. Celle-ci sert à déterminer la combinaison de rouge, de vert et de bleu nécessaire pour générer un gris neutre, sans dominante.

En fonction de l'appareil, la balance des blancs est réglée manuellement ou automatiquement. Pourquoi corriger soi-même la balance des blancs ? Parce que son réglage automatique ne permet pas d'obtenir une répartition correcte des couleurs. Très fréquemment, les couleurs d'une photographie sont dénaturées par des dominantes qu'il est possible de corriger avec un réglage plus précis de la balance des blancs.

Selon l'appareil photo, vous aurez le choix entre plusieurs réglages :

- **Lumière du jour** ou **ensoleillé :** Pour les prises de vue en extérieur et par beau temps.

- **Nuageux** : Pour les prises de vue en extérieur et par temps couvert.
- **Fluorescent :** Pour les prises de vue avec une source de lumière fluorescente, comme un néon.
- **Tungstène** : Pour les prises de vue avec une source de lumière artificielle ou incandescente (lampes d'intérieur).
- **Flash :** Pour les prises de vue avec un flash incorporé ou non à l'appareil.

Si votre appareil ne dispose pas d'un réglage de la balance des blancs, vous pourrez toujours la corriger ultérieurement avec un bon logiciel de retouche.

Gros plan sur les zooms

Beaucoup d'appareils disposent d'un zoom pour réaliser des plans rapprochés sans se déplacer.

Certains appareils sont munis d'un *zoom optique.* D'autres (ou les mêmes) disposent d'un *zoom numérique* qui effectue un agrandissement d'une partie de l'image. Voyons de quoi il retourne.

Prise de vue avec un zoom optique

Si votre appareil est muni d'un zoom optique, sachez que :

- Lorsque vous zoomez sur un sujet, l'arrière-plan semble plus proche que lorsque vous vous déplacez vers lui et le prenez au grand-angulaire. Les deux photos de la Figure 19.14 illustrent ce phénomène.
- Zoomer avec un téléobjectif rend l'arrière-plan plus flou. C'est à cause de la profondeur de champ qui est d'autant plus étroite que la focale est élevée. La profondeur de champ définit une netteté acceptable de part et d'autre du plan de mise au point. Au contraire, la profondeur de champ est plus importante avec un grand-angulaire.

  L'ouverture du diaphragme affecte aussi la profondeur de champ. Consultez la section consacrée à la profondeur de champ un peu plus haut dans ce chapitre.

Utilisation d'un zoom numérique

Quelques appareils utilisent un procédé numérique à défaut d'un véritable zoom optique. Dans bien des cas, vous avez le choix entre les deux méthodes.

Figure 19.14 Zoomer sur un objet (image de gauche) diminue le champ de vision. Au contraire, diminuer la focale du zoom et se rapprocher du sujet donnent une vue plus étendue (image de droite).

Quoi qu'il en soit, c'est l'appareil qui élargit alors la portion centrale de l'image pour créer l'*apparence* d'un zoom avant.

Par exemple, si vous zoomez sur un bateau naviguant au milieu d'un lac, votre appareil va cadrer le bateau et élargir la zone qu'il occupe. Il le fait en augmentant le nombre de pixels qui composent la zone. C'est une sorte de redimensionnement en temps réel, tâche habituellement réalisée avec un logiciel d'édition graphique.

Photographie en mouvement

Voici une chose bien difficile à réaliser avec un appareil photo numérique. Cela est dû au temps de latence (retard) entre le moment où vous appuyez sur le déclencheur et celui où la photo est réellement prise. De fait, le temps d'exposition s'en trouve augmenté, provoquant un effet de flou de mouvement.

Cela tient au nombre d'informations qu'il faut acquérir en un minimum de temps. Cette analyse rejoint celle faite par un scanner. L'appareil photo prend quelques secondes pour faire la mise au point et paramétrer l'exposition automatique, avant que vous puissiez déclencher la prise de vue. Ensuite, l'appareil entame la procédure de traitement et d'enregistrement de l'image dans la mémoire. Si vous photographiez au flash, ce dernier doit s'initialiser avant que vous puissiez prendre une nouvelle photo.

La technique progresse rapidement et certains appareils (plutôt haut de gamme) disposent aujourd'hui d'une option de prise de vue rapide, dite *mode rafale.* Ce système vous permet de prendre une série de clichés en appuyant sur le déclencheur. Le nombre de photos dépend du temps pendant lequel vous appuyez sur le bouton et de la capacité mémoire de votre matériel. Par exemple, les six images de la Figure 19.15 ont été prises avec un appareil Kodak.

Il est possible de régler le débit d'images d'un mode rafale. Par exemple, vous pouvez choisir jusqu'à trois photos par seconde ou plus, en limitant vraisemblablement la résolution.

Pour des raisons de stockage et de technique, le mode rafale impose généralement la prise de vue en basse résolution. En outre, le flash ne peut pas être utilisé dans ce mode. Le délai entre les prises ne permet pas toujours de saisir les bribes d'action voulues. Dans l'exemple de la Figure 19.15, il n'a pas été possible de saisir le moment où le club percute la balle, la cadence et le nombre d'images prises étant insuffisants.

Quand vous photographiez une scène en mouvement, n'oubliez pas les points suivants :

- Bloquez la mise au point et l'exposition. Appuyez jusqu'à mi-course sur le déclencheur pour effectuer la mise au point et fixer l'exposition. Essayez de déterminer une distance approximative entre l'appareil et le sujet pour obtenir une mise au point correcte.

- Anticipez la prise de vue. Il y a toujours un bref délai entre le moment où vous appuyez sur le déclencheur et celui où l'appareil prend la photo. Essayez, dans la mesure du possible, d'appuyer sur le bouton *un peu avant* que l'action ne survienne. Il faut de la pratique avant de s'habituer à ce temps de latence, beaucoup moins sensible sur les appareils argentiques.

- Activez le flash. L'utilisation du flash, y compris en plein jour, augmente parfois la vitesse d'obturation et permet donc de photographier plus efficacement les actions. Dans ce cas, utilisez si possible le flash en mode Remplissage, comme expliqué plus haut dans ce chapitre. Rappelez-vous que le flash a besoin de se recharger avant que vous puissiez prendre une nouvelle photo.

- Basculez en mode priorité à la vitesse (s'il est présent sur votre appareil). Activez la vitesse d'obturation la plus rapide et prenez quelques

Figure 19.15 Le mode rafale présent sur certains appareils numériques permet la prise de vue de plusieurs photos en continu.

photos test. Si l'image est trop sombre, sélectionnez une vitesse moins rapide et faites un nouvel essai. Souvenez-vous : en mode priorité à la vitesse, l'appareil analyse la lumière de la scène et définit ensuite l'ouverture adéquate en fonction de la vitesse d'obturation choisie. Si l'éclairage est insuffisant, la compensation ne sera pas efficace.

- Utilisez une résolution limitée. Plus la résolution de la photo est basse, plus la vitesse de prise de vue est rapide. Vous pourrez ainsi prendre plusieurs clichés successifs en optimisant la vitesse d'enregistrement.
- Si votre appareil le permet, regardez immédiatement, sur l'écran de contrôle, la photo prise. Cette fonction très pratique a son revers. Tant que l'image est affichée, vous ne pouvez pas en prendre une autre. Si la rapidité est votre priorité, désactivez cette fonction d'affichage automatique (ou, plus simplement, ne vous en servez pas).
- Assurez-vous que les piles de votre appareil ne sont pas usées. Des piles usées entraînent des réactions plus lentes. Pensez à les changer régulièrement. Si vous utilisez des batteries, rechargez-les après chaque utilisation de votre appareil.
- Gardez toujours votre appareil allumé. Comme ils consomment énormément d'énergie, nous avons tendance à laisser les appareils numériques éteints. Si vous êtes sur le point de prendre en photo un sujet en action, gardez votre appareil allumé. Dans ce cas, vous pouvez éteindre le viseur à cristaux liquides pour préserver la longévité de vos batteries.

Améliorez vos prises de vue

Vos images ont-elles des points colorés disgracieux ? Les pixels sont-ils trop apparents ? Il existe des remèdes aux images inexploitables :

- Utilisez un faible taux de compression. Les images pixellisées ou tachetées résultent souvent d'une compression trop forte. Modifiez le taux initial pour améliorer la qualité de vos clichés.
- Augmentez la résolution. Une faiblesse en pixels produit un effet de mosaïque typique des images numériques, appelé "bruit optique". Afin d'éviter ce phénomène, choisissez une résolution élevée.
- Augmentez l'éclairage. Les images prises dans des conditions lumineuses précaires présentent un bruit optique.

- Réduisez la sensibilité ISO de l'appareil. Nombre d'appareils milieu et haut de gamme proposent plusieurs réglages ISO : 100, 200, 400, etc. Généralement, plus il est élevé, plus l'image tend à être *bruitée*, c'est-à-dire granuleuse.

Chapitre 20

De l'appareil photo à l'ordinateur

Dans ce chapitre :

- Transférer vos photos sur le PC.
- Afficher des images à l'écran.
- Envoyer des photos par e-mail.
- L'impression dans tous ses états.
- Imprimer avec Windows Vista.

L'un des principaux avantages de la photo numérique est son instantanéité. Si vous êtes atteint d'une impatience chronique, vous serez content d'éviter les délais d'attente au comptoir d'un laboratoire.

Les sections suivantes traitent de tout ce que vous devez connaître pour récupérer vos photos fraîchement sorties de leur appareil. Vous apprendrez à les transférer sur votre disque dur, et même sur CD. Vous découvrirez les techniques d'impression, et étudierez la distribution et l'utilisation de vos images.

Parce qu'il y a une vie après la prise de vue numérique, plongez-vous sans attendre dans les délices de cette partie.

Télécharger vos images

Votre appareil numérique regorge de photos ? Il est temps de les transférer sur votre ordinateur.

Les options de transfert

Le transfert des images dépend totalement de la technique employée par votre appareil numérique. Il convient donc de connaître celle requise par votre matériel.

- **Transfert par carte mémoire :** Si votre appareil utilise des cartes de type SD, CompactFlash, SmartMedia ou Memory Stick, vous devez les lire avec un lecteur ou un adaptateur prévu à cet effet.
- **Transfert par câble :** Il s'agit de la méthode la plus courante. En connectant l'appareil à votre ordinateur via un câble USB, vous disposez d'un moyen simple et économique pour récupérer vos images.

  Les étapes de la prochaine section expliquent comment transférer vos images par un câble USB (voire par le lent câble Série, quoique cela devienne rarissime).
- **Transfert par infrarouge ou Wi-Fi :** Quelques rares modèles d'appareils numériques disposent d'un port de liaison infrarouge, voire d'un adaptateur Wi-Fi, permettant un transfert sans fil. Un peu à la manière dont votre télécommande communique avec votre téléviseur. Le transfert n'est possible que vers un ordinateur équipé d'un port ou d'un adaptateur identique.

TRUC

Récupérer vos photos sur ordinateur permet non seulement de les stocker, mais aussi de les imprimer. En revanche, il existe une catégorie d'imprimante qui édite directement vos clichés à partir de l'appareil photo ou d'une carte mémoire.

N'OUBLIEZ PAS

Quelle que soit la technique de transfert utilisée, vous devez employer un logiciel de téléchargement (sauf si vous disposez d'un lecteur de cartes mémoire) ou tout simplement les fonctions de Windows Vista. Les fichiers sont récupérables grâce aux formats universels (JPEG, TIFF, RAW, etc.). Si les photos sont codées sous un format propriétaire, leur conversion préalable par un logiciel spécialisé est impérative.

Les câbles de transfert et leur fonctionnement

La méthode employée pour le transfert des images sur ordinateur diffère peu d'un modèle d'appareil numérique à l'autre. Seul le logiciel utilisé change selon le matériel. Si les commandes ne sont pas les mêmes, le processus reste identique. Sauf si vous utilisez un appareil photo disposant d'une station d'accueil connectée en permanence à votre ordinateur, auquel cas la procédure est plus simple, souvent réduite à l'appui sur un bouton.

N'OUBLIEZ PAS

Lorsque vous connectez pour la première fois votre appareil photo à votre ordinateur, il faut parfois installer quelques programmes livrés avec votre matériel. Consultez le manuel d'utilisation de l'appareil photo numérique.

Une fois les logiciels nécessaires correctement installés sur votre machine, la procédure de transfert (ou *téléchargement*) se déroule de la manière suivante :

1. **Vous établirez vraisemblablement cette connexion au travers d'un port USB.**

   Dans ce cas, vous pouvez laisser l'ordinateur allumé puisque le propre de l'USB est d'autoriser des connexions "à chaud". Toutefois, assurez-vous-en par une lecture attentive du guide de l'utilisateur de votre appareil. Si l'ordinateur peut rester allumé, il n'en va pas systématiquement de même pour l'appareil.

2. **Connectez le câble de l'appareil photo à votre ordinateur.**

   Insérez une des extrémités du câble dans votre appareil photo et l'autre dans l'ordinateur, comme l'illustre la Figure 20.1.

3. **Allumez l'appareil photo.**

4. **Sur l'appareil, choisissez le mode de transfert.**

   Certains appareils disposent de plusieurs modes de transfert. Consultez le manuel d'utilisation pour vérifier la manipulation appropriée. En règle générale, il suffit de basculer le bouton sur le mode de lecture du contenu de la carte mémoire.

5. **Lancez le logiciel de transfert ou utilisez les possibilités intégrées au système d'exploitation Windows Vista.**

   Il va sans dire que le logiciel doit préalablement être installé sur votre ordinateur (mais ça va mieux en le disant).

   Sous Windows Vista, il suffit d'installer les pilotes du périphérique, c'est-à-dire le logiciel qui permettra à Windows d'identifier l'appareil photo ou le lecteur de cartes mémoire comme un lecteur amovible. Ensuite, les fonctions de Windows Vista permettront de transférer très facilement les images stockées vers votre disque dur.

6. **Démarrez le téléchargement.**

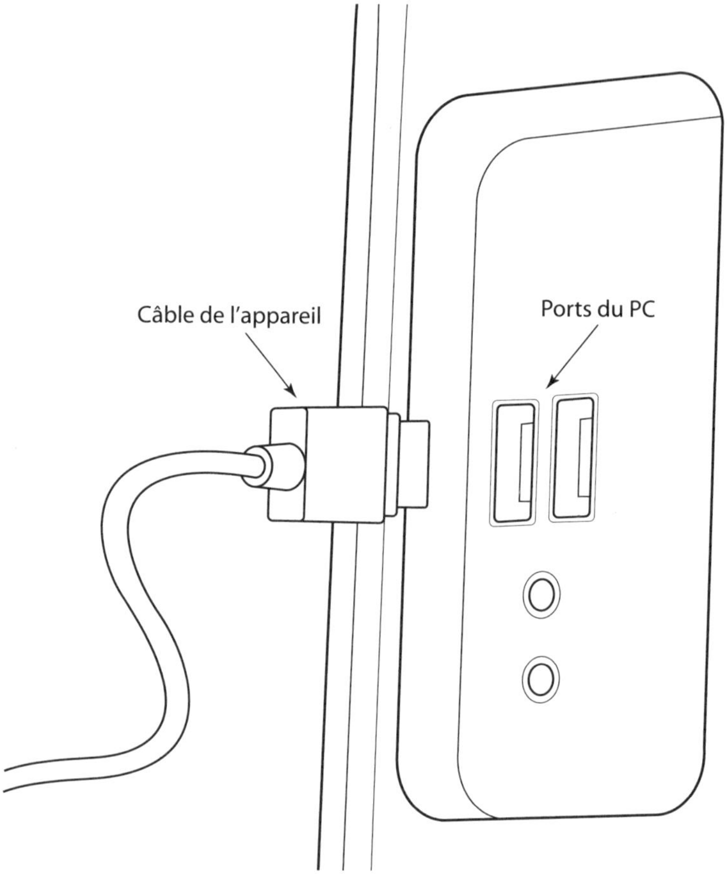

Figure 20.1 Connexion USB à un PC.

À partir de maintenant, les manipulations dépendent de votre matériel et du logiciel utilisé. En cas de difficulté, jetez un œil sur le manuel fourni avec votre appareil photo.

L'appareil est un lecteur amovible

Les constructeurs fournissent généralement un logiciel spécial qui permet à votre système d'exploitation d'identifier l'appareil comme s'il s'agissait d'un disque dur amovible. Je me répète mais, sous Windows Vista, il suffit d'installer le pilote de l'appareil pour que le système d'exploitation se charge de son identification en tant que lecteur standard. Parfois, aucune installation n'est nécessaire.

Une fois le matériel identifié, il apparaît sous forme d'icône dans l'Explorateur de Windows Vista. À partir de là, utilisez la technique traditionnelle du glisser-déposer pour transférer rapidement vos images de l'appareil vers un dossier de votre disque dur.

Quelques conseils pour optimiser les transferts

Pour de nombreuses raisons, la procédure de téléchargement est l'aspect le plus complexe de la photographie numérique. L'apparition des cartes que l'on insère directement dans l'ordinateur a facilité le transfert, mais tout le monde ne bénéficie pas de cette technologie. Si vous transférez via un câble USB (ou série si vous n'avez jamais de chance dans la vie) ou un port de liaison sans fil (de type infrarouge ou Wi-Fi), ne soyez pas étonné de rencontrer des problèmes. Leur solution ne se trouve jamais dans la documentation fournie avec votre appareil, simplement parce que le dysfonctionnement tient à une mauvaise communication entre le périphérique et l'ordinateur.

Voici quelques conseils issus de mon expérience empirique du transfert des images :

- Si un message d'erreur vous apprend que le logiciel ne peut pas communiquer avec votre appareil numérique, assurez-vous que ce dernier est sous tension et que le mode de transfert est correctement sélectionné.

- Vérifiez la configuration des ports de communication. Assurez-vous que le port garantissant le transfert de vos images est bien celui que vous avez sélectionné.

- Si vous utilisez un port USB, vérifiez qu'il est activé sur votre ordinateur. Il peut être activé ou désactivé par le BIOS de la carte mère au moment du démarrage. Si vous en avez la possibilité, essayez de connecter un autre périphérique USB. Il fonctionne normalement ? C'est alors votre appareil numérique qui est peut-être en panne.

- Rendez-vous sur le site Web du constructeur de votre appareil pour consulter la FAQ (foire aux questions) qui fournit souvent la réponse aux problèmes rencontrés par les néophytes. N'hésitez pas à télécharger la dernière version du pilote de votre appareil. Visitez également le site du constructeur de votre ordinateur ou de votre carte mère et celui de l'éditeur de votre programme de retouche d'images pour télécharger les dernières mises à jour. Toutes ces actualisations devraient résoudre vos problèmes. Si vous êtes novice sur Internet, consultez les septième et huitième parties de ce livre.

- Pendant un transfert, il peut arriver qu'une option de format et de compression d'images vous soit proposée. Si vous souhaitez une bonne qualité, choisissez toujours un format compressé sans perte de données, tel que LZW pour les images TIFF.

- Dans la plupart des cas, le logiciel de transfert détermine le nom de vos images, par exemple `DCS008.JPG`, `DCS009.JPG`... Si vous avez déjà téléchargé des images, pensez à les renommer ou à les déplacer dans un dossier différent pour éviter de les écraser lors d'une prochaine session de téléchargement.

  Le logiciel de transfert vous alertera de cet état de fait et vous demandera si vous désirez vraiment écraser les images existantes pour les remplacer par les nouvelles. Dans la majorité des cas, vous opterez pour la solution qui consiste à créer un nouveau dossier pour y enregistrer vos images. Aucun risque dans ce cas d'écraser des photos qui vous sont chères.

- Si votre appareil dispose d'un adaptateur secteur, utilisez-le sans hésiter. Le processus de transfert pouvant être assez long, il sollicitera les piles ou les batteries de votre appareil photo.

- Après un téléchargement, certains logiciels – et même la fonction de téléchargement de Windows Vista – permettent d'effacer automatiquement les images contenues dans la mémoire de l'appareil photo. Je pense qu'il est préférable de ne pas sélectionner cette option. Pour des raisons évidentes de sécurité, vérifiez *toujours* que toutes les images ont été correctement transférées avant de procéder à leur suppression. Une précaution supplémentaire consiste à effectuer une sauvegarde de vos images sur un périphérique amovible comme un disque dur externe, ou encore un CD-ROM ou un DVD.

Les utilisations classiques de vos images

Quelle que soit la qualité de votre appareil photo numérique, il sera capable de générer des images pour le Web, des albums photos en ligne, des présentations multimédias, en un mot tout ce qui touche à une diffusion d'images sur un écran. Mais il sera également possible d'imprimer vos photos, comme l'expliquent les dernières sections de ce chapitre.

Que faire de vos images ?

Avec des photos traditionnelles, les options d'affichage sont limitées. Vous pouvez les inclure dans un album photos. Vous pouvez aussi les disposer sur votre réfrigérateur à l'aide d'aimants ou encore les mettre dans votre portefeuille.

Avec le numérique, les choses se compliquent. Les options d'affichage provoquent quelques réflexions :

- Vous pouvez inclure vos images sur le site Internet de votre société ou, plus modestement, dans vos pages Web personnelles. Lisez les parties consacrées à Internet.
- Vous pouvez envoyer vos photos à des proches sous forme de courrier électronique. Lisez la section "Envoie-moi une carte de temps en temps !" pour savoir comment joindre un fichier graphique à un e-mail.
- Vous pouvez importer vos images dans différentes applications multimédias telles que Microsoft PowerPoint. Les bonnes images placées au bon endroit suffiront à augmenter l'intérêt d'une présentation, tout en clarifiant vos idées. Ces programmes acceptent un nombre quasi infini de formats d'image.
- Vous pouvez aussi créer des albums photos en ligne sur des sites tels que Photo Service (`www.photoservice.com`) ou Wistiti (`www.wistiti.fr`), afin que tout le monde puisse les consulter. Ce service est généralement gratuit, le site parvenant à faire des bénéfices en proposant le tirage de vos photos préférées sur papier.

  La Figure 20.2 montre la page d'albums du site Photo Service, qui permet notamment de créer un espace photo personnel gratuit.
- Vous pourrez réaliser un écran de veille personnalisé avec vos images. De nombreux logiciels de retouche vous guident pas à pas dans la création d'un tel économiseur.
- Sur certains appareils photo, vous disposez d'une sortie vidéo que vous raccordez à votre téléviseur, votre lecteur DVD ou votre magnétoscope. Cette particularité vous permettra d'égayer des soirées qui n'auront rien à envier aux traditionnelles projections de diapositives.
- Enfin, dernier type d'affichage... mais pas sur un écran : sur papier, comme expliqué dans les dernières sections de ce chapitre.

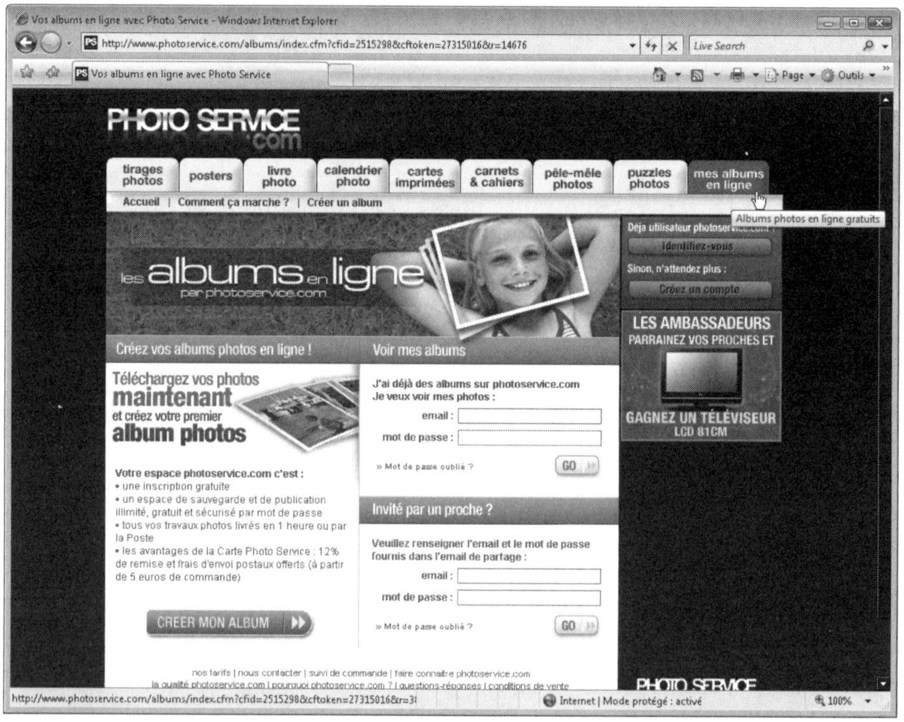

Figure 20.2 Les sites d'albums photos en ligne, comme Photo Service, sont idéaux pour partager des photos avec votre famille, vos amis et quantité d'autres internautes.

L'affichage des images à l'écran

Quand vous travaillez sur une image affichée à l'écran, rappelez-vous que le moniteur utilise un point pour représenter un pixel de l'image. Aussi, pour déterminer la taille de votre image, vous pouvez la comparer aux dimensions de votre écran. C'est-à-dire au nombre de pixels en largeur et en hauteur que l'écran est en mesure d'afficher.

Il existe diverses résolutions d'affichage : 640 x 480 pixels, 800 x 600, 1 024 x 768, 1 280 x 1 024, et l'on peut monter encore beaucoup plus haut avec les nouvelles générations de cartes graphiques qui comportent pas moins de 512 Mo de mémoire vidéo.

Une image composée de 800 x 600 pixels couvrira la totalité de votre moniteur si ses options d'affichage sont paramétrées sur 800 x 600. Si la résolution d'affichage est plus grande, l'image ne couvrira qu'une partie de l'écran.

Les Figures 20.3 et 20.4 illustrent ce propos. La Figure 20.3 représente un écran de 1 280 x 800 sur lequel est affichée une image dont la taille est de 1 280 x 800 pixels. On voit bien qu'elle recouvre la totalité de l'écran. Sur la Figure 20.4, la résolution d'affichage passe à 1 680 x 1 050 pixels : la même image affichée sur une plus grande surface n'occupe plus qu'une partie de l'écran.

Figure 20.3
Une image de 1 280 x 800 pixels dans un écran dont la résolution est de 1 280 x 800.

Figure 20.4
La même image affichée dans un écran en 1 680 x 1 050 n'en couvre qu'une partie.

La résolution d'affichage est primordiale pour certains travaux. Par exemple, il est inutile de réaliser des pages Web avec des images aux dimensions gigantesques. Le temps de téléchargement s'accroît, et les internautes surfant avec un écran de 22 pouces ne sont pas (encore) nombreux.

Pour une publication sur le Web, je vous conseille de partir d'un affichage de 640 x 480. Préparez donc vos images pour une page Web de cette taille. Vous serez certain que tout le monde accédera sans problème à la mise en page de votre site, donc aux images qu'il contient. Si vous optez pour une autre résolution, indiquez par exemple sur votre page d'accueil que le site a été conçu pour être affiché en 800 x 600 ou 1 024 x 768. N'allez pas au-dessus, car la majorité des *nuls* – bien plus *nuls* que vous – ne savent pas modifier la résolution d'affichage par défaut de leur moniteur.

Pour apprendre à modifier la taille d'une image dans un programme comme Photoshop Elements, lisez la prochaine partie, "Améliorer vos photos".

Visa pour Internet

En raison de l'ampleur du réseau Internet, le nombre de programmes liés à la création de pages Web ne cesse d'augmenter. L'engouement du grand public pour cette source d'information universelle est phénoménal.

Si vous êtes intéressé par ce réseau, ou si vous travaillez régulièrement sur la conception de pages Web, un appareil photo numérique vous sera très utile, ainsi que les conseils distillés par les quelques sections qui suivent.

Une approche complète d'Internet vous attend aux septième et huitième parties de ce livre.

Quelques règles importantes sur le Net

Pour rendre un site Web plus attractif, il faut se conformer à quelques règles fondamentales. Une masse d'images trop importante ralentira la consultation de vos pages. Téléchargement oblige !

Pour concevoir un site qui ne rebute pas les visiteurs, suivez ces règles élémentaires :

- Pour les sites commerciaux, assurez-vous que chaque image insérée est indispensable. L'objectif de votre site est de vendre des produits ou des services, ou encore de présenter des nouveautés. Il est donc inutile de le surcharger d'images très esthétiques qui n'ont lieu d'être que dans des sites artistiques. Même à l'heure de l'ADSL et du câble, qui sont encore loin d'être utilisés par tous les internautes, le temps est plus que jamais de l'argent. L'information doit arriver immédiatement, sans détours maladroits et irritants.

- Je préconise du texte comme lien hypertexte, même si un clic sur une image pour afficher une autre partie du site semble plus agréable. Pourquoi cette restriction ? Songez que de nombreuses personnes paramètrent leur navigateur de manière que les images ne soient pas automatiquement téléchargées sur leur disque dur.
- Choisissez JPEG comme format d'image. Il fournit les meilleurs taux de compression et il est supporté par l'ensemble des navigateurs Web.
- Pour vous conformer aux configurations usuelles des internautes, les dimensions de vos images doivent se rapporter à un affichage modeste. 640 x 480 pixels est un standard et 800 x 600 un maximum. Seuls des sites spécialisés dans le graphisme peuvent hausser le niveau avec une résolution d'affichage de 1 024 x 768.
- La réduction du poids d'un fichier graphique résulte d'une savante combinaison entre sa résolution d'affichage et sa compression.
- Rappelez-vous que les images présentes sur une page Web peuvent être lues, téléchargées et éditées par un nombre important d'utilisateurs. Si vous voulez garder un contrôle sur les images diffusées, évitez de les inclure dans vos pages Web. Il existe aujourd'hui des méthodes pour incorporer un copyright en filigrane. Par exemple, la société Digimarc (`www.digimarc.com`) a développé un filtre (ou *plug-in*) qui permet d'ajouter à vos photos un copyright invisible à l'écran. Dès que quelqu'un récupère votre image et tente de l'ouvrir, un message l'avertit de la présence d'une protection et des risques encourus à utiliser le document sans autorisation.

Envoie-moi une carte de temps en temps !

Il est très pratique d'envoyer une photo à ses amis ou à sa famille par e-mail. Malheureusement, cette pratique n'est pas très répandue en France, pays où le facteur (pardon, le préposé) reste une institution incontournable. La démocratisation d'Internet et des appareils photo numériques devrait développer cette nouvelle tendance "épistolaire".

Bien qu'il soit relativement simple de joindre une image à un courrier électronique, la procédure diffère selon le programme de messagerie que vous utilisez.

Nouveaux venus dans l'univers du mail, n'hésitez pas à consulter l'aide en ligne de votre application pour savoir comment joindre une image à un courrier.

Pour envoyer votre courrier en un minimum de temps, enregistrez l'image en JPEG avec un taux de compression de qualité moyenne ou supérieure.

L'exemple d'envoi d'une image par e-mail proposé ici s'appuie sur Windows Mail utilisé sous Windows Vista. Le procédé est le même avec la majorité des gestionnaires de courrier électronique.

1. **Cliquez sur le bouton Démarrer et, dans la zone de démarrage rapide, cliquez sur l'icône Courrier électronique.**

2. **Dans la fenêtre de Windows Mail, cliquez sur le bouton Créer un message.**

3. **Dans la boîte de dialogue Nouveau message, saisissez l'adresse de votre destinataire, puis votre message ; enfin, cliquez sur l'icône Joindre un fichier au message.**

   La boîte de dialogue Ouvrir s'affiche. Parcourez vos lecteurs pour localiser la photo à joindre. Sélectionnez-la et cliquez sur Ouvrir.

4. **Pour placer l'image dans le corps du message, cliquez dans la zone où vous tapez votre message (cette phase est indispensable), puis cliquez sur Insertion et choisissez Image.**

   La boîte de dialogue Ouvrir s'affiche. Parcourez vos lecteurs pour localiser la photo à joindre. Sélectionnez-la et cliquez sur Ouvrir.

   Réservez d'abord une ou deux lignes vides, dans le corps du message, afin de pouvoir écrire du texte au-dessus de la photo. Ou mieux, écrivez d'abord votre texte avant d'insérer l'image.

   Si vous avez à la fois joint et placé la photo dans le texte, la fenêtre de Windows Mail se présente comme à la Figure 20.5.

5. **De retour dans la fenêtre principale de Windows Mail, cliquez sur le bouton Envoyer.**

Normalement, toutes les images arrivent à bon port. Si un message n'est pas délivré, contactez le support technique de votre fournisseur d'accès à Internet (Orange, Free...) ou celui de votre correspondant. Invitez celui-ci à vérifier les options de sa messagerie électronique. Les problèmes d'envoi d'image par Internet ne sont plus guère d'actualité. Toutefois, certains fournisseurs d'accès

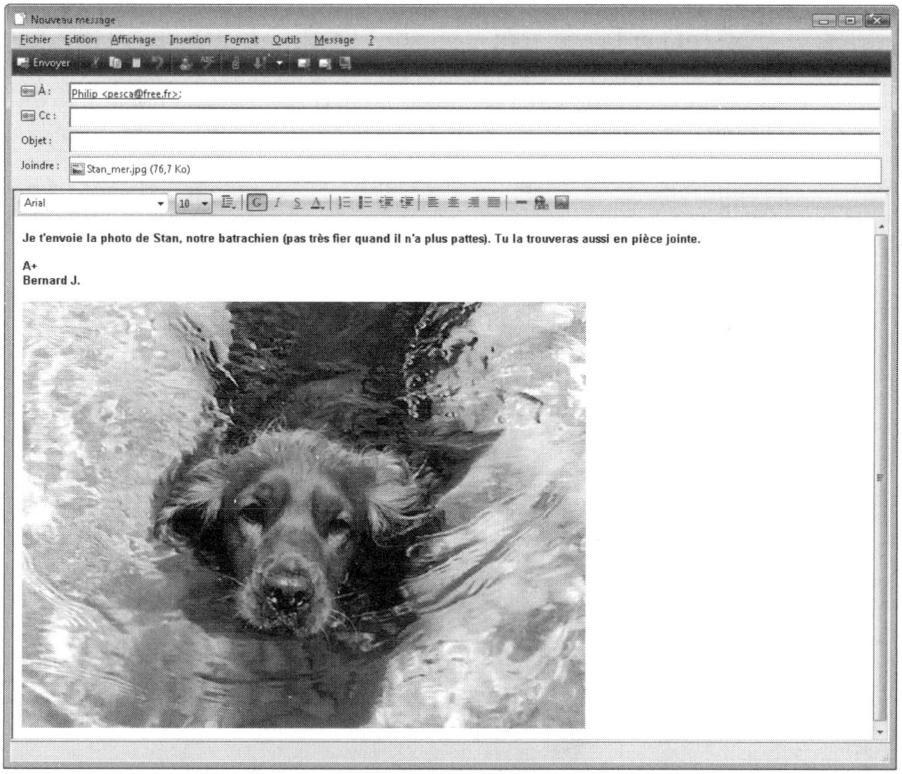

Figure 20.5 Une photo prête à être envoyée par courrier électronique.

limitent le nombre de kilo-octets pour les pièces jointes. En cas de problème permanent, vérifiez ce point.

Bien que la photo numérique révolutionne notre approche des clichés et que le nouveau réflexe doive être celui d'une consultation d'album photos sur un écran d'ordinateur ou de télévision, nous restons malgré tout attachés au palpable, au tangible, aux souvenirs que l'on tient entre ses doigts. Beaucoup d'entre vous ont besoin d'imprimer ou de faire tirer le contenu de leur carte mémoire.

Les sections qui suivent présentent les notions à connaître pour choisir sereinement une imprimante et pour imprimer tout aussi tranquillement.

Pour qu'imprimer laisse une bonne impression

Le monde de l'imagerie numérique s'est développé à la même allure que celui de l'impression. Aujourd'hui, il existe des imprimantes de qualité qui peuvent s'utiliser aussi bien à la maison qu'au bureau. De Canon à Hewlett-Packard en passant par Epson, tout le monde cherche à se faire une place de choix sur le marché des imprimantes. À l'instar des appareils photo numériques, une vaste gamme d'imprimantes est disponible. De ce fait, en choisir une devient un véritable casse-tête.

L'imprimante représentée sur la Figure 20.6 est à jets d'encre. Chaque type d'imprimante a ses avantages et ses inconvénients, et la technologie choisie dépend bien souvent de votre budget, de vos besoins ainsi que de la qualité d'impression recherchée.

Figure 20.6 L'Epson Stylus Photo 1290S permet d'imprimer sans bord jusqu'au format A3.

Les imprimantes couleurs à jets d'encre

Les imprimantes à jets d'encre, prisées du grand public, fonctionnent en projetant de minuscules gouttes d'encre sur le papier. Leur prix varie de plusieurs dizaines à plusieurs centaines d'euros. Le coût moyen par page varie en fonction du papier utilisé – ordinaire, couché ou glacé –, pour les impressions photographiques de qualité.

La technologie "jets d'encre" convient aussi bien aux textes qu'aux graphiques, tout en affichant une vitesse d'impression honorable. Les modèles dits "qualité photo" sont essentiellement destinés à la reproduction d'images photographiques.

Difficile aujourd'hui de différencier les tirages photo réalisés sur un papier glacé d'un tirage classique effectué sur un papier brillant ou mat. Le problème de la pérennité des impressions semble ne plus se poser. En effet, de nouveaux pigments et des vernis assurent une durée de vie flirtant avec la centaine d'années. En revanche, avec des imprimantes bas de gamme, au bout de quelques mois, une impression "jets d'encre" régulièrement exposée à la lumière a tendance à jaunir ; les couleurs commencent à pâlir.

De plus en plus d'imprimantes incorporent un lecteur de cartes mémoire. À vous de vérifier que le type de carte correspondant à votre appareil photo numérique est reconnu. D'autres modèles autorisent une connexion directe par câble, évitant le sempiternel ordinateur.

Les imprimantes laser

Les imprimantes laser concilient vitesse d'impression et résolutions élevées : 600 points par pouce (ppp), voire 1 200 ppp pour certains modèles. Depuis quelques années, les imprimantes laser couleurs ont fait leur apparition. Leur prix encore exorbitant les réserve aux milieux professionnels.

L'imprimante laser s'impose pour réaliser des tirages couleurs en grande quantité. Si l'achat d'une laser couleur est bien plus onéreux que celui d'une imprimante à jets d'encre, les *consommables* sont en revanche moins chers. La plupart des imprimantes laser peuvent être connectées en réseau, ce qui est apprécié par les entreprises.

Les imprimantes à sublimation thermique

Les imprimantes à sublimation thermique s'adressent vraiment aux photographes avertis. Elles utilisent un procédé de transfert des couleurs par un échauffement provoqué sur un film polymérisé. C'est la variation de température qui modifie la quantité d'encre déposée sur le papier, d'où une absence totale de trame.

De quel type d'imprimante ai-je besoin ?

La réponse à cette question dépend de vos besoins et de votre budget. Voici quelques points qui vous aideront à faire un choix :

- Si l'utilisation de votre imprimante se limite à la sortie des photos prises avec votre appareil numérique, un modèle à sublimation thermique s'impose. N'oubliez pas que le format d'impression reste limité et que vous ne pourrez pas imprimer de documents textuels.

- Si vous imprimez en quantité industrielle des documents graphiques ou bureautiques, et si vous avez récemment gagné au Loto, n'hésitez pas une seconde : achetez une imprimante laser couleur !
- Si vous cumulez les impressions graphiques avec des travaux bureautiques, optez pour une imprimante à jets d'encre. Sa polyvalence devrait satisfaire la majorité de vos besoins. Mais n'oubliez pas que la vitesse d'impression graphique est très lente.
- Si vous utilisez un appareil photo numérique pour votre travail et avez besoin d'imprimer en voyage, achetez une imprimante portable. Ce périphérique très léger est capable d'imprimer vos photos par connexion directe de l'appareil à un port de l'imprimante ou depuis la carte mémoire.
- Les modèles de bureau multifonctions, qui cumulent en une seule machine les fonctions d'imprimante, de télécopieur et de photocopieur, ne sont utiles que dans un environnement bureautique professionnel. Si elles savent tout faire ou presque, la qualité de chaque fonction est très médiocre.

Comparaison

Après avoir déterminé quel type d'imprimante acquérir, il est impératif de faire la différence entre les caractéristiques proposées, la qualité d'impression variant ostensiblement d'un modèle à l'autre.

- Les imprimantes standard travaillent sur du papier au format A4. Toutefois, peu d'imprimantes couvrent la totalité d'une feuille. Il reste toujours une petite marge de quelques millimètres. Les imprimantes récentes sont capables d'imprimer sans marge.
- Les imprimantes grand format, comme l'Epson Stylus Photo 1290S représentée sur la Figure 20.6, gèrent le format A3. Sachez que la taille maximale d'impression varie d'un modèle d'imprimante à un autre.
- Les imprimantes "instantanées" sont limitées à des formats de 10 x 15 ou plus petits. La Figure 20.7 montre deux exemples d'imprimantes de ce type. Généralement, cette famille de matériels imprime depuis les cartes mémoire des appareils. Le modèle Sony (compatible uniquement avec les cartes Memory Stick, format propriétaire oblige) dispose d'un petit moniteur pour afficher vos images avant de les imprimer. Vous pouvez procéder à des modifications limitées, comme l'ajout de texte à une photo.

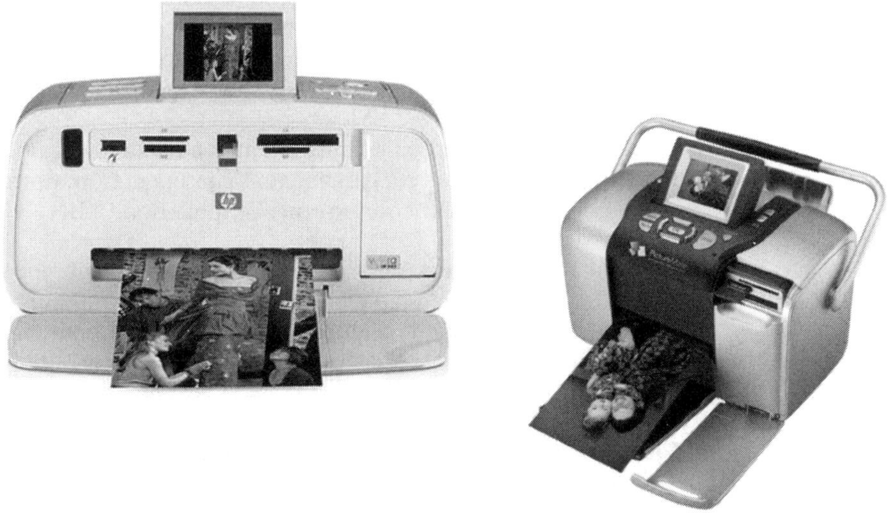

Figure 20.7 Ces deux modèles peuvent imprimer des photos depuis les cartes mémoire des appareils.

Prenez garde ! Les informations inscrites sur les cartons d'emballage ou sur les publicités peuvent être sujettes à caution. Il est souvent nécessaire d'analyser et de connaître les caractéristiques d'une imprimante avant d'en décider l'achat :

- **Dpi :** dpi signifie *points par pouce* et fait référence au nombre de points qu'une imprimante est en mesure de placer sur un pouce linéaire. Le terme anglais est souvent préféré à la traduction en français afin d'éviter la confusion avec une notion voisine, mais différente : les pixels par pouce (ppp). Les imprimantes proposent des résolutions allant de 300 à 5 760 dpi.

- **Options de la qualité de sortie :** Les imprimantes proposent plusieurs niveaux de qualité. Vous pouvez choisir une qualité *brouillon* (ou *économique*) pour faire des tests, puis sélectionner un meilleur niveau pour l'impression finale. Plus la qualité est supérieure, plus le temps d'impression est long, et plus importante est la consommation d'encre.

  Effectuez plusieurs tests de qualités différentes avant de vous décider pour l'une d'elles.

  La meilleure attitude consiste à tester l'imprimante avec différents types de papier et différents réglages du pilote d'impression. Il suffit parfois d'utiliser un mode d'impression à la place d'un autre pour obtenir des résultats extraordinaires ou totalement catastrophiques. Sur la feuille imprimée, notez vos réglages ou, mieux, sauvegardez-les dans la boîte de dialogue du pilote de votre imprimante (si celui-ci le permet, bien entendu). Il suffira ensuite de charger la configuration voulue pour que l'imprimante produise le même effet. Cette fonctionnalité très souple permet de paramétrer vos sorties textes et graphiques. Reportez-vous aux options du pilote qui gèrent les possibilités d'impression de votre imprimante.

- **Couleur à jets d'encre :** Les imprimantes à jets d'encre utilisent généralement quatre couleurs : cyan, magenta, jaune et noir. Cette combinaison de couleurs est connue sous l'appellation CMJN.

  Certaines imprimantes à jets d'encre photo proposent six ou huit couleurs, ajoutant un cyan clair, un magenta clair ou un noir brillant au mélange CMJN classique avec, en prime, une cartouche de vernis. Plus le nombre d'encres est élevé, plus l'imprimante est réputée être capable de restituer des couleurs fidèles.

- **Vitesse d'impression :** Si vous imprimez de grandes quantités d'images, essayez de concilier vitesse d'impression et qualité. Les vitesses décrites dans les publicités ne correspondent pratiquement *jamais* à la meilleure qualité de sortie.

- **Consommables (encres et papiers) :** Le prix d'une imprimante est souvent trompeur. Sachez que le coût des consommables qu'elle utilise fera varier ostensiblement son prix à l'usage. Un modèle très bon marché à l'achat peut se révéler un gouffre financier à l'usage si le prix des cartouches d'encre est élevé, sachant que les cartouches se vident rapidement. Il n'est sans doute pas tout à fait faux de dire que les constructeurs bradent le prix du matériel pour se rattraper sur les consommables.

  Les modèles à jets d'encre peuvent utiliser toutes sortes de papiers. Mais là aussi les qualités diffèrent, et obtenir une qualité photographique avec une forte résolution sur un papier ordinaire est illusoire. L'achat d'un papier couché ou glacé sera nécessaire. Attention au porte-monnaie !

  Les cartouches d'encre sont un produit de luxe : comptez une dizaine d'euros pour quelques millilitres. Dans ce domaine, seules les grandes marques de parfum rivalisent... De plus en plus d'imprimantes utilisent une cartouche pour chaque couleur. L'économie réalisée n'est pas aussi importante qu'on pourrait le croire.

- **Processus d'impression :** Dans la majorité des cas, c'est l'ordinateur qui prend en charge la phase où les données affichées à l'écran sont transcrites en données exploitables par l'imprimante. Cette opération peut "bloquer" l'ordinateur, vous obligeant à attendre la fin de l'impression pour exécuter un nouveau travail.

- **Connexion appareil photo ou carte mémoire :** Quelques constructeurs proposent des imprimantes dotées de connexions directes à l'appareil photo numérique. Vous pouvez insérer votre appareil dans l'imprimante (ou le poser sur celle-ci) et lancer le tirage sans transférer préalablement les images sur l'ordinateur, pour ensuite les renvoyer vers l'imprimante. Bien évidemment, ces modèles peuvent être connectés à votre ordinateur pour imprimer d'autres travaux. Il y a autre chose dans la vie que la photo numérique !

Malgré tout ce que je viens de dire, lisez les divers essais effectués régulièrement par la presse informatique. Discutez-en avec des amis ou consultez les forums consacrés à la photographie numérique et aux périphériques qui s'y rapportent. Dans ce cas, une connexion Internet s'impose : nous y venons sous peu !

TRUC

Comme pour tout achat de matériel, ne négligez pas la durée de la garantie. D'un minimum légal d'un an en France, certains constructeurs n'hésitent pas à la porter à trois. Lorsque vous achetez une imprimante, sachez où se trouve le centre de réparation du fabricant qui pourra vous être d'un grand secours, une fois le délai de garantie écoulé.

C'est difficile, pour ne pas dire impossible, mais le meilleur moyen de savoir ce que vaut une imprimante est de la tester sur sa propre machine avec ses propres photos. Cela vaut toutes les lectures du monde ! Mais qui vous le permettra ?

Les options de papier

Le papier affecte considérablement la qualité d'une impression. Pour qu'une imprimante donne le meilleur d'elle-même, il convient de lui fournir un papier de qualité.

Le Tableau 20.1 présente les différentes qualités disponibles, en fonction du type d'imprimante utilisé, et indique un coût moyen à la page.

N'OUBLIEZ PAS

Ne vous limitez pas à l'impression sur du papier photo standard. Il existe des papiers pour imprimer des calendriers, des autocollants, des cartes de vœux, des transparents (à utiliser sur un rétroprojecteur), et bien d'autres choses encore. Certains constructeurs proposent des logiciels permettant d'imprimer des photos que l'on transfère sur des tasses (les fameux *mugs*) ou des tee-shirts. Vous trouverez également des papiers texturés qui simulent la toile, le parchemin, et j'en passe.

Tableau 20.1 : Types de papier et coût.

Type	Description	Coût par feuille
Polyvalent	Papier bon marché avec un grammage léger, conçu pour un usage journalier ; impressions bureautiques, photocopies, télécopies.	0,4 centime environ.
Jets d'encre	Conçu pour les impressions à jets d'encre. D'un grammage plus épais, ce papier peut être traité par une légère couche de kaolin procurant un effet couché sur la feuille. Cette couche limite au maximum les bavures.	De 0,2 à 1,25 centime environ.
Laser	Conçu pour l'encre en poudre, le papier "laser" est d'un aspect lisse et brillant, offrant un contraste prononcé.	De 0,01 à 0,04 centime environ.
Photo	Plus épais, d'aspect couché ou glacé, proche des papiers photographiques, il permet des résolutions d'image très importantes.	De 0,30 centime à 1,5 euro environ.

Tirage sur papier

Imprimer ses photos numériques est particulièrement excitant. Mais nous avons vu que l'estampillage *qualité photo* est mis à toutes les sauces. Pourtant, seules quelques imprimantes méritent véritablement ce label et elles restent malgré tout relativement chères, peut-être pas à l'achat mais au moment de changer les cartouches.

Autre constat : l'impression exige du temps. Il faut télécharger les images, les retoucher et bien comprendre les options d'impression pour obtenir des résultats de qualité. C'est une tout autre démarche que de confier un négatif à un buraliste ou à un service de photos rapide. C'est pourquoi j'ai pensé à tous ceux d'entre vous qui n'ont pas la patience ou l'envie de manipuler les images ou, plus simplement, qui ne savent pas comment faire.

À tous ceux-là, je dis : "Le Web est là pour combler vos lacunes." En effet, il existe de nombreux laboratoires de développement installés sur Internet. Ces labos proposent, entre autres, d'imprimer des photos que vous envoyez sur leur site. Certains vont même plus loin en proposant une gravure de vos clichés sur CD-R. Voyons quelques adresses utiles :

- `www.digibao.fr`
- `www.fujifilm.fr`
- `www.photoservice.com`
- `www.wistiti.fr`
- `www.photoreflex.com`

Imprimer avec Windows Vista

Assez de théorie, intéressons-nous à la pratique ! Il est temps d'apprendre à imprimer vos images sans autre logiciel que Windows Vista :

1. **Ouvrez l'Explorateur Windows et localisez le dossier contenant les photos à imprimer.**
2. **Sélectionnez la ou les images à imprimer, puis cliquez sur le bouton Imprimer, comme à la Figure 20.8.**

   Cette action lance l'assistant d'impression d'images de Windows Vista.
3. **Vérifiez, sur les boutons en haut de la boîte de dialogue, si l'imprimante, le format de papier, la qualité d'impression et le type de papier correspondent à vos exigences.**

   Sinon, cliquez sur la petite flèche à droite du bouton et sélectionnez le paramètre correct dans le menu déroulant.
4. **Dans la partie droite de la fenêtre, choisissez la disposition des photos sur le papier, comme le montre la Figure 20.9.**

   Actionnez la barre de défilement pour accéder à d'autres présentations comme 4 photos par page ou Planche-contact.
5. **Cliquez éventuellement sur le lien Options, en bas à droite de la fenêtre.**

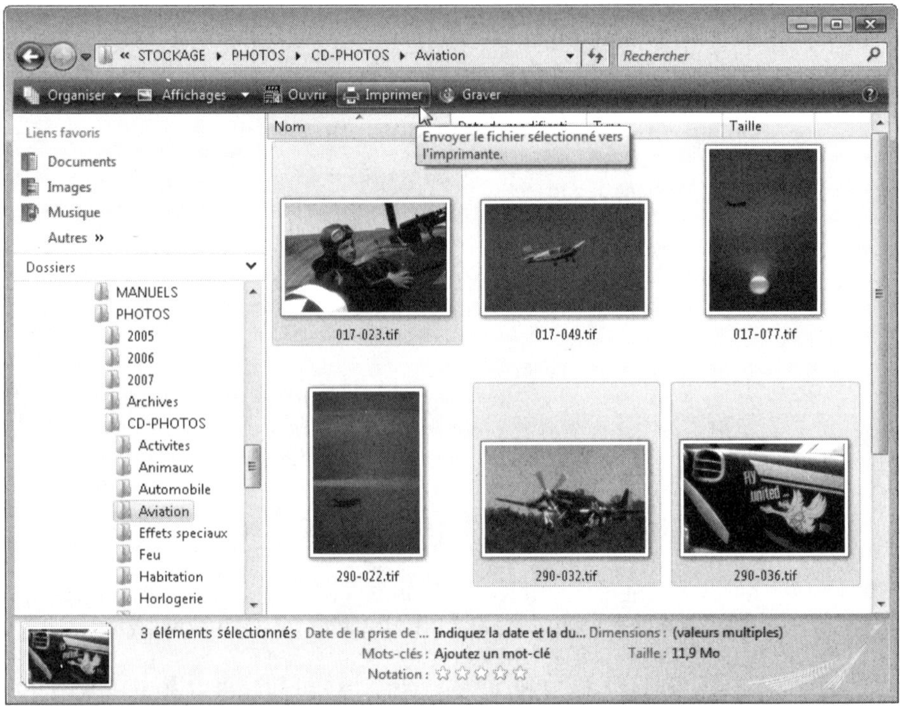

Figure 20.8 Imprimez les images sélectionnées.

Vous accédez à des réglages plus sophistiqués comme la gestion des couleurs grâce à un profil ICC (ces notions très techniques ne sauraient être développées dans cet ouvrage généraliste) ou le paramétrage des fonctions avancées de l'impression. Là encore, les paramètres sont nombreux. À vrai dire, à moins de posséder de bonnes notions en infographie et PAO (publication assistée par ordinateur), vous ne vous aventurerez guère dans les options d'impression.

6. **Cliquez sur le bouton Imprimer.**

   C'est parti ! L'impression commence.

Ces explications succinctes devraient suffire à tirer vos meilleures photos.

Les couleurs ne correspondent pas !

Il existe presque toujours des différences de couleurs entre un document affiché à l'écran et son équivalent sur papier.

Figure 20.9
Choisissez la disposition des photos.

Sachez que si la correspondance parfaite n'existe pas, vous pouvez tout de même vous en approcher :

- Changer de marque de papier affecte quelquefois le rendu des couleurs. Il en va de même avec du papier d'une qualité inférieure. Par exemple, un papier dit 360 dpi sera bien moins performant qu'un papier qualifié 720 dpi. N'oubliez pas que ces indications n'ont rien à voir avec la résolution de l'image à imprimer. Toutes ces qualités de papier sont sélectionnées dans le pilote de l'imprimante, c'est-à-dire un petit programme qui propose de multiples options d'impression.

- Les pilotes fournis avec les imprimantes permettent très souvent d'effectuer des modifications chromatiques pour compenser telle ou telle couleur. Pour cela, lisez attentivement le manuel fourni avec votre matériel.

- Si vos activités professionnelles vous obligent à une correspondance exacte des couleurs, vous pouvez investir dans une sonde et un logiciel d'étalonnage. Ce matériel vous aidera à créer des profils permettant de conserver la fidélité des couleurs tout au long d'une chaîne graphique (appareil photo ou scanner, écran, imprimante...).

- Windows Vista comporte quelques profils de couleurs conçus pour l'étalonnage de tous les périphériques graphiques utilisés sur un système. La plupart du temps, les constructeurs fournissent avec leurs produits des profils de couleurs permettant d'optimiser leur intégration dans une chaîne graphique.

  Dites-vous bien qu'il n'y a pas de miracle. Même les systèmes d'étalonnage les plus performants ne permettent pas d'obtenir une correspondance des couleurs aussi exacte que vous le souhaiteriez, et ce pour diverses raisons, tenant notamment à la nature des pixels à l'écran, aux pigments de l'encre et à la texture du papier.

- Enfin, n'oubliez jamais que les couleurs affichées à l'écran et imprimées sur papier varient en fonction des conditions d'éclairage de la pièce où vous travaillez.

L'impression est normalement la dernière phase du processus numérique. En effet, bien que vous puissiez immédiatement imprimer vos photos avec l'assistant de Windows Vista, comme nous venons de le voir, vous constaterez bien souvent que certains clichés sont "presque" réussis. Qu'est-ce à dire ? Tout simplement qu'un détail attire l'attention, que le système d'atténuation des yeux rouges n'a pas bien fonctionné ou que l'image présente une dominante de couleur. En d'autres termes, il faut retoucher vos photos, ce que je vous propose de découvrir dans la prochaine partie.

Sixième partie

Améliorer vos photos

"Avec mon programme de retouche d'images, je me suis permis d'effacer quelques traces parasites sur les nuages. Inutile de me remercier."

Dans cette partie...

Vous qui fréquentez les salles obscures, vous avez sans doute remarqué la prépondérance des outils informatiques dans les films actuels. Le scénario classique met en scène un héros qui trouve la photographie d'un méchant criminel. Celle-ci, détériorée comme il se doit, est inexploitable. On se demande même comment notre héros peut savoir qu'il a entre les mains l'image, pour le moins symbolique, du psychopathe qui va l'occuper pendant cent vingt minutes. Qu'à cela ne tienne, l'informatique a été créée pour faire des miracles. En appuyant sur une ou deux touches de son ordinateur magique, la photo devient plus vraie que nature. Notre héros, désœuvré, s'aperçoit alors que le méchant est une méchante ressemblant trait pour trait à sa petite amie.

Ne rêvons pas... ou pas trop ! C'est du cinéma ! La réalité est beaucoup moins merveilleuse. Encore quelques semaines de pratique et vous comprendrez ce que je veux dire.

Cette partie vous démontre qu'il ne suffit pas d'appuyer sur quelques boutons pour générer des photos exemptes de tout reproche. Les deux chapitres qui la composent sont basés sur l'utilisation du logiciel Photoshop Elements 5. Vous apprendrez à redimensionner des images, à les recadrer, à corriger des défauts, à améliorer la couleur c'est-à-dire, en un mot, à rendre vos images suffisamment belles pour les imprimer ou les faire tirer sur papier.

Chapitre 21

Les bases de l'édition de vos photos

- **Dans ce chapitre :**
- Choisir un programme.
- Ouvrir et enregistrer son travail.
- Annuler ses erreurs.
- Règles d'édition.
- Quelques modifications élémentaires.

Si une photo numérique est ratée, elle n'est pas systématiquement bonne pour la Corbeille Windows. En revanche, sur pellicule, une photo loupée restera une photo loupée. Le recours au pinceau et à la gouache limite votre pouvoir de restauration.

Grâce à toi, ô Grand Maître numérique, je vais pouvoir redéfinir le cadrage, changer les nuances chromatiques, assombrir ou éclaircir une image, éliminer des détails, ou encore appliquer des effets spéciaux à l'image ingrate qui ose narguer mon talent.

De quel programme ai-je besoin ?

Toute démonstration étant le constat d'un parti pris, je vais étayer mon propos en l'appuyant sur le programme Adobe Photoshop Elements 5.0, livré avec de nombreux appareils photo numériques et scanneurs, dont le prix est moins du dixième de celui de son aîné, Photoshop CS3.

Considérez donc cette partie comme un guide spirituel qui vous mène sur les chemins de la sagesse numérique applicable à tous les programmes d'édition – autrement dit, de modifications, corrections et retouches – en la matière.

Comment ouvrir vos images

Pour travailler sur une image, il faut l'ouvrir dans le programme. La méthode est la même pour tous les logiciels :

- Choisissez la commande Ouvrir du menu Fichier.

Ou :

- Utilisez le raccourci clavier universel Ctrl+O.

Ou :

- Cliquez sur le bouton Ouvrir de la barre d'outils. Il est symbolisé par l'icône d'un dossier qui s'ouvre.

Dans tous les cas, une boîte de dialogue vous invite à sélectionner l'image à ouvrir. Photoshop Elements offre une fonction tout à fait surprenante : double-cliquez sur une partie vide de l'interface et la boîte de dialogue Ouvrir s'affiche.

Voici quelques précisions sur l'ouverture de vos images :

- Certains programmes proposent un Explorateur de fichiers. Il présente l'ensemble des lecteurs de votre ordinateur et en affiche le contenu dans le volet de droite. Les images sont représentées sous forme de vignettes. Vous identifiez ainsi immédiatement le fichier à ouvrir. Double-cliquez dessus ou faites glisser la vignette sur une zone vierge du programme et l'image s'ouvre.

- Pour ouvrir cet explorateur dans Photoshop Elements, cliquez sur le bouton Organiser. Vous accédez au module Organiseur où vous pourrez sélectionner vos photos dans divers dossiers, à partir d'un scanneur, d'un appareil photo numérique, voire d'un téléphone mobile. Vous créerez alors divers catalogues (Figure 21.1) et, en approfondissant l'utilisation de ce programme, vous aurez tout loisir d'organiser vos photos par thème et de définir de multiples critères qui vous aideront à localiser une image particulière. Cela est très important car, en numérique, vous allez gérer très vite des centaines et des centaines de photos.

- Les logiciels de retouche s'octroient une importante quantité de mémoire. Si le programme que vous utilisez rencontre des difficultés pour ouvrir une image, fermez les applications en cours, redémarrez votre ordinateur, puis lancez uniquement votre logiciel d'édition. Sous Windows, beaucoup de petits programmes fonctionnent en tâche de fond. Même si leur besoin en mémoire est modeste, leur présence affaiblit les performances de

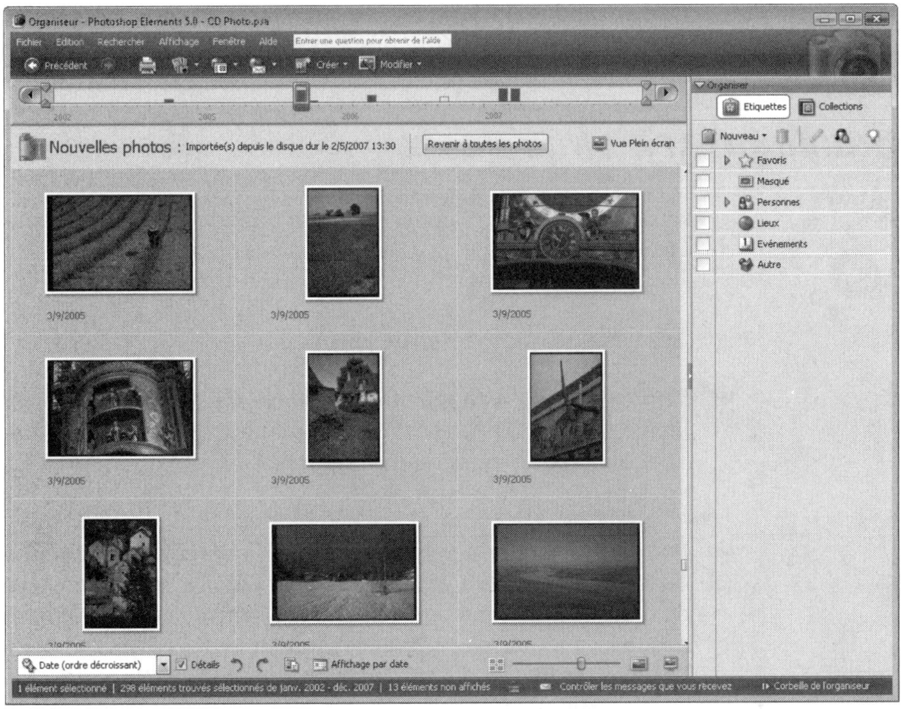

Figure 21.1
Un catalogue dans l'Organiseur de Photoshop Elements 5.0.

votre ordinateur. Fermez-en le plus possible. Si vos problèmes de mémoire subsistent, ajoutez des barrettes. Ainsi, sous Windows Vista, travailler confortablement exige au moins un 1 Go de RAM.

Photoshop Elements affiche un message dès que l'espace libre sur votre disque de travail devient insuffisant.

- Photoshop Elements accepte presque tous les types de fichiers d'image les plus courants utilisés en photo numérique.

- Si votre logiciel refuse d'ouvrir un fichier provenant de votre appareil photo numérique, vérifiez d'abord vos branchements. Si cela ne suffit pas, lisez dans son manuel les informations concernant l'utilitaire de transfert. Il est certainement capable de convertir les images sous des formats standard acceptés par la majorité des programmes d'édition graphique.

- Si l'image ouverte dans le module Editeur n'est pas correctement orientée, choisissez Image/Rotation/90° vers la gauche ou 90° vers la droite afin de remédier à ce petit problème. Un basculement sera obtenu avec Image/Rotation/Symétrie verticale du calque ou Symétrie horizontale du calque. Le nom de ces commandes peut varier dans les autres programmes, mais reste toujours suffisamment explicite.

Sauvegardez sans cesse

Tout travail non enregistré court un grand danger. Si votre ordinateur "plante", si votre système se bloque, si une panne de courant survient, si les extraterrestres anéantissent notre planète... votre travail sera à jamais perdu.

Respectez ces quelques règles de sécurité :

- Sauvegardez constamment votre travail. Pendant que vous éditez une image, pensez à l'enregistrer après chaque manipulation importante. Effectuez régulièrement une copie de sécurité qui pourra être utilisée si vous perdez le fichier original.
- Pour sauvegarder une image, utilisez la commande Fichier/Enregistrer ou appuyez sur les touches Ctrl+S. Votre programme ouvrira une boîte de dialogue où vous pourrez nommer votre fichier et sélectionner un dossier de stockage sur votre disque dur. Notez que la boîte de dialogue Enregistrer ou Enregistrer sous ne s'affiche que lors de la première sauvegarde d'un fichier.
- Pour ne pas "écraser" le fichier original, c'est-à-dire le remplacer par sa version modifiée, enregistrez cette dernière sous un nouveau nom.
- Il est préférable d'enregistrer vos images sur votre disque dur. C'est le périphérique de stockage le plus rapide et le plus fiable de votre système. En revanche, n'hésitez pas à réaliser des copies de sauvegarde sur un support amovible, comme un CD-R/RW ou un DVD.
- Pourquoi utiliser le format natif ? Parce qu'il permet d'ouvrir plus rapidement le fichier dans le programme, et surtout de le modifier à partir de son état le plus complet (calques, calques de réglages, etc.). Les formats graphiques universels comme le JPEG, le GIF et certains TIFF ne conservent pas toutes les options d'édition associées à l'image par le logiciel qui en a assuré la modification. Il est donc très fréquent de perdre les calques quand vous choisissez un autre format que le format propriétaire.

  N'enregistrez votre image sous un autre format qu'après avoir terminé les modifications. Procédez d'abord à une sauvegarde au format natif, puis enregistrez une copie dans le type graphique de votre choix. De nombreux programmes de retouche d'images procèdent eux-mêmes à une sauvegarde automatique au format natif.

Annuler vos erreurs

Non seulement le numérique tolère les erreurs, mais il permet en plus de les corriger. Finies les manœuvres pleines de confusion et les méprises à répétition ! L'erreur est humaine et votre machine est là pour l'éviter.

Vous venez d'effacer votre image ? Un dérapage de souris mal contrôlé ? Rassurez-vous ; dans bien des cas, vos erreurs pourront être annulées :

- Les applications disposent d'une commande d'annulation accessible via Edition/Annuler. Comme son nom l'indique, cette commande permet d'annuler les effets de la toute dernière manipulation. Ainsi, une ligne tracée par erreur disparaîtra immédiatement après la mise en action de la commande Annuler.
- Annuler ne résout pas tous les problèmes. Par exemple, si vous fermez une image en oubliant de l'enregistrer, la commande Annuler ne vous sera d'aucun secours. De même, elle ne pourra pas annihiler les effets d'un enregistrement. Par conséquent, il est impératif d'utiliser l'annulation immédiatement après avoir commis votre erreur.
- Le raccourci clavier Ctrl+Z exécute la commande Annuler. La barre d'outils du programme peut proposer des boutons pour annuler une opération ou la rétablir, mais ce n'est pas le cas dans Photoshop Elements 5.0.
- La commande Imprimer est l'exception qui confirme la règle. Il est possible d'annuler la dernière manipulation réalisée sur votre image, après l'avoir imprimée.
- La commande Edition/Annuler de Photoshop Elements permet d'annuler de nombreuse actions en arrière. Vous pouvez également profiter de la palette Annuler l'historique (maladroitement nommée, car elle aurait été plus judicieusement nommée "Historique des annulations"). Vous l'ouvrez via Fenêtre/Annuler l'historique. Cliquez sur l'étape à laquelle revenir et les étapes suivantes sont annulées.

  Par défaut, Elements limite l'annulation à cinquante étapes. Pour augmenter ou diminuer cette valeur, choisissez Edition/Préférences/Général. Dans le champ Etats d'historique, saisissez la valeur correspondant au nombre d'étapes que vous désirez mémoriser dans la palette de

Figure 21.2 Les deux actions Convertir en noir et blanc et Retouche optimisée automatique sont sur le point d'être annulées.

l'historique. Plus cette valeur est élevée, plus la mémoire de l'ordinateur est accaparée.

- Si votre logiciel est dépourvu d'annulations multiples, exécutez la commande Annuler *immédiatement* après avoir exécuté une action. Sinon, il ne sera plus possible de revenir dessus.

- Vous désirez annuler votre annulation (décidément, vous ne savez pas ce que vous voulez) ? La commande Edition/Rétablir permet de faire face à votre indécision. Elle doit être exécutée immédiatement après l'annulation. Cette fonction est très souple dans Photoshop Elements. En effet, chaque fois que vous exécutez la commande Rétablir, vous redescendez dans la chronologie de l'historique. Vous répétez ainsi successivement toutes les actions qui ont été annulées. Vous pouvez également déclencher cette commande en appuyant répétitivement sur Ctrl+Y.

- Dans Photoshop Elements 5.0, la commande Edition/Version précédente permet de récupérer l'image dans l'état qui était le sien lors de son dernier enregistrement. Cette commande est incontournable quand vous abîmez radicalement votre image. Si votre logiciel de retouche ne dispose pas de cette fonction, fermez le fichier sans l'enregistrer, puis rouvrez-le.

Règles d'édition

Avant de vous plonger dans l'édition des images, rappelons les règles élémentaires de prudence :

ATTENTION !

- Faites toujours une copie de votre image avant manipulation. En cas de fausse manœuvre calamiteuse, vous pourrez toujours accéder au fichier original.
- Enregistrez votre image à intervalles réguliers. Si un problème provoque l'interruption prématurée de votre travail, vous n'aurez perdu que la dernière manipulation.

TRUC

- Si votre programme permet de travailler avec des calques, copiez l'intégralité de l'image sur un nouveau calque, avant d'effectuer des manipulations musclées. Si les modifications apportées à votre image ne sont pas satisfaisantes, il vous suffira d'effacer le calque sur lequel vous les avez appliquées.
- La plupart des éditeurs d'images permettent de sélectionner une partie de l'image. Seule cette sélection sera affectée par vos manipulations. Par exemple, si le ciel d'une image est très lumineux alors que le paysage est très sombre, vous pouvez sélectionner uniquement le paysage et augmenter la luminosité de cette zone spécifique de l'image.
- Dans les éditeurs graphiques, certains outils permettent d'améliorer la qualité d'une image en un simple clic. Ainsi, il est souvent nécessaire d'utiliser la commande Niveaux automatiques (ou son équivalent) pour améliorer l'aspect d'une image numérisée. Photoshop Elements prétend corriger les plus importants problèmes de contraste, d'exposition, de saturation et de netteté grâce à un simple clic sur les boutons de sa section Retouche rapide. Testez ces outils avec une totale liberté d'esprit. Cependant, l'automatisme ne saurait résoudre tous les problèmes ; ce serait trop beau. Il faudra, dans de nombreuses circonstances, utiliser des outils de correction "manuels". Plus vous disposez de contrôles sur une image, plus vous pouvez en améliorer la qualité.
- J'insiste une fois de plus : si une action ne donne pas le résultat escompté, annulez-la immédiatement avec Edition/Annuler ou en utilisant une des techniques présentées dans la précédente section.

Quelques interventions élémentaires

Les logiciels d'édition graphiques d'entrée de gamme comme Photoshop Elements 5.0 disposent de fonctions puissantes que l'on ne trouvait, il n'y a pas si longtemps, que sur des programmes à vocation professionnelle très coûteux. Avant de mettre en pratique quelques fonctions de correction majeures, voici un ensemble de modifications basiques que vous allez souvent effectuer sur vos images.

Recadrer vos images

Jetez un œil sur la Figure 21.3. Cette photo est loin d'être parfaite, car un élément inutile se trouve dans le champ (des jambes en haut à droite) et l'élément liquide est trop vaste. Un recadrage s'impose.

Figure 21.3 Cette photo mérite un meilleur cadrage.

Photoshop Elements – et l'ensemble des applications du même type – permet de rectifier le tir. En utilisant l'outil de recadrage, en mode Retouche rapide ou

Retouche standard, vous pouvez très facilement recomposer une photo. Il suffit de regarder la Figure 21.4 pour s'en convaincre.

Figure 21.4 En quelques clics, l'outil de recadrage a donné plus de force à la photo.

Les étapes ci-dessous expliquent comment donner quelques coups de ciseaux à vos images dans Photoshop Elements 5.0 :

1. **Sélectionnez l'outil Recadrage.**

   Dans Photoshop Elements, cliquez sur l'outil Recadrage de la palette Outils (il est identifié sur la Figure 21.3).

2. **Tirez l'outil à travers l'image pour délimiter la zone à recadrer.**

   Tout ce qui se trouve à l'intérieur du cadre sera conservé. Pour délimiter le recadrage, placez le pointeur de la souris approximativement à l'emplacement de ce qui sera un coin de la photo recadrée, puis, le bouton gauche de la souris enfoncé, tirez jusqu'au futur coin opposé. Relâchez le bouton : le contour apparaît comme sur la Figure 21.5.

Figure 21.5 Le contour du recadrage peut être redimensionné en le tirant par ses poignées de coin et latérales, ou repositionné en le faisant glisser ailleurs.

Vous avez peut-être remarqué que le contour de recadrage est parfaitement carré. Pour ce faire, maintenez la touche Maj enfoncée pendant que vous délimitez le cadre. Ne vous inquiétez pas si le sujet n'est pas bien centré ou composé ; vous repositionnerez le cadre juste après l'avoir tracé.

3. **Déplacez les poignées (autrement dit, faites-les glisser) pour ajuster la zone de recadrage. Repositionnez le cadre en cliquant dedans et en le tirant.**

4. **Appliquez le recadrage.**

Dans Photoshop Elements, il suffit de cliquer sur le bouton Valider l'opération en cours, en bas à droite de l'image, ou alors de double-cliquer dans la zone recadrée, ou encore d'appuyer sur Entrée.

Si le recadrage n'est pas à la hauteur de vos espérances, appuyez sur Ctrl+Z pour l'annuler ou cliquez sur le bouton Réinitialiser.

De nombreux programmes disposent d'une fonction servant à faire pivoter la zone sélectionnée. Cette technique permet de récupérer une image légèrement de travers en agissant sur son orientation, comme le montre la Figure 21.6.

Figure 21.6 Certains programmes permettent de recadrer et de redresser une image en un simple clic.

Pour utiliser cette fonction dans Photoshop Elements, placez le pointeur sur l'une des poignées du contour. Lorsque celui-ci prend l'apparence d'une double flèche incurvée, cliquez et faites pivoter l'image dans le sens du recadrage désiré. Cliquez sur le bouton Valider le recadrage en cours. Le programme recadre et redresse l'image. L'image est parfaitement redressée, comme sur la Figure 21.6.

À chaque rotation, le programme réorganise les pixels. Si vous abusez de cette fonction, vous altérerez la qualité de l'image.

Éclairer vos images

En regardant la photographie présentée sur la gauche de la Figure 21.7, vous n'avez qu'une envie : la jeter à la poubelle à cause de sa sous-exposition flagrante. Ce type de problème, habituel à la photo numérique, est heureusement très facile à corriger.

Figure 21.7 L'image de gauche sous-exposée a été corrigée pour donner l'image de droite.

Les commandes de luminosité et de contraste

Vos images seront fréquemment récupérées grâce au réglage de la luminosité et du contraste. Il existe généralement un mode de correction automatique, donc parfois aléatoire. Mais il demeure possible de corriger manuellement ce problème. L'édition manuelle des images est plus longue mais donne les meilleurs résultats.

La boîte de dialogue de correction de la luminosité et du contraste ressemble généralement à celle de la Figure 21.8, tirée de Photoshop Elements 5.0.

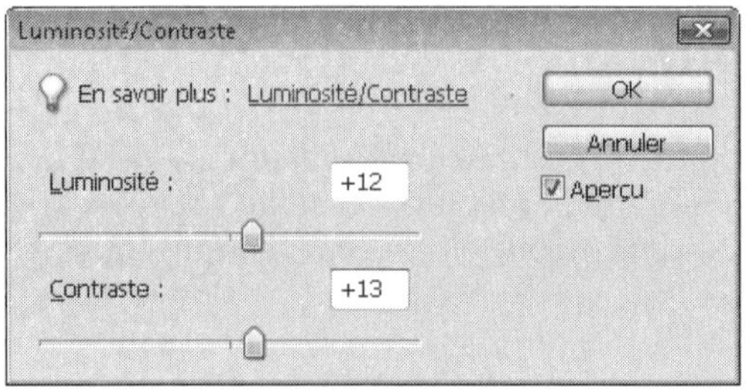

Figure 21.8 Modifiez l'exposition globale d'une photo avec le filtre Luminosité/ Contraste.

Dans Photoshop Elements 5.0, vous pouvez déterminer les valeurs de luminosité et de contraste via la commande Accentuation/Régler l'éclairage/Luminosité-Contraste. En déplaçant vers la droite le petit curseur en forme de triangle, vous augmentez l'intensité lumineuse de l'image. En le déplaçant vers la gauche, vous la diminuez. C'est exactement la même chose pour le contraste. Vous pouvez taper directement les valeurs de correction dans les champs situés à droite.

Photoshop Elements et d'autres programmes disposent d'une correction des niveaux. Elle ajuste les tons foncés, moyens et clairs, indépendamment les uns des autres. Cette souplesse d'utilisation en fait l'une de mes fonctions préférées.

Les contrôles avancés de la luminosité

Les programmes graphiques avancés disposent d'un réglage des *niveaux*. Il s'agit d'un outil très sophistiqué pour ajuster la luminosité. Si le logiciel que vous utilisez propose une telle commande, lisez cette section.

Voyons la puissance de cette commande sous Photoshop Elements 5.0 :

1. **Ouvrez une photo présentant un problème de sous-exposition, comme à la Figure 21.9.**

2. **Cliquez sur Accentuation/Régler l'éclairage/Niveaux.**

   La boîte de dialogue Niveaux apparaît, comme à la Figure 21.10. Le diagramme qui devrait former une courbe régulière d'un bord à l'autre de la petite fenêtre révèle une très mauvaise exposition globale.

3. **Cliquez sur la pipette Point blanc (celle de droite) afin de l'activer.**

4. **Avec cette pipette, cliquez sur une zone de l'image qui devrait normalement être blanche.**

   Le bout de l'aile relevée, juste avant l'extrémité peinte en rouge, devrait convenir. Photoshop Elements équilibre instantanément la luminosité et le contraste de la photo, comme le montre la Figure 21.11.

5. **Cliquez sur OK pour fermer la boîte de dialogue Niveaux.**

TRUC

Les programmes d'édition avancés, comme Photoshop Elements, Photoshop et d'autres, ont des outils qui affinent la correction des images sous- et surexposées. Par exemple, Elements propose les outils Densité + et Densité -. Ils permettent de "peindre" des "ombres" et de la "lumière" sur votre image en passant la souris sur les zones concernées. Consultez le manuel de votre programme pour utiliser correctement ces outils d'exposition.

Figure 21.9 Cet avion est légèrement sous-exposé.

La balance des couleurs

Sur les images numérisées ou en provenance d'appareils numériques, on rencontre souvent des problèmes de *balance des couleurs*. Une dominante de couleur apparaît sur l'ensemble de l'image.

Pour corriger ce problème avec Photoshop Elements 5.0, choisissez Accentuation/Régler la couleur/Variantes de couleurs. Comme vous le constatez sur la Figure 21.12, cette boîte de dialogue affiche, sous forme de petites vignettes, plusieurs représentations de l'image en cours d'édition. Pour choisir une variante de couleur, il vous suffit de cliquer sur sa représentation.

Par exemple, la vignette Plus de vert de Photoshop Elements ajoute du vert à l'image. À tout moment, vous pouvez rétablir l'équilibre en cliquant sur l'option opposée. Ainsi, si votre image comporte trop de vert, cliquez sur la vignette Moins de vert. La vignette Avant affiche l'image avec ses couleurs d'origine. En cliquant dessus, vous réinitialisez l'ensemble des variantes.

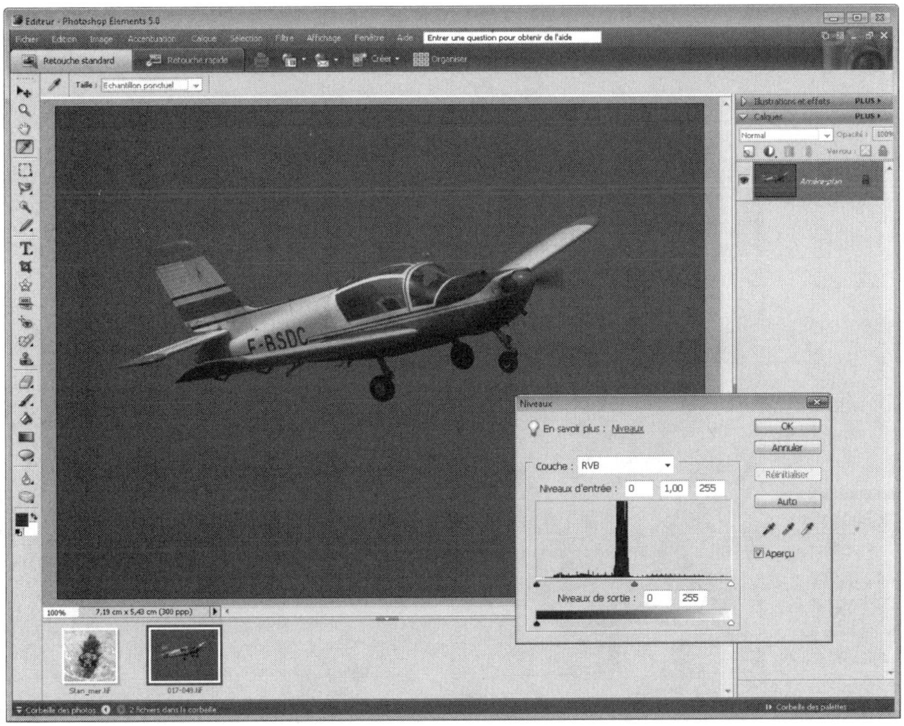

Figure 21.10 La boîte de dialogue Niveaux, en bas à droite de Photoshop Elements 5.

Dans Photoshop Elements, vous pouvez déterminer la plage tonale affectée par les variantes de couleurs : Tons moyens, Tons foncés, Tons clairs, Saturation. Utilisez le curseur Quantité pour régler l'intensité de la couleur appliquée.

Accentuer la netteté

Cette fonction intéresse tous les mordus des images numériques. Les sections ci-dessous expliquent comment accentuer ou rendre plus floue une image ou une zone particulière.

L'accentuation

Avant d'entrer dans le vif du sujet, il est important d'expliquer en quoi consiste l'*accentuation*. Il s'agit d'une commande qui renforce les contours d'une image en ajoutant un halo très léger sur ses éléments. Les parties sombres auront un halo clair et les parties claires un halo foncé. Ce traitement a pour effet d'augmenter la netteté d'une image ou d'une zone sélectionnée.

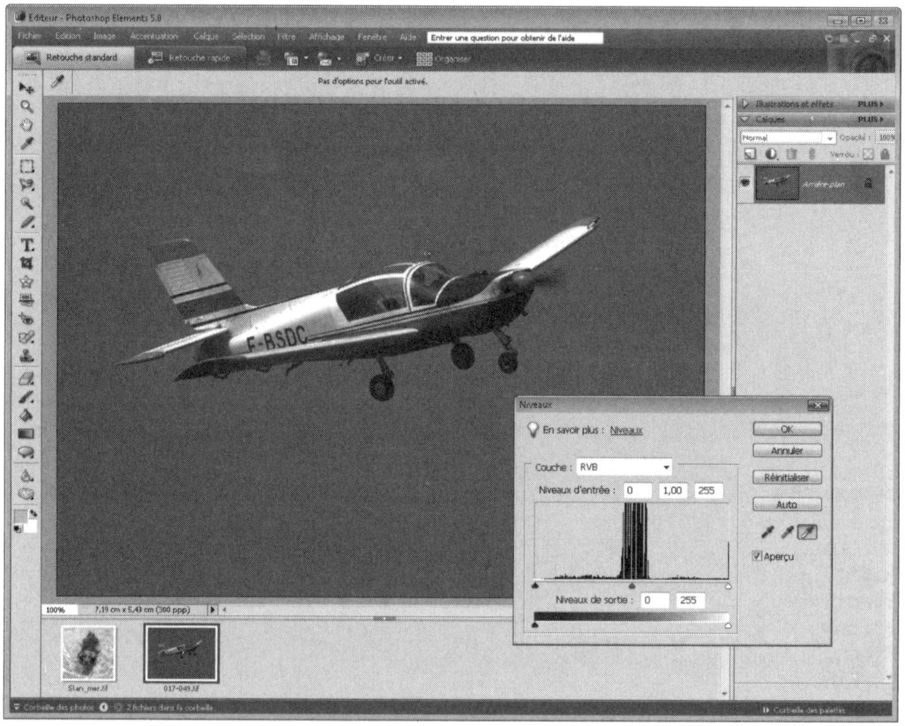

Figure 21.11 Une technique rapide pour améliorer la luminosité et le contraste d'une image.

Qu'est-ce qu'un calque de réglage ?

Photoshop Elements (de même que des programmes d'imagerie encore plus évolués) dispose d'une fonction appelée *calque de réglage*. Elle applique des filtres temporaires de correction chromatique et d'exposition. À tout moment, vous pouvez modifier les paramètres de ce calque, ou même le supprimer. De plus, l'effet d'un calque de réglage peut être précisé en appliquant un mode de fusion.

Cet ouvrage ne permet pas de traiter en détail l'effet des calques de réglage, mais je vous invite à les utiliser autant que faire se peut, notamment sur des montages faits de plusieurs calques et comportant des éléments provenant d'autres photos. Ces calques garantissent une cohérence des couleurs, des contrastes, de la lumière et de la saturation, tout en conservant une souplesse d'utilisation non négligeable.

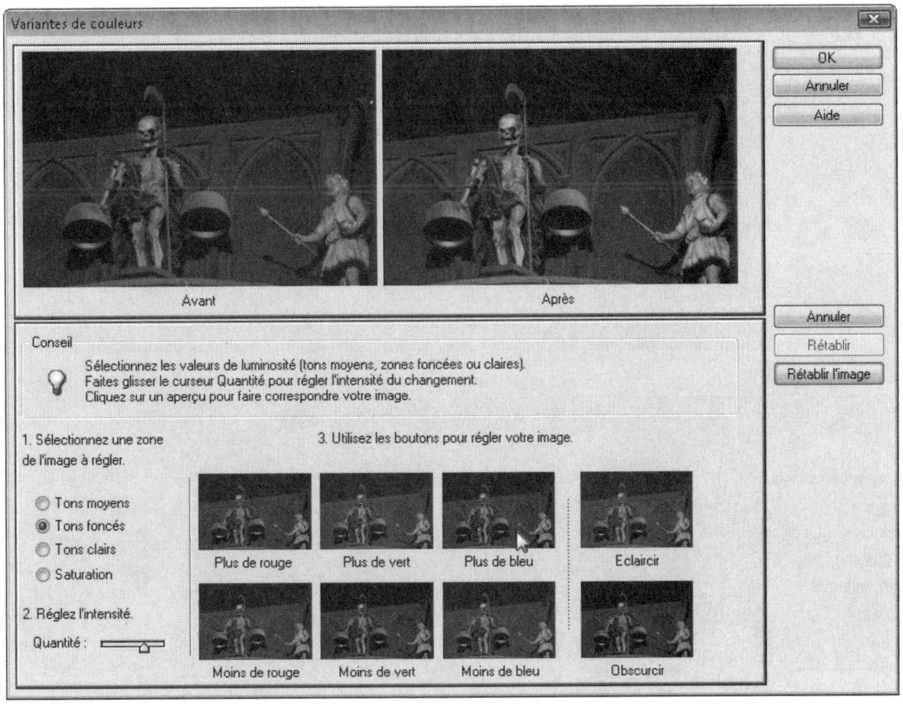

Figure 21.12 Cliquez sur une vignette pour renforcer ou affaiblir l'une des composantes de couleur.

Pour vous faire une idée un peu plus précise, regardez les quatre exemples de la Figure 21.13. L'image d'origine, située en haut à gauche, est composée de quatre bandes colorées. Les trois autres exemples représentent la même image, après application de différents effets d'accentuation.

Les effets de renforcement automatique

Les effets de renforcement sont disponibles via plusieurs niveaux d'accentuation. Ils sont appliqués de manière directe et automatique sur l'image. On les rencontre sur la majorité des logiciels graphiques. Dans Photoshop Elements, ils sont disponibles sous trois niveaux différents : Contours plus nets, Plus net, Encore plus net.

Pour appliquer ces effets, choisissez, dans Photoshop Elements, Filtre/Renforcement. Sélectionnez ensuite l'effet voulu.

La liste ci-dessous décrit le fonctionnement de chaque effet :

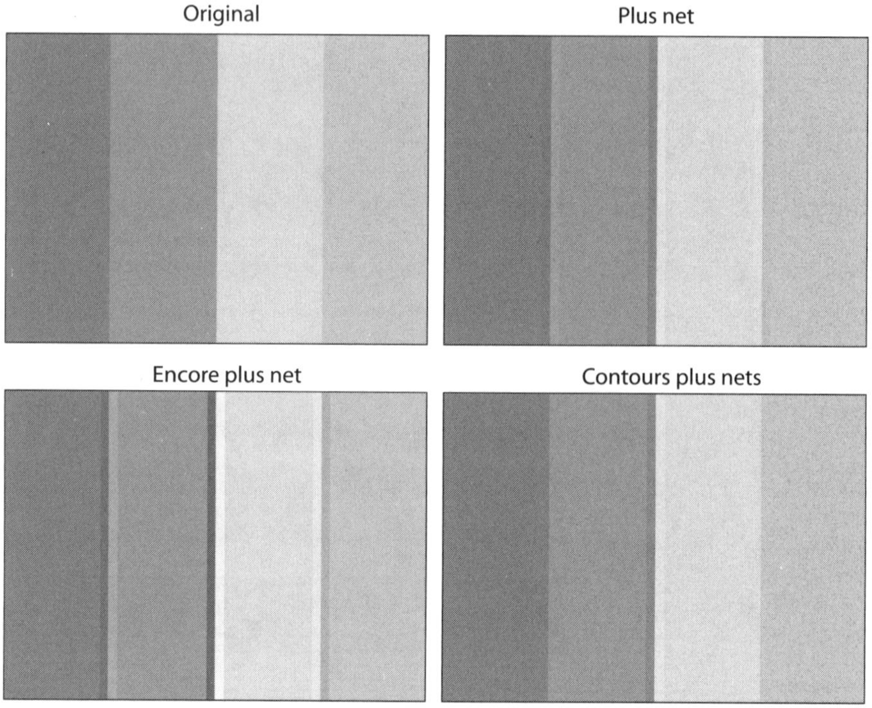

Figure 21.13 Chaque effet de renforcement produit une accentuation plus ou moins forte sur l'image.

- **Plus net :** C'est le niveau d'accentuation le plus faible. Il limite les effets de halo évoqués précédemment. Il est recommandé pour les images légèrement floues ou peu contrastées.
- **Encore plus net** : Fonctionne comme le précédent, mais avec une accentuation deux fois plus importante. Attention aux effets indésirables !
- **Contours plus nets** : Produit le même niveau d'accentuation que l'effet Plus net, à cette différence qu'il agit uniquement sur les contours où la différence de contraste est significative. Il opère ainsi une transformation moins uniforme. C'est sans doute le meilleur compromis de renforcement.

TRUC

En fonction de votre éditeur graphique, vous rencontrerez des filtres de netteté automatiques semblables à ceux présentés ici. Cependant, leur impact sur l'image varie d'un programme à l'autre. Faites de multiples essais. J'avoue que les meilleurs résultats sont obtenus avec des contrôles de netteté manuels. Consultez l'aide de votre logiciel de retouche.

TRUC

La fonction de Retouche rapide de Photoshop Elements 5.0 propose une commande Netteté. Soit vous cliquez sur son bouton Auto pour que la netteté soit automatiquement calculée par le programme, soit vous définissez ce niveau de netteté en faisant glisser le curseur Gain de ce paramètre.

Les effets de renforcement manuel

Les effets automatiques ont très souvent un équivalent manuel qui permet un contrôle plus précis sur la manière dont l'accentuation sera appliquée à l'image.

Photoshop Elements dispose d'une fonction de renforcement de la netteté apparente. Pour appliquer cet effet, choisissez Accentuation/Accentuation. La boîte de dialogue de la Figure 21.14 s'affiche.

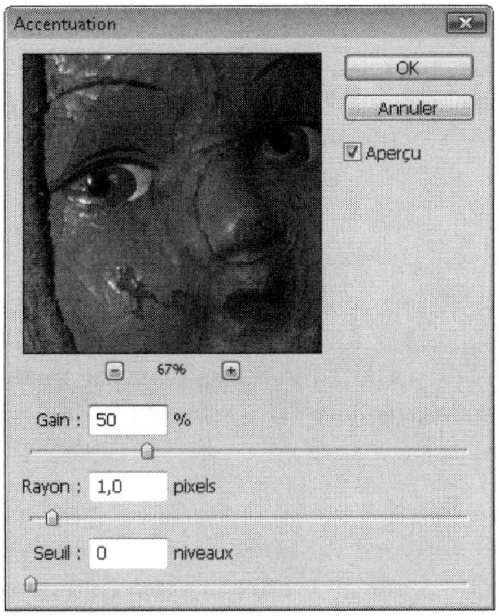

Figure 21.14 La boîte de dialogue Accentuation permet un contrôle plus précis du renforcement de la netteté d'une image.

La boîte de dialogue Accentuation comporte trois options qui contrôlent l'intensité : Gain, Rayon et Seuil. Toutes les trois permettent de spécifier au programme à quels endroits et de quelle manière l'image sera accentuée. Étudions ces réglages en détail :

- **Gain :** Contrôle l'intensité du renforcement. Plus le pourcentage affiché est important, plus la netteté est renforcée.

  Pour un meilleur résultat, appliquez cet effet avec un pourcentage peu élevé (entre 50 et 100 %). Si l'accentuation vous paraît insuffisante, répétez l'effet en appuyant sur Ctrl+F. Cette méthode donne souvent de meilleurs résultats que l'emploi d'un pourcentage de gain trop élevé.

- **Rayon :** Détermine l'étendue des pixels affectés par l'accentuation. Si vous choisissez un petit rayon, l'effet sera concentré sur une région très étroite. Avec un rayon plus large, il sera plus diffus.

  TRUC

  Essayez de vous limiter à un rayon compris entre 0,5 et 2. Les valeurs faibles sont idéales pour les images affichées à l'écran. En revanche, pour l'impression, vous pouvez utiliser des valeurs plus élevées.

- **Seuil :** Contrôle l'importance de l'écart à conserver entre les valeurs de luminosité des pixels devant être renforcés par l'accentuation. Si vous laissez cette valeur à 0, tous les pixels seront accentués. Dans la majorité des cas, un seuil de 2 à 20 reste le meilleur compromis.

  TRUC

  Lorsque vous accentuez la netteté des personnes photographiées, essayez une valeur de seuil comprise entre 1 et 15. Cela permet de conserver une peau lisse et naturelle. Si votre image est granuleuse ou "bruyante", augmenter la valeur de seuil permet d'en améliorer la netteté sans amplifier le bruit.

L'effet Accentuation prête à confusion quand il est utilisé pour la première fois. Suivant l'image traitée, expérimentez cet effet avec différents réglages. Évitez les valeurs extrêmes pour ne pas dénaturer vos photographies. Gardez à l'esprit que les fonctions d'accentuation utilisées sans circonspection tendent à augmenter l'effet de *bruit* ou de *granularité* d'une image.

Les effets d'atténuation

Si la netteté de votre image est correcte, l'utilisation des effets de renforcement ne produira pas l'effet escompté. Pour vous faire une idée plus précise de l'accentuation, vous pouvez appliquer un flou à votre image, comme l'illustre la Figure 21.15.

Sur cette photo, j'ai volontairement appliqué cet effet sur l'arrière-plan de l'image. Contemplez le résultat sur la photo du bas. Cette technique a permis de simuler une plus grande profondeur de champ, comme cela aurait pu être fait avec la mise au point d'un appareil photo.

Les effets d'estompage ou d'atténuation sont l'opposé des effets de renforcement. Dans Photoshop Elements 5.0, vous les trouverez dans la catégorie Filtre/Flou. Cette fonction propose sept filtres : Flou, Flou gaussien, Flou optimisé, Flou directionnel, Moyenne, Flou radial et Plus flou (certains relèvent d'ailleurs davantage du domaine des effets spéciaux).

Figure 21.15 Appliquer un flou à l'arrière plan met le premier plan en évidence.

Le Flou gaussien ouvre une boîte de dialogue. Déplacez le curseur du paramètre Rayon vers la droite pour accentuer le flou ; faites-le glisser vers la gauche pour le diminuer.

Passer un coup d'aspirateur sur vos images

Une image numérique est, de par sa nature, composée d'une multitude de points. Cette structure entraîne souvent des effets visuels indésirables. Le plus courant est certainement la *pixellisation*. En d'autres termes, les points formant une image sont particulièrement visibles.

Les effets de pixellisation sont courants avec les images JPEG dont le taux de compression est élevé. La Figure 21.16 illustre mon propos à merveille (regardez de près le bord des feuilles). Il existe aussi un phénomène fréquent sur les photos numériques : le *bruit*, qui est une sorte de granularité formée par de petites taches grises et/ou colorées réparties aléatoirement sur l'image, de préférence dans les parties sombres.

Figure 21.16 Trop de compression entraîne parfois des effets de pixellisation.

TRUC

Heureusement, il existe différents moyens de limiter ces dégradations. Les programmes de retouche disposent d'une batterie de fonctions pour corriger ces défauts. Pour la pixellisation, il suffira d'appliquer un estompage rendant l'image un peu plus floue. Il est également possible d'utiliser la fonction dite *antipoussière* qui, comme les effets d'atténuation, estompe l'image en éliminant les points et les parasites disgracieux.

Une fonction qui m'impressionne dans certains programmes est la *réduction du bruit optique*. Le nettoyage se fait plus proprement qu'avec l'effet antipoussière, car il prend plus précisément en compte les contours des éléments d'une image. Signalons enfin que la plupart de ces fonctions sont paramétrables.

Chapitre 22

Corrections rapides avec Photoshop Elements 5.0

Dans ce chapitre :

- Utiliser des filtres.
- Nettoyer une image.
- Utiliser l'outil Retouche des yeux rouges.
- Corriger rapidement des couleurs.
- Améliorer une image.
- Remplacer des couleurs.
- Les calques de réglage.

Quelle que soit la source de votre photographie, c'est-à-dire scanneur ou appareil photo numérique, certaines photos présentent des défauts.

Un programme comme Photoshop Elements propose plusieurs techniques de retouche des images à l'aide des outils représentés sur la Figure 22.1 ; ceux-ci ne sont accessibles que dans l'interface Retouche standard du programme :

- L'outil Tampon de duplication qui permet de copier une partie de l'image pour remplacer celle gâchée par une poussière, un cheveu, un câble dans le ciel, une feuille ou toute autre imperfection de ce type.

- Les deux outils correcteurs qui sont des versions très élaborées du Tampon de duplication.

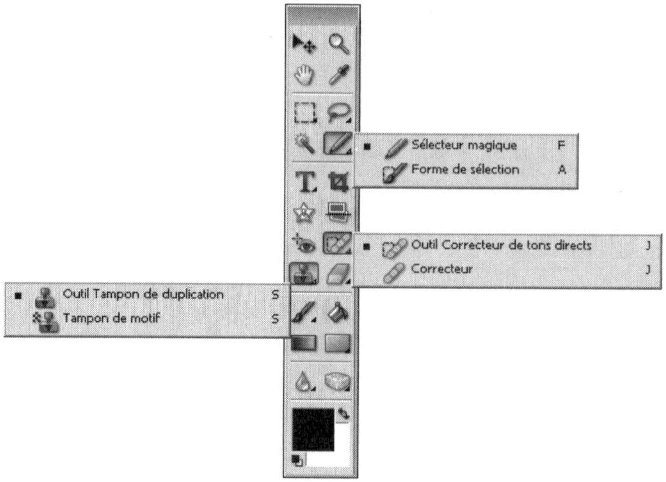

Figure 22.1 Quelques-uns des fabuleux outils de retouche de Photoshop Elements 5.0.

- L'outil Retouche des yeux rouges qui n'a jamais autant simplifié la suppression de ce défaut qui gâche de nombreux portraits.

Nous allons débuter ce chapitre par une présentation des filtres, une série de commandes qui peuvent nettoyer vos images avec une grande précision.

Voici les filtres !

Si vous êtes photographe ou avez suivi quelques cours de photographie, vous savez comment s'utilisent les filtres photographiques. Ils transmettent une partie du spectre de la lumière et en interceptent un autre. Les filtres ne sont pas toujours faciles à manipuler. Ils occupent de la place dans le fourre-tout, nécessitent une protection particulière et finissent par se rayer. En plus, il faut savoir quel filtre utiliser avant de prendre la photographie. En d'autres termes, la photo doit être soigneusement préparée au risque de perdre de la spontanéité. Une fois la photo prise, impossible de revenir en arrière.

Les filtres Photoshop Elements sont autrement plus souples car :

- Tous les filtres se trouvent dans une palette Illustrations et effets ou sont accessibles via le menu Filtre.
- L'effet d'un filtre qui ne produit pas le résultat attendu peut être annulé.
- Il est possible de prévisualiser l'effet avant d'appliquer le filtre.

- Vous pouvez appliquer plusieurs filtres successivement, voire plusieurs fois le même filtre.
- La plupart des filtres de Photoshop Elements n'ont pas d'équivalent optique. Cela signifie que vous pouvez traiter une image comme jamais le fera un appareil photo, même numérique.

Les filtres de Photoshop Elements ouvrent un vaste champ d'expérimentation. Ils sont souvent automatisés, ne nécessitant aucune prédisposition artistique chez l'utilisateur. En quelques clics, une photo apparemment ratée devient exploitable. Grâce à ses filtres, Photoshop Elements se transforme en une véritable machine à traiter les images.

Appliquer des filtres

Vous pouvez appliquer les filtres de deux manières : au travers du menu Filtre ou au travers de la palette Illustrations et effets. Dans le menu Filtre, les filtres sont répartis dans des sous-menus thématiques. Dans la palette Illustrations et effets, vous sélectionnez Filtres dans la liste, puis la catégorie à afficher. La plupart des filtres ainsi appliqués ouvrent une boîte de dialogue permettant de les paramétrer.

La palette Illustrations et effets montre une représentation miniature de l'effet du filtre. Vous pouvez les afficher par catégorie (comme dans le menu Filtre) ou les garder tous à votre disposition. Les filtres sont classés par ordre alphabétique. Pour les appliquer, soit vous double-cliquez sur la miniature du filtre, soit vous exécutez la commande Appliquer du menu Plus de la palette, soit vous glissez-déposez la vignette du filtre sur l'image.

Quand un filtre nécessite des réglages, une petite boîte de dialogue s'affiche. Elle dispose d'une fenêtre d'aperçu qui permet de mesurer les effets des réglages sur l'image. C'est le cas, par exemple, du filtre Flou gaussien. Si vous cochez la case Aperçu, vous apercevez l'effet du filtre sur le calque sélectionné. Définissez une valeur pour que le filtre altère plus ou moins l'image et appliquez-le en cliquant sur OK. D'autres filtres plus sophistiqués, comme Crayon de couleur, ouvrent la Galerie de filtres. Il s'agit d'une grosse boîte de dialogue pourvue de nombreux paramètres.

Précisions sur les filtres

Voici quelques détails à connaître sur l'utilisation des filtres :

- La palette Illustrations et effets propose plusieurs modes d'affichage : par liste et par vignettes petites ou grandes. À terme, vous préférerez l'affichage par liste. En effet, il permet de disposer de la liste des filtres sur la droite et d'obtenir une vignette de l'effet sur la gauche dès que vous cliquez sur le nom d'un filtre.
- Si vous sélectionnez une partie de votre image, le filtre affecte la sélection, sans modifier le reste de l'image. Si vous ne sélectionnez pas une partie de l'image, le filtre s'applique sur la totalité du calque actif.
- Après avoir appliqué un filtre, vous pouvez l'appliquer de nouveau avec les mêmes paramètres, soit en choisissant la première commande du menu Filtre, soit en appuyant sur Ctrl+F.
- La plupart des filtres affichent une boîte de dialogue permettant de contrôler leur effet. Appuyez sur Ctrl+Alt+F pour afficher de nouveau la boîte de dialogue d'options du dernier filtre utilisé.

Les filtresparamétrables

De nombreux filtres produisent leur effet par le biais d'une boîte de dialogue. Elle contient des paramètres dont vous définissez les valeurs. En général, les boîtes de dialogue ont une case d'aperçu qui permet de contrôler directement l'effet sur le calque traité.

Examinons une boîte de dialogue type, celle du filtre Antipoussière. C'est un filtre capable d'éliminer certaines taches. Je ne suis pas fanatique de ce filtre, car il traite la globalité de l'image. Son effet est donc souvent trop radical.

Pour appliquer ce filtre, cliquez sur Filtre/Bruit/Antipoussière, ou choisissez Filtres dans le panneau Illustrations et effets, puis Bruit et enfin double-cliquez sur l'icône Antipoussière. Vous ouvrez la boîte de dialogue illustrée sur la Figure 22.2.

N'OUBLIEZ PAS

Si vous sélectionnez une partie de l'image avant d'ouvrir le filtre Antipoussière, l'effet se limitera à cette zone.

Prévisualiser les effets du filtre

De prime abord, les différentes parties de la boîte de dialogue des options d'un filtre ne sont pas très évocatrices pour le profane. Voici comment fonctionne la prévisualisation, que l'on nomme parfois *aperçu*.

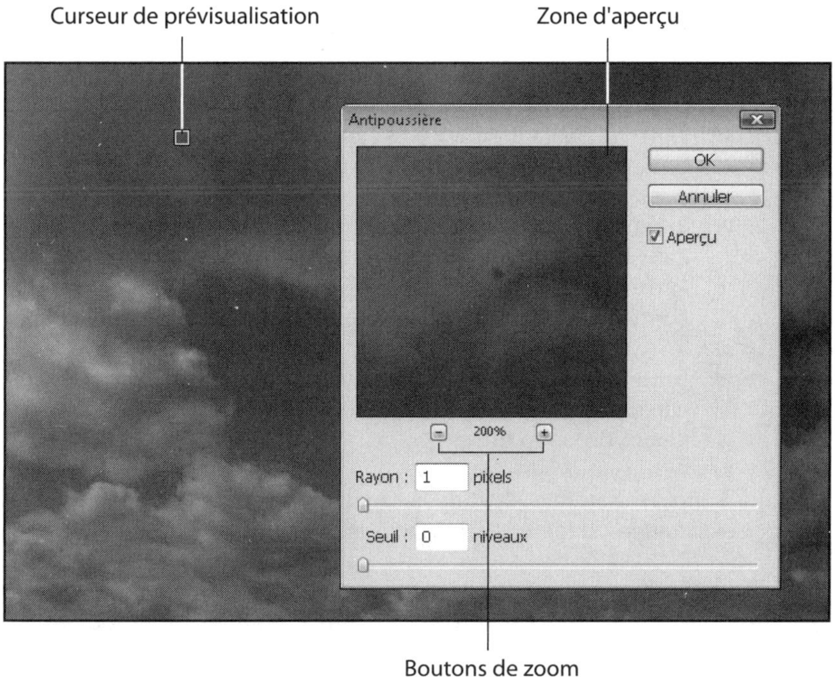

Figure 22.2 Voici une boîte de dialogue typique d'un filtre.

- La zone d'aperçu montre vos modifications sur une petite partie de l'image.
- Si vous placez le pointeur de la souris en dehors de la boîte de dialogue, il prend la forme d'un carré vide. Cliquez alors sur une partie de l'image pour la voir dans la zone d'aperçu.
- Vous pouvez faire défiler le contenu de la zone d'aperçu en y plaçant le pointeur de la souris. Il prend la forme d'une main. Maintenez le bouton de la souris enfoncé et déplacez le contenu de la zone d'aperçu. La zone d'aperçu affiche toujours une partie de l'image sur laquelle va s'appliquer le filtre.
- Pour réduire ou grossir le contenu de la zone d'aperçu, cliquez sur le bouton + ou -.
- Vous pouvez également utiliser l'outil Zoom standard. Placez le pointeur de la souris dans la zone d'aperçu et appuyez sur la touche Ctrl. Il prend alors la forme d'une loupe pour grossir la partie affichée. Appuyez sur la touche Alt afin qu'il prenne la forme d'une loupe agrémentée du signe -.

- Si vous ajoutez la touche Maj aux deux touches précitées, vous effectuez également le zoom sur l'image (donc pas uniquement dans la zone d'aperçu de la boîte de dialogue).
- Tant que la case Aperçu est active, la prévisualisation se fait dans la boîte de dialogue du filtre et sur l'image.
- Par défaut, une main apparaît quand vous placez le pointeur de la souris dans la zone d'aperçu. Il suffit de cliquer et de glisser pour afficher une autre partie de l'image dans l'aperçu. Pour déplacer simultanément le contenu de la fenêtre de l'image, appuyez sur Maj tout en déplaçant la main.
- Si Elements semble ralentir, évitez de prévisualiser l'effet sur l'image elle-même. Pour cela, décochez l'option Aperçu de la boîte de dialogue des options du filtre.

La boîte de dialogue Antipoussière dispose de deux options qui affectent la performance du filtre : le Rayon et le Seuil. Voici comment ils agissent :

- La valeur du Rayon détermine la taille des taches de poussière et l'épaisseur des rayures que vous désirez éliminer. Le rayon étant égal à la moitié du diamètre, la valeur du Rayon sera égale à la moitié de la taille de la tache à éliminer. La valeur minimale est 1. Cela signifie que le filtre supprime toutes les taches et les cheveux dont l'épaisseur est inférieure à 1 pixel, autrement dit aucune tache ni rayure.
- La valeur du Seuil indique à Elements la différence de valeur chromatique, sur une échelle de 0 à 255, qui doit exister entre la tache et son environnement.

  La valeur par défaut est 0. Cela indique à Elements que les poussières et l'image ont seulement besoin d'un niveau de différence de couleurs de 0 pour être détectées. Comme toutes les couleurs ont au moins une différence de niveau 0, Elements ignore la valeur du Seuil et ne considère que celle du Rayon.

  En augmentant la valeur du Seuil, vous demandez à Elements d'être plus sélectif. Avec une valeur de 10, les taches et les couleurs de l'image doivent varier d'au moins dix niveaux (ou valeurs), pour qu'Elements les enlève. Si vous fixez le Seuil à 20, Elements est encore moins pointilleux avec les défauts.

La Galerie de filtres

Choisissez un des filtres de la catégorie Artistique, Contours, Déformation, Esquisse, Esthétique ou Texture dans la palette Illustrations et effets. Vous accédez à l'interface Galerie de filtres, représentée sur la Figure 22.3. Il est également possible d'ouvrir cette galerie via le menu Filtre.

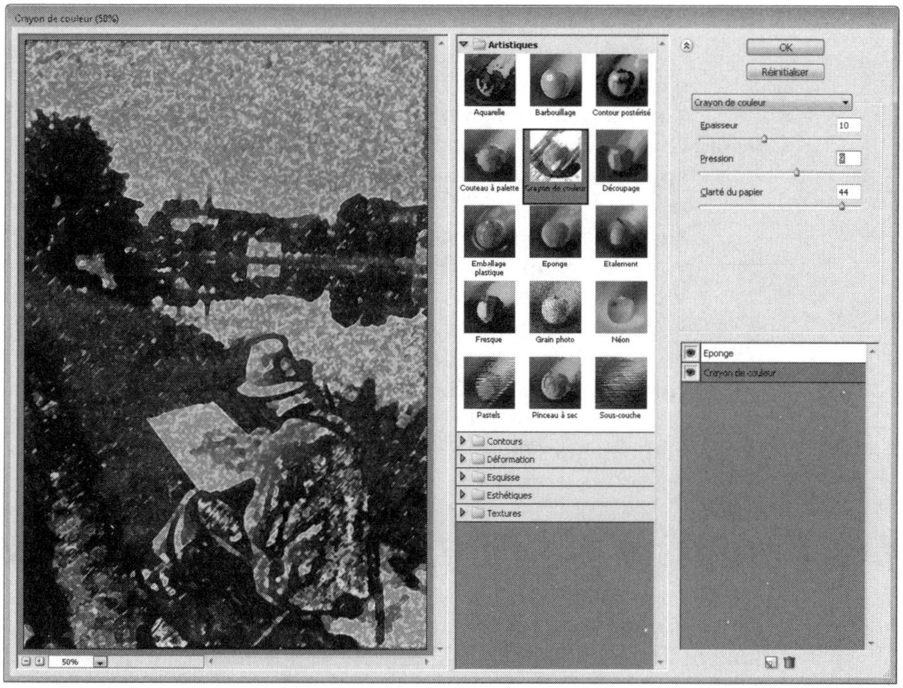

Figure 22.3
La Galerie de filtres, où vous appliquez la majorité des filtres artistiques.

Voici une brève description des fonctions de cette galerie :

- À gauche, une zone d'aperçu montre l'effet des filtres sur l'image. Les touches Ctrl et Alt permettent d'effectuer un zoom avant et arrière.
- Cliquez sur le triangle situé à gauche du dossier pour afficher les filtres qu'il contient. Puis cliquez sur la vignette du filtre à appliquer à l'image.
- Dès que vous cliquez sur une vignette, un ensemble de paramètres apparaît dans la partie droite de la fenêtre. Le nom du filtre sélectionné s'affiche dans la barre de titre de la Galerie de filtres. Le filtre lui-même apparaît dans la partie inférieure droite. Une icône de visibilité (un œil)

indique qu'il est actif, c'est-à-dire appliqué sur l'aperçu. Cette zone est une sorte de palette de calques d'effets. Vous les superposez et les déplacez pour varier et tester les effets.

À proximité du bouton OK, vous voyez deux chevrons. Cliquez dessus pour masquer la liste des effets et agrandir ainsi l'aperçu de l'image.

- Dans la zone d'affichage des filtres sélectionnés, vous pouvez en ajouter, en supprimer, les réorganiser et les masquer. Pour appliquer plusieurs filtres, commencez par appliquer un filtre de la catégorie Esthétiques, comme Contour lumineux. Cliquez ensuite sur l'icône Nouveau calque d'effet, située en bas de la galerie. Vous créez ainsi une copie du filtre Contour lumineux. Comme la copie est active, cliquez sur un autre filtre, comme Vitrail, dans la catégorie Texture. Désormais, deux filtres sont appliqués simultanément : Vitrail et Contour lumineux.

  Supposons que l'effet produit par la combinaison de ces deux filtres ne vous convienne pas. Pas de problème : cliquez sur le calque d'effet Vitrail et glissez-déposez-le sous le calque d'effet Contour lumineux. Vous obtenez un tout autre résultat. Cette méthode permet d'ajouter et de combiner autant de calques d'effet que vous le désirez. Quand un calque ne vous convient pas, sélectionnez-le, puis cliquez sur l'icône de la poubelle. Une fois vos filtres définis et organisés, appliquez-les en cliquant sur OK.

Les prouesses de l'outil Tampon de duplication

Ne nous voilons pas la face. Pour obtenir un dépoussiérage efficace de vos images, il faut utiliser l'outil Tampon de duplication. Il permet de cloner une partie de l'image sur une autre.

Tamponner les taches

Pour savoir comment utiliser l'outil Tampon de duplication, suivez ces étapes :

1. **Cliquez sur l'outil Tampon de duplication de la boîte à outils (voir la Figure 22.4).**

   Pour l'activer depuis le clavier, appuyez sur la touche S.

2. **Dans la barre d'options de l'outil, veillez que la case Aligné soit cochée.**

Figure 22.4 Barre d'options de l'outil Tampon de duplication.

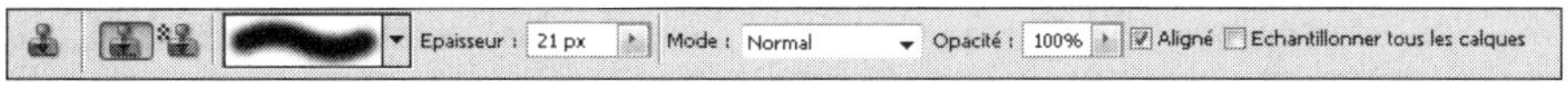

Cette option permet une duplication à partir de points relatifs de votre image. Vous comprendrez mieux dans un instant.

3. **Commencez par cliquer et promener le pointeur aléatoirement dans la photo.**

4. **Maintenez la touche Alt enfoncée et cliquez sur la partie de l'image qui servira de point de référence au clonage.**

   Comme le montre la Figure 22.5, nous avons cliqué à proximité d'une énorme tache située dans la partie inférieure et arrière de la comète. Avec ce gris, vous supprimerez cette tache indésirable sans raccord visible.

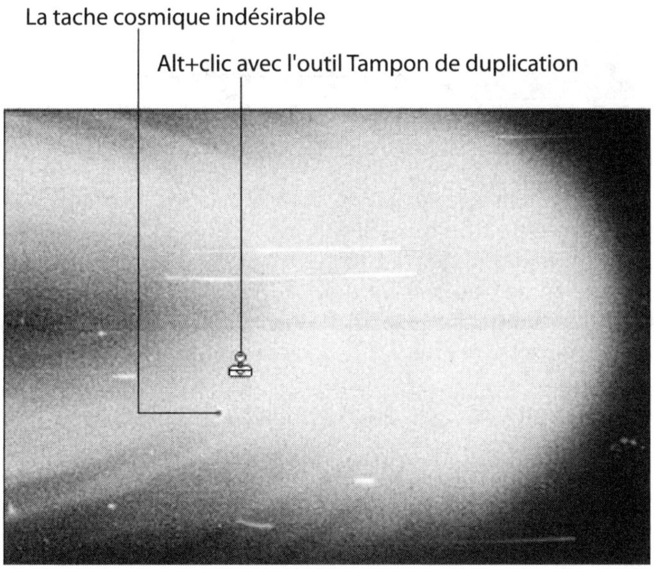

Figure 22.5 Alt+clic sur une partie de l'image permet de définir la zone de duplication, c'est-à-dire la source du clonage.

5. **Maintenant, cliquez ou faites glisser l'outil sur la tache.**

Quand vous cliquez ou faites glisser l'outil Tampon de duplication, Elements affiche un réticule dans la zone où vous prélevez la couleur de remplacement, comme en témoigne la Figure 22.6. Il représente la source du clonage, c'est-à-dire la zone que vous dupliquez. Quand vous déplacez la souris, le réticule se déplace corrélativement, permettant à l'outil Tampon de duplication d'appliquer les couleurs sur lesquelles elle passe. En d'autres termes, vous peignez avec les éléments de l'image elle-même.

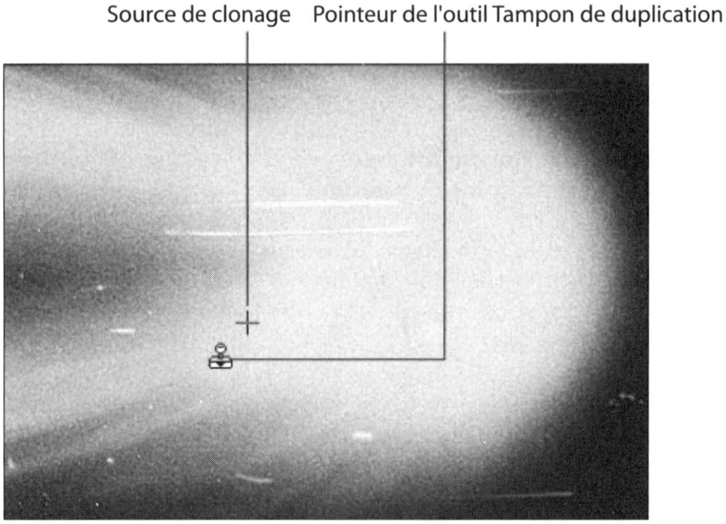

Figure 22.6 Quand vous utilisez l'outil Tampon de duplication, un petit réticule permet de voir la partie de l'image que vous dupliquez.

N'OUBLIEZ PAS

Si la zone clonée ne s'intègre pas bien dans la partie de l'image où se trouve la tache, cliquez sur le bouton Rétablir ou appuyez sur Ctrl+Z. Recommencez ensuite l'opération. Maintenez la touche Alt enfoncée et cliquez sur l'image avec l'outil Tampon de duplication pour définir une meilleure source de clonage. Il est souvent nécessaire de définir plusieurs zones de clonage successives afin de parfaire le résultat.

Jetez un œil à la Figure 22.7. Un quart d'heure suffit pour obtenir ce résultat.

De vrais tours de magie avec l'outil Tampon de duplication

L'outil Tampon de duplication est parfait pour nettoyer soigneusement une image, mais il permet de faire des choses bien plus étonnantes :

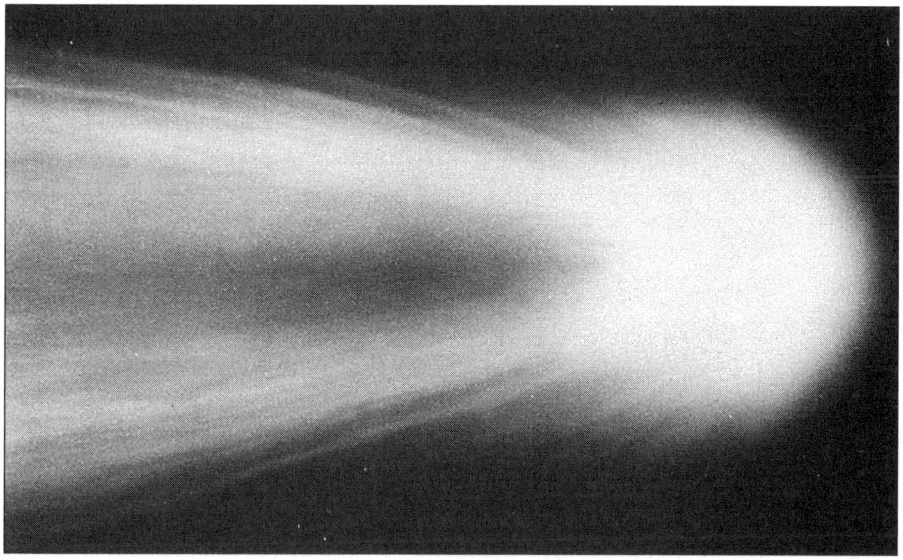

Figure 22.7
La comète de Halley, qui passe tous les soixante-quatorze ans près de la Terre.

- Pour que la duplication soit plus ou moins opaque, utilisez le curseur d'opacité de la barre d'options de l'outil. Avec un pourcentage de 100, le clonage est totalement opaque. Vous pouvez changer l'opacité en appuyant sur les touches numériques : par exemple, tapez **5** pour obtenir une opacité de 50 % ou **5** rapidement deux fois de suite pour définir une opacité de 55 %.

TRUC

- Pour supprimer une trace rectiligne, maintenez la touche Alt enfoncée et cliquez pour définir la source du clonage. Ensuite, cliquez sur l'une des extrémités de la trace à effacer, puis, en maintenant la touche Maj enfoncée, cliquez à l'autre extrémité.

- Si la duplication ne correspond pas exactement à ce que vous voulez, modifiez-la plutôt que de la refaire. Diminuez le paramètre d'opacité et clonez à partir d'autres parties de l'image que vous définissez toujours avec Alt+clic sur le bouton gauche de la souris. Cela permet de mélanger diverses zones de l'image pour obtenir une duplication parfaite, sans raccord.

- Normalement, l'outil Tampon de duplication effectue un clonage depuis une position relative : si vous déplacez le pointeur de la souris à un autre endroit, la source de clonage change. Que faire pour cloner plusieurs fois à partir d'un même emplacement ? Décochez la case Aligné de la barre d'options de l'outil, puis définissez la zone à dupliquer avec Alt+clic. Ensuite, où que vous placiez votre outil sur l'image de destination, vous dupliquerez toujours la même zone de l'image source.

- L'outil Tampon de motif, qui se trouve dans le menu local de l'outil Tampon de duplication et dans la barre d'options, clone de manière répétitive. La palette Motif dans la barre d'options donne accès à la bibliothèque de motifs prédéfinis d'Elements. Vous pouvez aussi définir votre motif en sélectionnant une zone rectangulaire, puis en choisissant Edition/Définir le motif d'après la sélection. Donnez-lui un nom, puis sélectionnez votre motif personnalisé en bas de la liste Motif de la barre d'options de l'outil. Faites glisser l'outil sur l'image (c'est-à-dire en maintenant le bouton gauche de la souris enfoncé) et vous verrez apparaître votre motif. Sympa, mais inutile !

- En matière d'outils *cool* mais pas spécialement utiles, on trouve une option Impressionniste dans la barre d'options de l'outil Tampon de motif, qui donne à ce dernier la faculté d'apporter... eh bien... une *impression* de forme impressionniste. Si vous voulez introduire dans votre image des effets de motif tourbillonnant, cet outil est ce qu'il vous faut. Il est de toute façon plaisant à découvrir. Lorsque le Tampon de duplication est actif, vous pouvez permuter vers le Tampon de motif en cliquant sur le bouton Tampon de motif situé du côté gauche de la barre d'options.

- Vous pouvez réaliser des clonages entre plusieurs images avec l'outil Tampon de duplication. Si deux images sont ouvertes dans Photoshop Elements, faites Alt+clic dans l'une d'elles pour spécifier la source de la duplication. Faites ensuite glisser le pointeur de la souris dans l'autre image. Les éléments de l'image source sont peints dans l'image de destination.

- La Figure 22.8 montre un parfait exemple de clonage entre deux images. À gauche, nous voyons les deux images qui ont été mises à la même échelle via Image/Redimensionner/Taille de l'image. Nous avons maintenu la touche Alt enfoncée et cliqué dans l'image du haut pour définir la source de la duplication. Ensuite, nous avons appliqué la duplication dans l'image du bas, c'est-à-dire que nous avons ajouté les rides de la vieille dame au visage du vieux monsieur. Pour maintenir une cohérence de ton, nous avons fixé l'opacité à 50 %. Impressionnant, n'est-ce pas ?

- L'outil Tampon de duplication permet de cloner en utilisant un mode d'effet. Cela permet d'appliquer des effets spéciaux aux pixels. Les modes d'effet sont quasiment identiques aux modes de fusion. Si vous avez une ou deux heures à perdre, amusez-vous avec les différents modes. Sinon, profitez de ces deux heures pour jouer avec vos enfants.

L'outil Tampon de duplication est incontestablement un des deux ou trois outils les plus utiles de Photoshop Elements.

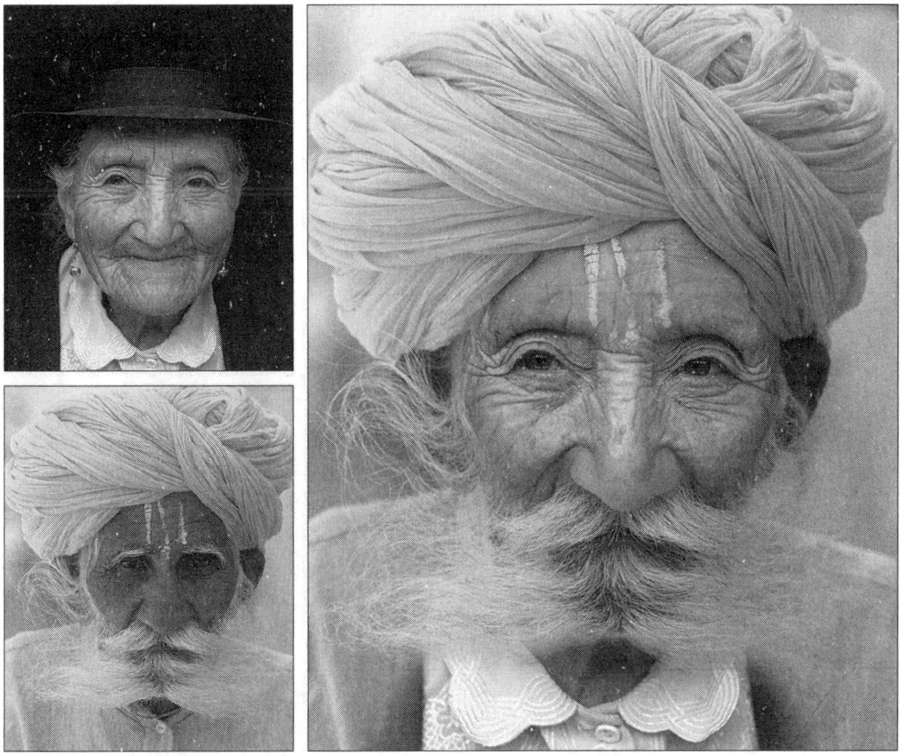

Figure 22.8 En clonant l'image du haut sur celle du bas, nous ajoutons des rides au visage de ce vieillard. L'effet est d'un réalisme saisissant, comme en témoigne l'image de droite.

Accomplir des miracles avec les outils de correction

Si l'outil Tampon de duplication est l'un des outils essentiels de Photoshop Elements, les correcteurs sont, quant à eux, indispensables. Ils prennent respectivement le nom de Correcteur et de Correcteur de ton direct.

Le Correcteur

Le Correcteur fonctionne à peu près de la même manière que le Tampon de duplication. Vous devez définir un point source qui servira de base au clonage. Pour cela, il suffit d'appuyer sur la touche Alt, puis de passer l'outil sur les zones à corriger. Le gros avantage de ce correcteur par rapport au tampon de duplication est qu'il prend en considération la couleur et le contraste de la zone à corriger. Par conséquent, il n'est pas nécessaire de sélectionner une zone source très proche de la zone à corriger.

La Figure 22.9 montre, par exemple, comment éliminer une cicatrice. Sur l'image de gauche, nous avons défini la source du clonage sur une partie intacte de la peau. Ensuite, il suffit de passer, en une seule fois, sur la cicatrice pour la faire disparaître. Comme l'outil Correcteur parvient à mélanger savamment différentes textures de la source et de la destination, nous obtenons une correction tout à fait remarquable et indécelable. L'image de droite de la Figure 22.9 en est la preuve flagrante.

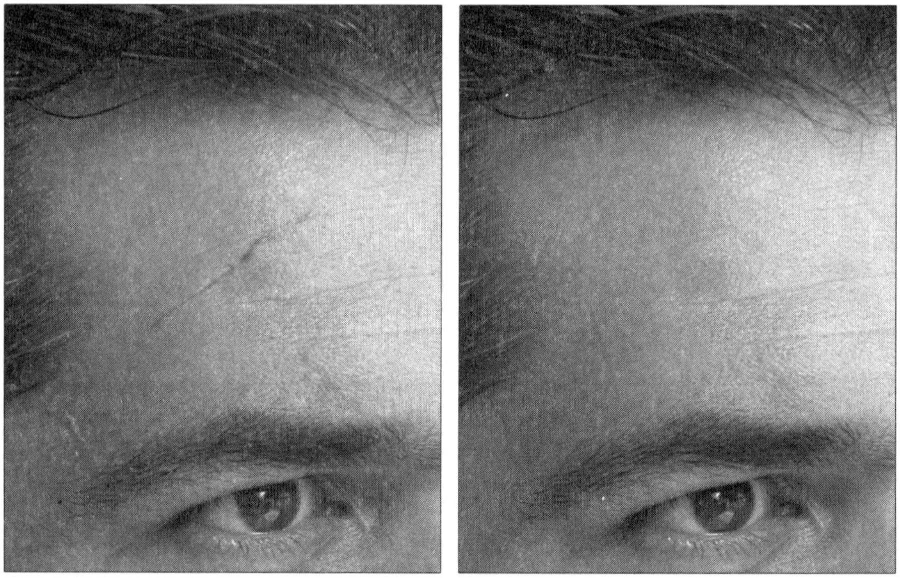

Figure 22.9 Sans recourir à la chirurgie esthétique, vous pouvez faire disparaître des cicatrices avec l'outil Correcteur de Photoshop Elements.

Voici une brève description des options qui accompagnent le Correcteur :

- **Forme :** Permet de contrôler le diamètre de la forme. Plus la pointe du Correcteur est grande, plus il utilisera de pixels environnants pour corriger l'imperfection. Pour obtenir un résultat très précis, nous déconseillons l'utilisation d'une taille trop importante.
- **Mode :** Comme pour l'outil Tampon de duplication, il est possible de sélectionner un mode qui va déterminer la manière dont les pixels vont se mélanger les uns avec les autres.

- **Source :** Si vous optez pour Motif, vous désactivez la fonction initiale du Correcteur. En effet, la source n'a plus aucune importance, puisque l'outil va appliquer le motif sélectionné dans la liste. Cette faculté peut être amusante, mais ce n'est pas l'objectif principal de l'outil Correcteur. Pour éliminer les imperfections, vous devez activer l'option Echantillon.

- **Aligné :** Activez cette option lorsque vous ne souhaitez pas que l'outil Correcteur se réfère systématiquement à la même source. En d'autres termes, le pointeur source s'aligne sur la position du pointeur de duplication. Cette option est bien plus utile à l'outil Tampon de duplication qu'à l'outil Correcteur.

- **Echantillonner tous les calques :** Avec cette option, l'outil Correcteur utilise les pixels de tous les calques d'une image et pas simplement ceux du calque actif.

Le Correcteur de ton direct

L'outil Correcteur est une amélioration réussie de l'outil Tampon de duplication, car il prend en considération la couleur et le contraste. D'un autre côté, nous pouvons dire que le Correcteur de ton direct est une tentative d'amélioration de l'outil Correcteur plus ou moins bien réussie. Quelle est la différence entre ces deux outils de correction ? Eh bien, le Correcteur de ton direct ne nécessite pas la définition d'une source de clonage en appuyant sur la touche Alt. Faites glisser l'outil sur l'imperfection pour la faire disparaître.

Le Correcteur de ton direct ne croule pas sous les options (bien évidemment, vous pouvez définir sa taille, c'est-à-dire son épaisseur), mais il dispose d'une option singulière appelée Type. Dans cette liste, vous avez le choix entre Similarité des couleurs et Nouvelle texture. L'option Similarité des couleurs permet au Correcteur de ton direct de choisir lui-même le point de source en dehors de la zone sélectionnée. En règle générale, c'est l'option que vous devez choisir. Toutefois, dans certaines circonstances, l'outil fait un peu n'importe quoi. Il pourra arriver sur un visage que les yeux apparaissent sur le front ou d'autres bizarreries de ce genre. Avec l'option Nouvelle texture, le Correcteur de ton direct analyse la zone située autour du point où vous cliquez. Il résulte de cette analyse une texture très synthétique qui remplace les pixels de la zone à corriger.

En conclusion, nous dirons que le Correcteur de ton direct donne des résultats mitigés. Testez-le sur certaines parties de vos images. Si la correction s'avère désastreuse, optez pour l'incroyable, le superbe, le miraculeux outil Correcteur.

Le rouge est mis... enlevons-le !

Si vous avez eu entre les mains un appareil photo récent, vous connaissez le principe d'atténuation de l'effet "yeux rouges". Pour rétracter les pupilles, le flash émet en permanence de la lumière, créant ainsi un effet stroboscopique. Agressées, les pupilles se rétractent. Une faible zone des pupilles est alors percutée par la lumière, d'où l'atténuation de l'effet yeux rouges.

Cette technique est intelligente, car les yeux rouges ne sont pas faciles à éliminer. Mais encore aujourd'hui, sur certains appareils, cet effet ne disparaît pas complètement. Elements apporte la solution avec l'outil Retouche des yeux rouges.

Appuyez sur la touche Y pour activer l'outil Retouche des yeux rouges. Ensuite, zoomez sur une des pupilles rouges et cliquez dans cette couleur. Répétez l'opération pour l'autre pupille. Vous pouvez également utiliser l'outil pour tracer un rectangle de sélection autour d'une pupille affectée. Dans certains cas, cette technique est meilleure que l'autre. Quelle que soit la méthode utilisée, l'outil de retouche des yeux rouges s'avère extrêmement puissant et d'une simplicité déconcertante.

Voici les contrôles disponibles dans la barre d'options de cet outil :

- **Pupille :** Dans les cas les plus difficiles, le rouge déborde bien au-delà de la pupille. Grâce à cette option, vous pouvez indiquer que la taille de la pupille est plus importante que la taille traditionnelle qu'elle occupe sur un œil. Mais attention ! L'outil Retouche des yeux rouges ne peut pas connaître la couleur de l'iris. Cette couleur sera remplacée par la couleur de la pupille par défaut. Vous devrez certainement procéder à une retouche manuelle supplémentaire pour redonner à votre modèle le regard qui est le sien.
- **Obscurcissement :** Si vous pensez que le correcteur des yeux rouges risque de rendre les pupilles beaucoup trop noires, diminuez la valeur de ce paramètre. Par défaut, il est fixé à 50 %. Évidemment, si vous pensez que les pupilles risquent d'être trop claires, augmentez cette valeur.
- **Automatique :** Cette fonction, paraît-il, est capable de détecter automatiquement la présence des yeux rouges dans une image et de les corriger. Plusieurs essais infructueux ne me permettent pas de vanter les mérites de cette fonction. Souvent, un seul œil est corrigé !

TRUC

Vous noterez que cet outil porte bien son nom. Il se limite à la suppression du rouge. Donc, si l'utilisation d'un flash particulier génère une pupille verte, vous ne pourrez pas la retoucher avec cet outil. De plus, comme nous l'avons précisé dans l'analyse des options, lorsque le rouge entame l'iris, il est impossible de restituer sa couleur en utilisant l'outil Retouche des yeux rouges.

Corriger rapidement la couleur

Photoshop Elements dispose de diverses commandes de correction rapide des couleurs conçues pour améliorer une image sans trop de souci. Ces commandes se trouvent dans le menu Accentuation. Elles sont disponibles dans le mode Retouche rapide et Retouche standard. Ces commandes "instantanées" de correction des couleurs valent la peine d'être essayées ; elles font parfois du bon travail et, lorsqu'elles n'améliorent rien ou dégradent l'image, il est facile de les annuler.

Heureusement, toutes les photos en couleurs ne sont pas dans un état de dégradation avancé, et certaines réagissent mieux à une commande qu'à une autre. Correction colorimétrique automatique fait un meilleur travail que Niveaux automatiques, Contraste automatique ou Retouche optimisée automatique, pour éclaircir l'image et supprimer la dominante de couleur. Cependant, on réalise un travail encore meilleur "à la main" en exploitant la commande plus complexe Niveaux que nous avons étudiée dans le précédent chapitre.

Niveaux automatiques

Niveaux automatiques permet une première correction de la colorimétrie de l'image en faisant un travail sommaire sur le spectre des couleurs. Nous pensons qu'elle ravira votre oncle René, partisan du moindre effort, mais ne saurait satisfaire une personne de votre qualité au sens esthétique si prononcé. Choisissez Accentuation/Niveaux automatiques, ou appuyez sur Ctrl+Maj+L, pour corriger automatiquement les contrastes d'une image. (Niveaux automatiques est également disponible en mode Retouche rapide.) Par exemple, sur la Figure 22.10, nous voyons une photographie où l'absence de contraste n'est pas à démontrer. C'est-à-dire que l'on ne voit guère de différence entre les noirs et les blancs... tout est gris. Si l'image était en couleurs, vous constateriez une absence complète de luminosité des couleurs les plus claires. Avec la commande Niveaux automatiques, Elements rétablit la distinction entre les teintes claires et les teintes foncées, tout en équilibrant les couleurs moyennes. La Figure 22.11 montre le résultat.

La commande Niveaux automatiques ne règle malheureusement pas tous les problèmes. Sur la Figure 22.11, les noirs et les blancs sont encore trop forts, et les gris trop proches du noir (comme le montre le nuancier collé au milieu de cette photo). L'inconvénient de Niveaux automatiques est qu'elle ajoute un film

Figure 22.10 Quelle triste photographie d'une station-service où clients et employés doivent friser la dépression. On hésite à y faire contrôler son niveau d'huile.

de couleur uniforme sur toute l'image, car cette commande agit sur chaque couche chromatique, déséquilibrant la balance des couleurs. Résultat : une teinte est en excès. On parle alors de *dominante de couleur.* Bien que la commande Niveaux permette de corriger chaque couche de couleur, elle agit aussi sur la totalité de l'image.

Les autres améliorations d'image

Le menu Accentuation comporte quelques autres commandes de correction des couleurs "rapides et faciles", ainsi que certaines qui flirtent avec l'appellation "lentes et compliquées". Nous étudierons Variantes de couleurs en détail, plus loin dans ce chapitre. Pour l'instant, nous nous consacrerons aux autres.

Retouche optimisée automatique

Cette commande de Photoshop Elements, exécutable via Alt+Ctrl+M, améliore les couleurs, renforce les tons foncés et les détails, en un simple clic. Comme toute commande de ce type, tantôt elle fonctionne bien, et tantôt mal. Pour

Figure 22.11 La commande Niveaux automatiques accentue la différence entre les zones claires et les zones sombres, tout en équilibrant les couleurs moyennes.

améliorer ses performances, exécutez Régler la retouche optimisée (Ctrl+Maj+M). Modifiez la valeur du Facteur de correction. Elle est de 0 par défaut et peut atteindre 200 %.

Une vraie correction ne peut s'obtenir qu'avec les commandes Niveaux et Variantes de couleurs.

Contraste automatique

Évitez l'emploi de Contraste automatique (Accentuation/Contraste automatique). Pour la correction de contraste dans une image, tenez-vous-en à la commande Niveaux automatiques – ou, mieux, à la commande Niveaux qui vous donne vraiment des possibilités de contrôle.

Correction colorimétrique automatique

Cette commande prend en considération les tons moyens de l'image pendant la correction. Dans bien des cas, Correction colorimétrique automatique donne des résultats plus satisfaisants que toute autre commande à un clic. Il faut donc lui consacrer un petit instant. Si le résultat ne vous convainc pas, annulez, puis essayez Niveaux et Variantes de couleurs.

Tons foncés/Tons clairs

Vous accédez à cette commande via Accentuation/Régler l'éclairage. Elle permet de compenser les nombreux problèmes d'éclairage rencontrés par les photographes, le plus célèbre et agaçant d'entre eux étant le contre-jour. Le curseur Eclaircir les tons foncés fait ressurgir les détails du premier plan plongé dans l'obscurité. Le curseur Obscurcir les tons clairs permet de réduire la luminosité d'un arrière-plan ensoleillé. (Toutefois, n'oubliez pas que Photoshop Elements est incapable d'identifier le premier plan et l'arrière-plan d'une photo. Il se contente d'agir sur les pixels qui entrent dans son seuil de correction.) Lorsque vous obscurcissez les tons clairs et éclaircissez les tons foncés, vous renforcez globalement les tons moyens de l'image. Le curseur Contraste des tons moyens peut rajouter un peu de contraste à la photo.

Luminosité/Contraste

La commande Luminosité/Contraste s'exécute via Accentuation/Régler l'éclairage. À mon sens, elle n'a aucune raison d'être. Si vous ne l'avez jamais utilisée, ne commencez pas aujourd'hui. La commande Niveaux est bien plus précise pour améliorer la luminosité et le contraste d'une image.

Corrections de la dominante de couleur

Elements dispose d'une commande faite pour compenser la dominante de couleur. Il suffit de choisir Accentuation/Régler la couleur/Corrections de la dominante couleur. Dans la boîte de dialogue qui s'affiche, utilisez la pipette pour cliquer sur une zone qui semble contenir la dominante de couleur à éliminer – il peut s'agir d'un blanc, d'un noir ou d'un gris. La commande Corrections de la dominante couleur supprime la couleur de la zone sur laquelle vous avez cliqué et rééquilibre l'ensemble. Soit cette commande fonctionne, soit elle ne fonctionne pas. Tout dépend de la photo. Dans ce cas, utilisez Variantes de couleurs comme outil de correction de la dominante de couleur.

Teinte/Saturation

Cette commande (Accentuation/Régler la couleur/Teinte/Saturation) est puissante pour changer la couleur et son intensité. Le curseur Teinte fait pivoter la couleur de l'image autour du spectre chromatique. Des ajustements minimes sont susceptibles de corriger une dominante de couleur, tandis que des réglages plus profonds produisent des effets. Gardez un œil sur les barres colorées en arc-en-ciel, en bas de la boîte de dialogue : la barre supérieure représente les couleurs de votre image et la barre inférieure le décalage de teinte.

Par exemple, faites glisser le curseur jusqu'à ce que le jaune dans la barre inférieure soit en dessous du rouge dans la barre supérieure, vous verrez alors que les objets rouges de votre image ont pris une couleur jaune. Le curseur Saturation augmente ou diminue l'intensité des couleurs, et le curseur Luminosité change la luminosité d'ensemble. La sélection de la case à cocher Redéfinir donne à l'image un ton d'ensemble, utile pour créer des effets sépia.

L'une des fonctions les plus utiles de Teinte/Saturation est la désaturation ciblée de certaines couleurs de l'image. Par exemple, les photos prises avec certains appareils photo numériques tendent à présenter des rouges sursaturés. C'est là que le menu Modifier, en haut de la boîte de dialogue, entre en jeu. Si vous choisissez Rouges dans le menu Modifier, les changements que vous opérez avec les commandes de Teinte/Saturation n'affectent que les pixels rouges dans l'image.

Vous pouvez également régler l'intervalle des couleurs affectées avec les pipettes et les contrôles de gamme, repérés sur la Figure 22.12. Un clic avec la pipette de gauche dans l'image isole une couleur ; un clic avec la pipette du milieu ajoute une couleur à la gamme ; un clic avec la pipette de droite supprime cette couleur de l'intervalle. Au fur et à mesure de vos opérations, vous verrez les contrôles de gamme et de tolérance (entre les deux barres arc-en-ciel) se déplacer. Vous pouvez aussi les faire glisser pour modifier l'intervalle des couleurs affectées. La zone située entre les deux contrôles d'intervalle représente la gamme de couleurs que vous isolez. Les zones situées de part et d'autre de cette gamme, délimitées par ailleurs par les curseurs triangulaires, représentent la "tolérance", indiquant à quelle distance de l'intervalle des couleurs isolées les changements doivent être appliqués.

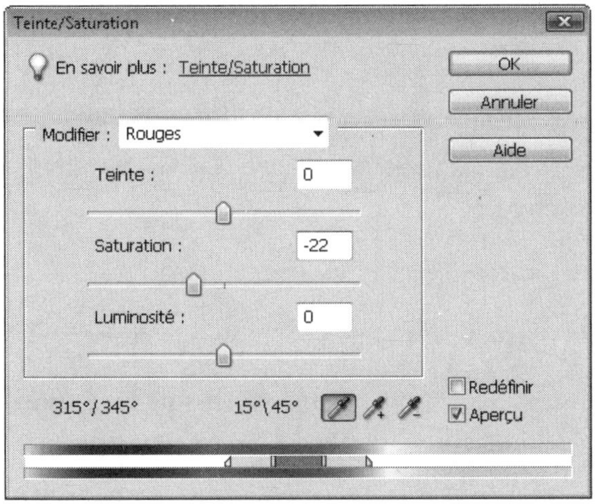

Figure 22.12 La commande Teinte/Saturation permet de modifier globalement ou sélectivement les couleurs d'une image.

Si la lecture de ce paragraphe vous fait vous gratter la tête, sachez que vous n'aurez probablement jamais à employer ces contrôles. Si vous avez besoin d'isoler une gamme de couleurs, un des six choix du menu Modifier devrait suffire.

Bien que Teinte/Saturation soit un outil puissant et utile, il est préférable de ne jamais exploiter cette commande. Teinte/Saturation est, en effet, disponible par ailleurs sous forme de calque de réglage. Pour les détails sur les calques de réglage, consultez la section "Utiliser les calques de réglage", plus loin dans ce chapitre.

Supprimer la couleur

Cette commande (Accentuation/Régler la couleur/Supprimer la couleur) sert à ôter la couleur d'un calque ou d'une zone sélectionnée, afin d'obtenir des niveaux de gris.

Remplacer des couleurs

Jusqu'à présent, nous n'avons envisagé que la correction colorimétrique dans le but d'améliorer une image. De son côté, la commande Remplacement de couleur envisage la correction des couleurs sous un autre angle. Elle consiste à isoler une couleur d'une image pour la remplacer par une autre ; c'est donc une proche cousine de Teinte/Saturation.

La commande Remplacement de couleur

Pour utiliser cette commande, choisissez Accentuation/Régler la couleur/ Remplacement de couleur. Vous accédez à la boîte de dialogue représentée sur la Figure 22.13. Elle est divisée en deux parties : Sélection et Transformation.

Voici comment utiliser la commande Remplacement de couleur :

1. **Appliquez Remplacement de couleur à la totalité d'une photo ou à une partie sélectionnée.**
2. **Cliquez sur le bouton d'option Image.**

   La photo ou la partie sélectionnée apparaît dans l'aperçu.
3. **Avec la pipette, cliquez dans la zone cible, soit sur l'aperçu, soit sur l'image.**
4. **Activez Sélection.**

Figure 22.13 La commande Remplacement de couleur isole une zone de couleur dans une image, comme l'eau ici.

Vous apercevez le résultat de votre sélection dans l'aperçu. Les zones noires ne sont pas sélectionnées, tandis que les zones blanches le sont. Tout ce qui apparaît en gris est partiellement sélectionné.

5. **Ajustez votre sélection avec Pipette + (Ajouter), Pipette - (Retirer) et le curseur Tolérance.**

   Heureusement, les Pipettes + et - parlent d'elles-mêmes. Le curseur Tolérance permet d'étendre ou de réduire votre sélection. Plus la valeur de tolérance est élevée, plus le nombre de couleurs remplacées est important. Moins cette valeur est élevée, moins vous sélectionnez de couleurs à remplacer.

   TRUC

   Vous pouvez également cliquer sur l'indicateur Couleur pour définir la teinte sélectionnée dans le Sélecteur de couleur.

6. **Dès que la sélection vous satisfait, modifiez la couleur avec les curseurs de la zone Remplacement.**

   Vous pouvez régler la Teinte, la Saturation et la Luminosité. Le carré coloré Résultat affiche la couleur de remplacement.

7. **Dès que vous êtes satisfait, cliquez sur OK.**

   La couleur des zones sélectionnées a été remplacée par votre nouvelle couleur.

L'outil Remplacement de couleur

L'outil Remplacement de couleur prélève une teinte de référence qui est remplacée dans toutes les zones de l'image par la couleur de premier plan. Si vous l'utilisez pour supprimer les yeux rouges, définissez une couleur de premier plan noire, puis cliquez dans la pupille rouge. Voici les paramètres accessibles depuis la barre d'options de l'outil :

- **Forme :** Ce menu local permet, entre autres, de définir le diamètre et la dureté de l'outil.
- **Mode :** Cette liste contient des modes de fusion qui déterminent la manière dont les pixels peints vont se mélanger aux pixels de l'image. Le mode par défaut, Couleur, s'avère un excellent choix.
- **Echantillonnage :** Cette option permet à Photoshop Elements de connaître la couleur à remplacer. Continu permet un remplacement ininterrompu de couleur. Une fois modifie uniquement la couleur sur laquelle vous avez cliqué. Nuancier fond remplace la couleur d'arrière-plan désignée. Les meilleurs résultats sont généralement obtenus avec l'option Une fois.
- **Limites :** Supposons que vous ayez choisi le mode Couleur et l'échantillonnage Une fois. Vous cliquez au centre d'un bel œil rouge. Que se passe-t-il si, sans relâcher le bouton de la souris, vous dépassez les limites de cette imperfection ? Avec l'option Contiguës, l'autre œil rouge ne sera pas corrigé, car il n'est pas adjacent au premier. Si vous choisissez l'option Discontiguës, l'autre œil sera rectifié.
- **Tolérance :** Ce curseur détermine le seuil de remplacement de la couleur. Ainsi, toutes les teintes qui ne dépassent pas ce seuil seront remplacées. Plus la valeur est faible, plus les couleurs remplacées devront avoir une valeur proche de la couleur de référence. Plus la valeur de tolérance est élevée, plus la plage de couleurs remplacée est importante.
- **Lissage :** Cette option adoucit les contours. Activez-la systématiquement !

Comme avec l'outil Retouche des yeux rouges, les performances de l'outil Remplacement de couleur varient d'une image à l'autre. Utilisez-le dans les zones d'une image qui seront difficiles, voire impossibles à corriger avec la commande Remplacement de couleur.

Utiliser les calques de réglage

Les calques de réglage sont semblables aux calques, excepté qu'ils visent à appliquer des commandes de correction de la couleur. Par défaut, un calque de réglage applique la correction de couleur choisie à chaque calque qui se trouve en dessous de lui. Cependant, vous pouvez toujours désactiver la visibilité d'un calque de réglage, ou tout simplement le supprimer, ce qui restaure l'image dans son état initial. Les calques de réglage sont dits *non destructifs*, ce qui signifie qu'ils ne changent pas de façon permanente les pixels dans l'original de l'image ; ils flottent au-dessus des pixels, pour leur donner un meilleur aspect. C'est un peu comme avoir le beurre et l'argent du beurre.

Il est donc dommage qu'Elements ne mette à disposition, comme calques de réglage, que deux commandes vraiment utiles : Niveaux et Teinte/Saturation. Les autres choix sont Luminosité/Contraste (bof) et une poignée de commandes également disponibles dans le sous-menu Filtre/Réglages qui sont, certes, pratiques lorsqu'elles sont nécessaires, mais qui le sont en fait rarement.

Les calques de réglage partagent leur espace d'intervention avec les calques de remplissage. Vous pouvez utiliser ces derniers pour ajouter un calque de couleur unie, un dégradé ou un motif. Les calques de remplissage n'ont rien à voir avec la correction de la couleur, mais il est nécessaire de savoir à quoi ils servent.

Utilisation des calques de réglage et de remplissage

Les calques de réglage et de remplissage présentent plusieurs avantages par rapport aux calques ordinaires :

- Les calques de réglage affectent tous les calques situés en dessous. Si vous n'utilisez pas un calque de réglage, la correction des couleurs n'affecte que le calque actif.

- Vous pouvez créer plusieurs calques de réglage. Il est donc possible qu'un calque de réglage affecte une partie de l'image et un autre le reste ; créez pour cela deux calques de réglage aux paramètres de correction totalement différents.

- Comme la correction de la couleur se fait sur son propre calque, vous pouvez expérimenter librement les réglages, sans nuire à l'image d'origine. Si la correction ne vous satisfait pas, il suffit alors de modifier le calque de réglage, voire de le supprimer, pour retrouver l'image d'origine sans altération. Vous pouvez également modifier ou supprimer les calques de remplissage.

Voici comment créer un calque de réglage :

1. **Dans la palette des calques, cliquez sur le calque dont vous désirez corriger la couleur.**

   Quand vous créez un calque de réglage, Elements le place directement au-dessus du calque actif. Ses réglages affectent tous les calques du dessous, sauf si vous avez exécuté la commande Associer au précédent du menu Calque, comme cela est décrit à l'Étape 2.

   TRUC

   Si vous sélectionnez une partie de l'image avant de créer un calque de réglage, la correction de la couleur n'affecte que la zone sélectionnée sur tous les calques situés en dessous du calque de réglage.

2. **Choisissez Calque/Nouveau calque de réglage et sélectionnez ensuite le type de réglage à appliquer aux calques de l'image.**

   Dans notre exemple, choisissez Niveaux. La boîte de dialogue Nouveau calque s'affiche. Vous pouvez donner un nom au calque. Pour le moment, ne vous préoccupez pas des paramètres Mode et Opacité. Vous pourrez les modifier ultérieurement dans la palette Calques. Ne cochez pas la case Associer au calque précédent. Nous verrons plus tard la raison d'être de cette option.

3. **Appuyez sur la touche Entrée.**

   Elements ajoute le calque de réglage à la palette des calques et affiche la boîte de dialogue Niveaux dont nous expliquons le fonctionnement dans la prochaine section.

La création d'un calque de remplissage est tout aussi facile. Choisissez simplement Calque/Nouveau calque de remplissage. Dans le sous-menu, sélectionnez Couleur unie, Dégradé ou Motif.

ATTENTION !

Si vous vous demandez à quoi correspondent ces vignettes supplémentaires, jetez un œil à la Figure 22.14. Elements ajoute un masque de calque à chaque calque de réglage ou de remplissage. En bref, un *masque de calque* est un petit morceau d'acétate que l'on place sur le calque lui-même. Vous peignez dessus pour masquer ou afficher sélectivement l'effet de réglage ou de remplissage.

Quand il s'agit de calques normaux, vous masquez ou affichez les pixels concernés par les manipulations effectuées sur le calque de masque. En appliquant des pixels noirs sur le calque de masque, vous masquez. En appliquant des pixels blancs, vous révélez. Toute couleur grise affiche et masque en fonction d'un certain degré de transparence. En d'autres termes, pour afficher un réglage ou un remplissage, laissez la couleur du masque par défaut (le blanc). Pour supprimer le réglage ou le remplissage, peignez avec du noir sur le calque de masque. N'importe quel outil de peinture peut être utilisé sur le masque, mais les meilleurs résultats sont obtenus avec le Pinceau ou le Dégradé.

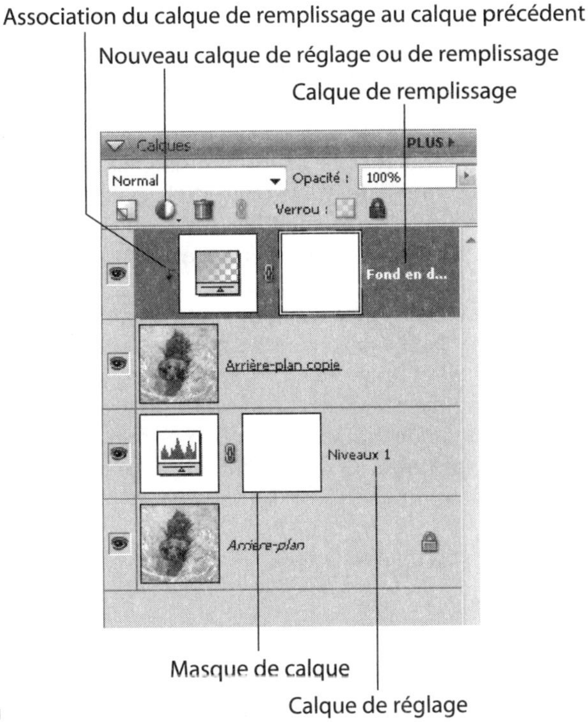

Figure 22.14 La palette des calques avec des calques de réglage et de remplissage.

La manière la plus simple de peindre sur un calque de masque consiste à maintenir les touches Alt+Maj enfoncées et à cliquer sur la vignette du calque de masque. Si vous avez déjà utilisé la Forme de sélection en mode Masque, cela devrait vous être maintenant très familier. Dès que vous commencez à peindre sur l'image, vous appliquez une couleur rose. Tout ce qui est couvert par le rose ne sera pas affecté par le calque de réglage. Vous pouvez également maintenir la touche Alt enfoncée et cliquer sur la vignette du masque de calque pour ne voir que le masque. Maintenez la touche Maj enfoncée et cliquez sur la vignette du masque de calque afin de désactiver temporairement l'effet du masque. Répétez ces actions pour utiliser de nouveau le masque de calque.

N'oubliez pas qu'un calque de réglage ou de remplissage fonctionne comme n'importe quel autre calque de la palette des calques. Vous pouvez faire varier les effets, donc les réglages, en ajustant l'opacité et en sélectionnant un mode de fusion ; vous pouvez déplacer le calque vers le haut ou le bas pour affecter différents calques de la palette ; vous pouvez fusionner le calque avec celui du dessous pour appliquer définitivement la correction de couleur ou le remplissage à l'image. (En revanche, vous ne pouvez pas fusionner un calque de réglage ou de remplissage avec un autre calque de ce type.)

Pour modifier le type de réglage ou de remplissage d'un calque, choisissez Calque/Modifier le contenu du calque et sélectionnez le nouveau type de réglage ou de remplissage.

Vous pouvez contrôler l'effet du réglage ou du remplissage sur votre image d'origine en cliquant sur l'icône d'affichage (œil) de la palette des calques. Quand l'œil est présent à gauche de la vignette du calque, vous en appréciez l'incidence. Quand il est absent, vous voyez l'image d'origine.

Les calques de réglage sont si puissants et souples qu'il ne faut jamais exploiter les commandes Niveaux et Teinte/Saturation, mais les appliquer en tant que calques de réglage. Certes, la plupart des formats de fichier ne gèrent pas les calques de réglage. Néanmoins, même si vous voulez obtenir au final une image JPEG aplatie, il reste judicieux de conserver un fichier PSD avec calques à titre de sauvegarde. Pourquoi appliquer un changement permanent à l'original de votre image alors que vous risquez d'avoir à la réajuster plus tard ?

Pour résumer, les calques de réglage doivent être la règle.

Filtre photo

Le Filtre photo peut être appliqué sous la forme d'un calque de réglage ou via Filtre/Réglages/Filtre photo. Ce filtre reprend le concept des filtres photographiques que l'on visse sur l'objectif d'un appareil photo pour compenser la couleur. En extérieur, les ombres claires produisent une dominante bleutée, tandis que les éclairages artificiels produisent une dominante rouge orangé. Un filtre compense ces effets *avant* la prise de vue. Le Filtre photo agit, quant à lui, *après* la prise de vue.

La boîte de dialogue Filtre photo contient quelques options. Les deux filtres Réchauffant compensent les photos présentant une dominante bleue. Les filtres Refroidissant intéressent les photos où cette même dominante est rouge et/ou jaune. Les autres filtres produisent des effets particuliers que je vous laisse expérimenter. Vous pouvez activer le bouton d'option Couleur, puis cliquer sur l'indicateur pour ouvrir le Sélecteur de couleur, où vous définissez la teinte du filtre. Le curseur Densité détermine l'intensité du filtre et l'option Conserver la luminosité permet de garder les valeurs de luminosité d'origine, même après application du filtre.

Si vous possédez une certaine expérience de la photographie argentique, vous maîtriserez rapidement les Filtres photo. Ils simulent la réalité. Comme ils sont utilisables sous forme de calques de réglage, vous pouvez supprimer leur effet à n'importe quel moment, ce qui est impossible à faire en photo argentique, avec un filtre.

Variantes de couleurs

En manipulant les niveaux de luminosité d'une image, vous pouvez malheureusement porter atteinte aux couleurs. C'est notamment le cas quand vous éclaircissez des couleurs moyennes en déplaçant vers la gauche le curseur central de la boîte de dialogue Niveaux. Pour retrouver les couleurs d'origine, choisissez Accentuation/Régler la couleur/Variantes de couleurs.

Bien qu'Elements dispose d'une commande pour supprimer la dominante de couleur, la commande Variantes de couleurs convient généralement mieux pour s'en débarrasser. Quelle que soit la teinte qui prédomine dans votre image, la commande Variantes de couleurs peut l'atténuer avec élégance et rapidité. Mais avant d'en arriver là, voyons comment Variantes de couleurs peut accentuer les couleurs d'une image dont les niveaux sont corrects.

Transformer une image délavée en un cliché coloré

Pour augmenter l'intensité des couleurs de votre image, procédez comme suit :

1. **Choisissez Accentuation/Régler la couleur/Variantes de couleurs.**

   La gigantesque fenêtre Variantes de couleurs s'affiche, remplie de multiples images.

2. **Activez le paramètre Saturation.**

   La plupart des aperçus disparaissent. Seules quatre images sont visibles, comme en témoigne la Figure 22.15. Les deux prévisualisations en bas de la boîte de dialogue représentent les différentes intensités de la couleur. Les deux aperçus plus grands du haut montrent l'image telle qu'elle apparaît avant que vous ne choisissiez la commande Variantes de couleurs, et telle qu'elle apparaît après sélection d'un mode de saturation.

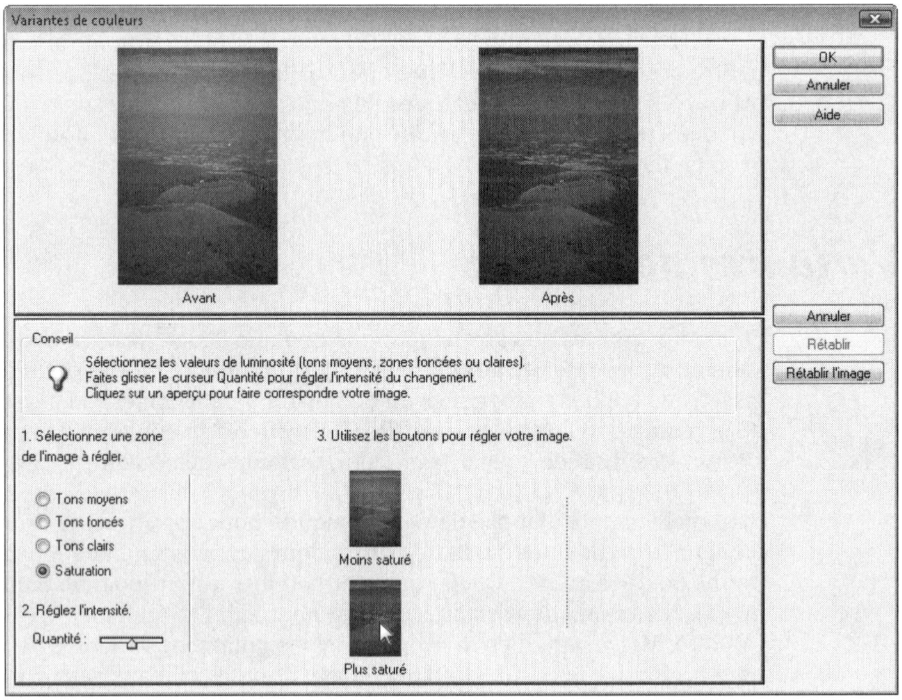

Figure 22.15 Cliquez sur la vignette Plus saturé pour accentuer l'intensité des couleurs d'une image.

3. **Faites glisser vers la gauche le curseur situé dans le coin inférieur gauche de la fenêtre.**

   Ce curseur contrôle l'étendue des modifications effectuées dans la fenêtre Variantes de couleurs. Si vous déplacez le curseur vers la droite, les modifications sont très accentuées. Vers la gauche, vous entrez davantage dans la subtilité. Le résultat est affiché dans les aperçus en bas de la boîte de dialogue.

   Comme l'intensité de la couleur est une fonction très sensible d'Elements, il est préférable de positionner le curseur assez loin vers la gauche. Vous procéderez ainsi à des changements en douceur.

4. **Pour augmenter l'intensité de la couleur, cliquez sur l'aperçu Plus saturé.**

   En cliquant une fois, vous appliquez le réglage défini avec le curseur. Un nouveau clic permet de donner encore plus d'intensité. À chaque nouveau clic, l'aperçu Après s'actualise, c'est-à-dire qu'il reflète l'application de la modification.

   Pour que l'aperçu Après montre l'image d'origine, cliquez sur le bouton Rétablir l'image ou sur l'aperçu Avant.

5. **Une fois satisfait de l'intensité des couleurs, appuyez sur la touche Entrée.**

   Elements applique les réglages à l'image d'origine. Aucune mauvaise surprise ne vous attend.

Les changements apportés n'affectent que le calque actif. Il n'est pas possible d'appliquer la commande Variantes de couleurs à un calque de réglage. Pour cette raison, Teinte/Saturation est un meilleur choix pour renforcer une faible saturation dans une image ; vous pouvez l'employer via un calque de réglage, afin que les changements ne soient pas permanents. Certaines personnes préfèrent de loin l'approche clics et aperçus de Variantes de couleurs. Quel que soit votre choix, Elements vous donnera satisfaction.

Supprimer une dominante de couleur

Pour enlever une dominante de couleur avec la commande Variantes de couleurs :

1. **Choisissez Accentuation/Régler la couleur/Variantes de couleurs.**

   La fenêtre Variantes de couleurs s'ouvre.

2. **Cliquez sur le bouton d'option Tons moyens.**

   Cette option permet de modifier les couleurs moyennes de votre image. (Vous pouvez également modifier les couleurs claires et foncées en activant Tons clairs et Tons foncés, mais il est préférable de commencer par Tons moyens, car il s'agit habituellement de la principale source du problème.)

   Une fois Tons moyens activé, la partie inférieure de la boîte de dialogue se remplit de vignettes, comme le montre la Figure 22.16. Les six vignettes sur la gauche servent à renforcer ou atténuer les trois couleurs de base dans Elements – rouge, vert et bleu. Les deux vignettes sur la droite servent à éclaircir et assombrir l'image.

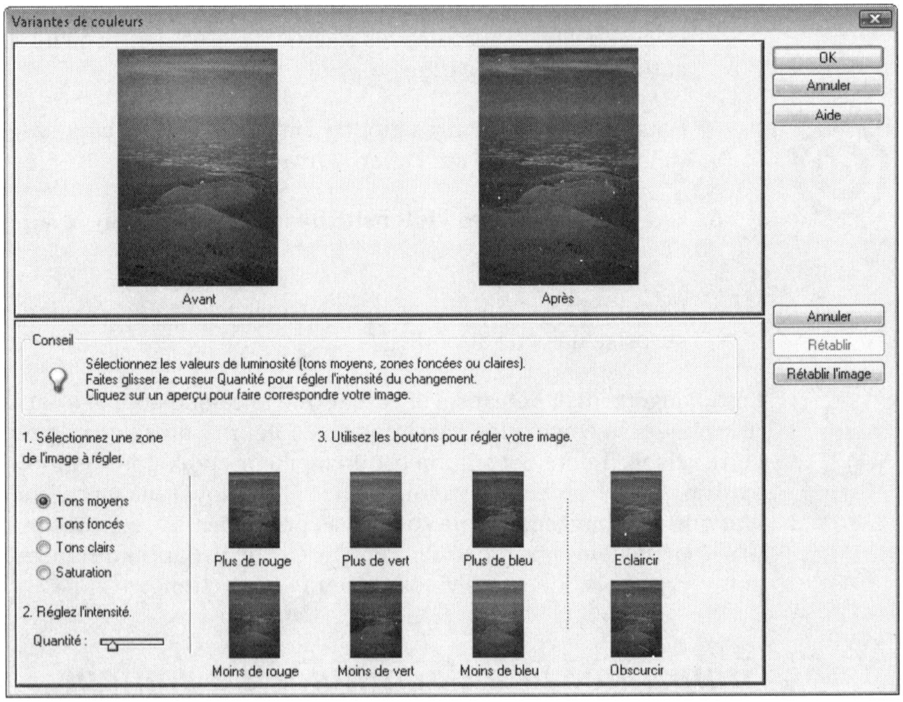

Figure 22.16 Cliquez sur la vignette Plus de bleu pour ajouter du bleu à l'image. Cliquez sur Moins de rouge pour ôter du rouge. Vous voyez le principe ?

3. **Faites glisser vers la gauche le curseur situé dans l'angle inférieur gauche.**

   Comme auparavant pour la saturation, il est préférable d'ajuster les couleurs par petites touches.

4. **Cliquez sur une des vignettes Plus de ou Moins de, pour rapprocher ou éloigner les couleurs de l'image d'une couleur particulière.**

5. **Si vous vous rapprochez trop d'une couleur, pas de panique.**

   Si ce dernier clic sur Plus de rouge a vraiment tout mis sens dessus dessous, cliquez sur Moins de rouge ou simplement sur le bouton Annulation. Si vous décidez finalement que les choses n'étaient pas si mauvaises que cela, cliquez de nouveau sur Plus de rouge ou sur le bouton Rétablir. Si vous avez vraiment tout raté, cliquez sur la vignette Avant ou sur le bouton Rétablir l'image.

Elements présente les variantes de couleurs dans votre image, mais permet également de remédier à vos égarements chromatiques. Qui n'aimerait pas une telle application ?

Nous en avons fini avec notre tour d'horizon de la photo numérique sur PC. C'est l'une des activités préférées des utilisateurs dont vous faites, bien entendu, partie. Cependant, ne nous voilons pas la face. Aujourd'hui, ce qui motive principalement l'achat d'un ordinateur est Internet. Les deux parties suivantes de cet ouvrage sont consacrées au Web, au courrier électronique, à la messagerie instantanée, enfin à tout ce que vous devriez savoir sur Internet afin d'en profiter pleinement.

Septième partie

Internet : comment et pourquoi ?

"Depuis qu'il se gave d'Internet toute la journée, il a pris vingt kilos"

Dans cette partie...

La plus grande difficulté dans l'utilisation d'Internet, c'est probablement de réussir à s'y connecter, ensuite, il suffit de cliquer de-ci de-là. Dans cette partie, nous vous expliquons quel type de service Internet vous convient le mieux et nous vous aidons à établir une connexion en vous donnant des instructions spécifiques aux systèmes d'exploitation les plus courants. Nous vous prodiguons également des conseils avisés sur le haut débit et la Wi-Fi (le fameux sans-fil).

Chapitre 23

Surfer sur le Net : quels sont vos besoins ?

Dans ce chapitre :

- Choisir un ordinateur.
- Un modem, dites-vous ?
- Notre configuration préférée : le routeur.
- Rester en vie avec des pare-feu, des antivirus et des anti-espiogiciels.
- Les types d'accès.
- Accès bas débit et accès haut débit.
- Choix des fournisseurs d'accès.
- Les offres haut débit.
- Logiciels nécessaires.
- Que faire une fois connecté ?

Bon, alors, comment rejoindre Internet ? La réponse est : "Ça dépend." Internet n'est pas un simple réseau, c'est un conglomérat de centaines de milliers de réseaux distincts mais reliés ensemble et ayant chacun ses propres règles et procédures. Vous pouvez accéder au Net *via* n'importe lequel d'entre eux. Les lecteurs des précédentes éditions de ce livre nous ont suppliés de détailler, étape par étape, comment il fallait procéder. Nous vous donnerons des explications, chaque fois que nous le pourrons.

Voici quelles sont les étapes de base à suivre :

1. **Déterminez le type de votre ordinateur.**
2. **Informez-vous sur les types de connexion Internet disponibles là où vous habitez.**
3. **Fixez-vous un budget moyen.**
4. **Réalisez la connexion et voyez si elle vous convient.**
5. **Installez les programmes qui protègent votre ordinateur contre les virus et les espiogiciels.**

Ou, en d'autres termes, pour réaliser concrètement une connexion Internet, il vous faut :

- Un ordinateur (à moins que vous n'ayez un terminal Web relié à votre télé). Nous en dirons deux mots dans une minute.
- Un modem pour relier votre ordinateur au réseau téléphonique ou au câble (en matière de haut débit le terme *modem* perd tout son sens initial).
- Un abonnement auprès d'un fournisseur d'accès afin d'établir une liaison entre votre propre machine et la Toile (autre nom du Web).
- Les logiciels nécessaires pour gérer les communications et exploiter votre connexion.

Nous examinerons ces ressources l'une après l'autre.

Les comptes Internet sont faciles à utiliser mais peuvent s'avérer complexes à configurer. Le plus difficile est sans doute d'établir la première connexion. Toutefois, de nombreux fournisseurs d'accès à Internet (FAI) mettent à la disposition de leurs clients des kits de connexion qu'il suffit d'installer. Vous répondez à quelques questions, et le tour est joué ! Si vous ne disposez pas d'un kit de connexion, laissez faire Windows Vista qui vous guide pas à pas dans cette procédure de configuration d'un ordinateur pour Internet.

Avez-vous un ordinateur ?

Comme Internet est un réseau d'ordinateurs, le seul moyen de s'y connecter est d'utiliser un ordinateur. Mais ceux-ci peuvent se présenter sous les déguisements les plus divers, et peut-être en avez-vous déjà un chez vous dont vous ne soupçonnez pas l'existence. Si vous utilisez un ordinateur sur votre lieu de travail et si, en particulier, vous avez accès à une quelconque forme de courrier électronique, il se peut que vous disposiez, sans le savoir, d'une connexion Internet.

Non, je n'en ai pas ! Il a même fallu que j'emprunte ce livre

Si vous n'avez pas d'ordinateur, et ne souhaitez pas ou ne pouvez pas en acheter un, il reste encore quelques solutions.

Il est probable que vous pourrez accéder à Internet dans votre bibliothèque municipale. De plus en plus de bibliothèques proposent ce service qui rencontre un certain succès. Renseignez-vous pour connaître les horaires les moins encombrés.

Les écoles, universités et centres de formation permanente pour adultes offrent une autre solution. En effet, ces établissements proposent parfois des cours d'initiation à Internet. Un cours présente deux avantages par rapport à un livre : une démonstration pratique de l'utilisation du Net et, plus important encore, la présence de quelqu'un à qui poser des questions sur des points qui demeurent obscurs malgré la lecture d'un livre, si bon, si clair, si divertissant soit-il – vous voyez à quel ouvrage nous faisons allusion...

Les *cybercafés* qui fleurissent un peu partout offrent encore une autre possibilité. Comme leur nom l'indique, ce sont des établissements où, en plus de vous abreuver, vous pouvez louer du temps d'utilisation d'un ordinateur raccordé à Internet.

Huit filles ? Où ça ?

La Wi-Fi est une connexion sans-fil capable de se brancher à un point d'accès à Internet installé chez vous ou dans des lieux publics comme les gares, les aéroports, les cafés, les hôtels, *etc.* Ce type de connexion a immédiatement connu un énorme succès, de sorte que les points d'accès se multiplient rapidement. Ils ne sont hélas pas tous gratuits et nécessitent parfois un abonnement à l'opérateur qui les gère. Pour s'y connecter, l'ordinateur doit être équipé d'une carte Wi-Fi, seul périphérique capable de détecter la présence d'un réseau sans-fil accessible. Pour connaître les points d'accès Wi-Fi présents dans la région où vous voyagez, connectez-vous au site `www.linternaute.com/wifi/` illustré à la Figure 23.1.

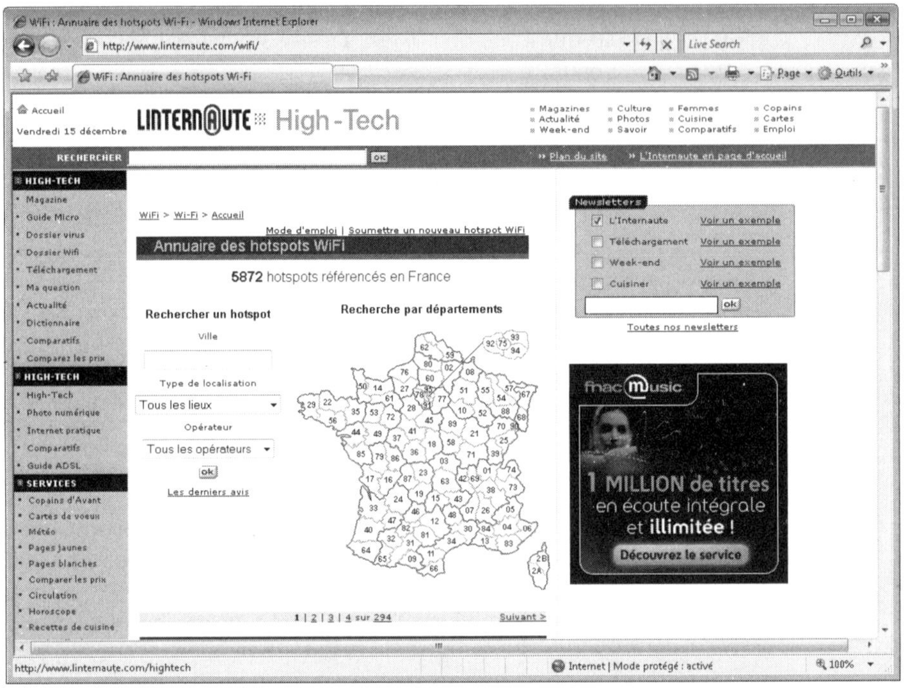

Figure 23.1 Découvrez les points d'accès Wi-Fi en France.

Enfin, n'importe quel ordinateur à 300 euros ou moins vous permettra de surfer sur le Web depuis votre domicile.

J'ai un vieux machin beige dans mon placard

Théoriquement, n'importe quel vieil ordinateur, même de 10 ou 15 ans d'âge, devrait permettre de se connecter à Internet. En pratique, le manque de puissance et la difficulté à trouver des logiciels compatibles avec ces vieilleries poseraient de sérieux problèmes. Aussi, si votre matériel a plus de cinq ans – un âge vénérable en micro-informatique – mieux vaut envisager l'acquisition d'un nouvel ordinateur. Ils sont de moins en moins chers. On en trouve pour moins de 500 euros dans les grandes surfaces, et parfois moins de 200 euros sur Internet... mais, suis-je bête, c'est vrai que vous ne vous n'êtes pas encore connecté !

Oui, j'en ai un tout neuf !

Ainsi, vous avez un ordinateur ! Ou peut-être avez-vous décidé d'en acheter un. La plupart des utilisateurs se connectent en laissant leur ordinateur composer le numéro de leur fournisseur d'accès. Lorsque vous allumerez votre nouvel ordinateur pour la première fois ou exécuterez l'un des programmes Internet préinstallés, votre ordinateur vous proposera d'appeler un fournisseur d'accès et de configurer votre compte par la même occasion. N'en faites rien, enfin pas pour l'instant. Lisez d'abord la suite de ce chapitre pour quelques recommandations et options très utiles.

Une autre technique beaucoup plus efficace pour se connecter, disponible presque partout – quelques patelins reculés y échappent encore – est la connexion à haut débit, soit au travers du réseau téléphonique, soit par le câble (celui qui amène les programmes de la télévision par câble).

Non, mais je vais en acheter un

D'interminables discussions opposent les partisans de tel ou tel type d'ordinateur. Nous n'entrerons pas dans ces querelles de chapelles, le monde étant déjà largement confronté à toutes sortes d'antagonismes autrement plus dramatiques. Sachez néanmoins que les matériels les plus répandus sont actuellement ceux qui "tournent" sous Windows, toutes versions confondues. Ils équipent ce que l'on appelle usuellement des PC (*Personal Computer*, ordinateur personnel). Il existe aussi les Mac fabriqués par Apple, la marque à la pomme, dont les nouveaux modèles sont équipés d'un processeur Intel capable de faire tourner des applications Windows. Et enfin, pour revenir au monde du PC, il existe d'autres systèmes d'exploitation que Windows, comme Unix, Linux (qui est une variante d'Unix) et d'autres encore...

Si vous avez un ami versé dans l'informatique et prêt à vous aider dans votre connexion, envisagez l'achat d'un ordinateur du même type que le sien (PC ou Mac). Ainsi, lorsque vous serez confronté à un problème, il sera mieux à même de vous aider.

J'ai un téléphone portable et/ou un ordinateur de poche

Quelques téléphones mobiles sophistiqués proposent un petit clavier et un écran un peu plus grand que celui des autres, de surcroît en couleur. Une technologie appelée WAP (*Wireless Application Protocol,* protocole d'application sans-fil), permet d'afficher une version spécifique des pages Web sur l'écran de ces téléphones et de naviguer sur Internet. À l'instar de Mireille Mathieu, le WAP est très populaire au Japon, mais ne connaît pas le même engouement en France.

L'accès Internet par un téléphone mobile exige un abonnement spécifique auprès de votre opérateur, dont le coût est souvent très élevé. De ce fait, l'intérêt est très relatif d'autant que, si naviguer au travers d'un écran d'ordinateur est assez agréable, il n'en va pas de même sur l'écran tout riquiqui d'un téléphone.

Il existe d'autres matériels compatibles avec la technologie WAP. Je pense en particulier aux PDA ou assistants personnels de type Palm. Ils sont conçus pour afficher du texte, envoyer et recevoir des courriers électroniques et présenter des pages Web rudimentaires sur un écran assez réduit. Si vous envisagez d'utiliser un téléphone ou un PDA pour surfer sur le Web, rendez-vous chez un revendeur et demandez une démonstration. Vous vous rendrez compte par vous-même de l'intérêt ou non de cet équipement.

Un modem, dites-vous ?

Un *modem* (MOdulateur-DEModulateur) est un dispositif qui relie votre ordinateur à la ligne téléphonique ou au câble. À moins que votre ordinateur se trouve dans un bureau équipé d'une connexion directe à Internet, vous aurez besoin d'un modem adapté à la connexion Internet que vous utiliserez : un modem traditionnel pour une connexion par le réseau téléphonique commuté (RTC, en clair, la ligne téléphonique que vous utilisez pour converser), un modem câble pour un abonnement Internet par le câble ou un modem ADSL pour un accès ADSL haut débit. Enfin, une dernière solution propice au partage d'une connexion haut débit consiste à utiliser un modem-routeur équipé de la technologie Wi-Fi. Ainsi, chez vous, tous les ordinateurs, quel que soit leur emplacement, et même si vous possédez un PC et un Mac, pourront se connecter à Internet grâce à cette liaison sans-fil très performante.

Si vous choisissez un accès Internet ADSL ou câble, le prestataire Internet vous fournira ou vous louera le modem. En revanche, pour une connexion téléphonique, c'est à vous de vous le procurer (vérifiez d'abord si l'ordinateur n'est pas déjà équipé d'un modem : s'il comporte une prise téléphonique – à ne pas confondre avec la prise de réseau un peu plus grande – il est inutile d'en acheter un).

Un modem est un petit boîtier externe ou une carte électronique présente à l'intérieur de la boîte de l'ordinateur qui interprète et convertit les signaux électriques transitant entre votre ordinateur et la ligne téléphonique. Dans le premier cas, il faudra connecter votre modem à un connecteur USB qui se trouve au dos (ou en façade) de votre ordinateur ; dans l'autre, vous n'aurez généralement rien à faire, car il sera très probablement déjà installé dans la machine.

Il existe aussi des modems internes plus délicats à installer puisqu'ils obligent à ouvrir l'ordinateur. La carte modem doit être insérée dans un connecteur PCI (je conçois que vous n'y compreniez rien). Ceci fait, allumez l'ordinateur.

Windows détecte ce nouveau périphérique (nom générique donné à un matériel connecté à un ordinateur) et propose d'installer les *pilotes* (ou *drivers*), c'est-à-dire des petits programmes qui permettent à l'ordinateur de faire fonctionner le périphérique en question, c'est-à-dire le modem.

Il faudra ensuite raccorder le modem à une prise de téléphone. Si le modem est de type RTC (téléphonique), la ligne sera occupée pendant que vous serez connecté à Internet. En revanche, si le modem est de type ADSL ou câble, votre ligne téléphonique reste libre même pendant vos pérégrinations sur le Web. Vous pouvez téléphoner tout en étant sur le Web.

L'une des caractéristiques fondamentales d'un modem est son *débit*, c'est-à-dire le nombre de 0 et de 1 qu'il peut acheminer dans un sens ou dans l'autre par unité de temps. Il s'exprime en *bits par seconde* (bps), avec les multiples habituels : kilobits par seconde et mégabits par seconde. Les modems RTC sont de moins en moins répandus en raison de leur bas débit, limité à 56 kilobits (et en pratique à moins de 50 Kbps, pour diverses raisons techniques), à comparer avec les offres du haut débit, qui culminent actuellement à 20 mégabits par seconde. Certains modems RTC ont une fonction de télécopie, voire un répondeur téléphonique intégré.

N'oublions pas, dans le domaine du bas débit, la solution proposée par Orange sous le nom de *bas débit pro*. Le débit reste limité à 56 Kbps, mais une fonction Booster permet d'afficher les pages Web jusqu'à cinq fois plus vite. En raison de l'évolution des techniques, cette solution n'est préférée à l'ADSL (*Asymmetric Digital Subscriber Line*, voir un peu plus bas) que lorsque ce dernier n'est pas disponible là où vous résidez.

Note à l'intention des utilisateurs d'ordinateurs portables. Les machines récentes ont presque toujours un modem intégré. Si ce n'est pas le cas du vôtre, il possède peut-être un connecteur *PC Card* (anciennement appelé PCMCIA) permettant d'enficher des périphériques au format d'une carte bancaire. Achetez dans ce cas une carte modem qui puisse s'y glisser. Bien que son coût soit élevé, cela en vaut la peine. Une autre solution est d'insérer dans le connecteur *PC Card* (ou dans le port USB) un adaptateur Wi-Fi pour que votre portable se connecte à Internet par le biais d'un modem-routeur Wi-Fi ou d'un point d'accès Wi-Fi que vous trouverez dans certains lieux publics.

Revenons un instant sur le haut débit. Lorsque vous souscrivez à une des offres que nous étudions un peu plus loin dans ce chapitre, vous recevez un boîtier ressemblant à un décodeur de télévision qui permet :

- De vous connecter à Internet au débit proposé par tel ou tel fournisseur d'accès. En effet, maintenant que certaines connexions affichent une vitesse supérieure à 20 Mbps (débit très théorique délivré seulement à proximité d'un répartiteur téléphonique), n'envisagez pas de vous connecter à AOL haut débit avec la Freebox de chez Free, ou à Free avec la Livebox d'Orange. Quoi qu'il en soit, pourquoi chercher un modem ailleurs alors que le fournisseur d'accès propose celui qui est le plus approprié à son offre ?

- De créer un réseau domestique Wi-Fi permettant à plusieurs ordinateurs de se connecter à Internet sans abonnement supplémentaire et d'échanger des données avec les fonctions de routeur.

- De téléphoner par Internet gratuitement en local et en national, et parfois en international, avec des fonctions de messagerie vocale. Nous verrons également que certaines régions françaises bénéficiant du dégroupage total, il est possible de résilier son contrat auprès de France Télécom pour ne plus payer d'abonnement à cet opérateur. L'abonnement ADSL comprend alors le téléphone illimité, et vous ne dépensez pas un centime de plus... sauf si vous appelez des numéros spéciaux (ceux en 800 et apparentés) ou des téléphones mobiles.

- De recevoir la télévision numérique par ADSL. La prise péritel du boîtier ADSL est reliée à celle du téléviseur. Cette fonctionnalité techniquement en progrès permet de choisir à la carte. Plus d'abonnement à des bouquets dont une partie des chaînes ne vous intéresse pas. Vous ne payez que pour les chaînes que vous désirez voir. Toutefois, les deux grands de la télévision satellitaire que sont Canalsat et TPS, proposent leurs bouquets *via* ADSL.

- D'utiliser le boîtier comme modem-routeur. Il suffit d'insérer une carte PCMCIA dans le boîtier, puis des adaptateurs Wi-Fi dans vos PC pour que tous les ordinateurs du foyer se connectent à Internet *via* une seule connexion haut débit. Tous les fournisseurs d'accès Internet n'offrent pas cette option pourtant appréciable.

Les fournisseurs d'accès

Résumons : vous devez posséder un micro-ordinateur et un modem, disposer d'une ligne téléphonique et souscrire un abonnement auprès d'un fournisseur d'accès Internet.

Deux choix sont possibles pour vous connecter à Internet, trois avec un peu de chance :

- **Choix 1 : s'abonner à un service en ligne.** Appelé aussi "fournisseur de contenu", comme AOL. Ces services paraissent plus faciles à utiliser pour le néophyte et les informations qu'ils proposent sont présentées d'une manière plus organisée. Mais tous ne procurent pas un accès à l'ensemble des ressources d'Internet, et vous devez utiliser leur logiciel pour vous connecter.

- **Choix 2 : s'abonner à un fournisseur d'accès Internet (FAI).** Il ne propose que l'accès à l'ensemble des ressources d'Internet, sans plus. Vous pouvez néanmoins accéder à leur site portail, c'est-à-dire une page Web contenant des informations concernant la majorité des domaines de la vie courante (journaux, météo, astrologie, e-commerce, *etc.*) comme le montre la Figure 23.2. Pour utiliser ce compte, vous avez besoin d'un programme de connexion à distance (fourni avec votre système d'exploitation), d'un logiciel de messagerie et d'un navigateur Web (nous expliquerons tous ces termes un peu plus loin dans ce chapitre). Aujourd'hui, la plupart des FAI proposent des programmes de connexion automatisés, sous la forme de kit de connexion.

Figure 23.2 La page d'accueil d'un fournisseur d'accès Internet.

- **Choix 3 : optez pour une connexion haut débit du type ADSL ou câble.** L'ADSL permet de faire passer simultanément des données et de la voix sur une ligne téléphonique, et le câble (disponible seulement dans les grandes villes bénéficiant de la télédistribution par câble) n'est pas disponible sur tout le territoire national. Si l'accès Internet par le câble télévision est disponible dans votre ville, il suffit d'appeler le câblo-opérateur pour prendre rendez-vous avec un technicien qui se chargera de l'installation. Finis alors les aléas de la connexion : vous êtes connecté en permanence sans plomber votre facture de téléphone et sans bloquer votre ligne téléphonique.

Internet, tout Internet et rien d'autre qu'Internet...

L'autre type de connexion à considérer est la fourniture d'accès "pure et dure", sans rien d'autre. Elle fournit de la "connectivité" à Internet et rien d'autre. Ici, plus d'interface propriétaire, tout est banalisé, et vous ne vous apercevez de la différence d'un fournisseur d'accès à un autre que par la qualité de ses prestations, la facilité et la régularité des connexions, le débit réel de la ligne, la compétence de l'assistance technique, *etc.*

Une fois la connexion établie, votre ordinateur devient partie intégrante d'Internet. Vous saisissez des informations destinées à des logiciels qui tournent sur votre propre machine, et ce sont ces derniers qui communiquent avec Internet.

Ce type d'accès permet de profiter de tous les avantages du système d'exploitation de votre ordinateur : affichage graphique, souris, reproduction sonore, *etc.* Pour les systèmes multitâches comme Windows et Mac OS, plusieurs applications Internet peuvent être lancées concurremment : la messagerie, le téléchargement, la navigation sur le Web... Vous pouvez, par exemple, lire un message électronique présentant une page Web intéressante, basculer directement vers votre navigateur Web (le plus souvent Internet Explorer, Firefox ou, sur le Mac, Safari), consulter cette page, puis revenir à votre programme de messagerie pour reprendre la lecture là où vous l'aviez laissée. La plupart des programmes de messagerie actuels chargent automatiquement une page Web si vous cliquez (Windows Mail, par exemple) ou double-cliquez le lien figurant dans un message.

Autre avantage non négligeable : vous pouvez utiliser n'importe quel programme Internet en plus de ceux que votre fournisseur d'accès a pu vous remettre. Vous pouvez télécharger sur Internet une nouvelle application et la mettre immédiatement en service. Votre fournisseur d'accès n'agit que comme un conduit de données entre votre ordinateur et le Net.

L'Internetnomade

Pouvoir se connecter en déplacement est parfois difficile. Une possibilité consiste à brancher votre modem sur la prise téléphonique de l'hôtel et à composer le numéro de votre prestataire Internet. Vérifiez auprès de ce dernier si cela reste possible partout au prix d'un appel local ou si cela est compris dans votre forfait. De même, si vous allez à l'étranger, voyez avec votre prestataire s'il propose une formule. De nombreux hôtels d'affaires haut de gamme fournissent l'accès haut débit à Internet. Votre ordinateur doit disposer d'un port réseau (Ethernet). La connexion coûte environ dix euros par jour.

La majorité des nouveaux portables sont équipés Wi-Fi, c'est-à-dire l'Ethernet radio sans-fil. Si le vôtre ne l'est pas, vous pouvez acheter un adaptateur Wi-Fi à brancher dans un des emplacements sur le côté de l'ordinateur. Les points d'accès Wi-Fi (*hotspots* en anglais), où vous captez le signal radio et pouvez vous connecter au Net, se répandent dans les cybercafés, les hôtels et les immeubles de bureaux. Vous pouvez allumer votre PC, capter un signal Wi-Fi et naviguer sur le Net.

Si vous voulez surfer tout en vous déplaçant, équipez votre portable d'un modem *cellulaire,* un modem qui fonctionne comme un téléphone portable. Les modems cellulaires, plutôt chers et lents, ne remplacent pas une connexion classique. Ils sont cependant pratiques pour se connecter depuis n'importe quel endroit (même en faisant du pédalo au milieu d'un lac) afin d'envoyer ou de recevoir des pièces jointes peu volumineuses, comme l'itinéraire à suivre pour aller vers le port à pédalos de l'autre côté du lac.

Si vous ou vos enfants surfez régulièrement, vous réaliserez que, lorsque vous êtes connecté, le temps s'arrête et que vous y restez beaucoup plus que vous n'auriez imaginé. Même si vous pensez que vous ne serez connecté que quelques minutes par jour, si vous n'avez pas de forfait, vous serez surpris de la note de téléphone.

Le coût mensuel des connexions en haut débit est de 10 euros à beaucoup plus, car les offres sont multiples et changeantes, les opérateurs ayant décidé que le plus sûr moyen d'éviter les comparaisons était de compliquer à outrance les forfaits.

Aux coûts de l'installation et du modem spécial (il existe cependant des offres avec modem et frais d'installation gratuits, moyennant un engagement d'un an par exemple), il faut ajouter des surcoûts pour la téléphonie illimitée et la télévision (consultez la section "Les offres haut débit", un peu plus loin dans ce chapitre). Le câble et l'ADSL ne monopolisent pas votre ligne téléphonique lorsque vous êtes connecté, ce qui évite de recourir à une seconde ligne téléphonique. D'où l'intérêt de l'ADSL ou du câble qui, tous comptes faits, ne sont

Combien ça coûte, tout ça ?

Vous pouvez dépenser pas mal d'argent pour réaliser votre connexion Internet. Ou, si vous vous débrouillez bien, réduire votre mise de fonds à l'essentiel. Nous allons voir de plus près ce qu'il en est.

Tarifs des prestataires d'accès

Les formules les plus courantes sont la connexion à la minute (peu avantageuse sauf pour des connexions très sporadiques ou depuis une chambre non équipée pour l'Internet), la connexion gratuite illimitée, hors coût de communications téléphoniques, et le forfait pour un certain nombre d'heures par mois, limité ou illimité, frais de communications téléphoniques inclus. Si le nombre d'heures est limité et que vous dépassez le quota, chaque minute de connexion supplémentaire est facturée. Dans la gamme des forfaits, vous trouvez des offres allant de trois heures à l'illimité par mois pour une somme de 5 à 30 euros.

Voyons de plus près à qui s'adressent de façon préférentielle ces deux types de connexion :

- L'accès gratuit hors coût de communication téléphonique intéressera surtout ceux qui ne se connectent que peu à Internet, principalement pour échanger du courrier électronique. Leur consommation excède rarement trois à cinq heures par mois, et le coût des forfaits pour si peu d'heures n'est pas réellement intéressant.
- Les forfaits intéresseront surtout les internautes assidus, car le coût de la minute de connexion est plus faible qu'avec l'autre formule, pour peu que l'on parvienne, toutefois, à une consommation réelle voisine (en plus ou en moins) du nombre d'heures auquel on a souscrit. Ces forfaits peuvent être illimités.

pas beaucoup plus cher, voire meilleur marché. Les connexions câble et ADSL sont toujours établies – pas de numéro à composer – et sont plus rapides.

Les connexions à haut débit

Pour profiter confortablement de l'Internet et ses attraits (animations, son, vidéo, télévision, téléphonie illimitée...), le haut débit s'impose en raison de sa *bande passante* élevée qui permet de transférer beaucoup plus de données dans un même intervalle de temps.

Il vous faudra une carte réseau

La connexion haut débit à Internet nécessite un modem spécial fourni par le FAI. Il se branche sur l'ordinateur par le biais d'une carte réseau ou d'un port USB.

La majorité des nouveaux ordinateurs est fournie avec une *carte réseau* intégrée qui peut également être utilisée pour connecter l'ordinateur à un réseau local. Les cartes réseau (ou *adaptateurs réseau*, *adaptateurs Ethernet*) disposent d'un *connecteur RJ-45* qui ressemble à la miniprise du téléphone, mais en plus grosse.

Les nouveaux ordinateurs sont aussi équipés en standard d'au moins deux ports USB. Il servent à connecter toutes sortes d'équipements à votre ordinateur, de la souris à l'imprimante, en passant par des disques durs ou des graveurs de DVD (un port USB se présente sous la forme d'un petit trou rectangulaire).

Si l'installateur du modem câble ou ADSL vous signale que votre ordinateur ne dispose pas de la carte réseau ou du port USB nécessaire pour connecter votre modem haut débit, ajoutez ou faites ajouter une carte réseau ou un adaptateur USB.

Les offres haut débit

Internet est désormais fait pour ceux qui surfent en haut débit, comme le prouve la débauche d'images, d'effets spéciaux, de vidéo et autre contenu multimédia que les modems téléphoniques téléchargent laborieusement. Si ce n'est déjà fait, vous avez intérêt à opter pour le haut débit si :

- Vos durées de connexion dépassent allègrement le forfait auquel vous avez souscrit.
- Vos besoins en téléchargements (musique, vidéo, images, *etc.*) sont importants.
- Vous désirez un affichage rapide, voire instantané, des pages Web.
- Vous souhaitez ne plus payer de communications téléphoniques pour converser souvent avec un correspondant à l'autre bout du pays.
- Vous désirez recevoir des chaînes de télévision que vous avez sélectionnées, et non un bouquet.
- Vous désirez que plusieurs personnes dans votre foyer puissent surfer simultanément sur Internet, chacun de leur ordinateur, pendant que la

grande sœur téléphone et que le petit dernier regarde ses dessins animés (ne rêvons pas. À l'heure actuelle, ce cas de figure est encore illusoire car la bande passante finit par être fort réduite sur chaque ordinateur, mais nul doute que l'on y parviendra un jour).

- Vous travaillez à domicile et désirez communiquer par Internet.

En revanche, si vous souhaitez uniquement envoyer des courriers et n'effectuer que rarement des recherches approfondies sur le Web, ni profiter de la téléphonie gratuite parce que le montant de vos factures est largement inférieur à 30 euros par mois, une connexion RTC suffira, et même sans souscrire le moindre forfait en optant pour le paiement à la minute.

Mais, nous sommes dans une section consacrée à l'étude des offres actuelles en matière de haut débit. Examinons les deux types de connexions haut débit les plus répandues, c'est-à-dire l'ADSL et le câble, en ignorant le satellite qui reste encore un type de connexion marginal et fort onéreux, réservé aux zones géographiques qui ne bénéficieront jamais de l'ADSL ou à la navigation... sur les océans.

Connexions par câble

Comme nous l'avons dit plus haut, Internet est également accessible par le câble. Ce type de service n'est disponible que dans les grandes villes possédant un réseau câblé.

La tarification varie de 20 à 60 euros par mois pour une connexion illimitée, avec un débit de 1 à 20 Mo. La politique antérieure, qui consistait à limiter le forfait à une certaine quantité l'information transférée, au-delà de laquelle un supplément devait être versé au prestataire de services, semble avoir été totalement abandonnée.

Attention, toutefois, car la solution du câble télévision pour se connecter à Internet n'offre pas que des avantages. Vous êtes lié au fournisseur d'accès qui gère le câble, et il vous est impossible d'en changer. Or, disposer d'une clientèle captive n'incite guère un fournisseur à faire preuve de zèle dans la qualité de ses prestations. En outre, si vous habitez dans une zone ou un immeuble où beaucoup de gens ont choisi cette solution et se partagent donc l'accès au même câble, le débit réel de la connexion pourra être très inférieur à celui qui était annoncé par votre prestataire.

L'ADSL

L'ADSL (*Asymmetric Digital Subscriber Line,* ligne asymétrique d'abonné numérique) transmet simultanément des données en haut débit et la voix par une même ligne téléphonique. Ainsi, vous ne bloquez pas votre ligne téléphonique lorsque vous êtes sur le Net. Le débit théorique dépend de la distance qui sépare l'abonné du sous-répartiteur local, et il décroît lorsque cette distance augmente. Théoriquement, il peut atteindre dans le meilleur des cas plus de 20 Mbps dans le sens descendant (en réception).

Dans les zones urbaines, le raccordement à l'ADSL ne pose pas de problème pour peu que France Télécom y ait établi un point d'accès. Il n'en va pas de même dans les zones rurales (ou même dans la grande couronne parisienne) où certains abonnés peuvent se situer dans des zones à faible densité de population, éloignées du répartiteur France Télécom. Avant d'accepter votre demande de raccordement, France Télécom effectuera un essai de la qualité technique de votre ligne et, si le résultat ne permet pas de garantir le débit spécifié pour la formule à laquelle vous souscrivez, votre demande sera refusée. Il ne vous restera plus qu'à espérer qu'un répartiteur soit installé plus près de chez vous ou que la qualité de votre ligne soit améliorée, ce qui peut prendre un certain temps.

Être connecté en permanence à Internet n'implique pas que vous ne paierez plus vos communications téléphoniques locales. Ces dernières vous seront facturées tous les deux mois, comme à l'accoutumée, la téléphonie gratuite par Internet, *via* votre modem ADSL, étant une offre qui s'ajoute à l'abonnement et aux appels effectués avec un téléphone conventionnel.

La technique

En même temps que le modem ou le boîtier ADSL, vous recevrez un ou plusieurs filtres qui se présentent sous la forme d'une prise gigogne à brancher sur la prise de téléphone murale. Elle possède une grande prise en "T" dans laquelle vous brancherez le téléphone classique et une autre prise plus petite, de type RJ-41, à laquelle vous brancherez la miniprise téléphonique du modem. Si votre habitation est truffée de prises de téléphone, sachez que l'installation ne peut supporter plus de trois filtres. Au-delà, il faut faire intervenir un technicien. En ce qui concerne l'équipement, les formules peuvent varier. La Livebox d'Orange accepte la plupart des téléphones sans-fil récents, tandis que les boîtes AOLbox + AOLphone sont équipées d'un combiné téléphonique sans-fil intégré.

L' ADSL aujourd'hui

Le nombre d'abonnés à l'ADSL s'est considérablement accru, de même que le débit. Ce dernier varie d'un fournisseur d'accès à un autre, et d'un utilisateur à un autre, mais aussi selon diverses contraintes techniques :

- Une connexion ADSL classique repose sur un modem ADSL à 512 Kbps ou plus. Vous surferez sur Internet, téléchargerez des fichiers et échangerez des courriers. En revanche, pour bénéficier des offres complémentaires (téléphonie, télévision...) un boîtier spécial est nécessaire.

- Une connexion ADSL avec un boîtier dont le nom varie en fonction du fournisseur d'accès : *FreeBox* chez Free, *Livebox* chez Orange, *Neuf Box* chez Neuf Télécom, ou encore *Alicebox* chez Alice. Dans ce cas, vous pouvez, en fonction des services offerts, surfer sur Internet, télécharger des fichiers, échanger des courriers, mais aussi téléphoner gratuitement (moyennant un forfait supplémentaire) et recevoir des chaînes de télévision numérique. La vitesse de connexion peut théoriquement dépasser 20 Mbps.

L'ADSL n'est effectif que si vous êtes raccordé au réseau ADSL. La demande de raccordement est transmise à France Télécom par le fournisseur d'accès auprès duquel vous avez souscrit l'abonnement à l'ADSL. Pour savoir si vous êtes connecté, il suffit de laisser brancher en permanence le modem ou le boîtier. Une fois le raccordement effectif, la synchronisation ADSL s'opère automatiquement et s'affiche sous forme d'un voyant vert, ou de l'affichage de l'heure sur certains boîtiers. En fonction de votre boîtier ou de votre modem, la synchronisation ADSL prendra d'autres formes.

Quand êtes-vous connecté ?

La réponse dépend là encore du type de connexion ADSL.

Avec un modem ADSL, c'est-à-dire des connexions dépassant rarement les 1024 Kbps, la connexion s'effectue comme avec un modem RTC. Vous devez lancer votre navigateur ou votre programme de connexion. Il compose un numéro de téléphone qui permet alors de vous connecter au réseau ADSL. À partir de cet instant, comme le prix de votre forfait entend une connexion illimitée, rien ne vous oblige à vous déconnecter. En d'autres termes, restez connecté 24h/24. La déconnexion ne se fera qu'au moment où vous éteindrez votre ordinateur.

Avec les nouveaux boîtiers qui envahissent maintenant le marché, vous vous connectez à une vitesse allant de 512 Kbps à plus de 20 Mbps, en fonction de la qualité de votre ligne et des services de votre FAI. En général, vous êtes connecté au réseau ADSL en permanence, même ordinateur éteint. Bien sûr, celui-ci devra être allumé pour surfer sur le Net mais, en revanche, vous n'avez pas besoin de le mettre en marche pour téléphoner ou regarder la télévision par l'intermédiaire de ce boîtier.

NOTE TECHNIQUE

À grand renfort publicitaire, les FAI annoncent des vitesses vertigineuses, dépassant les 20 Mo. N'oubliez jamais que cette vitesse n'est atteinte que dans des conditions optimales. Or, je ne connais personne qui en dispose. À mon avis, il faut habiter dans les locaux techniques du FAI pour surfer à la vitesse de

20 Mo ou plus. À trois ou quatre kilomètres d'un nœud de raccordement ADSL, l'affaiblissement est d'une cinquantaine de décibels. Il en résulte une connexion à 2 Mbits/s, ce qui permet de téléphoner mais pas de recevoir la télévision dans des conditions optimales. L'image est saccadée, ressemblant plus à un diaporama qu'à un film.

Les déconnexions intempestives ne sont pas rares. En effet, le réseau ADSL subit de nombreuses opérations de maintenance et de mise à niveau. Une déconnexion par jour n'a rien d'exceptionnel. Dans ce cas, si vous utilisez un modem ADSL classique, relancez la procédure de numérotation pour rétablir la connexion. Avec un boîtier ADSL, la connexion se rétablit automatiquement (sur la Livebox, il faut demander expressément la reconnexion automatique dans les Préférences). Si ce n'est pas le cas au bout de quelques heures, débranchez l'alimentation électrique de votre boîtier et rebranchez-la quelques secondes plus tard, ou appuyez sur le bouton de réinitialisation. Ces actions relancent la procédure de synchronisation du boîtier avec le réseau ADSL, rétablissant ainsi la connexion. Des déconnexions trop fréquentes peuvent provenir de :

- L'absence de filtres ADSL sur la totalité des prises téléphoniques auxquelles sont raccordées un téléphone.
- Un filtre ADSL défectueux.
- Un boîtier ou modem ADSL défectueux.

Le dégroupage

La totalité du réseau téléphonique français appartient à l'opérateur "historique" France Télécom. Il est donc difficilement envisageable, notamment pour une question de coût et de délais, qu'un autre opérateur installe un réseau téléphonique concurrent. Toutefois, par décision européenne, France Télécom ne peut plus jouir de son monopole sur l'utilisation de son propre réseau et doit donc louer une partie de ses infrastructures à d'autres opérateurs qui y installeront leurs équipements et pourront offrir des services concurrentiels, brisant ainsi le monopole sur la téléphonie et, par conséquent, sur Internet. C'est cette cession d'une partie du réseau qui est appelée *dégroupage*.

Un dégroupage peut être partiel ou total.

Le dégroupage partiel

Sur une ligne téléphonique, les fréquences basses transmettent la voix et les fréquences hautes les données. Ces deux types d'informations transitent simultanément par la même ligne téléphonique. C'est pourquoi vous pouvez au même moment surfer en haut débit et téléphoner.

Le dégroupage partiel donne accès à un autre opérateur que France Télécom, à la bande des fréquences hautes (c'est-à-dire non vocales). Comme il s'agit d'une opération technique "bon marché", les nouveaux FAI peuvent proposer et gérer toute la connexion ADSL. Par conséquent, vous surfez sur Internet par le biais d'un forfait souscrit auprès d'un FAI ou d'un service en ligne haut débit, avec la possibilité de téléphoner sans recourir directement à France Télécom. On parle de *téléphonie gratuite* en plus de l'accès Internet haut débit. Toutefois, dans ce genre de configuration, France Télécom continue à gérer le réseau téléphonique. Il est donc impossible de résilier son abonnement auprès de l'opérateur historique. De nombreux utilisateurs pestent car ils sont obligés de rester abonnés à France Télécom alors qu'ils ne lui paient plus aucune communication. On peut dire, par exemple, qu'un utilisateur de Free qui dispose de la Freebox paie un abonnement de 29,90 euros pour surfer sur Internet et téléphoner gratuitement, abonnement auquel s'ajoute celui de France Télécom. On obtient la coquette somme de 43 euros par mois. Mais, on ne peut pas faire autrement tant que notre ligne téléphonique n'est pas éligible pour passer à état autrement plus intéressant pour le consommateur : le dégroupage total.

Le dégroupage total

Le dégroupage total, comme son nom le laisse supposer, donne à un opérateur autre que France Télécom la possibilité de gérer tous les aspects d'une ligne téléphonique. Le client ne dépend plus du tout de France Télécom.

Les conséquences pratiques d'un dégroupage total

Le dégroupage total permet de résilier l'abonnement auprès de France Télécom, c'est-à-dire économiser environ 13 euros par mois auxquels s'ajoute le prix des communications locales et nationales. Désormais, vous ne pouvez plus téléphoner que par l'intermédiaire du matériel fourni par votre FAI, c'est-à-dire le boiter de connexion ADSL sur lequel est raccordé votre téléphone. Vous disposez d'un nouveau numéro commençant par 08, mais certains FAI proposent la portabilité du numéro. Grâce à elle, vos correspondants continuent à vous téléphoner en composant le numéro qui vous a été attribué par France Télécom. Lorsque votre ligne est totalement dégroupée, tout correspondant qui vous appelle, quelle que soit sa zone géographique en France, ne paie que le prix d'une communication locale. De plus, la plupart des FAI permettent de téléphoner gratuitement vers les 25 pays de l'Union européenne (voir la liste des pays et les tarifs sur le site du fournisseur d'accès).

Voici les opérateurs qui se lancent dans le dégroupage total. Si, à terme, vous ne désirez plus dépendre de France Télécom et souhaitez ne payer qu'un seul forfait pour surfer sur Internet et téléphoner sans limite, il est plus judicieux de vous diriger vers eux :

- **neuf telecom.** Très actif en matière de dégroupage, neuf telecom équipe de nombreux répartiteurs dans toutes les grandes villes de France. Dans ce sens, neuf telecom a construit son propre réseau longue distance avec des technologies de dernière génération. Ce réseau dessert les principales agglomérations françaises. Sur ce principe, neuf telecom propose Internet haut débit 20 méga, la téléphonie illimitée en France, vers les pays de l'Union européenne et quelques autres pays du monde, la télévision et une connexion modem-routeur Wi-Fi, le tout grâce à son boîtier Neuf Box. (Voir le Tableau comparatif 23.1 en fin de section.)
- **Cegetel.** Il n'est entré sur le marché de l'ADSL grand public que depuis janvier 2004. (Voir le Tableau comparatif 23.1 en fin de section.)
- **Free.** Immédiatement présent sur le dégroupage partiel et total, Free ne propose ses offres ADSL qu'à ses clients finaux. Malgré un réseau dégroupé moins important, mais qui ne cesse de progresser, Free est l'opérateur le plus innovant. Ses offres sont claires. Un seul prix et toutes les possibilités : Internet haut débit à 28 Mbps. À cela s'ajoute la télévision numérique, la téléphonie gratuite vers les fixes de 28 pays, par le biais de son boîtier Freebox qui fait également office de routeur. (Voir le Tableau comparatif 23.1 en fin de section.)

Avant de souscrire à une offre comprenant la téléphonie gratuite, renseignez-vous pour savoir si votre ligne passera ou non en dégroupage total. Lui seul permet de résilier votre abonnement auprès de France Télécom pour éviter de payer tous les mois 13 euros à fonds perdus.

Pour accéder au dégroupage total, il suffit de le demander au FAI. Normalement, il s'occupe d'en avertir France Télécom. Auprès d'un prestataire comme Free, ma demande de dégroupage total a été effective deux jours après la réception de mon courrier par le FAI. France Télécom a confirmé par lettre la résiliation de mon abonnement. Désormais, tout en conservant mon ancien numéro de téléphone, je surfe en ADSL, je téléphone et je peux regarder la télévision pour la somme forfaitaire de 29,90 euros. Finis les 26 euros d'abonnement bimestriel !

La téléphonie par Internet, sous forme de connexion par un boîtier ADSL, pose quelques problèmes. D'abord, les communications sont parfois étranges. Vous vous entendez avec un certain écho. Même si ce problème tend à diminuer, il reste présent. Parfois, votre interlocuteur a l'impression que vous parlez dans une caverne, ou que vous n'êtes plus là. À certains moments, il est impossible d'établir la moindre communication. Enfin, par ce principe numérique, il n'est plus possible d'envoyer de fax.

Où trouver un fournisseur d'accès ?

- Consultez les magazines informatiques spécialisés dans Internet (par exemple *.Net)*. Outre de nombreuses publicités, vous y trouverez parfois des tableaux comparatifs.

- Demandez à vos amis ayant un accès Internet quel fournisseur d'accès ils utilisent et quel est le degré de leur satisfaction.

- Le site Web `www.lesproviders.com` propose des tableaux régulièrement mis à jour détaillant les différents modes de connexion à Internet. Mais il n'intéressera évidemment que ceux qui sont déjà pourvus d'une connexion Internet et désirent en changer.

La souscription à un abonnement

Tous les fournisseurs d'accès ont un numéro de téléphone que vous pouvez appeler pour avoir des précisions sur leur offre. Vous pouvez ainsi poser toutes les questions qui vous viennent à l'esprit, ce qui peut s'avérer utile, surtout si vous êtes nouveau venu à Internet. Parmi ces questions, renseignez-vous sur le ou les logiciels qui vous seront fournis. Si les réponses que vous obtenez ne vous paraissent pas convaincantes ou que votre interlocuteur semble avoir d'autres choses plus importantes à faire qu'à vous renseigner, essayez un autre fournisseur. C'est une solution possible mais ce n'est pas la meilleure, car vos interlocuteurs seront des commerciaux et non des techniciens. Soit ils ne seront pas capables de répondre à des questions trop précises, soit ils inventeront...

Si vous avez déjà de l'expérience, que vous préfériez "parler" avec une machine, que vous possédiez déjà l'équipement de base nécessaire ou qu'un de vos amis vous permette d'utiliser à cette fin son installation, connectez-vous sur le serveur Web de votre fournisseur (presque toujours indiqué dans sa publicité). Vous pourrez ainsi avoir un maximum de détails ou bien constater le flou de son offre. Dans ce cas, vous avez compris ce qu'il vous reste à faire.

Nous allons, sous forme de tableau, récapituler les offres ADSL dites modernes, c'est-à-dire celles qui incluent au moins la téléphonie. Pour les autres, connectez-vous au site Web d'un FAI.

ATTENTION !

Les fournisseurs d'accès ont pris l'habitude d'afficher et de vendre les vitesses de connexion les plus rapides. Vous devez impérativement aller sur leur site Web pour savoir si la région où vous habitez fait partie des zones dégroupées, donc les plus rapides. Si ce n'est pas le cas, ça le deviendra sans doute un jour. Mais, en attendant, vous surferez à des vitesses bien moindres, par exemple 1024 Ko/s au lieu de 20 Mo/s.

Tableau 23.1 : Les offres ADSL avec téléphonie et autres services.

FAI	Vitesse de connexion	Téléphonie	Télévision	Routeur	Dégroupage total	Prix	Site
Neuf Telecom	20 mégas	Oui vers 25 pays de l'Union européenne + autres destinations	Oui avec abonnement supplémentaire	Oui	Oui	29,90 €	www.neuftelecom.fr
Cegetel	20 méga	Oui	Non	Oui avec surcoût de 49 € à l'achat	Oui pour 6 €/ mois	30,90 €/ 36,90 € (dégroupage total))	www.cegetel.fr
Free	28 méga en zones dégroupées	Oui	Oui (plus abonnement à des chaînes thématiques)	Oui	Oui	29,99 €	http://adsl.free.fr/
AOL	18 mégas	Oui	Oui	Oui	Oui	de 18,90 à 29,90 €	http://adsl.aol.fr/acces-internet/nouveau/offre.html
Orange	1 méga, 8 méga et 18 méga	Oui avec abonnement supplémentaire sauf pack illimité et la Livebox (3 €/ mois)	Oui	Oui	Non	À vous de calculer selon que vous ajoutez la TV et le téléphone	www.orange.fr
Alice (Telecom Italia, ex Tiscali)	20 méga	Oui mais avec un surcoût pour le monde entier	Oui	Oui	Oui	29,95 €	www.aliceadsl.fr/.
Club-Internet	24 méga	Oui (vers 40 destinations internationales)	Non	Oui	Oui	24,90 €	www.club-internet.fr

TRUC

Nous n'incluons pas volontairement les opérateurs téléphoniques qui ne sont pas des FAI historiques, ou du moins ne vont pas aussi loin dans leur offre ADSL que certains autres concurrents. Toutefois, nous vous conseillons d'apprécier leurs offres sur leurs sites et notamment :

- TELE2 à `www.tele2.fr/internet/haut-debit/adsl.html`.

TRUC

Vérifiez toujours les points suivants :

- Le raccordement au réseau ADSL est-il gratuit ?
- Y a-t-il des frais de déconnexion en cas de résiliation ?
- Le modem est-il ou non fourni sans surcoût ?
- La téléphonie est-elle incluse dans l'abonnement ?
- Le routeur est-il intégré ou faut-il ajouter une carte au boîtier ? À quel prix ?
- Un accès bas débit illimité est-il proposé en cas de panne du réseau ou de votre matériel ? C'est ce qu'offre Free en plus de son haut débit par la Freebox. Vous disposez d'un numéro spécialement dédié à votre ligne téléphonique qui permet de vous connecter en bas débit avec un modem traditionnel en cas de panne de votre Freebox. Rien ne vous empêche alors de connecter simultanément une machine en haut débit et une autre en bas débit. Vous ne payez rien ! Bien évidemment, si vous êtes en dégroupage total, dans la mesure où vous n'avez plus de ligne téléphonique classique, l'offre bas débit gratuite ne vous sert à rien !

Le choix n'est pas simple. Nous ne pouvons pas conseiller tel opérateur plutôt que tel autre. Les chiffres parlent d'eux-mêmes, à vous d'aller vers la meilleure solution technique au regard de vos besoins. Demandez une validation de votre débit réel et non pas du débit théorique. En effet, même si théoriquement vous pouvez disposer de 24 mégas de débit qu'en est-il réellement ?!

Bien évidemment, consultez régulièrement les offres car les prix et services du Tableau 23.1 ne sont qu'indicatifs. C'est un marché où la concurrence est rude, donc soumise à fluctuations.

Surfer oui, mais en toute sécurité !

Bien. Avec toutes ces propositions, vous allez bien finir par vous connecter à Internet. Toutefois, dès que le modem sera correctement installé et la communication Internet établie, patientez un peu avant de foncer tête baissée dans l'antre du monstre. Vous devez vous protéger, car s'il y a bien un lieu virtuel aussi dangereux que le réel, c'est Internet où il est impératif de sortir couvert.

Y'a le feu à la baraque !

Un *pare-feu* est une barrière dressée entre votre (ou vos) ordinateur(s) et Internet. Dans les grosses entreprises, le pare-feu est un ordinateur dédié à une seule tâche : surveiller le trafic entrant et sortant pour déceler les tentatives d'intrusions en tout genre. À la maison ou au bureau, vous avez deux possibilités :

- Utiliser le pare-feu intégré de Windows Vista. Pour savoir s'il est opérationnel sous Windows Vista SP2, cliquez Démarrer/Panneau de configuration puis double-cliquez l'icône Pare-feu Windows. Si dans la boîte de dialogue éponyme vous notez que le pare-feu est désactivé, cliquez le bouton radio Activé (recommandé), comme à la Figure 23.3.

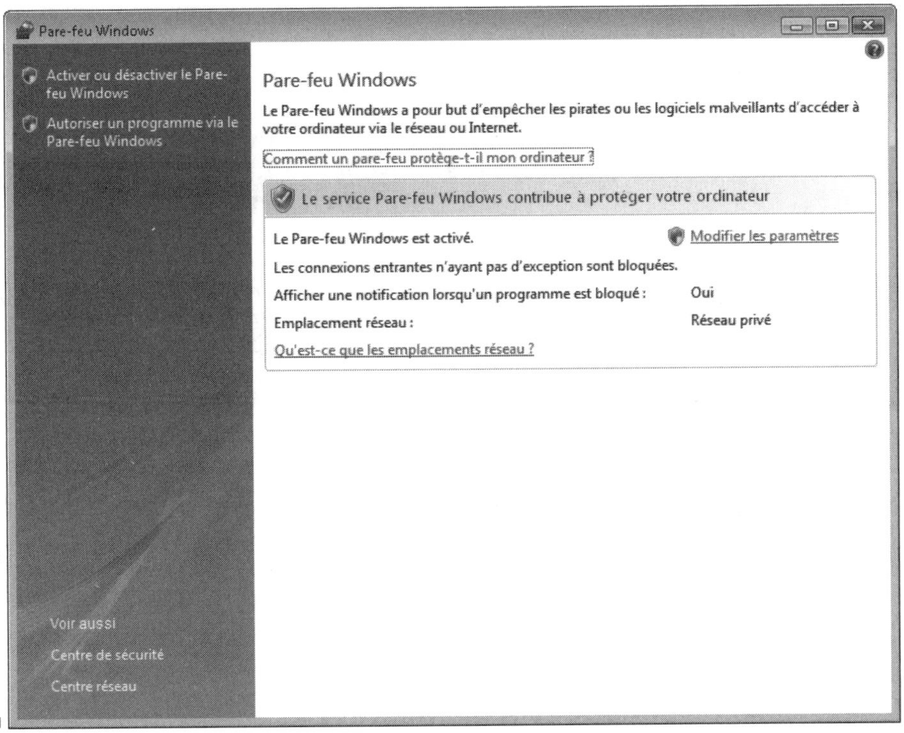

Figure 23.3 Vérifiez que le pare-feu de Windows Vista est actif.

Cliquez OK pour quitter la boîte de dialogue Recommandation.

Si vous ne voyez pas l'icône en question, cliquez le lien Affichage classique en haut à gauche du Panneau de configuration.

Dès que le pare-feu de Windows Vista est opérationnel, vous disposez d'une première protection contre les pirates du Web. Toutefois, cela ne dispense pas de mettre Windows à jour *via* Windows Update.

- Vous pouvez également utiliser un *routeur*, c'est-à-dire un petit périphérique externe qui s'installe entre votre ordinateur et votre modem. Souvent, le modem lui-même fait office de routeur, ce qui évite d'en acheter un quand il vous est fourni par votre FAI. Le routeur contient en général un logiciel pare-feu qui est sans arrêt en activité.

Nous recommandons l'utilisation d'un routeur. Il permettra à plusieurs ordinateurs installés chez vous d'accéder simultanément au Web. De plus, si vous consultez bien les offres haut débit que nous détaillons un peu plus haut dans ce chapitre, vous constaterez que de plus en plus de fournisseurs d'accès proposent un modem ADLS de type routeur, et généralement Wi-Fi.

Un brin d'immunité

Les *virus* sont de petits programmes qui arrivent par le courrier électronique ou nichés dans des logiciels que vous téléchargez. Immédiatement installés dans votre ordinateur, ils s'adonnent à leur malfaisante besogne. Un logiciel antivirus est indispensable. Il devra être régulièrement mis à jour.

Il existe de nombreux logiciels antivirus. Les deux programmes les plus utilisés sont McAfee VirusScan, que vous pouvez télécharger à l'adresse `www.mcafee.fr`, et Norton Antivirus que vous découvrirez sur le site `www.symantec.fr`. Bien que très puissants, ces antivirus sont la cible des infections les plus virulentes car ils sont fortement présents dans l'univers informatique. Ainsi, certains virus commencent par s'attaquer au logiciel antivirus et tentent de le désactiver, pour ensuite infecter un maximum de fichiers. Si vous craignez de telles attaques, optez pour des solutions parallèles comme l'excellent AVG Anti-Virus que vous trouverez sur le site `www.avgfrance.com` (Figure 23.4). Il existe une version gratuite, qui s'avère parfois insuffisante. Opter pour la version payante est plus sûr. Les éditeurs d'antivirus proposent de plus en plus de solutions complètes, c'est-à-dire un antivirus qui fait office de pare-feu et d'anti-espiogiciel.

Vous devez mettre votre antivirus à jour quotidiennement. D'ailleurs, pour être tenu régulièrement informé de l'apparition de ces horreurs, je conseille égale-

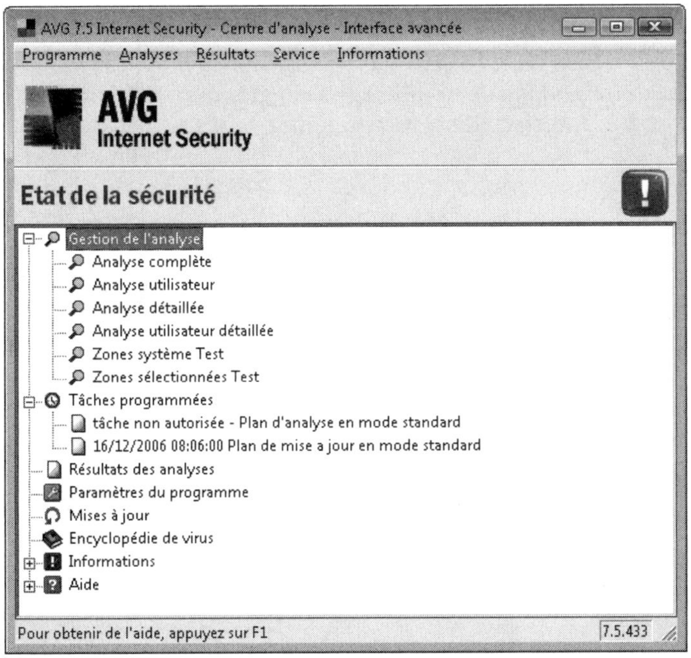

Figure 23.4 AVG antivirus + pare-feu, une très bonne protection parmi d'autres.

ment de vous abonner à une lettre de diffusion sur le sujet. Connectez-vous au site `www.secuser.com`. Dans la rubrique Newsletters, saisissez votre adresse électronique et cliquez OK. Dès qu'un nouveau virus, tentative d'hameçonnage, ou espiogiciel joueront les trouble-fête, vous en serez averti par un courrier. Son contenu vous indiquera la marche à suivre pour vous en protéger. Il s'agira en général de mettre immédiatement à jour votre antivirus, de ne pas répondre à certains courriers et d'éviter certains sites.

Les espions sont parmi nous !

Un espiogiciel est un programme qui s'installe dans votre ordinateur pour épier tous vos faits et gestes. Il existe de nombreux logiciels anti-espiogiciels, souvent gratuits, qui permettent d'empêcher leur installation et de déloger ceux qui sont déjà en place. Néanmoins, il n'existe pas un seul programme anti-espiogiciel capable de les identifier tous. Pour cette raison, je recommande d'utiliser deux ou trois logiciels de ce type.

Voici les plus connus :

- **Spybot Search & Destroy** téléchargeable sur www.spybot.info/fr/index.html dans de nombreuses langues dont le français. La Figure 23.5 montre l'interface de ce programme.

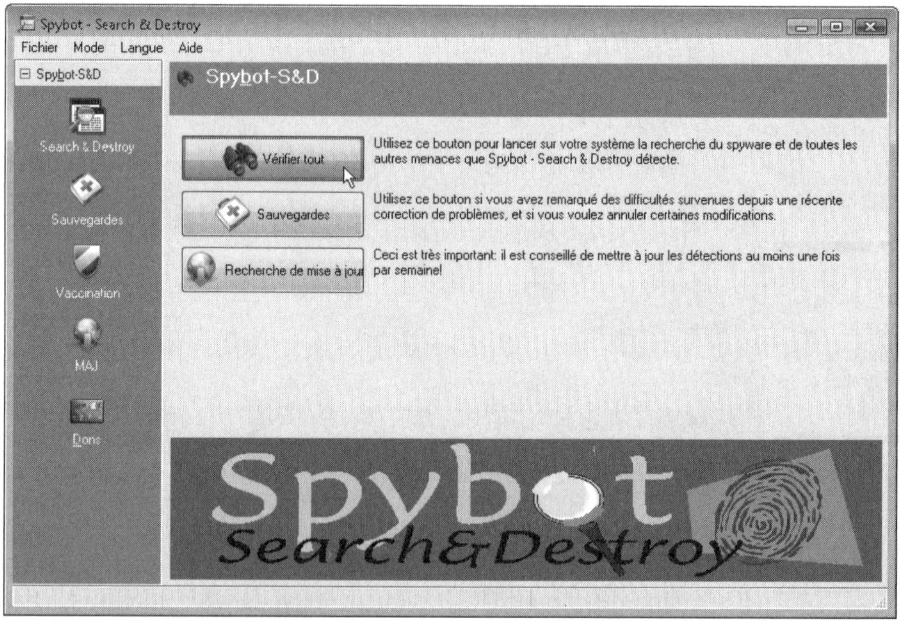

Figure 23.5 Spybot, un anti-espiogiciel efficace et gratuit !

De nombreux programmes gratuits se nomment sans scrupules "spybot". Par conséquent, n'utilisez pas un moteur de recherche comme Google pour trouver un anti-espiogiciel. Allez sur le site Web officiel www.spybot.info/fr pour télécharger le programme.

- **Ad-Aware SE Personal** que vous pouvez télécharger sur le site http://www.adaware-se.com.

Notre configuration Internet modèle

Vous savez certainement que les auteurs et le traducteur de ce livre utilisent Internet. Et vous vous demandez quel type de connexion ils privilégient ? Pour nous tous, voici la configuration Internet de rêve :

- Un ordinateur (sous système Windows, Mac ou Linux).
- Une connexion Internet ADSL ou câble, c'est-à-dire du haut débit !
- Un routeur, disposant d'un pare-feu, installé entre vos ordinateurs et Internet, sachant que certains modems font également office de routeurs.

Et maintenant que vous êtes connecté ?

Dès que vous avez ouvert un compte auprès de votre FAI et que vous disposez du modem parfaitement bien configuré, votre ordinateur peut accéder à Internet. Il suffit pour cela de lancer les logiciels appropriés, comme l'indispensable navigateur Web.

Exécuter des programmes Internet

Vous pouvez faire fonctionner plusieurs applications Internet simultanément. Par exemple, vous pouvez lancer la réception d'un courrier et recevoir un message indiquant une super adresse Web. Sans quitter votre programme de messagerie, ouvrez votre navigateur Web (généralement Internet Explorer, bien que nous recommandions Firefox), consultez la page Web, puis revenez à votre messagerie pour prendre connaissance des autres courriers. La plupart des logiciels de messagerie surlignent et soulignent les adresses Web (ou URL), permettant d'accéder directement aux sites en cliquant dessus.

Vous n'êtes en aucun cas limité aux programmes que vous fournit votre fournisseur d'accès. Dès que vous surfez sur le Web, nul ne vous empêche de télécharger et d'installer de nouveaux logiciels. Votre FAI n'est qu'une interface entre votre ordinateur et le cyberespace.

Quitter Internet

Toutes les bonnes choses ont une fin. Alors, à un moment ou à un autre, vous allez quitter Internet. Comment ? Tout dépend de votre type de connexion.

Si vous utilisez une ligne téléphonique classique, il suffit simplement de cliquer le bouton Déconnecter de la boîte de dialogue de la connexion. Ceci a pour effet de raccrocher le téléphone. Cette fonction est également programmable dans votre navigateur Web et votre logiciel de messagerie. Par exemple, après avoir relevé votre courrier, la connexion peut être automatiquement coupée.

Ceci est intéressant lorsque vous vous connectez au prix d'une communication locale, ou si vous avez souscrit un forfait limitant vos connexions gratuites à un certain nombre d'heures.

En revanche, si vous avez une connexion haut débit, vous pouvez rester connecté 24h/24. D'ailleurs, vous ne trouverez pas de bouton Déconnecter, mais plutôt Désactiver. Si vous cliquez dessus, vous ne faites que couper la liaison que votre ordinateur établit avec le modem. Il suffira de réactiver cette connexion en passant par Démarrer/Connexions. Là, vous double-cliquerez le nom de la connexion que vous utilisez pour de nouveau être connecté au réseau haut débit. Lancez votre navigateur Web pour surfer.

Bien que de nombreux programmes permettent d'aller sur Internet et relever ou envoyer des messages, un seul établit la connexion pour tous les autres. Il se présente sous la forme d'une icône de moniteur affichée dans la zone de notification de Windows Vista, près de l'horloge.

Chapitre 24

Le monde merveilleux et farfelu du Web

Dans ce chapitre :

- Le Web.
- Navigation.
- Installer un navigateur.

De nos jours, les gens parlent davantage du *Web* que du *Net*, avec une légère tendance à confondre les deux. Mais il ne s'agit pas du tout de la même chose, puisque le *World Wide Web* (que nous appelons familièrement le Web, par goût inné du raccourci) est un sous-ensemble d'Internet, qui lui sert en quelque sorte de support. Le Web est le cœur d'Internet, mais Internet existait bien avant le Web, et la disparition de ce dernier ne perturberait Internet d'aucune façon.

Ce chapitre explique ce qu'est le Web, d'où il vient et comment installer et utiliser les navigateurs Firefox et Internet Explorer. Vous apprendrez à employer votre navigateur Web pour afficher des pages Web.

Qu'est-ce que le Web ?

Le Web est un ensemble de "pages" contenant des informations, reliées logiquement les unes aux autres et réparties sur toute la surface du globe. Chaque page peut contenir du texte, des images, des sons, des animations, de la vidéo... Nous ne saurions terminer cette énumération autrement qu'avec des points de suspension, car presque chaque jour il naît de nouveaux "objets Web". Ce sont ces liens, dits *hypertextes,* entre les pages qui rendent le Web si intéressant.

Chacun pointe vers une autre page et l'ouvre lorsque vous cliquez dessus. L'affichage de ces pages s'effectue avec un programme spécialisé : le *navigateur.*

Les liens hypertextes peuvent ouvrir des pages situées à Sydney, Johannesburg, Darmstadt ou Oslo ou de l'autre côté de votre rue. Théoriquement, ce transfert est instantané, mais, dans la réalité, la rapidité de ce déplacement virtuel dépend de nombreux facteurs que nous découvrirons d'ici peu.

Les liens

Le système hypertexte crée des liens entre diverses bribes d'informations. Au fur et à mesure que vous établissez ces liens informatiques, vous contribuez à tisser cette toile d'araignée d'où le Web ("toile" en anglais) tire son nom. Les pages visées peuvent se trouver n'importe où dans le monde.

Toutes les informations peuvent être consultées de façon automatisée par des logiciels, appelés *moteurs de recherche*, qui permettent d'obtenir en quelques secondes toutes les références et occurrences des termes recherchés.

C'est ce système de documents pointant les uns vers les autres qu'on appelle *hypertexte*. La Figure 24.1 montre comment se présente une page Web. Chaque mot ou groupe de mots souligné est en réalité un *lien* pointant vers une autre page.

L'*hypertexte* est un moyen de relier des informations de façon à faciliter leur découverte. En théorie, du moins. Dans les bibliothèques traditionnelles (vous savez, celles qui possèdent des étagères surchargées de livres), les informations sont classées de façon arbitraire, souvent par ordre alphabétique d'auteur, parfois par sujet. Ce type de classement ne reflète pas nécessairement l'existence d'un lien logique d'un ouvrage à l'autre. Dans le monde de l'hypertexte, en revanche, les informations sont organisées selon les liens logiques qui existent entre elles, ce qui semble plus... logique !

Un nom pour chaque page

Pour trouver une page particulière sur le Web, encore faut-il pouvoir désigner cette page par son nom comme on désigne un livre par son titre. C'est ici qu'intervient la notion d'*URL* (*Uniform Resource Locator,* adresse de ressource unifiée), un système d'adressage universel permettant une identification unique, donc non ambiguë, d'une page donnée. Une URL est une succession de termes commençant par `http://` et continuant souvent par `www`. Tout le monde le prononce comme un sigle, c'est-à-dire en prononçant chaque lettre ("U-R-L"), et non comme un acronyme ("hurle"). Vous en savez désormais suffisamment pour vous lancer

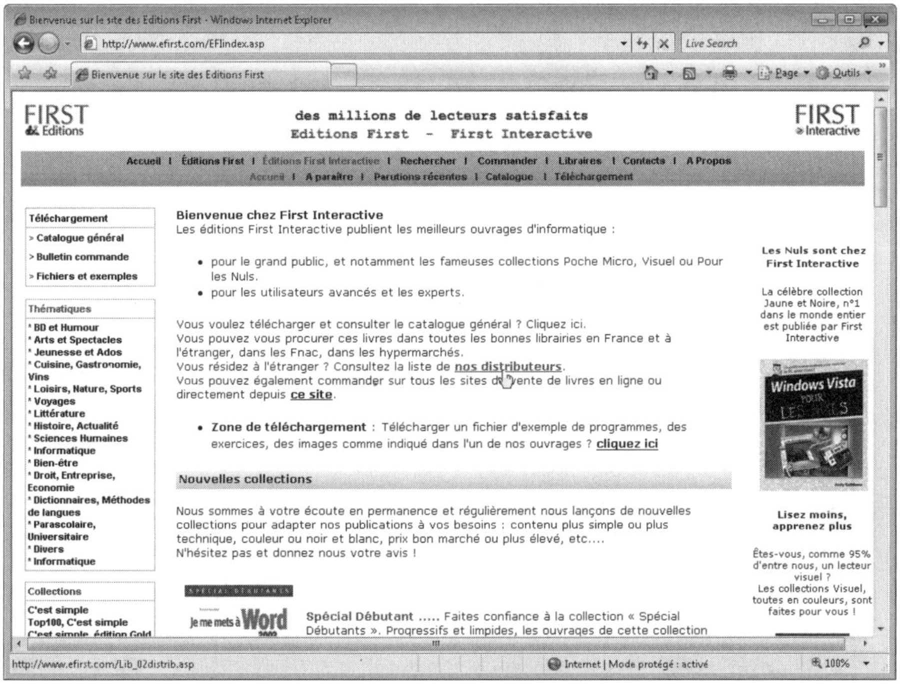

Figure 24.1 Sur cette page, les mots ou expressions soulignés sont des liens susceptibles d'ouvrir d'autres pages.

dans la navigation. Pour quelques détails supplémentaires, entièrement techniques et facultatifs sur les URL, voyez l'encadré "Au royaume des URL".

La navigation

Maintenant que vous savez tout sur le Web, vous voulez le découvrir. Pour ce faire, il vous faut un *navigateur*, le logiciel qui récupère les pages Web et les affiche sur votre écran. Sur un ordinateur équipé de Windows 95 ou plus (98, 2000, NT, Me, XP ou Vista), de Mac OS, de Linux ou tout autre système offrant un accès à Internet, il est déjà présent. Par ailleurs, si vous avez installé le logiciel Internet remis par votre fournisseur d'accès à Internet (FAI), vous en avez un aussi.

Les navigateurs les plus connus sont :

- **Internet Explorer (IE)** est le navigateur que Microsoft fournit avec chaque version de Windows depuis Windows 98. Il en est aujourd'hui à la version 7. Windows Vista est accompagné de Windows Mail.

D'où vient le Web ?

Le Web a été inventé en 1989 au CERN (Centre européen pour la recherche nucléaire) à Genève, en Suisse, un endroit quelque peu inattendu pour une révolution en informatique. Le petit génie se nomme Tim Berners-Lee, un Anglais, actuellement directeur du consortium W3C (*World Wide Web Consortium*), chargé de l'élaboration des standards du Web.

Tim Berners-Lee est l'inventeur du protocole HTTP *(HyperText Transfer Protocol,* protocole de transfert hypertexte*)* utilisé pour échanger des informations entre clients et serveurs Web. C'est lui également qui a défini le langage HTML *(HyperText Markup Language,* langage de balisage hypertexte*)* qui n'est pas vraiment un langage au sens informatique du terme, mais plutôt un ensemble de commandes de description de page. Enfin, c'est lui qui a inventé l'URL, sorte d'adresse servant à identifier les ressources accessibles par le Web. Il a conçu le Web comme un moyen universel et simple d'échanger des informations indépendamment des matériels et systèmes d'exploitation utilisés. Les premiers navigateurs Web contenaient des éditeurs qui permettaient à tout utilisateur de créer des pages Web aussi facilement que de les lire.

Pour en savoir plus sur le développement du Web et le travail du consortium W3C, pointez votre navigateur sur `www.w3.org`. Tim Berners-Lee a été anobli en 2004 par la reine Elizabeth II et porte désormais le titre de Sir Tim Berners-Lee, et il a obtenu, en 2004, le Prix de la technologie du Millénaire.

- **Firefox** est un navigateur développé en *open source* (source ouverte, c'est-à-dire sans cesse améliorée par une communauté de programmeurs à laquelle toute personne compétente peut se joindre) que vous trouverez à `http://www.mozilla-europe.org/fr/products/firefox/`. C'était à l'origine un hybride du meilleur de Mozilla et du meilleur de Netscape et il existe en versions Windows, Mac, et Linux. Firefox est moins visé par les espiogiciels. Reportez-vous à l'encadré "Pourquoi opter pour Firefox ?" pour savoir ce que nous pensons exactement d'Internet Explorer et de Firefox.

Nous décrirons en détail Internet Explorer et Firefox au cours du livre. Si vous n'avez pas de navigateur ou que vous vouliez en essayer un autre, lisez la section "Comment se procurer et installer un navigateur", plus loin dans ce chapitre.

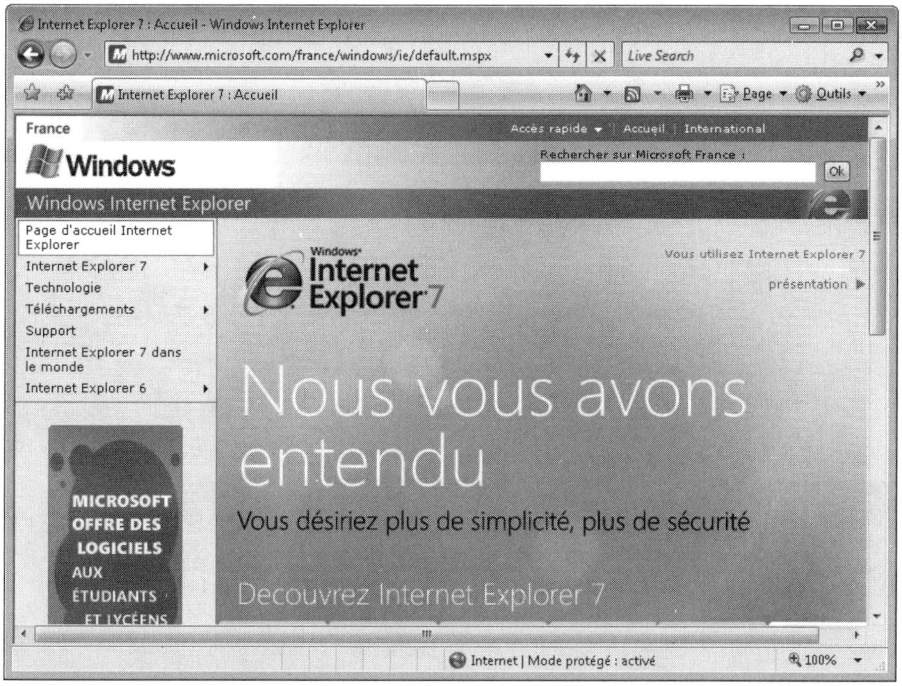

Figure 24.2 Internet Explorer est depuis longtemps le navigateur de Windows.

Surfer avec votre navigateur

Lorsque vous ouvrez Firefox, vous obtenez un écran comme celui de la Figure 24.3. La fenêtre d'Internet Explorer 7 est présentée sur la Figure 24.1. La première page affichée par votre navigateur dépend de la configuration du navigateur. De nombreux FAI font en sorte que votre navigateur affiche leur page d'accueil, Internet Explorer affiche une page Microsoft et Firefox la page Mozilla, jusqu'à ce que vous choisissiez une autre page d'accueil.

NOTE TECHNIQUE

Toutefois, si vous installez Firefox après Internet Explorer, le programme d'installation demande s'il doit ou non importer les Favoris et *cookies* utilisés dans Internet Explorer. À vous de décider du bien-fondé de votre réponse affirmative ou négative.

En haut de la fenêtre, on trouve un ensemble de boutons et la barre de navigation, ou barre d'adresse, qui contient l'URL (l'adresse) de la page actuellement visitée (Figure 24.4). Pour plus de détails, consultez l'encadré "Au royaume des URL" dans ce chapitre.

Figure 24.3
La page d'accueil de Mozilla Europe affichée dans Firefox.

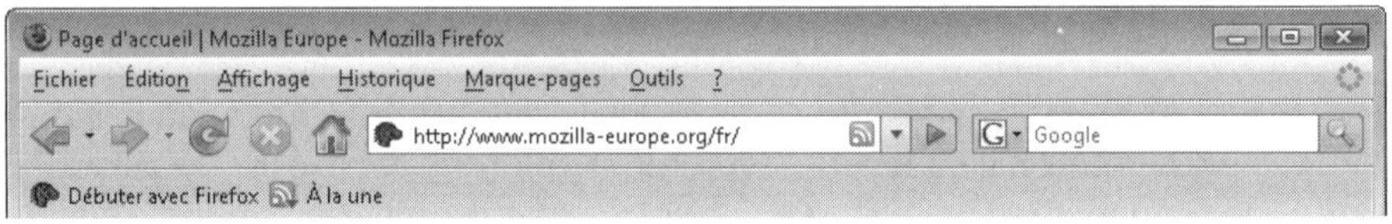

Figure 24.4
Les outils de navigation de Firefox 2.

La plus grande partie de la fenêtre du navigateur est occupée par la page Web consultée. C'est quand même ce à quoi est censé servir un navigateur ! Les boutons, barres et menus servent à trouver votre chemin sur le Web et à réaliser des actions comme imprimer et enregistrer des pages.

Petite exploration

Pour aller d'une page à une autre sur le Web, il suffit de cliquer un lien. À l'écran, il peut apparaître comme une image, un mot ou une suite de mots affichés dans une autre couleur que le texte normal (en bleu, le plus souvent) et souligné. Si vous n'êtes pas certain que ce soit bien un lien, observez le pointeur de la souris : de flèche, il se change en main lorsqu'il est placé sur un lien.

Arrière toute !

TRUC

Les navigateurs n'ont pas la mémoire courte : ils se souviennent du chemin qu'ils ont parcouru et, en particulier, de la dernière page affichée. Si celle que vous venez d'afficher ne vous plaît pas et que vous souhaitiez revenir à la précédente, cliquez tout simplement l'icône la plus à gauche de la rangée supérieure, celle qui porte une flèche tournée vers la gauche. Vous pouvez également passer par le clavier : appuyez sur la touche fléchée pointant vers la gauche tout en maintenant enfoncée la touche Alt (celle qui se trouve à gauche de la barre d'espacement).

Parfois, en cliquant un lien, la page atteinte s'ouvre dans une nouvelle fenêtre du navigateur Web. En effet, que ce soit Internet Explorer, Firefox ou tout autre navigateur, chacun peut afficher plusieurs pages simultanément. Lorsqu'un lien s'ouvre dans une nouvelle fenêtre, le bouton Précédent ou Reculer d'une page n'est pas accessible.

Où aller ?

On appelle *page d'accueil* la page Web principale d'un site Web. La page d'accueil est comparable à la page de couverture d'un magazine : elle donne une idée de ce que vous trouverez dans le site. Voici comment accéder à une page d'accueil :

1. **Cliquez dans la zone de saisie de l'adresse, située en haut de la fenêtre de navigation (Figure 24.5).**

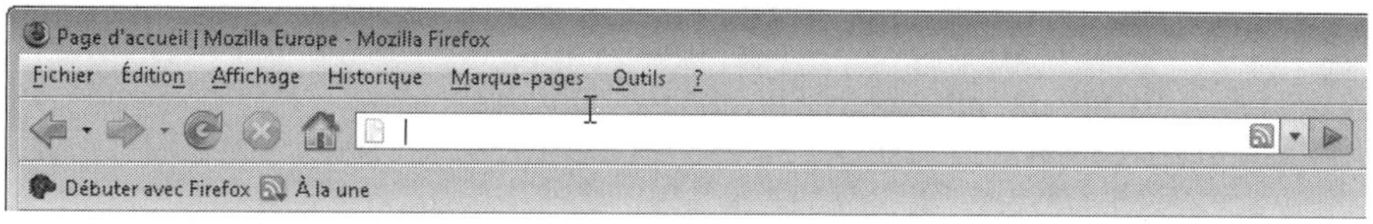

Figure 24.5 Saisissez ici l'adresse du site Web à visiter.

2. **Saisissez l'URL de la page que vous voulez atteindre.**

Exemple : `http://www.efirst.com`. En général, vous pouvez vous contenter de taper `www.efirst.com` (et même, lorsque le site se termine par `.com`, en tapant `efirst` et en appuyant ensuite sur Ctrl+Entrée).

3. **Appuyez sur Entrée.**

Si l'URL de la page que vous désirez charger figure dans un courrier électronique, un message lu sur un forum ou dans un traitement de texte, vous pouvez la transférer dans la boîte de saisie de votre fenêtre de navigation au moyen d'un classique copier/coller, ce qui vous évite de la retaper avec les risques d'erreur que cela implique :

1. **Sélectionnez l'URL que vous souhaitez copier.**

   En général, en la balayant du pointeur de votre souris, tout en maintenant enfoncée la touche Maj.

2. **Appuyez sur Ctrl+C (cmd+C sur Mac) pour copier la chaîne de caractères dans le Presse-papiers.**

3. **Cliquez dans le champ de saisie d'adresse du navigateur.**

4. **Appuyez sur Ctrl+V (cmd+V sur Mac) pour coller le contenu du Presse-papiers et appuyez sur Entrée.**

De nombreux autres logiciels de courrier font mieux encore : ils interprètent automatiquement les URL placées dans leurs messages e-mail de sorte que, lorsque vous passez le pointeur de la souris sur une adresse que vous avez reçue, celui-ci se change en main. Il suffit alors de cliquer ou de double-cliquer pour démarrer le navigateur et afficher la page Web correspondante.

De malfaisants personnages, auteurs de pages Web frauduleuses, peuvent facilement créer des courriers contenant des URL qui, lorsque vous cliquez dessus, n'envoient pas du tout là où vous pensiez aller. Bien évidemment, vous ne vous rendez compte de rien. Méfiez-vous des messages dont l'origine semble suspecte. Par exemple, si vous recevez un message émanant soi-disant de votre banque, ne cliquez pas le lien proposé. En effet, vous risquez de tomber sur une fausse page identique à celle du site Web de votre banque. On vous demande votre nom d'utilisateur, votre mot de passe et votre numéro de compte bancaire. Rendez-vous toujours sur le site de votre banque en saisissant son adresse dans la barre d'adresse de votre navigateur Web, mais jamais en cliquant un lien figurant dans un courrier.

Par où commencer ?

Voici un bon moyen de mettre le pied à l'étrier : allez à la page de Yahoo! France en tapant :

```
http://www.yahoo.fr
```

Vous êtes aussitôt (enfin, presque, car il faut tenir compte de la charge d'Internet et le temps d'attente peut être très variable selon l'heure de la journée où vous faites l'expérience) transporté sur Yahoo! où se trouve un répertoire contenant des millions d'adresses de pages Web classées par sujets. En fouinant çà et là, vous allez trouver sans aucun doute quelque chose d'intéressant.

Cette page est bizarre

Il arrive qu'une page Web soit abîmée ou que vous l'interrompiez (en cliquant le bouton Arrêter dans la barre d'outils ou en appuyant sur la touche Echap). Pour indiquer à votre navigateur de recharger le contenu de la page : dans Firefox, cliquez le bouton Actualiser ou appuyez sur Ctrl+R ; dans Internet Explorer, cliquez également le bouton Actualiser ou appuyez sur F5.

Sortez-moi de là !

Tôt ou tard, il va bien falloir que vous vous arrêtiez de surfer sur le Web, ne serait-ce que pour aller manger ou satisfaire quelque besoin naturel. Vous fermez votre navigateur exactement comme vous quittez tout programme Mac ou Windows : vous choisissez la commande Fichier/Quitter (Fichier/Fermer avec Internet Explorer, bizarrement) ou appuyez sur la combinaison Alt+F4. Sous Windows, vous pouvez également cliquer le bouton de fermeture (X) placé dans le coin supérieur droit de la fenêtre d'affichage.

Comment se procurer et installer un navigateur

Un navigateur est sans aucun doute déjà installé sur votre machine. Tous les navigateurs récents se ressemblent tellement que nous vous suggérons de garder celui qui s'y trouve, pour l'instant, du moins. Si vous n'avez pas de chance, vous n'avez pas de navigateur ou un vieux modèle que vous devez mettre à jour pour bénéficier des fonctions récentes exploitées dans les pages Web. Si vous utilisez une version de Firefox antérieure à la 2 ou d'Internet

Explorer antérieure à la 7.0, vous risquez de passer à côté de nombreuses nouvelles fonctionnalités. Heureusement, les navigateurs ne sont pas difficiles à obtenir et à installer, et la plupart sont gratuits.

TRUC

De nouvelles versions de Firefox et d'Internet Explorer paraissent régulièrement. Elles corrigent les *bugs* des versions précédentes et comblent aussi certaines failles de sécurité qui permettent aux pirates de s'introduire dans les systèmes informatiques. À cet égard, Internet Explorer 7.0 est beaucoup plus sécurisé que l'était la version 6.0.

Comment mettre un navigateur à jour ?

Pour obtenir ou mettre à jour Firefox, allez à l'adresse `http://www.mozilla-europe.org/fr/products/firefox/`. Pour Internet Explorer, rendez-vous à `http://www.microsoft.com/downloads/search.aspx?displaylang=fr`.

TRUC

Lors d'une mise à jour d'une version antérieure du navigateur vers une plus récente, l'ancienne version sera remplacée par la nouvelle. Le programme d'installation saura peut-être même conserver vos réglages et signets ou Favoris.

La première fois que vous ouvrez le navigateur

Pour ouvrir votre nouveau navigateur, cliquez son icône, ou sélectionnez-le dans le menu Démarrer de Windows Vista.

La première fois que vous exécutez Firefox, vous êtes invité à importer tous vos paramètres Internet Explorer (ou de tout autre navigateur Web que vous utilisiez avant lui). Cela est important si vous avez réuni une impressionnante liste de Favoris que vous désirez retrouver dans Firefox.

Lors de la première exécution d'Internet Explorer, un assistant vous aidera à établir la connexion Internet.

Chapitre 25

Le commerce en ligne

Dans ce chapitre :

- Achats en ligne : le pour et le contre.
- Le problème des cartes bancaires.
- Allons faire nos courses !
- Tour d'horizon des sites marchands.

Si, pour une raison quelconque (insomnie ou autre), vous lisez la presse informatique, vous avez certainement eu l'occasion de parcourir beaucoup d'articles consacrés au commerce électronique. Aussi étonnant que cela puisse paraître, il y a beaucoup de vrai dans ce que vous avez pu lire, et vous pouvez raisonnablement acheter toutes sortes de choses sur le Net. Pour notre part, c'est ce que nous faisons, des livres jusqu'aux billets d'avion en passant par les sous-vêtements, les actions, les pièces détachées d'ordinateurs et les consommables de toutes sortes. Malgré quelques légendes – parfois avérées –, nous sommes toujours bel et bien vivants pour vous conter l'histoire fabuleuse des achats en ligne.

Achats en ligne : le pour et le contre

Voici quelques bonnes raisons de faire ses achats en ligne :

- Les magasins en ligne offrent des commodités appréciables. Ils sont ouverts toute la nuit, et vous n'agacez aucun vendeur si vous ne faites que regarder pendant des jours et des jours avant de vous décider à acheter.
- Les prix sont souvent inférieurs, et vous pouvez comparer les tarifs de plusieurs boutiques en quelques minutes. Même si vous finissez par acheter dans un magasin réel, ce que vous aurez trouvé en ligne est

susceptible de vous faire économiser de l'argent. Les frais d'expédition sont les mêmes que lorsque vous commandez par courrier postal (ils sont même offerts à partir d'une certaine somme, en général 30 euros d'achats) et vous n'aurez pas besoin de prendre votre voiture et de trouver un parking.

- Les boutiques en ligne offrent parfois une meilleure sélection. L'expédition est habituellement réalisée à partir d'une centrale d'achat – pas de stocks à gérer. Si vous êtes à la recherche d'une pièce rare – par exemple, une pièce du vieux four que vous réparez – le Web peut vous épargner des semaines de recherche.
- Certains auteurs de ce livre vivent dans des petites villes perdues dans la campagne. Ils trouvent sur le Net de nombreux articles difficiles à dénicher, sinon introuvables localement.
- Contrairement aux centres commerciaux, on n'est pas obligé de faire ses courses avec une musique de supermarché en bruit de fond.
- Vous pouvez acheter dans tous les magasins de la planète, à des prix défiant toute concurrence.
- À partir d'une certaine somme, souvent 100 euros, ou sur certains produits, vous pouvez payer en plusieurs fois sans frais.

D'un autre côté, voici quelques raisons qui nous incitent à ne pas *tout* acheter sur le Net :

- Vous ne pouvez pas physiquement essayer, tester ou regarder ce que vous achetez, et, dans la plupart des cas, les délais de livraison sont assez longs. Toutefois, les sites indiquent la plupart du temps les délais de disponibilité des produits. Quand le produit est disponible, vous n'attendez guère plus de quarante-huit heures ; quand il ne l'est pas, l'attente est souvent difficile à évaluer.
- Nous aimons bien nos petits commerces locaux et nous essayons de contribuer à l'économie de notre région aussi souvent que nous le pouvons.
- Vous ne pouvez pas flirter avec le personnel des magasins en ligne.

Le problème des cartes bancaires

Comment s'effectue le paiement des achats en ligne ? La plupart du temps avec une carte bancaire, de la même façon que dans un magasin ordinaire. Mais n'est-il pas risqué de donner son numéro de carte bancaire en ligne ? Eh bien, non !

Nombre de personnes craignent que des individus malintentionnés et armés de divers outils électroniques, analyseurs de réseaux et autres gadgets de haute technologie, soient à l'affût pour tenter de s'approprier les numéros de cartes bancaires voyageant sur le Net. Nous avons surveillé pendant plusieurs années l'occurrence de tels événements et nous n'avons jamais rien trouvé. D'abord, parce que la plupart des entreprises de vente en ligne s'arrangent pour sécuriser les transactions de ce type en cryptant les informations que vous leur envoyez (dans la fenêtre du navigateur, un petit cadenas fermé affiché en bas de la fenêtre). Ensuite, parce que tenter d'intercepter une information de ce type dans le flot du trafic d'Internet est une véritable gageure, même sans chiffrement.

Si vous acceptez de confier votre carte bancaire dans un restaurant à un serveur, vous pouvez aussi bien vous servir de votre carte bancaire pour acheter en ligne. Si nous voulions dérober un numéro de carte bancaire, ce n'est pas la technique d'Internet que nous utiliserions mais celle des pickpockets.

Si, après cette mise au point, vous ne voulez toujours pas confier votre numéro de carte bancaire à Internet ou que vous soyez de ceux qui répugnent à l'usage des cartes en plastique, sachez que la plupart des entreprises de VPC (vente par correspondance) en ligne accepteront que vous leur indiquiez ce numéro par téléphone ou que vous leur envoyiez un chèque.

Allons faire les courses !

Les entreprises de VPC en ligne fonctionnent généralement selon l'un ou l'autre des deux systèmes suivants : avec ou sans "caddie virtuel", communément appelé "panier" dans l'Hexagone. Ceux qui n'utilisent pas ce concept proposent la commande d'un seul article à la fois, ou un formulaire de commande que vous remplissez en cochant des cases en face des articles commandés. Parmi ceux qui proposent le système du caddie, vous choisissez un article et cliquez un bouton du type "Ajouter au panier". Vous visualisez le récapitulatif et choisissez votre mode de paiement ainsi que toutes indications utiles pour la livraison. À tout moment vous pouvez ajouter ou retirer des articles, comme dans un vrai magasin, à ce détail près que vous n'êtes pas obligé, ici, de remettre l'article dans son rayon.

TRUC

Les cartes bancaires virtuelles : e-Carte Bleue et consorts

Une des dernières innovations des banques est la mise en circulation, pour qui en fait la demande, d'une carte bancaire virtuelle destinée au paiement des achats sur Internet. Comment fonctionne la carte virtuelle ? Nous baserons notre explication sur une expérience personnelle : la e-Carte Bleue (ce système est repris sous des noms divers par la majorité des établissements bancaires).

Vous souscrivez un contrat auprès de votre banque pour bénéficier de la carte bancaire virtuelle. Si votre banquier est reconnaissant de votre fidélité, il ne devrait rien vous facturer de plus que vos sempiternels frais de gestion mensuels. Quelques jours après la souscription à e-Carte Bleue, par exemple, vous recevez un premier courrier indiquant un identifiant à ne surtout pas égarer. Il s'agit d'un code aussi facile à retenir que bcmyskpm. Cet identifiant vous permet d'aller sur le site Web de votre banque et d'y télécharger un petit programme qui n'est autre que votre carte bancaire virtuelle. Installez ce programme sur votre ordinateur. Si vous l'exécutez, une connexion Internet s'établit, et une sorte de carte affichant deux champs de saisie apparaît au premier plan de votre bureau. Elle couvre systématiquement tous les programmes que vous ouvrez, dont Internet Explorer ou Firefox, qui permettront de faire vos achats en ligne. Les champs de saisie exigent deux choses : l'identifiant et le mot de passe que vous recevrez environ quarante-huit heures après votre premier courrier. Conservez bien ces deux numéros, c'est-à-dire identifiant et mot de passe, dans un lieu sûr, et tentez de vous en souvenir (ce ne sera pas du gâteau).

Pour utiliser la carte virtuelle, c'est très simple. Faites vos emplettes, c'est-à-dire cherchez les produits qui vous intéressent sur un site, ajoutez-les à votre panier virtuel, et enfin passez à la caisse. À cet instant, choisissez un paiement par carte bancaire et lancez le programme de votre carte bancaire virtuelle, tel que e-Carte Bleue (Figure 25.1). La carte virtuelle vous demande de saisir votre identifiant et votre mot de passe, puis de cliquer un bouton pour les valider. Une fois votre identification réalisée, plusieurs autres boutons permettent d'effectuer diverses tâches, dont l'une se nomme Payer. Cliquez-la. Un message vous avertit qu'un numéro unique va vous être attribué. À ce moment-là, votre carte virtuelle prend l'apparence d'une carte bancaire identique à celle que vous avez dans votre portefeuille, mais elle est animée : c'est-à-dire que vous voyez tous les chiffres tourner de manière aléatoire, puis se figer en un numéro traditionnel utilisable une seule fois. Saisissez le numéro ainsi attribué et le code à trois chiffres dans les champs adéquats du site Web. Validez. Le site interroge alors votre banque, et le paiement est accepté. Voilà, votre achat est fait. Même si quelqu'un a pu détourner ce numéro de carte, il ne pourra plus l'utiliser, car il est à usage unique. Vous pouvez alors fermer le petit programme. Si vous ne le faites pas, la carte virtuelle disparaît au bout d'une quinzaine de minutes.

Lors de votre prochain achat sur Internet, vous répéterez ces opérations et vous obtiendrez alors un nouveau numéro unique qui permettra de payer vos achats en toute sécurité. Ce système est absolument génial !

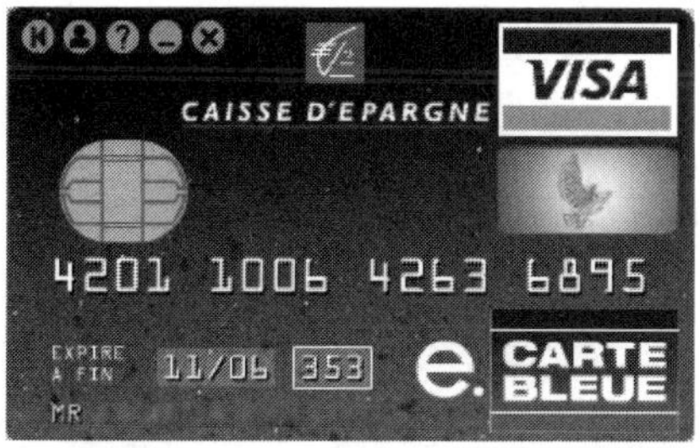

Figure 25.1 Une carte bancaire virtuelle ressemble à une vraie carte bleue ! Inutile d'essayer d'utiliser celle-ci, le numéro est unique pour un achat et un montant uniques.

Prenons un exemple simple en visitant le site Web appelé *Rue du commerce*, qui propose tout ce qui touche à l'informatique et à l'audiovisuel. Pointez votre navigateur sur l'URL `www.rueducommerce.fr`. Comme ce site a toujours des annonces à faire, un anniversaire à fêter ou des promotions à communiquer, cliquez directement l'animation qui apparaît, ou attendez quelques secondes avant de parvenir à la page d'accueil représentée Figure 25.2.

Comme vous avez peut-être besoin d'un disque dur externe, cliquez l'onglet Composants. Dans la fenêtre principale, cliquez le lien Disques durs externes. Si vous ne voyez pas toutes les rubriques, faites glisser la barre de défilement verticale située sur le bord droit de votre navigateur. Comment ? Vous ne savez pas ce qu'est une barre de défilement ? Alors, retournez dans le magasin où vous avez trouvé ce livre et achetez-y *Windows Vista pour les Nuls* !

Sur le site Rue du commerce, sélectionnez un type de disque dur en cliquant d'abord l'onglet Informatique, puis le lien Composant, puis le lien Disques durs externes. Un chiffre entre parenthèse indique le nombre de références dans cette catégorie de produits. Dans la page qui présente les gammes de disques durs externes, sélectionnez par exemple Disque dur 3,5" USB 2.0. Comme vous affichez un grand nombre de modèles, jouez avec les critères de filtrage. Par exemple, dans la liste Capacité, sélectionnez de 200 à 320 Go, et cliquez Filtrer. Consultez la liste des produits proposés. Pour plus d'informations sur un modèle, cliquez soit sa photo, soit le lien situé à droite du signe "+". Quand vous avez trouvé le modèle qui vous convient, ajoutez-le à votre panier grâce au bouton Acheter ou Sélectionner le produit (le nom du bouton change selon la page d'affichage des articles, mais cela revient au même. Dans le second cas, passez ensuite à la phase d'achat en cliquant le bouton Acheter). Un récapitulatif apparaît, comme sur la Figure 25.3. Pas d'erreur ? Alors cliquez Valider mes achats. Vous devez alors suivre une procédure d'inscription qui consiste à communiquer votre courriel de manière à recevoir une confirmation de

Figure 25.2 La fièvre acheteuse fait des ravages chez Rue du commerce.

commande et plus tard un avis d'expédition qui vous permettra de suivre votre colis en ligne *via* le site du prestataire de livraison choisi (comme La Poste). Lors de vos prochaines commandes sur ce site, vous n'aurez qu'à indiquer votre pseudo et votre mot de passe pour que les formulaires de commande et d'expédition soient automatiquement remplis. Enfin, choisissez un mode d'expédition, et cliquez le bouton Valider situé en bas de la page. Un nouveau récapitulatif apparaît. Vérifiez toutes les informations. Cochez la case d'acceptation des conditions générales de vente que je vous invite à lire consciencieusement. Alors, cliquez le bouton PAYER correspondant au mode de paiement choisi, par exemple la carte bancaire. Comme le montre la Figure 25.4, plusieurs types de cartes sont proposés, dont le fameux système e-carte bleue. Cliquez l'image de la carte utilisée. Vous basculez dans une zone de paiement sécurisée comme en témoigne l'icône d'un cadenas affichée dans la fenêtre de votre navigateur Web. Indiquez le numéro de carte, sa date d'expiration, et le numéro du cryptogramme. Enfin cliquez sur VALIDER. Après une interrogation du système de gestion des cartes, votre commande est validée. Un mail de confirmation de commande vous sera transmis, et, dans quelques jours, vous recevrez votre produit.

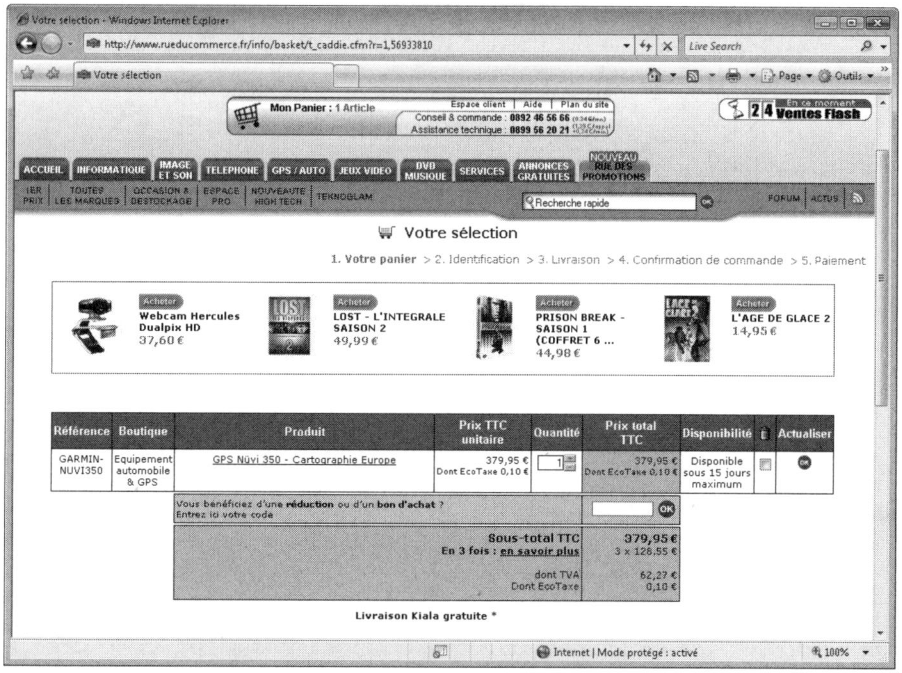

Figure 25.3 Récapitulatif des produits commandés avant validation de l'achat.

TRUC

Même sur les sites ne proposant pas une icône e-carte bleue il est tout à fait possible de régler ses achats par ce système. Choisissez simplement le mode de paiement par carte bancaire VISA (ou celui correspondant au type de votre carte virtuelle).

TRUC

Sur certains sites, comme Rue du commerce, il est possible de régler ses achats avec une carte de crédit, en l'occurrence Aurore.

Principes de la réservation aérienne

Nous commandons sur Internet beaucoup de billets d'avion. Bien que ces guichets en ligne soient loin d'être aussi efficaces et pratiques que les *bonnes* agences de voyages, ils sont néanmoins meilleurs que les *mauvaises* agences de voyages. Même si vous avez un bon agent, vous pouvez ainsi explorer préalablement toutes les options qui vous sont offertes avant de lui téléphoner pour faire votre réservation. Il existe aussi des agences qui exploitent elles-mêmes les sites Web des compagnies aériennes.

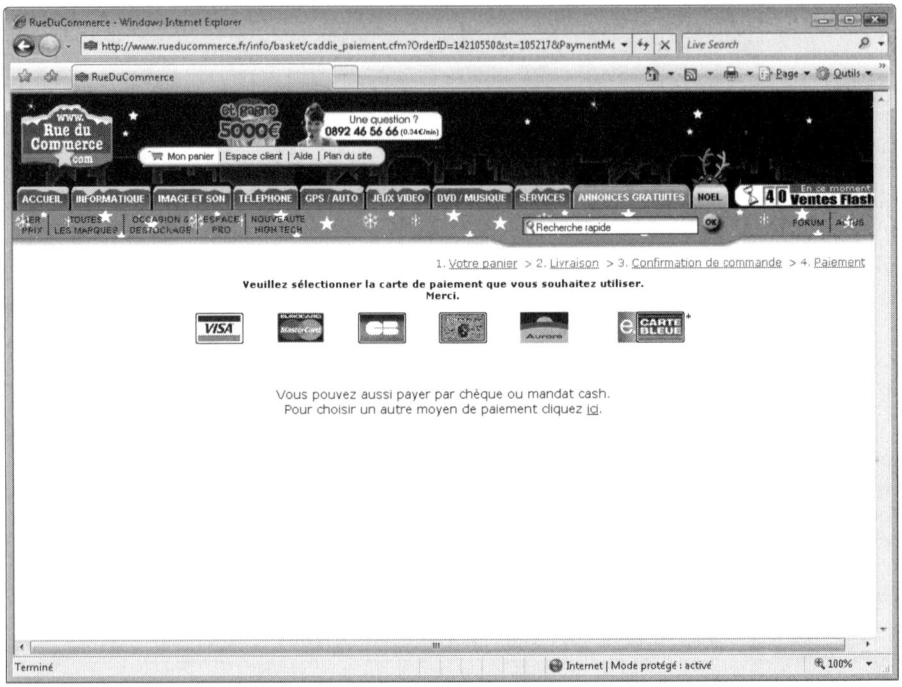

Figure 25.4 Paiement par carte bancaire : sélectionnez la vôtre.

Aux États-Unis, il existe quatre systèmes de réservation aérienne exploités par presque toutes les compagnies couvrant le territoire. On les appelle, dans ce pays, des CRS (*Computer Reservation System*). Ces systèmes sont interconnectés, ce qui fait que, à quelques rares exceptions près, vous pouvez parfaitement faire une réservation sur n'importe quelle compagnie à partir de n'importe quel CRS. Leurs noms sont : Sabre (American Airlines), Apollo (United Airlines), Worldspan (Delta, Northwest Airlines et TWA) et Amadeus (Continental Airlines). La plupart des compagnies pratiquant des tarifs réduits n'utilisent pas ces systèmes mais ont leur propre site Web, à partir duquel vous pouvez effectuer des opérations standard de réservation et d'achat de billets. Southwest Airlines, la plus importante et la plus ancienne de ces compagnies, a cependant un arrangement lui permettant d'utiliser Sabre, en conséquence de quoi ce CRS propose également des voyages sur Southwest, ce que ne font pas les autres CRS.

Si, en théorie, tous ces systèmes proposent les mêmes informations, en pratique, ils présentent quelques différences. Si vous recherchez des places sur un vol complet, un système de réservation directement rattaché à une compagnie sera plus efficace pour trouver une éventuelle place annulée au dernier moment. Si vous recherchez le tarif le plus bas pour effectuer un

TRUC

Les cookies

Peut-être avez-vous entendu ou lu d'horribles histoires au sujet de ces petites choses appelées *cookies* que certains sites visités vous envoient, soi-disant pour vous espionner, dérober les secrets de votre disque dur, ravager votre ordinateur, injecter de la cellulite dans vos cuisses pendant que vous dormez, dérober les confitures dans l'armoire, bref, rendre votre existence infernale. À la suite d'investigations très complètes, nous avons fini par découvrir que ces étranges créatures sont loin d'être aussi méchantes et même peuvent vous aider dans vos achats à distance.

Un *cookie* n'est rien d'autre qu'un petit morceau de texte envoyé par un site Web à un PC accompagné d'une demande (et non pas d'une commande) de renvoyer le *cookie* lors des visites ultérieures au même site. Le *cookie* est stocké sur votre ordinateur sous la forme d'un petit fichier (pas plus de 4 Ko de texte). Et c'est tout ! Vous pouvez le vérifier en consultant un fichier ayant pour nom cookies.txt si vous utilisez Netscape. Internet Explorer crée un fichier séparé pour chaque *cookie*. En ce qui concerne les achats en ligne, les *cookies* permettent à votre serveur Web de mieux suivre votre caddie virtuel contenant les produits sélectionnés mais non encore achetés, même si vous déconnectez votre ordinateur entre-temps.

certain parcours, testez les quatre systèmes, car un vol qualifié de complet sur l'un d'eux peut mystérieusement offrir encore quelques places sur un autre système. Certaines catégories tarifaires ne sont visibles que par les agences de voyages et ne figurent pas sur les sites Web – mieux vaut, dans ce cas, utiliser les services d'une bonne vieille agence de voyages. Mais gardez en mémoire que beaucoup de compagnies aériennes ne proposent certains voyages promotionnels que sur leur site Web, sans que les agences de voyages en soient informées. Tout cela vous paraît bien embrouillé ? À nous aussi !

La confusion est encore plus grande dans le cas d'un vol transcontinental. Les tarifs officiels sont établis par une organisation internationale appelée IATA, ainsi la plupart des systèmes de réservation ne font figurer que ces seuls tarifs pour les vols internationaux. Il est cependant facile de trouver des billets "en solde" pour ces mêmes lignes, mais seulement auprès de certaines agences. À l'occasion, certaines compagnies proposent pour certains vols des tarifs exceptionnellement bas. L'exemple le plus frappant est celui de Cathay Pacific qui, une fois ou deux par an, organise un voyage vers Hongkong à un tarif généralement inférieur de plus de 50 % au prix normal.

Pour une liste complète et régulièrement mise à jour des CRS, sites Web de compagnies aériennes et agences de voyages, visitez le site www.tourisurf.com/destinic/index1.htm.

Trois sites incontournables si vous projetez de partir en voyage :

- **Yahoo! Voyages** : fr.travel.yahoo.com.
- **Lastminute (Degriftour)** (www.fr.lastminute.com) : Le site Lastminute propose tout son catalogue en ligne, de nombreux vols et séjours, mais également ses coups de cœur et des vols dégriffés (prix souvent très intéressants).
- **La bourse des vols** (www.bourse-des-vols.com) : Vols secs couvrant quatre-vingts compagnies aériennes et quarante voyagistes.

Voici quelques précautions à prendre avant d'acheter en ligne des billets d'avion (de ligne) :

- Consultez les systèmes en ligne pour voir les vols disponibles et établir une gamme de tarifs. Voyez si les sites utilisent différents CRS.
- Une fois que vous avez trouvé la compagnie qui vous intéresse, rendez-vous sur son site pour voir si elle propose des prix et des vols "spécial Web".
- Vérifiez les destinations et les escales. Parfois, accepter quarante-cinq minutes de vol supplémentaires vous fait économiser des centaines d'euros.
- Vérifiez auprès d'un employé de la compagnie s'il n'est pas meilleur marché d'acheter directement par son entremise que par le site Web.
- Pour les destinations complexes, ou pour faire le tour du monde, seul un agent de la compagnie saura vous trouver le meilleur vol et les meilleurs tarifs. En effet, la réservation en ligne n'est pas toujours capable de mesurer tous les paramètres des voyages internationaux complexes.
- Si vous achetez vos billets d'avion sur un site d'enchères, vérifiez que vous ne le payez pas plus cher qu'un billet directement réservé sur le site Web de la compagnie aérienne.

TRUC

Ce qui est possible pour l'avion l'est aussi pour le train. Rendez-vous sur le site www.sncf.fr. Vous pourrez y réserver vos places et acheter vos billets. La SNCF propose également des promotions spéciales Web. J'ai pu par exemple, avec ce système, obtenir deux allers simples en TGV de Paris à Arcachon pour 60 euros. Il vous est même possible d'imprimer les billets que vous présenterez au contrôleur.

D'autres endroits pour faire des emplettes

Voici quelques autres sites d'achats sur le Web que nous avons visités. Il nous est même arrivé d'y commander des articles.

Livres et produits culturels

Bien que, dans un magasin virtuel, il ne vous soit pas possible de feuilleter un livre avant de l'acheter, si vous savez ce que vous voulez, il vous est facile de l'acquérir.

- **Amazon** (`www.amazon.fr`) : C'est l'une des plus grandes *success stories* du commerce du livre en ligne. Parti de rien (si vous acceptez l'idée que quelques millions de dollars ne représentent plus grand-chose de nos jours), Amazon compte aujourd'hui parmi les plus grands sites marchands consacrés aux livres d'Internet. Malheureusement, il a du mal à atteindre un bon équilibre financier et continue de supporter d'assez lourdes pertes financières qui, curieusement, ne semblent pas trop compromettre son existence. Son catalogue est absolument énorme, et vous pouvez recevoir en quelques jours la plupart des articles qui y figurent. Cette entreprise dispose aussi d'un programme par lequel d'autres sites Web peuvent vous faire connaître leurs livres favoris, créant ainsi une librairie virtuelle. Les prix pratiqués sont parfois légèrement supérieurs à ceux en vigueur dans les librairies en raison des frais de port.

- **La FNAC** (`www.fnac.com`) : En France, le site de la FNAC vous permet de commander en ligne des livres, des disques, des voyages, des spectacles, *etc.*, pouvant être livrés sous vingt-quatre heures, mais offre également d'autres informations dans le domaine culturel ou multimédia.

  Sachez, toutefois, que vous ne pourrez pas accéder à ce site si votre navigateur refuse les *cookies*.

- **Et plus si affinités :**

  `www.alapage.com[[line-break]]www.chapitre.com [[line-break]]www.cdiscount.com`

Prêt-à-porter

Vous trouverez sur Yahoo! une foule d'autres références dans ce domaine.

- **La Redoute** (`www.redoute.fr`) : Un catalogue très complet (sous-ensemble du catalogue imprimé) est proposé avec un classement par type d'articles. On peut aisément choisir sa taille et la couleur lorsqu'il s'agit d'un vêtement. Il est possible d'effectuer l'achat soit par Internet, en mode sécurisé, soit par Minitel.

- **Les 3 Suisses** (`www.3suisses.fr`) : La présentation du catalogue permet d'effectuer facilement son choix. La commande finale peut être faite en ligne ou par Minitel.

- **Cdiscount** (`www.cdiscount.com`) : Site pluridisciplinaire qui offre un lien Prêt-à-porter pour Homme, Femme et Chaussures (?!). Vous y trouverez souvent des vêtements de grandes marques à des prix fracassés.

La check-list de l'acheteur en ligne

Voici quelques-unes des questions que vous devez vous poser lorsque vous effectuez des achats en ligne. Vous pourrez remarquer qu'elles ne sont pas très différentes de celles qui s'appliquent aux achats traditionnels.

- Est-ce que la description des articles est suffisamment claire pour que vous vous rendiez bien compte de la nature de votre achat ?
- Est-ce que les prix proposés sont compétitifs, comparativement à d'autres entreprises de VPC ou au commerce traditionnel ?
- Est-ce que les produits proposés sont en stock, sinon quel est leur délai de livraison ?
- Est-ce que l'entreprise jouit d'une bonne réputation ? (Voir l'astuce quelques lignes plus bas)
- Pouvez-vous suivre votre commande en ligne ?
- Pouvez-vous entrer en contact direct avec un interlocuteur du site ?
- Peut-on rendre les articles ne convenant pas ?

Ordinateurs

Avant d'acheter dans ces boutiques en ligne, assurez-vous qu'elles acceptent les retours de marchandises en cas d'insatisfaction et qu'elles accordent une garantie suffisante.

Lorsque vous cherchez un produit au meilleur prix, rendez-vous sur le site `www.kelkoo.fr`. Là, choisissez une catégorie de produit comme Appareil photo numérique et, dans la page qui suit, cliquez la marque ou le modèle qui vous intéresse, ou saisissez son nom dans le champ situé en haut à gauche de la page. Cliquez Rechercher, et c'est trouvé ! Cliquez si besoin le bouton Comparer les prix. Une liste de tous les sites proposant ce produit apparaît. À vous de choisir celui qui offre le meilleur prix !

Si vous avez peur d'un site parce que vous n'en connaissez pas la réputation, visitez `www.lesarnaques.com`. Saisissez l'objet de votre recherche, c'est-à-dire le nom du site, et vous tomberez sur une série d'articles rapportant les problèmes rencontrés par les consommateurs. Si ces problèmes vous semblent graves et systématiques, ne commandez pas auprès de ce site. Vous-même pouvez rapporter des problèmes et converser avec des clients dans un forum. Lesarnaques.com peut également vous aider à régler un litige avec les vendeurs peu scrupuleux. Cependant, à la lecture de ces expériences diverses et variées, ne tombez pas dans la paranoïa comme quand vous regardez les émissions de Julien Courbet !

Ventes aux enchères et marchandises d'occasion

Plusieurs sites vous permettent de participer, sur le Net, à des ventes aux enchères offrant de nombreux articles allant des ordinateurs complets aux antiquités en passant par les pièces détachées. Tout s'y passe comme dans les ventes aux enchères traditionnelles, à un détail près : si vous savez ce que vous faites, vous pouvez y réaliser de bonnes affaires, sinon, vous risquez fort de ne pas en avoir pour votre argent.

Certains sites vous permettent de proposer vous-même des articles à la vente, ce qui est une façon comme une autre de vous débarrasser de tout le fatras qui encombre votre maison.

- **eBay** (`www.ebay.fr`) : C'est le site d'enchères le plus connu qui propose toutes sortes d'articles. Vous pouvez également proposer vos biens en vous enregistrant comme vendeur.

- **Enchères** (www.encheresguide.com) : Annuaire des ventes aux enchères sur Internet.
- **La Brocante** (www.la-brocante.com) : Brocantes, galeries marchandes, transporteurs, collectionneurs, restaurateurs...
- **Encheres.com** (www.encheres.com) : Annonces des prochaines ventes aux enchères publiques.

Alimentation

Pour ceux qui ont une certaine curiosité gastronomique (et un solide estomac), voici quelques adresses. Attention : ici, les délais de livraison sont importants...

- **Lycos Shopping** (shopping.lycos.fr) **:** Vins et gastronomie.
- **Agence française de sécurité sanitaire des aliments** (www.afssa.fr) : Vous n'y achèterez rien, mais vous y apprendrez à mieux vous nourrir et à évaluer les risques que vous courez en matière alimentaire.
- **Vinternet** (www.vinternet.fr) : Des vins de toutes sortes et de tous cépages.
- **Bio-Forme** (www.bio-forme-online.com) **:** Ventes de produits naturels et biologiques.
- **Ooshop.com** (www.ooshop.fr) : Ce supermarché en ligne, illustré à la Figure 25.5, n'est autre que l'extension virtuelle du magasin Carrefour. Après y avoir créé un compte, vous y faites vos courses en toute quiétude dans tous les rayons, sans devoir subir les hurlements des enfants, le chahut dans les rayons, et l'interminable attente aux caisses. Vous serez livré à domicile si et seulement si vous habitez dans une ville desservie (dite *éligible*). Pour savoir si vous en faite partie, cliquez le lien Votre livraison.

Figure 25.5 Marre des supermarchés surpeuplés ?! Achetez en ligne.

Huitième partie

e-mail, chat et autres moyens de communiquer en ligne

"Vous savez que je vous trouve mieux sur Internet."

Dans cette partie...

Si vous regardez le Web de très près, vous constatez que ce média n'est pas très éloigné de la télévision. En effet, vous y regardez ce que d'autres y font. Maintenant, nous allons voir qu'Internet ressemble beaucoup au téléphone, car vous pouvez parler à d'autres personnes par clavier interposé. Nous allons commencer avec le courrier électronique, le plus vieux et le plus utile de tous les services Internet. Nous enchaînerons avec les messageries instantanées qui peuvent jouer le rôle de visiophone si vous disposez d'un micro et d'une webcam. Enfin, nous terminerons par un aspect du Web qui sacrifie à toutes les modes, je veux bien entendu parler des blogs.

Chapitre 26

Courrier par-ci, courrier par-là !

Dans ce chapitre :

- Comprendre les adresses électroniques.
- Comprendre la notion de serveur de messagerie.
- Choisir un programme de gestion des courriers électroniques.
- Envoyer du courrier.
- Recevoir du courrier.
- Quelques règles de savoir-vivre.

Même si c'est l'un des plus anciens, et pour certains le plus ennuyeux, le courrier électronique, est sans aucun doute le service le plus populaire d'Internet. Bien qu'il ne suscite pas le même engouement que le Web, beaucoup plus de personnes s'en servent. Chaque ordinateur raccordé au Net comporte, d'une façon ou d'une autre, un système de messagerie, ce qui signifie que, quel que soit le type d'ordinateur en votre possession pour peu qu'il soit connecté au Net, vous pouvez envoyer et recevoir du courrier. Aujourd'hui, même sans ordinateur, mais équipé d'un téléphone mobile ou d'un assistant numérique personnel (PDA), vous pouvez envoyer et recevoir des courriers électroniques (ou *mails, e-mails, courriels* ou encore *mels*).

Quelle est mon adresse ?

Toute personne ayant un accès au Net par courrier électronique dispose au minimum d'une *adresse électronique*. C'est l'équivalent, dans le cyberespace, d'une adresse postale ou d'un numéro de téléphone. Lorsque vous envoyez un message, vous placez dans son en-tête l'adresse électronique de votre correspondant.

Vous devez avant tout connaître votre adresse électronique personnelle pour la communiquer à tous ceux qui souhaiteraient vous joindre. Vous devez également connaître leur adresse électronique pour pouvoir leur envoyer des messages. Sauf, bien entendu, si vous ne connaissez personne ou que vous envisagiez de limiter votre correspondance électronique à l'envoi de lettres anonymes.

Les adresses électroniques d'Internet se composent de deux parties séparées par le caractère @ (*arobase,* qui se prononce *at,* "chez"). Ce qui se trouve à gauche est votre identifiant personnel (votre boîte aux lettres) et ce qui est à droite est le *nom de domaine,* généralement le nom de votre fournisseur d'accès comme `free.fr`. En revanche, Orange a conservé pour ses adresses électroniques son ancien nom : `wanadoo.fr`.

Votre nom d'utilisateur

Avec un peu de chance, votre fournisseur d'accès vous laissera choisir le nom de votre boîte aux lettres. Toutefois, si vous vous appelez Pierre Martin, il a probablement déjà un Martin parmi sa clientèle, et peut-être même un autre Pierre Martin. Vous devrez alors utiliser une variante du genre `pmartin` ou `p.martin` ou encore `pierre_martin`.

À la limite, et si votre fournisseur d'accès l'accepte – et c'est généralement le cas –, rien ne vous empêche d'avoir plusieurs adresses électroniques, de la même façon que rien ne vous empêche, pour peu que vous en ayez les moyens, d'avoir une résidence secondaire, voire tertiaire.

Où est ma boîte aux lettres ?

Lorsque vous souscrivez un abonnement auprès d'un fournisseur d'accès à Internet, vous bénéficiez en règle générale d'une première adresse de courrier électronique. Ensuite, vous avez la possibilité d'en créer un nombre limité ou illimité. Tout dépend du FAI.

Votre boîte aux lettres est généralement située sur le serveur de courrier de votre fournisseur d'accès Internet (FAI), puisque, lorsque vous souscrivez un compte Internet, il met automatiquement à votre disposition une ou plusieurs boîtes aux lettresSi vous n'avez pas de FAI, ce qui est le cas lorsque vous utilisez un ordinateur dans un cybercafé ou un lieu public comme une médiathèque, vous pouvez recourir à des serveurs gratuits qui vous laissent créer une adresse courrier électronique que vous pourrez consulter depuis n'importe quel ordinateur. Par exemple, Hotmail qui se trouve à `www.hotmail.com`, Mail.com à `www.mail.com`, ou encore Yahoo! Mail à `http://edit.europe.yahoo.com/config/mail?.intl=fr`. Yahoo! et Hotmail utilisent le nom de domaine du site comme identifiant de l'adresse mail. Ainsi, vous disposerez d'une adresse dont la seconde partie sera `@hotmail.com` ou `@yahoo.com`. De son côté, Mail.com offre une liste impressionnante de domaines comme `www.tokyo.com` ou `www.doctor.com`. La Figure 26.1 présente l'interface de gestion de vos courriers électroniques chez Orange.

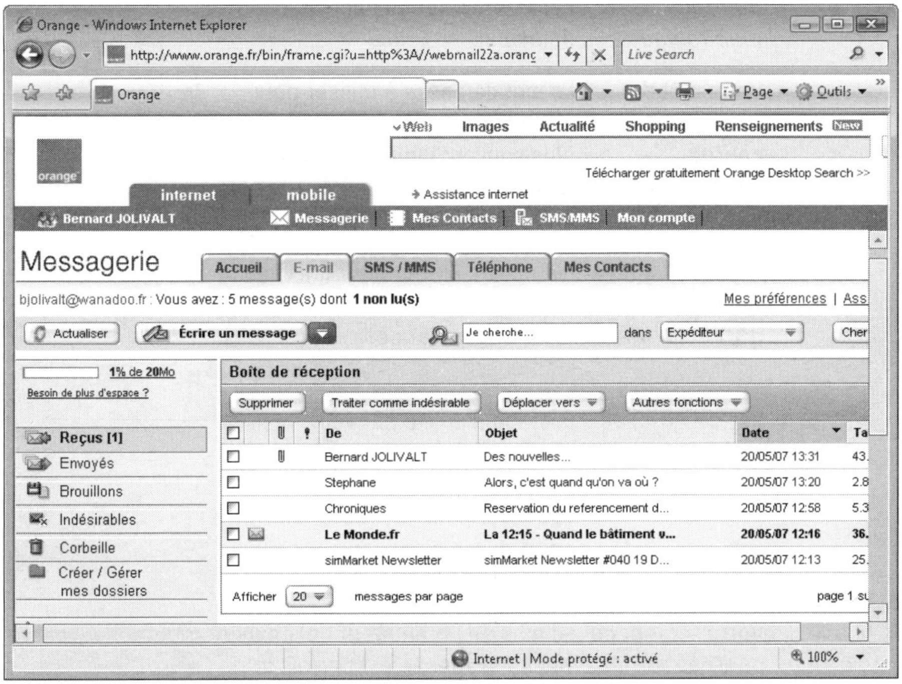

Figure 26.1 Avec Orange (entre autres), consultez votre courrier directement sur le serveur et non sur votre disque dur.

Rassemblons tout

Inscrivez votre adresse électronique dans le Tableau 26.1 et rangez le livre près de votre ordinateur. Majuscules et minuscules sont généralement considérées comme identiques dans les adresses électroniques, notamment dans les noms de domaine (la différence peut cependant être significative pour les noms d'utilisateur). Dans ce livre, nous avons opté pour des minuscules, tant pour les boîtes aux lettres que pour les domaines.

Si vous envoyez un message à quelqu'un qui se trouve dans le même domaine que le vôtre – sur le même ordinateur ou sur le même groupe d'ordinateurs –, vous pouvez omettre le nom de domaine. Par exemple, si un de vos amis et

Tableau 26.1 : Les informations que doit connaître votre logiciel de courrier électronique.

Information	Description	Exemple
Votre adresse de *courrier électronique*	Votre nom d'utilisateur suivi du caractère @ et du nom de domaine.	`jules.dupont@monserveur.fr`
Votre mot de passe de courrier électronique	Le mot de passe à utiliser pour votre courrier électronique (le plus souvent identique à votre *login*). Ne l'écrivez surtout pas, il doit rester secret !	`dum3my`
Votre serveur de courrier entrant (POP3 ou IMAP)	Le nom de l'ordinateur qui reçoit vos messages (c'est votre fournisseur d'accès qui doit vous l'indiquer).	`pop.monserveur.fr`
Est-ce POP3 ou IMAP ?	Protocole utilisé par votre boîte aux lettres et que votre programme de courrier doit employer pour récupérer votre courrier. Ne s'applique pas au courrier Web, à AOL ou MSN.	
Votre serveur de courrier sortant (SMTP)	Le nom de l'ordinateur qui envoie vos messages (c'est parfois le même que celui du serveur POP3).	`smtp.monserveur.fr`

vous-même êtes sur Orange, vous pouvez supprimer `@orange.fr` de son adresse courrier électronique.

TRUC

Lorsque vous communiquez oralement votre adresse à quelqu'un, montrez que le Web n'a plus de secrets pour vous en disant, par exemple, "tiburce at (prononcez *at* c'est-à-dire "chez" en anglais) free, point fr", au lieu de "tiburce arobase free point fr". Ou avossouhaits@choum.fr.

Où se trouve mon courrier ?

Si vous êtes du genre insomniaque, tourmenté par des questions existentielles, vous avez peut-être compris que votre ordinateur ne peut recevoir du courrier que s'il est connecté au Net. Dans ce cas, que devient le courrier que l'on vous envoie au cours des vingt-trois autres heures de la journée de votre vraie vie ?

Lorsque des messages arrivent chez le fournisseur d'accès à votre intention, ils ne parviennent pas directement sur votre ordinateur, mais sont envoyés à un *serveur de messagerie*, qui joue le rôle de bureau de poste restante en conservant votre courrier jusqu'à ce que vous vous connectiez et lanciez votre logiciel de messagerie pour le relever. Pour lire votre courrier, vous devez donc vous rendre à ce bureau de poste virtuel et le retirer. Il existe deux types de serveurs de courrier entrant : *POP* (ou *POP3* pour *Post Office Protocol* version 3) et *IMAP* (*Internet Message Access Protocol*). Symétriquement, pour que votre courrier parte vers sa destination, votre logiciel de messagerie doit le faire parvenir au bureau de poste de votre fournisseur d'accès (à son serveur de courrier sortant, aussi appelé *serveur SMTP*). Tout se passe donc comme s'il n'y avait pas de facteur et que vous deviez aller vous-même déposer et retirer votre courrier au bureau de poste local.

À moins d'utiliser votre navigateur Web pour lire votre courrier électronique directement sur un site Web, vous devez faire connaître à votre *logiciel de messagerie* l'adresse des serveurs de courrier entrant et sortant dont vous dépendez. C'est depuis le serveur de courrier entrant de votre FAI que votre logiciel de messagerie transférera à grande vitesse le courrier en attente vers votre propre disque dur. Vous pourrez ensuite vous déconnecter et le lire tout à loisir, ce qui est une bonne idée pour faire des économies sur votre note de téléphone. Et même si vous avez souscrit un abonnement avec forfait, cela vous évitera de gaspiller de précieuses minutes qui viendront grignoter le temps qui vous reste. Une fois que votre courrier est chez vous, vous pouvez tranquillement le lire, y réfléchir et préparer vos réponses que vous irez "poster" globalement lorsque vous vous brancherez de nouveau.

Inscrivez sur le Tableau 26.1 les noms de vos serveurs de courrier (POP3 ou IMAP et SMTP). Si vous ne les connaissez pas, adressez-vous à votre fournisseur. Avec un peu de chance, votre programme de messagerie aura configuré automatiquement le nom de ces serveurs. Ainsi, lorsque (notez que nous ne disons pas *si*) les choses tournent mal, vous vous féliciterez d'avoir noté ces paramètres quelque part pour pouvoir les restaurer.

Une fois que vous avez envoyé un courrier électronique, vous ne pouvez l'annuler ! Certains programmes de courrier électronique conservent les messages sortants dans une *file d'attente*, pour procéder à un envoi par lot. Mais une fois vos messages transmis au serveur de courrier sortant, vous ne pouvez pas les rapatrier.

Panorama des types de logiciels de courrier

C'est maintenant que vous allez devoir affronter votre *logiciel de messagerie*. Ils sont si nombreux que nous n'avons pas tenté de les présenter tous. Une fois que vous avez choisi votre logiciel, encore faut-il savoir comment l'utiliser. Tous font peu ou prou la même chose, parce que ce sont tous des logiciels de courrier électronique, après tout.

Les logiciels de messagerie

Voici un bref panorama de ce qui existe :

- **PC/Windows ou Macintosh avec un compte Internet bas ou haut débit :** Vous avez accès à une longue liste de programmes de courrier POP ou IMAP dont Entourage, Eudora Outlook, Windows Mail, MailApp, Pegasus Mail, Safari, Thunderbird, et Windows Mail. Les prochaines sections vous donnent quelques conseils.

- **Comptes professionnels :** Si vous utilisez une adresse de courrier électronique sur votre lieu de travail, la société qui vous emploie peut recourir à un autre serveur de messagerie appelé Microsoft Exchange. En plus des services de courrier, Exchange partage des calendriers, des listes de tâches et quelques autres fonctions très intéressantes. Le programme le plus connu qui fonctionne complètement avec Exchange est Microsoft Outlook. Malgré les problèmes de sécurité qu'il présente, votre société exigera certainement que vous l'utilisiez. Outlook – qui fait partie de la suite Office comprenant, entre autres, Word et Excel – ressemble beaucoup à Outlook Express (la messagerie de Windows 98 à Window XP) dans sa partie gestion des courriers électroniques. Vous en saurez davantage sur ce dernier dans l'une des prochaines sections.

- **AOL :** AOL fournit désormais un serveur IMAP standard. Vous pouvez donc utiliser des logiciels de courrier standard pour lire vos courriers acheminés par AOL. Vous disposez de trois options :

  - **Le programme de courrier électronique d'AOL :** La plupart des utilisateurs d'AOL reçoivent et envoient des mails avec le programme qu'ils utilisent pour se connecter à leur compte. Cliquez l'icône adéquate de la barre d'outils ou sur la petite icône de la boîte aux lettres.

  - **Un autre programme de courrier électronique :** Vous pouvez utiliser un programme Windows ou Mac qui gère IMAP. Ces programmes proposent souvent des fonctions de filtrage des spams et des messages bien plus efficaces. Nous vous conseillons d'utiliser Thunderbird que nous présentons dans l'une des prochaines sections de ce chapitre.

  • **Votre navigateur Web :** Vous pouvez gérer vos mails depuis le site AOL à `www.aol.fr`. L'avantage est que vous pouvez consulter votre courrier avec n'importe quel ordinateur disposant de n'importe quel navigateur Web. Ce système est généralement proposé par tous les FAI. Par exemple, Free propose Webmail sur son site. Ainsi, où que vous soyez dans le monde, il est possible de consulter vos mails !

- **Serveurs Web de courrier électronique :** Il existe quelques serveurs Web qui vous offrent un accès gratuit à un service de courrier électronique. Les plus connus d'entre eux sont Hotmail, à l'URL `www.hotmail.com` (racheté par Microsoft) et Yahoo! Mail, à l'URL `http://edit.europe.yahoo.com/config/mail?.intl=fr`. Si vous disposez d'une boîte aux lettres sur l'un de ces sites, vous utilisez votre navigateur Web pour lire et envoyer des messages. Citons également Voila Mail sur `mail.voila.fr` et CaraMail sur `www.caramail.lycos.fr`.

- **Comptes shell UNIX :** Vous pouvez certainement utiliser Pine. Si votre fournisseur d'accès n'en est pas équipé, demandez-le. Pour apprendre à utiliser Pine, voir notre site Web sur `http://net.gurus.com/shell/pine.phtml`.

Quel que soit le type de logiciel que vous utilisez, les principes généraux de lecture, d'envoi et de classement de messages ainsi que d'adressage restent les mêmes. Aussi est-il intéressant de continuer à lire ce chapitre, même si le système que vous utilisez n'y figure pas explicitement.

Utiliser votre navigateur Web pour vos courriers électroniques

Même si vous utilisez un programme de courrier électronique comme Thunderbird ou Windows Mail pour lire vos messages, rien ne vous empêche d'aller directement sur le site de votre fournisseur d'accès pour consulter votre courrier sur son serveur de messagerie. Ceci est fort pratique lorsque vous êtes en vacances, dans un cybercafé, une médiathèque, *etc*. Par exemple, si vous avez un compte chez Free, connectez-vous au site `http://free.fr` et cliquez le lien Webmail. Vous accédez à une page où vous saisissez votre adresse de courrier électronique, c'est-à-dire votre identifiant, puis votre mot de passe.

Paramétrer votre logiciel de messagerie

Nous avons choisi, à titre d'exemple, deux logiciels de courrier électronique : Thunderbird, qui est téléchargeable gratuitement, et Windows Mail, qui fait partie de Windows Vista :

- **Thunderbird :** Les créateurs du navigateur Web Firefox ont développé un excellent programme de gestion des courriers électroniques appelé Thunderbird. Il fonctionne avec la plupart des comptes Internet standard ainsi qu'avec les comptes AOL.
- **Windows Mail :** Successeur d'Outlook Express, qui équipait les versions de Windows de 98 à XP, Windows Mail est le logiciel de courrier qui accompagne Windows Vista.

Pour achever notre étude, nous présentons un système de courrier basé sur Web, Yahoo! Mail, sur `http://mail.yahoo.fr`. Hotmail de Microsoft (`www.hotmail.com`) est similaire, ainsi que les services de mail des FAI qui permettent de consulter son courrier à partir d'un autre ordinateur de la planète. Dans ce sens, vous pouvez tester Webmail de Free (`www.free.fr`). Nos instructions pour Yahoo! Mail sont un peu vagues car, comme tous les sites Web, il aura sans doute été repensé lorsque vous lirez ces lignes.

Avant de pouvoir employer votre programme de courrier, vous devez lui indiquer deux éléments :

- **Votre boîte aux lettres** (sur le serveur de courrier chez votre FAI) ;
- **L'endroit où envoyer votre courrier sortant** (par exemple vers le même serveur de courrier de votre FAI).

Pour Yahoo! Mail et les autres serveurs de courrier basés sur le Web, vous devez vous créer une boîte aux lettres. Pour mettre le pied à l'étrier, suivez les instructions des sections suivantes. D'autres sections décrivent plus loin comment envoyer et recevoir du courrier à l'aide de chaque programme.

Thunderbird

Mozilla, développeur *open source* s'il en est, a créé Thunderbird en complément de l'excellent navigateur Web Firefox. Mozilla propose aussi un navigateur portant le nom de *Mozilla* qui combine un navigateur Web comme Firefox, un programme de gestion des courriers électroniques comme Thunderbird.

Ouvrez Thunderbird en double-cliquant l'icône du Bureau ou en choisissant Démarrer/Tous les programmes/Mozilla Thunderbird. La première fois que vous ouvrez Thunderbird, l'Assistant de création de comptes s'exécute ; il demande votre nom, le type de compte de courrier électronique que vous utilisez (POP ou IMAP), votre adresse électronique et vos serveurs de courrier entrant et sortant, comme cela est décrit à la section "Où se trouve mon courrier ?" plus haut dans ce chapitre.

Si vous devez modifier les informations de votre compte de courrier électronique ou ajouter d'autres comptes à gérer, cliquez Outils/Paramètres des comptes. Ceci exécute de nouveau l'assistant. Cliquez Ajouter un compte. Pour modifier un compte existant, sélectionnez-le, cliquez la catégorie des paramètres située sous le nom du compte et modifiez les informations qui s'affichent. Tapez votre nom, votre adresse de courrier électronique, le serveur de messagerie entrant, le serveur sortant, en recopiant les informations contenues dans le Tableau 26.1. Une fois ces opérations terminées, le nouveau compte apparaît dans la fenêtre Paramètres des comptes que vous pouvez fermer.

La Figure 26.2 montre la fenêtre de Thunderbird. La liste de vos dossiers de messages et de gestion de votre courrier apparaît dans le volet gauche. À droite apparaît la liste des messages relevés, ainsi que le texte du message sélectionné.

TRUC

Si plusieurs personnes utilisent Thunderbird sur le même compte d'utilisateur d'un seul ordinateur, chacune d'elles peut définir ses propres paramètres de telle sorte qu'elle ne lira que ses mails et pas ceux des autres. Pour cela, cliquez Démarrer/Tous les programmes/Mozilla Thunderbird/Profile Manager pour créer un nouveau profil pour chaque utilisateur. Si votre ordinateur fonctionne sous Windows Vista et qu'un compte a été attribué à chaque utilisateur, chacun aura *de facto* son propre profil Thunderbird.

Windows Mail

Windows Mail est directement installé avec Windows. D'ailleurs, nous ne savons pas comment nous en débarrasser !

ma202 Pour ouvrir Windows Mail (Figure 26.3) sous Windows Vista, choisissez Démarrer/Courrier électronique.

Lors de la première ouverture de Windows Mail, l'Assistant Connexion Internet vous pose quelques questions : la plupart des réponses sont dans le Tableau 26.1. Saisissez votre nom, votre adresse de courrier électronique, votre serveur de courrier entrant (POP ou IMAP), votre serveur de courrier

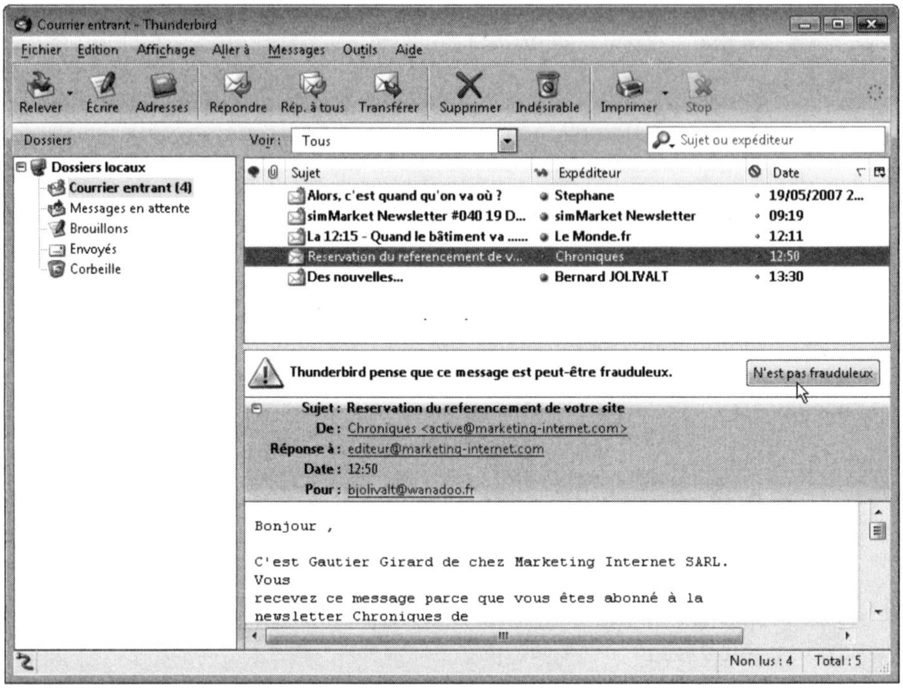

Figure 26.2 Thunderbird affiche vos dossiers de courriers à gauche, les messages en haut et à droite et le contenu du message sélectionné en bas et à droite.

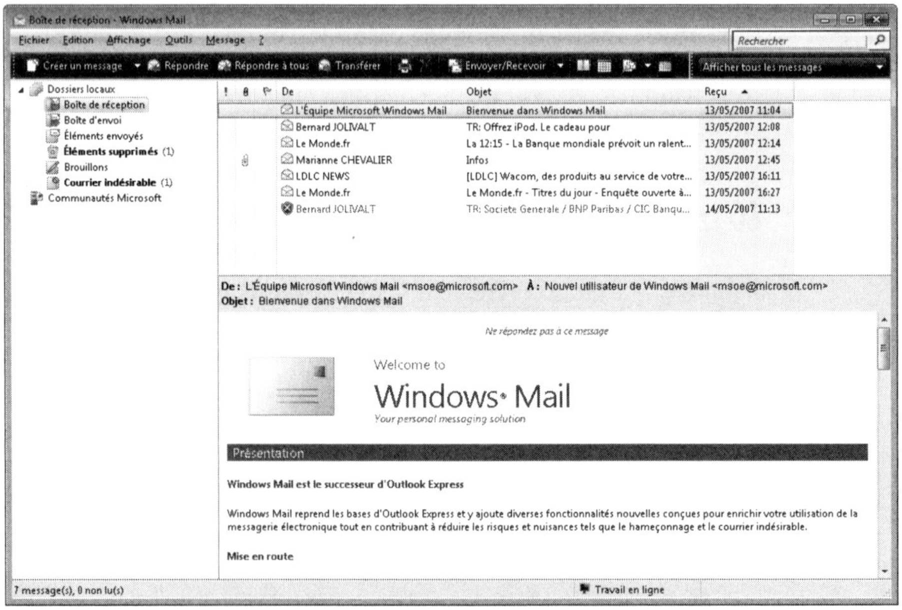

Figure 26.3 La fenêtre Windows Mail est divisée en trois parties : les dossiers de courrier, la liste des messages du dossier actif et l'aperçu du contenu du message sélectionné.

sortant (SMTP), votre nom d'utilisateur et votre mot de passe. Cliquez Suivant, puis Terminer.

Si vous devez ajouter ou modifier un compte de courrier électronique, choisissez Outils/Comptes. Pour modifier un compte, sélectionnez-le, puis cliquez le bouton Propriétés. Pour ajouter un compte de courrier, cliquez le bouton Ajouter.

Yahoo! Mail

Yahoo! Mail est notre messagerie Web favorite en raison de sa large gamme de fonctions. Après avoir obtenu un identifiant Yahoo!", vous disposez d'une boîte aux lettres, d'un site Web sur `http://geocities.yahoo.com/` et d'un identifiant utilisable pour acheter et vendre dans les boutiques en ligne et enchères de Yahoo!. Votre identifiant Yahoo! est aussi valable pour Yahoo! Messenger, la téléconférence ou la visioconférence. Les services exacts, ainsi que les instructions exactes pour configurer et employer Yahoo! Mail, sont susceptibles de varier. Nous vous en donnons cependant une idée générale.

Pour configurer une boîte aux lettres :

1. **Allez sur fr.yahoo.com et cliquez le lien Mon Mail.**

   Vous pouvez aussi aller directement sur `http://edit.europe.yahoo.com/config/mail?.intl=fr`. Vous verrez des liens pour vous identifier si vous avez déjà un identifiant Yahoo!, ainsi qu'un lien Créez votre Yahoo! Mail.

2. **Cliquez le lien Créez votre Yahoo! Mail (Figure 26.4), remplissez les formulaires et validez.**

   N'oubliez pas de cliquer les liens pour lire les conditions d'utilisation et la politique de confidentialité (c'est-à-dire ce que la société envisage de faire avec les informations fournies).

Selon le Tableau 26.1, vous ne devez fournir que votre adresse de courrier électronique, qui est votre identifiant Yahoo! suivi de @yahoo.com. Vous n'avez pas besoin de fournir d'autres informations.

Pour accéder à votre boîte aux lettres Yahoo! :

1. **Allez sur Yahoo Mail en passant par http://fr.yahoo.com, puis en cliquant le bouton Mon Mail.**

Figure 26.4 Vous vous apprêtez à créer un compte de messagerie sur Yahoo!.

2. **Identifiez-vous avec votre identifiant Yahoo! et votre mot de passe, et cliquez le bouton Ouvrir session.**

   Vous arriverez probablement sur une nouvelle page demandant confirmation du mot de passe, par raison de sécurité. Vous changerez cela ultérieurement dans les options de Yahoo! pour définir une connexion Standard, c'est-à-dire sans saisie de mot de passe supplémentaire.

   Yahoo! Mail ne nécessite que quelques secondes pour être chargé. Vous obtenez ensuite une interface similaire à beaucoup de logiciels de messagerie (Figure 26.5).

TRUC

Un avantage des boîtes aux lettres basées sur le Web comme Yahoo! Mail est que vous pouvez lire et envoyer des messages sur n'importe quel ordinateur. Votre boîte aux lettres est stockée sur les serveurs de courrier de Yahoo! et tout ordinateur équipé d'un navigateur Web peut y accéder. Bien sûr, personne ne peut lire vos messages ou en envoyer sans taper votre mot de passe.

Figure 26.5 Le serveur de messagerie Yahoo! Mail ressemble beaucoup à un logiciel de messagerie.

L'envoi de courrier électronique, c'est simple

Nous illustrerons la simplicité de l'envoi de courriers à l'aide d'exemples parlants plutôt que par de la théorie absconse.

Envoyer du courrier avec Thunderbird

Voici comment envoyer du courrier avec Thunderbird :

1. **Dans Thunderbird, cliquez le bouton Écrire dans la barre d'outils ou appuyez sur Ctrl+M.**

   La fenêtre Écrire s'ouvre et présente un message vierge (Figure 26.6).

   Si Thunderbird signale qu'il ne connaît pas votre adresse de courrier électronique, cliquez OK. Pour corriger votre adresse de courrier, choisissez Outils/Paramètres de compte. Apportez vos modifications et cliquez ensuite de nouveau le bouton Écrire.

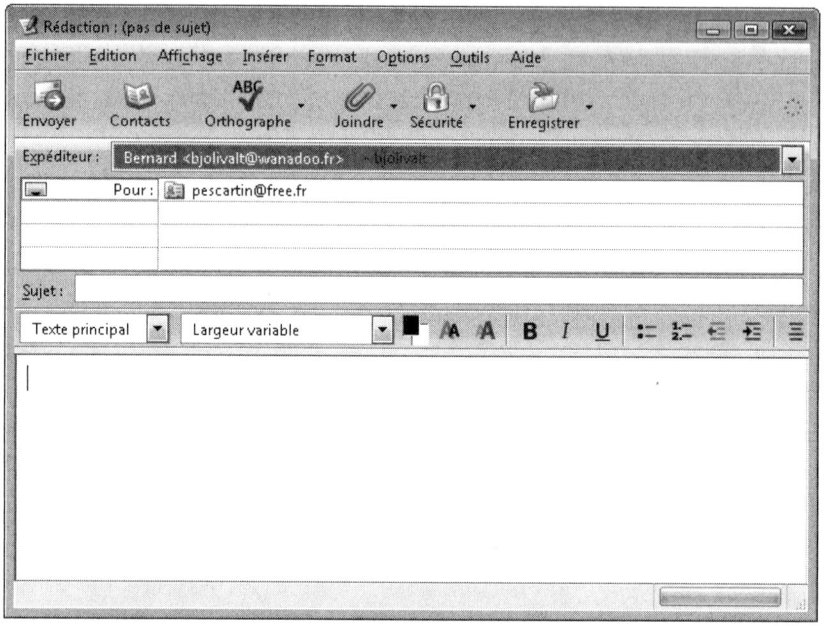

Figure 26.6 Fenêtre de rédaction d'un message avec Thunderbird (à envoyer tel quel si vous n'avez rien à dire à personne).

2. **Remplissez l'adresse du destinataire dans le champ Répondre à.**

   Pour envoyer le même message à plusieurs destinataires, appuyez sur Entrée et non pas sur Tab. Vous pouvez indiquer autant d'adresses de destination que vous le souhaitez. Il suffit d'appuyer à chaque fois sur la touche Entrée. Une fois les adresses indiquées, appuyez sur Tab pour passer au champ de saisie de l'objet de votre message. Pour qu'un destinataire soit en Copie cachée ou en Copie cachée invisible, cliquez Pour, à côté de l'adresse, et choisissez Copie à ou Copie cachée à dans la liste déroulante.

3. **Saisissez l'objet du message dans le champ Sujet.**

   Appuyez sur Tab pour passer dans la zone de saisie du message.

4. **Tapez votre message.**

   Le point d'insertion clignote dans la vaste zone de saisie du texte.

5. **Cliquez Envoyer pour envoyer le message.**

Le message est transmis à votre FAI, puis au destinataire. Si vous n'êtes pas connecté à Internet au moment de l'envoi, le courrier est placé dans le dossier Messages en attente.

Lorsque vous envoyez un message auquel vous avez appliqué des mises en forme, comme du gras ou de l'italique, Thunderbird vous demande si vous voulez réellement envoyer les messages en les appliquant. Pour savoir quand il est possible d'envoyer des messages mis en forme, consultez l'encadré "Mettre en forme ou pas" plus loin dans ce chapitre.

Vous pouvez demander à Thunderbird de vérifier l'orthographe avant d'envoyer le message :

1. **Cliquez Outils/Options.**

2. **Cliquez l'onglet Orthographe, et sélectionnez l'option Vérifier l'orthographe avant l'envoi (Figure 26.7).**

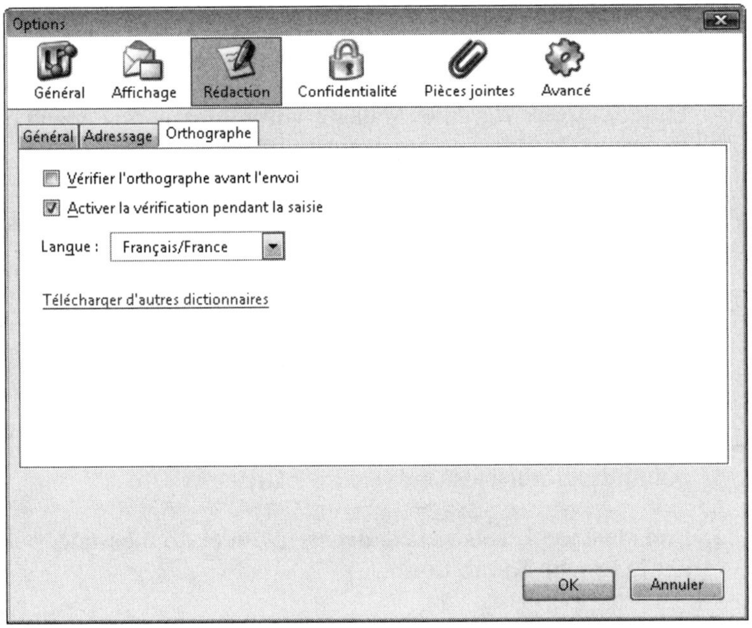

Figure 26.7 Écrire c'est bien, mais sans faute c'est encore mieux !

Chaque fois que vous cliquez Envoyer, Thunderbird s'arrête sur chaque mot dont il ne connaît pas l'orthographe.

Par défaut, Thunderbird ne dispose que d'un seul dictionnaire en version anglaise. Dans l'onglet Orthographe, cliquez le lien Télécharger d'autres dictionnaires. Vous arrivez sur une page Web, malheureusement pour vous, en anglais. Cliquez le lien French, et enregistrez sur votre disque dur le fichier spell-fr-FR.xpi. Ensuite, dans Thunderbird, cliquez Outils/Extensions. Dans la boîte de dialogue éponyme, cliquez le bouton Installer. Dans la boîte de dialogue Choisissez une extension à installer, cliquez Regarder dans, et naviguez jusqu'au dossier où vous avez enregistré le fichier `.xpi`. Sélectionnez-le et cliquez Ouvrir. Dans la boîte de dialogue Installation de logiciel, cliquez Installer maintenant. Pour choisir le dictionnaire Français, cliquez Ecrire. Dans la fenêtre Rédaction, choisissez Outils/Options. Dans la boîte de dialogue Options, cliquez Rédaction. Dans la liste Langue, choisissez Français/France. Validez en cliquant OK.

Envoyer du courrier avec Windows Mail

Voici comment envoyer du courrier avec Windows Mail et configurer votre compte de courrier :

1. **Démarrez Windows Mail. Il n'est pas nécessaire d'être connecté.**

   Cliquez l'icône Windows Mail sur votre Bureau, ou dans la barre des tâches, ou trouvez-la dans le menu Démarrer.

2. **Cliquez le dossier Boîte de réception.**

   Il se trouve au-dessous de Dossiers locaux (c'est-à-dire les dossiers stockés sur votre ordinateur) dans la liste Dossiers.

3. **Cliquez le bouton Créer un message dans la barre d'outils, appuyez sur Ctrl+N ou choisissez Message/Nouveau Message.**

   Vous obtenez une fenêtre Nouveau message avec des champs à remplir pour adresser le message (Figure 26.8).

4. **Dans la case À, saisissez l'adresse d'envoi du message, puis appuyez sur la touche Tabulation.**

   Si vous souhaitez envoyer le même message à plusieurs personnes à la fois, appuyez sur Entrée (au lieu de Tabulation). Vous pouvez envoyer ce message à autant de personnes que vous le souhaitez en pressant la touche Entrée après chaque adresse. Lorsque vous avez fini d'insérer des destinataires dans la case À, appuyez sur Tabulation pour aller dans la case Cc.

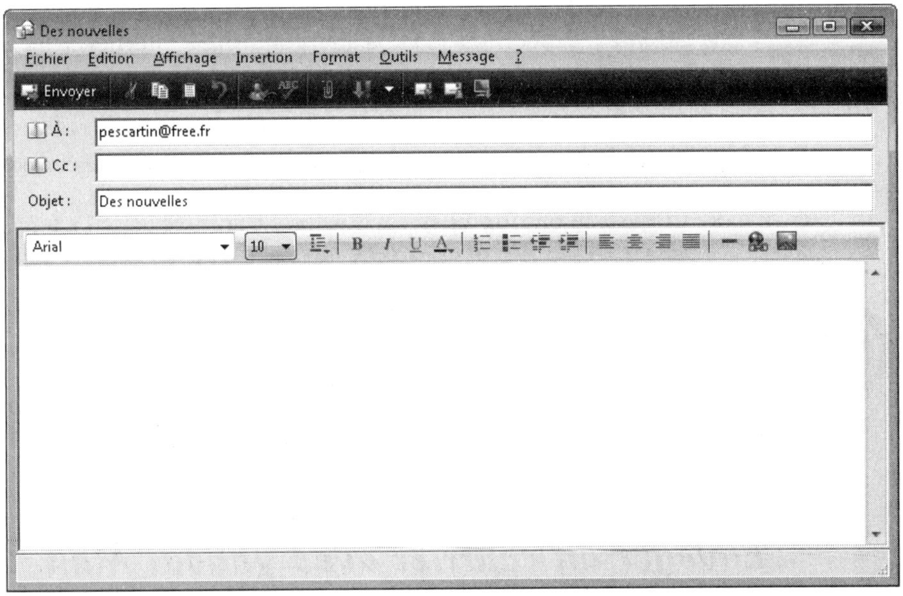

Figure 26.8 Rédiger et envoyer un message avec Windows Mail.

5. **Pour envoyer une copie du message à quelqu'un, saisissez l'adresse de cette personne dans le champ Cc. Appuyez ensuite sur Tabulation. Dans le champ Objet, indiquez le sujet du message (ce n'est pas obligatoire mais conseillé). Appuyez de nouveau sur Tabulation.**

   Le pointeur clignote dans la zone de message, la grande zone vide destinée au contenu du message. Si vous voulez envoyer des copies cachées invisibles (Cci), choisissez Affichage/Tous les en-têtes dans la fenêtre Nouveau message.

6. **Dans la grande fenêtre vide, saisissez le texte du message.**

   Lorsque vous avez tapé votre message, appuyez sur F7 ou choisissez Outils/Orthographe afin de vérifier l'orthographe.

   Cette vérification peut être automatisée. Dans Windows Mail, cliquez Outils/Options. Dans l'onglet Orthographe de la boîte de dialogue Options, cochez la case Toujours vérifier l'orthographe avant l'envoi.

7. **Pour envoyer le message, cliquez le bouton Envoyer, ou appuyez sur Alt+S (pas Ctrl+S, qui équivaut à Enregistrer) ou encore, choisissez Fichier/Envoyer le message.**

Windows Mail place le message dans votre dossier Boîte d'envoi, en attente d'expédition. Si vous êtes connecté à Internet, Windows Mail est éventuellement configuré pour envoyer le message immédiatement ; vous pouvez alors sauter les Étapes 8 et 9.

8. **Si vous n'êtes pas connecté à Internet, établissez la connexion.**

9. **Cliquez le bouton Envoyer/Recevoir, appuyez sur Ctrl+M ou choisissez Outils/Envoyer et recevoir/Envoyer et recevoir tout.**

TRUC

Si vous mettez vos textes en forme, certains destinataires éprouveront peut-être des difficultés à lire le message, en particulier ceux équipés de logiciels de messagerie un peu anciens. Dans ce cas, choisissez Format/Texte brut lors de l'écriture du message dans la fenêtre Nouveau message. Pour savoir dans quelles conditions envoyer des messages mis en forme, lisez l'encadré "Mettre en forme ou pas", plus loin dans ce chapitre.

Envoyer du courrier avec Yahoo! Mail

Débuter avec une messagerie Web comme Yahoo! Mail est encore plus facile. Allez sur `www.yahoo.fr` et cliquez le bouton Mon Mail. Si vous n'y disposez pas encore d'une boîte aux lettres (ou si vous en voulez une nouvelle), vous pouvez dès à présent en ouvrir une gratuitement.

En possession de votre identifiant Yahoo! et d'une boîte aux lettres chez Yahoo! Mail, suivez ces étapes (plus ou moins, car le site Web Yahoo! Mail aura peut-être changé dix fois depuis la rédaction de ce livre) :

1. **Identifiez-vous.**

   Allez sur `http://fr.yahoo.com`, cliquez Mon Mail et entrez votre identifiant Yahoo! ainsi que votre mot de passe (voir plus haut dans ce chapitre).

2. **Cliquez Écrire (ou tout autre lien se rapportant à l'écriture et l'envoi d'un message).**

3. **Saisissez une ou plusieurs adresses dans le champ À.**

   Pour envoyer votre message à plusieurs personnes, séparez chaque adresse par une virgule.

Vous pouvez aussi saisir des adresses en Cc (copie carbone) et en Cci (copie carbone invisible). Dans ce dernier cas, cliquez préalablement le lien Afficher le champ Cci.

4. **Dans le champ Objet, indiquez l'objet du message.**

5. **Tapez votre message.**

6. **Cliquez le bouton Envoyer (en haut de l'onglet).**

   Pour vérifier l'orthographe, cliquez le premier bouton de la barre d'outils avant de cliquer Envoyer. Et voilà, c'est parti !

Réception de courrier

Si vous envoyez des courriers électroniques, vous finirez par en recevoir (même si vous n'en envoyez pas, d'ailleurs).

Pour relever votre courrier, vous devez être connecté à Internet.

Vous pouvez demander à votre ordinateur d'établir une connexion à Internet automatiquement, lorsque vous ordonnez à votre logiciel de courrier d'envoyer ou de relever vos messages.

Lire le courrier avec un logiciel de messagerie

Pour consulter vos courriers électroniques avec Thunderbird, Windows Mail et la plupart des programmes de courrier :

1. **Si vous n'êtes pas connecté à Internet, faites-le.**

   Ignorez cette étape si votre ordinateur est constamment connecté (ADSL) ou s'il le fait automatiquement chaque fois que vous en avez besoin.

2. **Ouvrez votre programme de courrier.**

3. **Si votre programme ne relève pas le courrier automatiquement, cliquez le bouton adéquat pour le recevoir.**

   Si vous avez une connexion permanente à Internet, votre logiciel relève automatiquement vos courriers à intervalle régulier, auquel cas vous n'avez qu'à ouvrir le logiciel pour lire vos messages. La plupart sont même capables de relever le courrier pendant que vous lisez, écrivez ou envoyez des messages.

Lorsque vous recevez des messages, le programme peut émettre un son, afficher un message ou une petite image de facteur délivrant une lettre. Le courrier apparaît dans votre boîte de réception, habituellement dans une fenêtre ou un dossier appelé In ou Messages reçus ou Boîte de réception, à raison d'une ligne par message. Si vous ne voyez pas de courrier, double-cliquez le dossier de réception, habituellement sur le côté gauche de la fenêtre.

4. **Pour voir le contenu d'un message, double-cliquez ou cliquez la ligne où il est mentionné.**

5. **Lorsque vous avez fini, cliquez le bouton de fermeture (X), dans l'angle supérieur droit de la fenêtre de message, ou appuyez sur Ctrl+W ou Ctrl+F4.**

TRUC

Voici quelques conseils s'appliquant à des programmes de courrier électronique :

- **Thunderbird :** Pour afficher votre boîte de réception, cliquez votre adresse de courrier électronique ou votre nom de compte dans la liste des dossiers de courriers.

- **Windows Mail :** Si vous ne voyez pas votre boîte de réception, double-cliquez la Boîte de réception, dans la liste des dossiers.

Lire le courrier avec Yahoo! Mail

Pour lire votre courrier Yahoo!, Hotmail ou tout autre système de courrier basé sur le Web :

1. **Établissez, si nécessaire, votre connexion à Internet.**

   Les heureux bénéficiaires d'une connexion haut débit sont constamment connectés.

2. **Démarrez votre navigateur Web.**

3. **Allez sur le site serveur de messagerie et identifiez-vous avec votre nom d'utilisateur et votre mot de passe.**

Si votre navigateur vous propose de mémoriser votre mot de passe et que vous utilisez un ordinateur public ou une machine à laquelle peuvent accéder d'autres personnes, refusez cette proposition. Cela évitera que quelqu'un puisse facilement se connecter au serveur pour consulter votre courrier électronique.

4. **Cliquez ensuite la Boîte de réception pour afficher la liste des messages reçus.**

5. **Cliquez un message.**

   Le système de courrier basé sur le Web affiche le texte du message ainsi que des boutons pour répondre, faire suivre ou supprimer ce message (Figure 26.9).

Figure 26.9 La lecture du courrier sur Yahoo! Mail. Vos amis ne manqueront pas de vous submerger de blagues en tous genres (texte, photos...).

ATTENTION ! Lorsque vous avez fini de lire et d'envoyer des mails sur un serveur de ce type, déconnectez-vous ! Cette action est salutaire si vous utilisez un ordinateur public ou la machine d'un ami. Si vous ne le faites pas, tout un chacun utilisant cet ordinateur pourra consulter vos messages.

NOTE TECHNIQUE Lorsque vous utilisez un site de courrier basé sur le Web, vous gérez tous vos messages sur le serveur lui-même et non pas sur votre ordinateur. Si vous disposez de plusieurs dossiers de courriers, vous pouvez déplacer vos messages de dossier en dossier aussi bien dans un programme de gestion des courriers électroniques que sur un serveur de messagerie Web.

Supprimer des messages

Inutile de lire vos messages avant de les supprimer ! Parfois, il suffit de lire le nom de l'expéditeur et/ou celui de l'objet pour savoir que ce message n'a aucun intérêt. Pour supprimer un message, commencez par le sélectionner parmi tous les messages reçus. Ensuite, dans la plupart des programmes de gestion des courriers électroniques, cliquez le bouton Supprimer.

Sur un serveur de messagerie basé sur le Web, vous sélectionnez les messages à supprimer, puis cliquez un bouton ou un lien Supprimer.

Quelques règles de savoir-vivre

Les manuels de savoir-vivre qui fleurissaient à la Belle Époque ne sont plus réédités. Et même s'ils l'étaient, ils ne seraient pas à jour. Ne comptez donc pas sur eux pour vous indiquer les quelques règles élémentaires de savoir-vivre qui ont cours sur le Net : ce qu'on appelle la *netiquette* (contraction de *Net* et *étiquette*).

Le courrier électronique est un hybride qui se situe quelque part entre le coup de téléphone et la simple lettre. D'un côté, c'est un moyen d'information rapide et informel ; de l'autre, on ne doit pas oublier que *verba volent, scripta manent* (les paroles s'envolent, les écrits restent ; pour ceux qui n'auraient pas les "pages roses" du *Petit Larousse illustré* sous la main).

Aussi est-il recommandé de suivre ces quelques conseils :

- Lorsque vous envoyez un message, surveillez votre langage.
- En dehors de la première lettre de chaque phrase, n'utilisez pas de majuscules ; ce serait comme si vous vous mettiez à CRIER TRÈS FORT.
- Si quelqu'un vous envoie un message particulièrement agressif, voire grossier, gardez-vous bien d'y répondre immédiatement sur le même ton. Regardez tout d'abord s'il ne s'agit pas d'une forme d'ironie déguisée (rare mais possible). Si ça ne vous fait pas rire, vous pouvez dire à ce *!#& de §#'rgngngn de argn&!{##) ce que vous pensez de lui.

Descente en *flame*

L'usage d'un langage châtié n'est pas fréquent sur le Net où il faut bien reconnaître que l'on côtoie davantage de rustres que de gens civilisés. En outre, beaucoup d'internautes ne savent pas mieux manier leur langue que leur clavier. Il en résulte donc trop souvent des propos peu courtois que votre interlocuteur n'oserait probablement pas tenir en face de vous. Mais le courrier électronique, c'est comme la CB (*Citizen Band*) ou le Minitel, il est facile de s'y comporter en anonymographe, à l'abri du couple clavier-écran.

Pour caractériser cet état d'esprit, un mot a été créé qui, par chance, présente à peu près le même sens en anglais qu'en français, c'est le mot *flame* (avec un seul "m"). Un *flame*, c'est un accès de colère ; être "flamé", c'est être pris à partie avec vigueur (au lance-flamme, en quelque sorte).

Lorsque la moutarde vous monte au nez à la lecture d'un message particulièrement odieux ou insultant, suivez le conseil donné plus haut : laissez décanter et gardez-vous bien d'y répondre *illico*. Faites preuve d'indulgence. Peut-être l'expéditeur ne s'est-il pas rendu compte de la portée de ses mots. Peut-être s'en est-il rendu compte trop tard et se ronge-t-il les ongles en pensant à votre réaction. Depuis une vingtaine d'années que nous pratiquons le courrier électronique, nous n'avons jamais regretté d'avoir laissé refroidir un message avant d'y répondre (mais nous avons parfois regretté d'en avoir envoyé quelques-uns).

N'oubliez pas que, lorsque le destinataire lit votre message, il n'a aucun moyen de connaître vos intentions. Ainsi risque-t-il de prendre vos propos au pied de la lettre. L'art du sarcasme n'est pas donné à tout le monde, et, même si vous le maîtrisez, votre interlocuteur n'a peut-être pas la finesse nécessaire pour le percevoir (si vous avez déjà obtenu un prix littéraire, vous pouvez ignorer cette dernière remarque).

Souriez !

Pour que vous puissiez mettre de l'expression dans vos missives, on a créé les *smileys* (appelés aussi *émoticônes* ou *emoticons*, contraction de *emotion icons*) qui servent, en quelque sorte, à marquer l'intonation d'une phrase.

On les appelle parfois en français des *souriards* (les Canadiens disent *souriants*), pour marquer le côté ironique attaché à leur interprétation.

Ce sont de petits graphismes composés de quelques signes de ponctuation et que l'on est censé lire en penchant la tête vers la gauche. En voici un exemple :

```
Les gens ont du mal à croire que nous formons une communauté qui ne songe qu'à
s'aimer et à s'entraider :-).
```

Certes, les souriards ajoutent de l'expression au texte. Mais si une plaisanterie a besoin de l'appui d'un souriard, peut-être manque-t-elle justement de sel ?

Courrier électronique et intimité

Mieux vaut ne pas confier de secret d'État au courrier électronique. Tout destinataire peut faire suivre votre message à qui il veut. Certaines adresses sont en réalité des listes de diffusion qui redistribuent ce qu'elles reçoivent à toute une communauté. Nous avons reçu du courrier qui ne nous était pas destiné dans notre boîte `internet10@gurus.com`. Il comportait des détails sur la vie mouvementée de nos correspondants et leur anatomie, détails qu'ils auraient probablement préféré ne pas divulguer (la hooonte !).

Si vous envoyez du courrier depuis votre bureau ou à quelqu'un sur son lieu de travail, votre courrier n'aura rien de privé. En règle générale, les entreprises et leurs employés ne cherchent jamais à lire les messages privés, mais certaines situations peuvent pousser les dirigeants à "examiner le courrier de l'entreprise". Par exemple, quelqu'un peut accuser votre entreprise de laisser filtrer des informations confidentielles au point que l'avocat de l'entreprise pourra exiger un examen des échanges électroniques (n'oubliez pas que la scène se passe aux États-Unis). Quelqu'un devra donc lire tous les messages électroniques envoyés et reçus par les employés. Cette situation est arrivée à un de nos amis qui n'était pas très heureux de découvrir que toute sa correspondance amoureuse avait été lue. Le courrier électronique envoyé et reçu est conservé sur votre disque et la plupart des entreprises effectuent des sauvegardes régulières de leurs disques. Lire votre courrier électronique est une tâche aisée pour qui le souhaite vraiment, à moins de le crypter.

La règle non écrite consiste à ne jamais envoyer un message que vous ne voudriez à aucun prix voir rediffusé. On commence à utiliser des procédés de cryptage, et en particulier PGP (système à clé publique et clé privée), ne permettant à personne d'autre que le destinataire de comprendre votre message. Les indiscrets n'y verront qu'une suite de caractères absolument incohérente.

En ce qui concerne la France, il convient de rappeler qu'elle a toujours eu une position très stricte dans ce domaine (assimilant, en 1939, la cryptographie à un matériel de guerre de deuxième catégorie). Toutefois, au fil des années, la législation française s'est quelque peu assouplie (notamment pour faire face à une concurrence commerciale électronique provenant de pays plus libéraux dans ce domaine). La loi du 29 décembre 1990 a modifié le régime institué par le décret-loi du 18 avril 1939. Cette loi a posé comme principe l'autorisation préalable et comme exception la liberté. Elle a depuis été modifiée pour mieux répondre aux attentes des professionnels (notamment en 1996), mais la législation française qui réglemente l'emploi de la cryptologie reste toujours plus stricte que celle des autres pays.

Pour plus de détails sur ces aspects de la législation, consultez le site du Service Central de la Sécurité des Systèmes d'Information sur `www.ssi.gouv.fr/fr` ou celui du cabinet Alexander et associés, avocats au barreau de Marseille, sur `www.alexander.tm.fr`. Vous y trouverez des informations précises sur le droit de l'informatique et des nouvelles technologies, en général, et sur la réglementation applicable à la cryptologie, en particulier.

BTW, que signifie IMHO ? Réponse : RTFM !

Certains habitués du courrier électronique aiment bien employer des abréviations, surtout quand elles sont en anglais (ça fait aussi tarte que ponctuer son langage de mots en anglais pour frimer). Et aussi, moins ils tapent de caractères, *moin il fon de fôte et mieu il se porte*. Voici quelques abréviations ayant traversé l'océan à fond de cale :

Abréviation	En anglais	En français
AFAIK	*As Far As I Know*	À ma connaissance
BTW	*By The Way*	À propos
IANAL	*I Am Not A Lawyer, (but...)*	Je ne suis pas avocat (mais...)
IMHO	*In My Humble Opinion*	À mon humble avis (traduisez : "J'en suis absolument certain !")
ROTFL	*Rolling On The Floor Laughing*	Je me roule par terre de rire
RSN	*Real Soon Now*	Sans doute jamais
RTFM	*Read The Fucked Manual*	Lisez le foutu manuel
TIA	*Thanks In Advance*	Merci d'avance
TLA	*Three Letter Acronym*	Abréviation en trois lettres
YMMV	*Your Mileage May Vary*	Cela peut-être différent pour vous

À qui puis-je écrire ?

Il arrive que le seul obstacle à l'envoi d'un courrier électronique soit tout simplement que vous ne connaissez pas l'adresse de votre destinataire : ce chapitre présente divers moyens de rechercher des adresses. Pour vous épargner peut-être la lecture du reste de ce chapitre, commençons par le moyen le plus efficace pour connaître l'adresse électronique de quelqu'un :

Téléphonez-lui et demandez-lui !

Pas très *high-tech*, hein ? Cette technique semble être la dernière chose à laquelle se résolvent les gens (voir l'encadré, "Dix bonnes raisons de ne pas appeler quelqu'un pour obtenir une adresse de courrier électronique"). Essayez cela en premier. Si vous connaissez le numéro de téléphone ou que vous pouvez l'obtenir, cette méthode est beaucoup plus facile que les autres.

Pour trouver l'adresse de courrier électronique de quelqu'un, vous pouvez consulter un annuaire en ligne. L'idéal serait un annuaire recensant les adresses de courrier électronique de tout le monde. Certes, mais cela n'existe pas sur Internet. D'abord, rien ne dit que l'adresse d'une personne a un quelconque lien avec le nom de cette personne. Et puis les gens tiennent à leur confidentialité. Un grand nombre d'annuaires accumulent des adresses électroniques mais aucun n'est complet, la plupart sont dépassés et nombreux sont ceux qui fonctionnent sur le principe que ce sont les gens qui s'y inscrivent de leur propre gré.

Et l'on revient au meilleur moyen : demander directement à la personne son adresse de courrier électronique. Lorsque cette méthode n'est pas envisageable, essayez un de ces annuaires de type "Pages Blanches" :

- **Pages Blanches** sur `www.pagesjaunes.fr`.
- **Annu.com** sur `www.annu.com`.

Une autre démarche est d'ouvrir un moteur de recherche comme Google (`www.google.fr`) ou Yahoo! Search (`www.yahoo.fr`) et d'y taper le nom et le prénom de la personne, entre guillemets. Vous obtiendrez la liste des pages comportant ce nom. Le nombre de pages sera important si le nom est commun. Essayez une recherche sur votre propre nom pour voir ce que cela donne.

Chapitre 27

Messagerie instantanée, chat et communautés : causons un peu

Dans ce chapitre :

- Introduction au chat et aux messageries instantanées.
- Culture, étiquette et sécurité du chat.
- Téléphoner par Internet.
- Les communautés en ligne (listes de messagerie, forums et groupes de discussion).

Le courrier électronique est un mode de communication très rapide. Il permet généralement de faire parvenir des messages en moins d'une minute. Mais parfois ce n'est pas encore assez rapide. Les *messages instantanés* vous permettent de faire apparaître un message sur l'écran d'un correspondant en quelques secondes. Ce type de programme propose également une liste de contacts, c'est-à-dire des personnes dont vous connaissez les pseudonymes ou adresses électroniques. Il vous avise dès que l'un d'eux est en ligne, de sorte que vous pouvez lui envoyer instantanément un message qui apparaît aussitôt sur son écran et commencer ainsi une véritable conversation.

L'intérêt des messages instantanés est la rapidité de communication qu'ils proposent : vous contactez des personnes aussi rapidement que si vous les appeliez au téléphone. Le revers de la médaille, évidemment, c'est qu'ils créent de nouveaux moyens très efficaces d'ennuyer les gens. Le programme Instant

Messenger d'AOL (*AIM* en abrégé), que nous aborderons plus loin dans ce chapitre, offre deux fonctions permettant d'envoyer et de recevoir des messages, et une douzaine pour rejeter, dénoncer, effacer et traiter d'une manière ou d'une autre des messages indésirables, ce qui en dit peut-être davantage sur les utilisateurs d'AOL que sur la technologie elle-même...

De son côté, le *chat* ("dialogue en ligne", rien à voir avec le félin, cela se prononce avec un "t" au début et à la fin, comme "tchatte") permet de communiquer avec des interlocuteurs connectés à Internet en tapant des messages. Si le chat passe parfois pour une version plus rapide du courrier électronique, c'est en réalité une activité tout à fait différente. À la différence du courrier électronique, ou même de la messagerie instantanée, le chat se déroule souvent entre groupes d'étrangers dans des *salons de chat* (miaou !). Bien que les enfants utilisent parfois le chat pour parler à des amis, un de ses aspects importants est la capacité qu'il offre de dialoguer avec quelqu'un de nouveau – et supposé intéressant – quand ça vous chante.

Le chat a conduit à des mariages et des divorces, à de nouvelles amitiés et à quelques horribles faits divers qui ont fait la une des journaux à scandale. Nous vous expliquerons dans ce chapitre comment fonctionne le chat et prodiguerons quelques conseils.

Tout ce qu'il faut pour être présent

Cette section décrit l'utilisation des systèmes de MI (ou *IM* en anglais pour *Instant Messaging*, c'est-à-dire messagerie instantanée) les plus connus : AOL Instant Messenger, MSN Messenger et Yahoo! Messenger.

TRUC

Les programmes de messagerie instantanée ouvrent une fenêtre permettant de savoir si vos contacts sont en ligne. Vous avez alors le choix de converser avec eux ou non. Si vous utilisez une application qui bloque les *popups* de votre navigateur Web, sachez que la fenêtre de votre MI ne sera pas affectée. Seuls les *popups* destinés aux navigateurs Web sont concernés par ces petits utilitaires de blocage.

AOL Instant Messenger (AIM)

AOL Instant Messenger (AIM) est un des systèmes les plus simples. Tout ce qu'il permet de faire est de taper des messages et d'en recevoir. Mais il est plus facile à configurer qu'ICQ et permet de converser directement avec les utilisateurs AOL. Cette section décrit AIM version 5.5 que vous pouvez télécharger à cette adresse `http://aim.aol.fr/` en cliquant le lien Télécharger. Après avoir fourni quelques informations dans la page d'accueil (choix du pseudo et du mot de passe, adresse électronique...), vous êtes invité à télécharger le logiciel de messagerie.

Parler avec AIM

Si vous êtes un utilisateur AOL, vous êtes déjà prêt pour les messages instantanés. Si ce n'est pas le cas, vous devez installer le programme AIM. Les abonnés AOL peuvent également ouvrir le programme AIM et utiliser leur pseudonyme AOL lorsqu'ils sont connectés à un autre type de compte Internet.

America OnLine, organisation au marketing hyperagressif, s'est débrouillé pour qu'AIM soit intégré à de nombreux *packages* de logiciels. En particulier, si vous avez téléchargé Netscape, vous avez AIM. Si vous ne l'avez pas, allez sur `http://aim.aol.fr/` et suivez les instructions pour le télécharger. Avant de pouvoir télécharger le programme, vous devez choisir un pseudonyme, comportant jusqu'à seize lettres (soyez créatif pour ne pas tomber sur l'un des quelques millions de noms déjà pris) et un mot de passe. Vous devez aussi entrer votre adresse électronique. AOL – et c'est plutôt bien – ne réclame aucune autre information personnelle. L'adresse électronique déclarée doit être valide : AOL envoie un message de confirmation à cette adresse et vous devez y répondre sous peine de voir votre pseudonyme annulé.

Enregistrez le fichier téléchargé quelque part sur votre ordinateur. C:\Windows\Temp est un bon endroit si vous n'employez pas un dossier particulier pour vos téléchargements. Exécutez le programme téléchargé (dont le nom était dernièrement Install_aim.exe) pour installer AIM. Il s'exécute à l'arrière-plan tandis que vous êtes en ligne. Si ce n'est pas le cas, double-cliquez l'icône AIM placée sur votre Bureau.

La première fois que vous utilisez AIM, vous devez entrer votre pseudonyme AIM ou AOL. Saisissez votre pseudonyme et votre mot de passe et cliquez Connexion. Si vous voulez utiliser AIM chaque fois que vous êtes en ligne, cochez les cases Enregistrer le mot de passe et Connexion automatique au lancement avant de vous connecter : AIM se connectera ensuite automatiquement. Une fois connecté, la fenêtre AIM apparaît, dans Vista, à l'emplacement du volet Windows (Figure 27.1) qu'elle évince purement et simplement. Il est cependant possible de la repositionner et revoir ainsi le volet Windows et ses gadgets.

Organiser vos contacts

Vous devez d'abord créer votre liste de contacts avant de pouvoir envoyer des messages.

Votre liste de contacts apparaît dès l'ouverture d'AIM. La fenêtre montre qui, parmi vos contacts, est actuellement en ligne. Si aucun contact n'apparaît, il

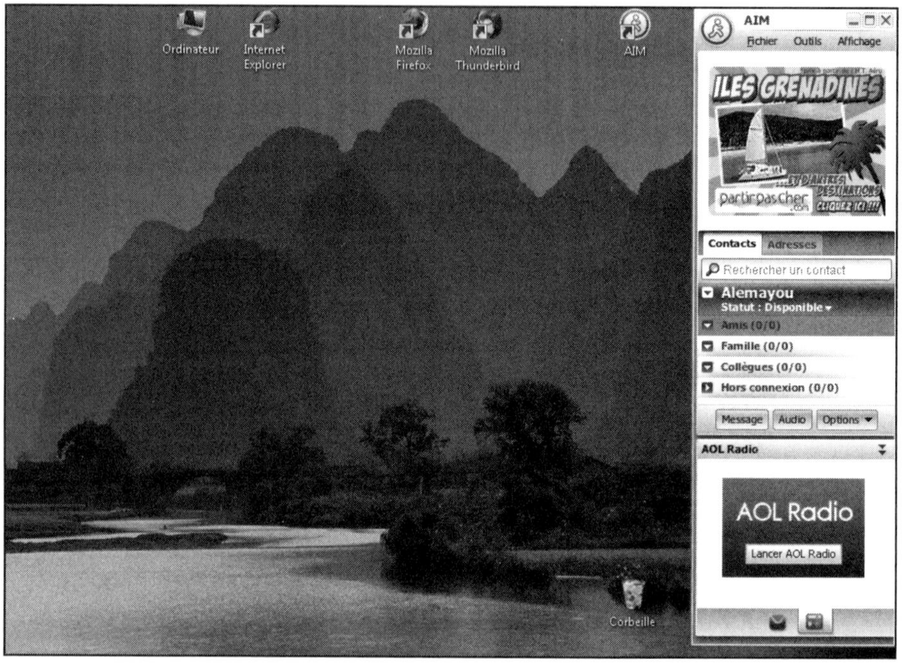

Figure 27.1 Prêt à converser avec AOL Messenger ?

faut ajouter à votre liste de contacts les pseudonymes de vos correspondants AOL ou AIM.

Par défaut, la liste des contacts est toujours visible. Si vous ne la voyez pas, ou si vous désirez que ces contacts ne soient pas systématiquement affichés, cliquez Affichage/Liste des contacts toujours visible. La fenêtre d'AIM affiche quatre groupes de contacts : Amis, Famille, Collègues, et Hors connexion. Vous pouvez créer d'autres groupes en cliquant le bouton Options. Dans le menu qui apparaît, choisissez Nouveau groupe.

Entrer en contact

L'envoi d'un message par un simple clic sur le bouton Message ouvre une fenêtre de conversation. Cette fenêtre permet non seulement de communiquer avec le clavier, mais aussi de vive voix (Figure 27.2). Il suffit, si vous disposez d'un micro, de cliquer le bouton Audio puis Démarrer. Vous allez établir une connexion avec le contact sélectionné.

TRUC

Il est même possible, si vous et votre contact disposez d'une webcam, d'établir une conversation vidéo par un clic sur le bouton Vidéo.

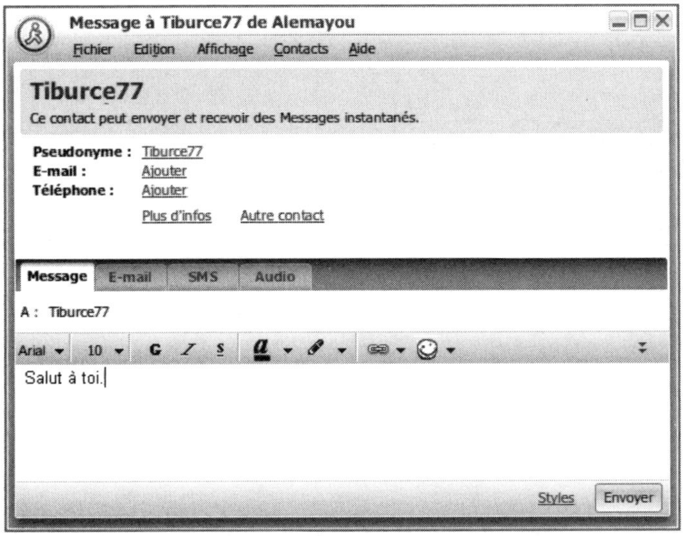

Figure 27.2
Parlez, vous êtes lu !

Bloquer les intrus

À l'évidence, il existe sur AOL de nombreuses personnes aux mauvaises manières puisque AIM dispose d'un système pour bloquer les utilisateurs que vous n'aimez pas. Lorsque vous dialoguez avec quelqu'un et que vous recevez un message insultant ou ennuyeux, vous pouvez bloquer cette personne en cliquant Contacts/Bloquer.

Windows Live Messenger, alias MSN Messenger

Windows Vista n'est plus fourni avec le programme de messagerie instantanée Windows Live Messenger. Vous devez à présent le télécharger en procédant comme suit :

1. **Cliquez le bouton Démarrer.**

2. **Dans le champ Démarrer, tapez Messenger et appuyez sur Entrée.**

   Windows ouvre automatiquement la page d'accueil du site Windows Live Messenger (voir Figure 27.3) dans Internet Explorer. Vous avez aussi la possibilité d'aller directement sur le site en tapant `http://messenger.msn.com` dans votre navigateur Web.

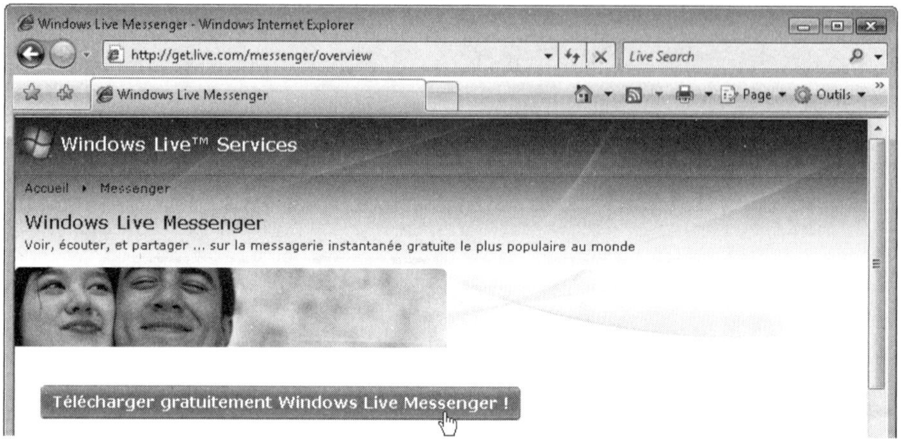

Figure 27.3 Gardez un contact instantané avec Windows Live Messenger !

3. **Cliquez le bouton Télécharger gratuitement Windows Live Messenger.**

   Windows affiche la boîte de dialogue proposant, soit d'exécuter le programme, soit de l'enregistrer.

4. **Cliquez le bouton Enregistrer puis téléchargez le programme Install_Messenger.exe dans le dossier de votre choix.**

5. **Retrouvez le programme Install_Messenger.exe dans le dossier où vous l'avez téléchargé puis double-cliquez-le.**

6. **Suivez les instructions qui se succèdent à l'écran.**

Yahoo! Messenger

C'est notre préféré car il permet non seulement de taper des messages et de parler à l'aide d'un microphone mais aussi d'organiser une visioconférence à plus de trois personnes, si elles sont toutes équipées d'une webcam.

Pour obtenir le logiciel Yahoo! Messenger, allez sur `http://fr.messenger.yahoo.com` et suivez les instructions pour télécharger et installer le programme. Il existe de nombreuses versions pour Windows, Mac OS, UNIX et Palm Pilot ; une version s'exécutant sous forme d'*applet* Java dans votre navigateur Web sur tout système équipé d'un navigateur compatible Java est également disponible.

Pour vous connecter, vous devez vous créer un identifiant Yahoo! C'est gratuit.

TRUC

Yahoo! Messenger 8.1 permet de contacter les membres de Windows Live Messenger !

La voix et le visage en plus

Si vous n'avez pas particulièrement envie d'entendre ou de voir vos interlocuteurs, c'est-à-dire si cela ne vous gêne pas d'être limité à converser uniquement en tapant au clavier, ignorez cette section.

Qu'est-ce que vous dites ? Montez le son !

Presque tous les ordinateurs sont fournis avec des enceintes, branchées sur la carte son à l'intérieur de l'ordinateur. Ces enceintes permettent d'entendre les divers sons émis par vos programmes (comme le "Vous avez des courriers électroniques !" d'AOL). La majorité des cartes son sont dotées d'une prise pour microphone ; consultez le manuel de votre ordinateur ou demandez à un ado de vous aider. Si vous n'avez pas de microphone, il faut vous en procurer un. Vous en trouvez pour moins de 20 euros dans les boutiques d'informatique.

Pour tester votre micro et vos enceintes sur un PC Windows, ouvrez le programme Magnétophone, faites un essai d'enregistrement de votre voix, puis de lecture.

1. **Choisissez Démarrer/Tous les programmes/Accessoires/Magnétophone.**

   La fenêtre Magnétophone, que montre la Figure 27.4, apparaît.

Figure 27.4 Testez votre microphone.

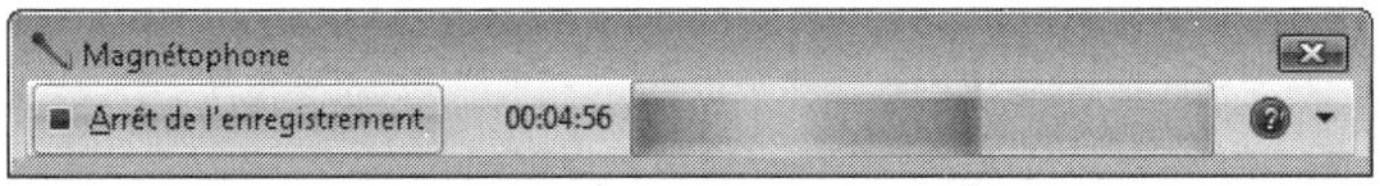

2. **Cliquez le bouton rouge rond Enregistrer pour débuter l'enregistrement.**

   Parlez, chantez ou émettez des bruits incongrus (c'est comme vous le sentez...). Un vumètre vert, à droite du magnétophone, visualise le niveau d'enregistrement. Veillez à ce que son bord droit reste toujours à peu près au milieu de la fenêtre.

3. **Cliquez le même bouton, devenu bleu et carré, pour arrêter l'enregistrement.**

   Windows Vista propose d'enregistrer le fichier au format WMA dans le dossier Documents. Si c'est pour un test, il est inutile de nommer le fichier.

4. **Dans le dossier Documents, double-cliquez le fichier Sans titre.wma.**

   Windows Vista démarre le Lecteur Windows Media. Si vous entendez le son, c'est parfait, vous êtes prêt pour les appels par Internet ou pour les conversations (chats). Sinon, assurez-vous que le microphone est branché à la bonne prise.

Vous pouvez régler les périphériques audio en cliquant le bouton Démarrage, puis Panneau de configuration/Matériel et audio/Son.

Vu !

Si vous souhaitez être vu pendant les conversations en ligne, procurez-vous une webcam. C'est une petite caméra numérique qui se branche sur l'ordinateur. Il existe différents types de webcams, de diverses tailles et formes, à des prix allant de 25 à plus de 1 000 euros. Les webcams les plus onéreuses produisent des images de meilleure qualité, plus rapidement et sont fournies avec de meilleurs logiciels, une télécommande et sont même capables de suivre un sujet en mouvement ; elles peuvent également servir à la télésurveillance.

La majorité des webcams se branchent sur le port USB, une petite prise rectangulaire située au dos ou en façade de l'ordinateur. Les ordinateurs qui datent un peu n'ont pas de port USB. Les caméras les plus sophistiquées se branchent sur des cartes d'acquisition vidéo spéciales, dont l'installation demande d'ouvrir votre ordinateur.

TRUC

Si vous possédez un caméscope, il est possible de le connecter à votre ordinateur pour l'utiliser comme webcam. Consultez le manuel fourni avec le caméscope.

Qui veut chatter ?

Les conversations en ligne permettent de communiquer avec d'autres personnes assises devant leur ordinateur connecté à Internet. Les chats ressemblent donc aux messageries instantanées. Toutefois, il s'agit d'une expérience très différente. Les chats ouvrent la porte à des inconnus. Vous pouvez donc être sollicité par n'importe qui. Il est par conséquent déconseillé aux enfants de chatter sur des chats. Il faut préférer des systèmes comme Windows Live Messenger qui permettent de communiquer uniquement avec des personnes autorisées, avec lesquelles vous avez échangé préalablement vos courriers électroniques, et que vous avez autorisées à vous contacter *via* une messagerie instantanée.

Cette forme de téléconférence ressemble à la radio CB (*Citizen Band*) et à l'ancien système de lignes téléphoniques partagées qui a eu son heure de gloire aux États-Unis, avant guerre, particulièrement dans les zones rurales, et dans les années 1970 en France.

On commence un chat en entrant dans un *salon de conversation* électronique, ou *canal*. Lorsque vous entrez dans un salon, l'écran affiche l'échange de conversation entre les participants. Vous pouvez intervenir dans la conversation en tapant vos messages et en cliquant Envoyer. Bien que les participants puissent tous taper en même temps, leurs propos s'affichent sur l'écran dans l'ordre de réception, accompagnés de l'identification de l'émetteur. Sur certains systèmes de chat comme AOL, chaque participant peut sélectionner une police de caractères et une couleur de texte pour ses commentaires.

Si une des personnes dans le salon vous intéresse particulièrement, vous pouvez demander à créer un *salon privé* ou *connexion directe*, pour une conversation privée entre vous et l'autre personne (guère différent de la messagerie instantanée). Il est aussi possible d'y être invité par un membre du salon. Il n'est pas rare que quelqu'un soit dans un salon de chat tout en tenant plusieurs conversations directes en même temps, bien que ce soit assez difficile à faire.

On peut aussi vous demander de rejoindre un salon de chat privé avec plusieurs autres personnes. Nous ne savons pas trop ce qui se passe dans ces salons car nous n'y avons jamais été invités.

Qui l'utilise ?

Les groupes de chat disponibles dépendent en partie de votre abonnement à Internet. Si vous êtes sur AOL, vous pouvez chatter avec d'autres utilisateurs AOL. Les groupes MSN (sur `http://groups.msn.com`) et Yahoo! (sur `http://fr.groups.yahoo.com`) comportent chacun un salon de chat. Il existe aussi de nombreux sites de chat basés Web qui proposent des salons accessibles à quiconque a accès au Web.

Chaque salon de chat a un nom. En général, le nom donne une indication des sujets abordés par les participants ou de ce qu'ils ont en commun.

Qui suis-je ?

Quel que soit le moyen que vous utilisez, sachez qu'il faut adopter ici un pseudonyme avant de s'incorporer à un groupe. Les autres membres du groupe ne vous connaîtront que sous ce pseudo. Il doit, naturellement, être unique et éventuellement pittoresque. Sa durée de vie est souvent d'une seule session. Si, au cours d'une conversation, vous avez eu d'intéressants échanges avec *Concombre masqué*, rien ne vous garantit que, la prochaine fois, ce sera la même personne qui se présentera sous ce pseudo.

Cet anonymat doit vous inciter à certaines précautions. D'un autre côté, l'un des attraits de ces échanges anonymes est la possibilité d'y rencontrer des personnages nouveaux, parfois intéressants. Bien des amitiés sont nées d'une de ces rencontres.

Lorsque vous rejoignez un groupe, vous voyez quels sont les noms des participants déjà présents et une fenêtre contient le texte de la conversation en cours. Si le groupe est amical, quelqu'un vous envoie généralement un message de bienvenue, car tout le monde est prévenu de votre entrée dans le groupe.

L'étiquette à observer

L'étiquette qui a cours ici n'est pas tellement différente de celle qui prévaut pour le courrier électronique. Le bon sens doit être votre guide. Voici quelques particularités :

- La première règle à observer est de ne blesser quiconque. À l'autre bout de la connexion, il y a une vraie personne, avec de vrais sentiments.
- La deuxième règle est d'être prudent. Vous n'avez aucune idée de la personnalité de votre interlocuteur. Lisez la section suivante, "Sécurité d'abord", pour comprendre ce que nous voulons dire.
- Avant d'envoyer un message, commencez par lire quelques échanges. Comme pour les groupes de discussion, s'informer et observer sans rien dire porte un nom : *lurking*.
- Faites des messages courts et précis.

- N'insultez personne et ne vous exprimez pas de façon grossière, voire ordurière.
- Créez un *profil* qui vous situe. La plupart des logiciels ont une fonction pour créer ce profil (sorte de carte de visite à laquelle les autres membres peuvent accéder). Mais attention, restez réservé et n'y indiquez ni votre patronyme, ni votre adresse, ni votre numéro de téléphone. Cette précaution est particulièrement indispensable pour les enfants qui, en outre, ne doivent pas non plus indiquer leur âge, la ville où ils habitent et l'école et les lieux qu'ils fréquentent.
- Si vous n'avez pas à tout dire sur vous, tout ce que vous dites doit être véridique. L'unique exception est le chat "jeu de rôle" où chacun agit en tant que personnage imaginaire.
- Si vous voulez parler à quelqu'un en privé, envoyez-lui un message lui disant qui vous êtes et ce que vous lui voulez.
- Si le ton d'un de ces salons de conversation vous offusque, quittez-le et essayez-en un autre. De même que, dans la vie courante, il y aura des personnes que vous souhaiterez éviter et d'autres avec lesquelles vous vous sentirez à l'aise.

Sécurité d'abord

ATTENTION !

Voici quelques indications utiles pour avoir des conversations sûres et chaleureuses :

- Beaucoup d'habitués de ces groupes mentent au sujet de leur travail, de leur âge, de l'endroit où ils résident et – mais oui ! – même de leur sexe. Certains trouvent cela malin, d'autres réalisent leurs fantasmes. Mais il existe aussi des gens qui ont seulement l'esprit un peu dérangé.
- Méfiez-vous des propos qui pourraient en révéler un peu plus que vous ne le souhaitez sur votre personnalité réelle (lieu de travail, résidence, numéro de téléphone, par exemple).
- Ne communiquez votre mot de passe à personne. D'ailleurs, personne ne devrait vous le demander. Si quelqu'un le fait, avertissez-en votre fournisseur d'accès. Nous avons reçu une fois un message disant : "Il y a eu un gros problème de sécurité et nous avons besoin de votre mot de passe pour nous aider à déterminer l'origine de ce problème." Si vous recevez un message de ce genre, quelle que soit votre activité sur le Net à ce moment – *chat room* ou quoi que ce soit d'autre –, informez-en

immédiatement les responsables de votre fournisseur d'accès. Personne n'a le droit de vous demander votre mot de passe.

- Si le système de causerie que vous utilisez offre des profils et que quelqu'un qui n'en a pas créé un à son usage demande à vous parler, méfiez-vous.
- Les enfants ne doivent **jamais** accepter de rencontrer quelqu'un hors de la présence de leurs parents et ne doivent pas divulguer d'informations sur les membres de leur famille, même et surtout si on leur promet une récompense.
- Si un de vos enfants utilise le chat, comprenez bien que n'importe qui peut tenter de lui proposer une rencontre. Informez-le des dangers potentiels que cela peut présenter pour lui.

Si vous décidez de rencontrer en chair et en os un de vos interlocuteurs du Net, soyez prudent et agissez comme vous le feriez si vous deviez rencontrer quelqu'un que vous avez connu par les petites annonces de la presse écrite :

- N'acceptez pas de le (la) rencontrer avant de lui avoir parlé plusieurs fois et de lui avoir téléphoné auparavant.
- Choisissez un lieu public bien éclairé pour cette rencontre.
- Amenez un ami avec vous, si c'est possible. Sinon, informez au moins quelqu'un de votre entourage de ce que vous allez faire et convenez de l'appeler au téléphone à une certaine heure.
- Si vous devez faire un voyage pour rencontrer quelqu'un, prenez une chambre dans un hôtel. N'acceptez pas une invitation à son domicile.

Abréviations courantes et *smileys*

Il n'y a pas trente-six sortes d'abréviations et ce sont les mêmes que l'on utilise pour le courrier électronique ou dans les salons de conversation. Tout au plus, le caractère dynamique de ces derniers incite-t-il à en créer de nouvelles, plus spécifiques. Le Tableau 27.1 vous propose une liste d'abréviations courantes et de *smileys*. Rappelons que, pour interpréter ces derniers, il faut pencher la tête du côté gauche et... avoir quelques notions d'anglais.

Tableau 27.1 : Abréviations et smileys.

Abréviation	Signification anglaise	Traduction française
AFK	*Away From Keyboard*	Loin du clavier
A/S/L	*Age/Sex/ Location*	Âge/Sexe/Résidence (une réponse pourrait être 35/m/Paris)
BAK	*Back At Keyboard*	De retour au clavier
BBIAF	*Be Back In A Flash*	Je reviens dans un court instant
BBL	*Be Back Later*	Je reviendrai plus tard
BRB	*Be Right Back*	Je reviens tout de suite
CYBER	*cyber*	Conversation de nature lascive (raccourci de cybersexe)
GMTA	*Great Minds Think Alike*	Les grands esprits se rencontrent
IC	*In Character*	Dans un rôle
IGGIE		Ignorer une personne, par exemple "J'ai iggié SmartMouthSam"
IM	*Instant Message*	Message rapide
J/K	*Just Kidding*	C'était pour rire
LTNS	*Longtime No See*	Il y a longtemps que je ne vous ai vu
LOL	*Laughing Out Loud*	J'en rigole encore
M4M	*Men For Men*	Hommes recherchant d'autres hommes
MDR	-	Mort de rire
NP	*No Problem*	Ça baigne !

Tableau 27.1 : Abréviations et smileys. (*suite*)

Abréviation	**Signification anglaise**	**Traduction française**
OOC	*Out Of Character*	Hors du personnage
PM	*Private Message*	Message privé (même chose que messagerie instantanée)
RL	*Real Life*	Vie réelle (inverse de RP)
ROTFL	*Rolling On the Floor Laughing*	Je suis écroulé de rire
RP	*Role Play*	Jeu de rôle (jouer un personnage)
TOS	*Term Of Service*	Conditions générales (par exemple concernant la souscription d'un abonnement à un fournisseur d'accès)
TTFN	*Ta-Ta For Now*	À la prochaine ! (Généralement remplacé, en France, par "A +" : à plus tard.)
WAV	*Wave file*	Fichier audio
WB	*Welcome Back*	Bienvenue à nouveau
WTG	*Way To Go*	La bonne voie
:D		Large sourire
:) ou :-)		Autres formes de sourires
;)		Clin d'œil
{{{{bob}}}}		Dans mes bras, Bob !
:(ou :-(		Froncement de sourcils
:'(		Pleurs
:~~(		En larmes
O:)		Un ange
}:>		Le diable
:P		J'en ai l'eau à la bouche

Tableau 27.1 : Abréviations et smileys. (*suite*)

Abréviation	Signification anglaise	Traduction française
:P~~		J'en bave de convoitise
*** ou xox		Baisers
<---		Marque une action (<--- manger une pizza, par exemple)

D'autres abréviations courantes n'ont de sens que dans des phrases en anglais. Elles sont généralement basées sur des équivalents phonétiques : "2" pour *to* ou *too*, "4" pour *for*, "u" pour *you*, "r" pour *are*, "rdy" pour *ready*, *etc*.

En cas de problèmes

Certains profitent de l'anonymat pour agir de façon répréhensible. Si cela vous arrive, vous avez le choix entre plusieurs attitudes, cinq bonnes et une... moins bonne :

- Allez dans un autre salon de conversation. Certains sont désagréables, pour ne pas dire plus. Inutile de vous y attarder.
- Ne prêtez pas attention aux fauteurs de troubles et continuez de bavarder avec les autres interlocuteurs.
- Faites disparaître les gêneurs de votre écran. Avec AOL, par exemple, double-cliquez le nom d'écran de "l'empêcheur de causer en rond" puis la boîte Ignorer ses messages. La méthode est quasi identique sur tous les systèmes (autre exemple : sur le chat de Wanadoo, cliquez le nom de la personne, puis le bouton Ignorer).
- Faites une réclamation auprès de votre fournisseur d'accès. Cette technique est plus efficace pour les fournisseurs de contenu comme AOL.
- Si vous pensez que quelqu'un est physiquement en danger ou que des enfants sont exploités, vous devez rapporter le fait à la police comme vous le feriez pour n'importe quelle autre activité criminelle.
- La mauvaise option : répondez sur le même ton. Cela aura pour effet d'attirer l'attention sur le gêneur, ce qui est précisément ce qu'il cherchait et vous risquez d'être celui qui sera éjecté du groupe.

"Tchatcher" sur le Web

De nombreux sites Web offrent un moyen de converser en direct *via* votre navigateur. Certains exigent que vous téléchargiez un *plug-in* ou un contrôle ActiveX pour permettre à votre navigateur de tchatcher. D'autres disposent de programmes de chat de type Java que votre navigateur peut exécuter directement.

Parmi les sites serveurs de chat figurent :

- Yahoo! Tchatche sur `http://fr.chat.yahoo.com`.
- Le serveur de chat de Wanadoo sur `www.orange.fr` (cliquez ensuite le lien t'Chat dans la catégorie Communiquer).
- Groupes MSN à `http://groups.msn.com`.

Bien entendu, de nombreux autres sites Web proposent d'autres salons de discussion ; à vous de faire votre marché.

Téléphoner par Internet et chatter vocalement

Longtemps, nous avons attendu le vrai téléphone par Internet, et cette fois nous l'avons. Votre fournisseur d'accès Internet permet de connecter votre téléphone à son modem ADSL, et vous ne payez plus vos communications à France Télécom. Ceci n'est possible que sur les lignes dites *dégroupées*.

Avec le *dégroupage total*, les choses vont encore plus loin puisque vous n'êtes même plus abonné à France Télécom. Aujourd'hui, la majorité des opérateurs alternatifs proposent cette solution fort séduisante. Pour le montant d'un abonnement mensuel unique, vous avez à la fois Internet en haut débit et le téléphone gratuit (avec parfois la télévision).

La grande différence qui existe entre le téléphone et le chat vocal est que vous pouvez téléphoner ordinateur éteint, et surtout que tout le monde peut vous appeler sans attendre que vous soyez connecté à AOL Messenger, Yahoo! Messenger, Windows Live Messenger, et j'en passe. Le chat vocal exige un ordinateur, une carte son et un micro. De plus, pour communiquer, les deux interlocuteurs doivent être connectés en même temps. Le paradoxe est que, souvent, les gens – notamment les enfants – se téléphonent pour dire à leurs amis qu'ils vont sur le chat !

Enfin, il est également possible de téléphoner avec un système VoIP, c'est-à-dire *Voice Over IP*, "voix au travers du protocole Internet". Le principe consiste à faire circuler sur Internet des paquets de données correspondant à des échantillons de voix numérisées.

Voici une liste de logiciels de voix IP :

- Annatel à www.annatel.net/voip.
- GnomeMeeting à www.gnomemeeting.org.
- Teamspeak à www.goteamspeak.com.
- Skype à www.skype.com/intl/fr.
- Wengo à www.wengo.fr.

Les communautés virtuelles

Le courrier électronique est un excellent moyen pour communiquer sur Internet – et c'est de loin le plus populaire. D'autres programmes Internet vous permettent de communiquer plus rapidement (en temps réel, c'est-à-dire en direct), à deux ou en groupe, comme nous l'avons vu avec les messageries instantanées. Si vous branchez un microphone et des enceintes sur votre ordinateur, vous pouvez même discuter *via* Internet, comme si vous téléphoniez – et presque gratuitement ! (Je rappelle que c'est une toute autre démarche que de téléphoner gratuitement avec les possibilités des boîtiers de connexion haut débit de nos FAI français.)

Il existe de nombreux moyens pour échanger en groupe sur Internet :

- Les listes de messagerie, où vous échangez des messages par courrier électronique.
- Les forums Web, où les messages sont affichés sur une page Web.
- Les groupes de discussion Usenet (*newsgroups*), que vous lisez avec un *lecteur de news*.

Listes de diffusion

Le principe de ces listes est très simple. La liste possède sa propre adresse électronique et tout ce qui est envoyé à cette adresse est transmis aux abonnés de la liste. Comme, à leur tour, ceux-ci répondent au courrier qu'ils reçoivent, il en résulte une véritable conversation.

Les listes ont chacune leur style propre. Certaines sont assez formelles, ne s'écartant pas du thème officiel de la liste. D'autres ont tendance à virevolter çà et là, abordant souvent des sujets bien étrangers au thème officiel de la liste. Pour en avoir une idée, le mieux est de lire ce qu'elles vous envoient pendant un petit moment.

On peut classer les listes de diffusion en trois catégories :

- **Discussions.** Chaque abonné peut "poster" un message. Ces listes permettent d'entretenir des discussions libres et peuvent même contenir certains messages hors sujet.
- **Modérées.** Un "modérateur" est une personne qui relit chaque message avant de le mettre dans le circuit de distribution. Il a le droit d'arrêter tout message sans rapport avec l'objet de la liste, redondant ou inutile, évitant ainsi aux abonnés à la liste toute perte de temps.
- **Annonces.** Seul le modérateur peut poster ce type de messages. C'est de cette façon que peuvent être diffusés par exemple des bulletins périodiques.

Inscription et désinscription

Une entité doit gérer les inscriptions ainsi que la distribution des messages à tous les abonnés. Cette tâche étant bien trop rébarbative pour être exécutée par un être humain, ce sont généralement des programmes qui s'en acquittent. Quelques listes sont encore gérées par des êtres humains et nous compatissons ! De nos jours, il est bien plus fréquent de recourir à une gestion automatisée, réservant l'attention d'un être humain aux cas difficiles. Les programmes de gestion automatique d'abonnement les plus utilisés s'appellent LISTSERV, Majordomo et ListProc. Nous étudierons chacun d'eux dans les sections suivantes.

S'abonner à une liste de diffusion ou s'en désabonner est extrêmement simple : il suffit d'envoyer un message par courrier électronique au programme serveur de la liste. Dans la mesure où c'est un programme qui lit le message, ce dernier doit être correctement formulé et formaté.

Gestion humaine

Il existe une convention largement respectée concernant l'adresse des listes gérées "manuellement". Supposons que vous souhaitiez être au courant de tout ce qui concerne James Buchanan, quinzième président des États-Unis, le seul qui soit resté célibataire, et que le nom de la liste consacrée à sa célébration soit `buchanan-lovers@gurus.com`. L'adresse électronique du gestionnaire de la liste est très probablement `buchanan-lovers-request@gurus.com`. Autrement dit, il vous suffit d'ajouter *request* précédé d'un tiret, juste avant le @, au nom de la liste elle-même pour avoir l'adresse de son gestionnaire. Dans la mesure où la liste est gérée par un être doté d'intelligence (du moins, on peut le supposer), point n'est besoin de respecter un formalisme étroit pour souscrire votre abonnement. Le seul détail important, c'est de rester poli. Pour la liste qui nous concerne (en version anglaise), une formule du genre : *Please, add me to the buchanan-lovers list* fera l'affaire. Et pour demander à être rayé du nombre des destinataires, vous enverrez le message : *Please, remove me from the buchanan-lovers list.*

Les messages de ce genre sont lus et traités par des êtres humains à qui il arrive de manger, de boire, de dormir, parfois de travailler et souvent de faire encore d'autres choses dont la description n'a pas sa place dans un ouvrage d'une aussi haute tenue que celui que vous avez entre les mains. Tout cela pour que vous compreniez que ces gens-là n'ont pas que cela à faire et qu'il peut s'écouler plusieurs jours avant que votre requête soit examinée et prise en considération. En particulier, lorsque vous vous désabonnez, vous pouvez continuer à recevoir plusieurs messages de la liste avant que ne cesse cette diffusion.

S'inscrire aux listes

Pour savoir comment s'inscrire à une liste, ou comment se désinscrire, étudiez les instructions qui, avec un peu de chance, vous ont été fournies avec les informations reçues lors de votre inscription à la liste de diffusion.

Souscrire depuis le Web

Les programmes serveurs de listes récents permettent de s'inscrire, de se désinscrire et de modifier les paramètres de souscription depuis le Web. Par conséquent, ne soyez pas surpris qu'une liste de diffusion vous demande d'aller sur une page Web pour gérer votre abonnement. En cas de souscription en ligne, vous remplissez un formulaire dont vous validez les informations en cliquant le bouton Send, Envoyer ou encore Submit, voire Valider ou Soumettre.

ATTENTION !

Avant de vous inscrire, vérifiez qu'il est possible de se désinscrire.

Souscrire par mail

Pour les listes de messagerie qui répondent aux commandes par courrier électronique, vous vous inscrivez en envoyant un courrier à l'adresse du serveur de listes, quelque chose comme `listserv@nom.de.machine` ou `majordomo@nom.de.machine`, *`nom.de.machine`* étant le nom de l'ordinateur sur lequel se trouve la liste de diffusion. Pour vous inscrire, envoyez une commande comme celle-ci à l'adresse du serveur de listes :

```
subscribe nomdeliste votrenom
```

ou

```
subscribe nomdeliste
```

Lisez les instructions concernant la liste – certaines réclament votre nom, d'autres ne fonctionnent pas si vous l'incluez. Remplacez *nomdeliste* par le nom de la liste et *votrenom* par votre nom (pas votre adresse de courrier électronique). Tapez la commande sur la première ligne du message, pas dans la ligne du sujet.

Supposons que le nom de la liste qui vous intéresse soit LOUISXIV-L (les noms de listes gérées par LISTSERV se terminent généralement par -L) et que vous vous appeliez Pierre Kiroule. Pour vous abonner, vous enverrez le message :

```
subscribe LOUISXIV-L Pierre Kiroule
```

Vous n'avez pas besoin d'indiquer un sujet. La ligne ci-dessus suffit amplement.

Peu après avoir accompli cette formalité, vous allez recevoir un message de bienvenue, généré automatiquement, qui vous signale que vous avez rejoint la liste, accompagné de la description de quelques-unes des commandes que vous pouvez utiliser pour manipuler la liste. Il peut arriver que ce message vous demande de confirmer que vous l'avez bien reçu. Suivez alors les instructions données. C'est un moyen pour le programme de vérifier que votre adresse est correcte. Si vous n'envoyez pas la confirmation qui vous est demandée, votre inscription ne sera pas validée.

TRUC

Gardez ce message, et même imprimez-le, car vous risquez d'en avoir besoin plus tard, lorsque vous voudrez vous désabonner, par exemple. Nous avons un dossier intitulé Listes de diffusion dans lequel nous rangeons les messages de bienvenue de toutes les listes de diffusion auxquelles nous nous abonnons.

Une fois que vous êtes inscrit, vous pouvez envoyer un message à la liste en l'adressant à `LOUISXIV-L@machin.chose.truc`. Cette adresse est l'*adresse de la liste* et ne doit recevoir que les messages destinés aux membres de la liste. N'oubliez pas d'indiquer un sujet précis et évocateur de manière à ce que tous les destinataires de la liste sachent tout de suite si cela les intéresse ou non.

Se désinscrire des listes

Pour vous désinscrire d'une liste, il faut écrire à l'adresse du serveur de la liste, cette fois en envoyant cette ligne dans le texte du message (pas la ligne du sujet) :

```
signoff nomdeliste
```

ou

```
unsubscribe nomdeliste
```

Utilisez le véritable nom de la liste. Vous n'avez pas à indiquer votre nom.

L'inscription et la désinscription à certaines listes sont plus difficiles. Généralement, il suffit de demander à s'inscrire à une liste pour être effectivement inscrit. Dans certains cas, cependant, la liste n'est pas ouverte à tous, et l'humain qui gère la liste étudie les demandes d'inscription, auquel cas vous recevrez éventuellement un message du gestionnaire de liste pour parler de votre demande d'inscription.

Commandes pour listes de diffusion

La majorité des serveurs de listes reconnaissent d'autres commandes, notamment des commandes pour suspendre votre courrier pendant un temps, pour vous envoyer un message quotidien regroupant tous les messages du jour et pour recevoir la liste des abonnés. Pour les commandes exactes, qui varient selon le logiciel serveur de listes, voyez les instructions reçues lors de votre inscription à la liste. Mais peut-être n'avez-vous pas conservé le message de bienvenue... ?

Envoyer des messages à des listes de diffusion

Bien. Vous voilà abonné à une liste de diffusion. Qu'allez-vous faire ? Attendez une petite semaine pour voir quelles sortes de messages circulent sur la liste. De cette façon, vous aurez une juste idée de ce qu'on peut envoyer et de ce qu'il faut éviter d'écrire. Lorsque vous penserez que vous en avez assez vu pour éviter de vous trouver en porte-à-faux, essayez de *poster* quelque chose. C'est très facile : il n'y a qu'à utiliser votre logiciel de courrier pour écrire un message. L'adresse de la liste est la même que le nom de la liste, `chickens@gurus.com` par exemple. N'oubliez pas que des centaines – voire des milliers – de gens vont lire vos perles de sagesse. Aussi, essayez au moins d'éviter les fautes d'orthographe. Sur les listes les plus fréquentées, vous aurez peut-être une réponse dans les minutes qui suivront l'envoi de votre message.

Il existe des listes où il est d'usage que le nouvel abonné envoie un message pour se présenter et indiquer brièvement quels sont les domaines qui l'intéressent. Cette coutume n'est pas universelle, alors attendez d'y être invité. Une fois que vous serez dans le bain depuis quelque temps, tout cela vous paraîtra évident.

Dans certaines listes de diffusion, il existe des règles déterminant qui a le droit d'envoyer des messages : ce n'est pas parce que vous figurez sur la liste que les messages que vous envoyez seront diffusés à la communauté. Certaines listes sont dites *modérées*. Tout message que vous envoyez parvient d'abord à un *modérateur* qui décide souverainement si votre message peut ou non être diffusé. Cela peut paraître un peu fasciste, mais dans la pratique, cela rend la liste mille fois plus intéressante parce qu'un bon modérateur peut facilement en retirer ce qui n'est pas intéressant ou hors sujet. On peut d'ailleurs noter que ceux qui se plaignent le plus de cette modération sont précisément ceux qui envoient des messages inutiles, peu dignes d'intérêt ou hors sujet.

Il y a une autre règle qui stipule que seuls certains membres dont l'adresse apparaît sur la liste ont le droit d'envoyer des messages. Cela évite le *spamming*. Si votre adresse de *mailing* change, vous devez souscrire un nouvel abonnement, sinon vous ne pourrez pas poster de message.

Les finesses de la dialectique

Il peut vous arriver de recevoir, dans le flot d'une liste, un message spécialement intéressant auquel vous souhaiteriez apporter une réponse ou un commentaire. Mais, lorsque vous allez poster votre texte, devez-vous l'adresser à l'auteur ou à la communauté ? Autrement dit, à quelle adresse électronique devez-vous l'envoyer ? La moitié des "maîtres de liste" font en sorte que la réponse aille directement à l'auteur du message original ; l'autre moitié la dirige vers l'ensemble des destinataires de la liste.

Par bonheur, vous avez le choix. Lorsque vous rédigez une réponse, votre logiciel de courrier vous indique à quelle adresse il compte l'envoyer. Vous avez toujours la possibilité de modifier cette adresse. Vérifiez aussi l'adresse du destinataire en copie s'il y en a une.

Pendant que vous y êtes, il serait peut-être bon de modifier le sujet original du message. Après quelques tours de réponses et de réponses aux réponses, le sujet de la discussion est souvent bien loin de l'objet de départ. Aussi, une petite mise à jour, décrivant plus précisément le sujet en cours, est souvent la bienvenue.

Comment éviter d'avoir l'air idiot

Une fois inscrit à une liste, ne postez rien avant de l'avoir lue pendant une semaine. Faites-nous confiance : la liste a longtemps vécu sans vos considérations, elle peut encore faire sans vous pendant une semaine.

Vous découvrirez ainsi les sujets réellement débattus, le ton de la liste, *etc*. Cela vous donne aussi une bonne idée des sujets usés. La gaffe classique du nouveau venu est de s'inscrire et d'envoyer immédiatement un message posant une question idiote, assez éloignée du sujet et qui a été débattue à mort trois jours plus tôt. Prenez votre temps, ne laissez pas cette situation vous arriver.

La gaffe numéro deux du nouveau venu est d'envoyer un message directement à la liste pour s'inscrire ou se désinscrire. Ce type de message doit être adressé au gestionnaire de liste ou au programme serveur de listes, *pas* à la liste elle-même.

TRUC

Une dernière chose à ne pas faire : si vous n'appréciez pas les messages d'un participant (par exemple, un nouveau poste, des messages vides ou des messages "désinscrivez-moi), ne gaspillez pas le temps des autres en postant une réponse sur la liste. La seule chose plus stupide qu'un message stupide est un message de plainte. Envoyez plutôt un courrier électronique à la personne *en privé* et demandez-lui d'arrêter ou envoyez un courrier électronique au gestionnaire de liste lui demandant d'intervenir.

Discussions sur le Web : participer aux forums

Les listes de messagerie conviennent lorsque vous voulez recevoir les messages par courrier électronique, mais certaines personnes trouvent plus pratique de lire les messages de la communauté sur le Web. Les *forums* sont des groupes de discussion basés Web, qui postent leurs messages sur un site Web. On les appelle aussi *forums de discussion* ou *communautés*. Comme les listes de messagerie, certains forums ne sont consultables que par les abonnés, certains autorisent uniquement les abonnés à participer et certains sont modérés (c'est-à-dire qu'un modérateur doit approuver les messages avant qu'ils n'apparaissent sur le forum). D'autres forums sont totalement ouverts, n'importe qui peut poster à tout moment et il n'existe pas de réelle continuité dans les messages, ni de sentiment de communauté entre les personnes qui participent.

De nombreux sites Web hébergent des forums. Certains sites Web sont dédiés à l'hébergement de forums sur de nombreux sujets. Certains forums peuvent vous envoyer les messages par courrier électronique, ce sont des sortes d'hybrides de forums et de listes de messagerie.

Quelques sites de discussion

Voici deux sites parmi nos préférés :

Yahoo! Groupes sur http://fr.groups.yahoo.com

Yahoo! Groupes abrite des forums et des bibliothèques de fichiers, vous pouvez lire les messages soit sur le site Web, soit par courrier électronique – au choix lorsque vous vous inscrivez à un groupe. Les groupes Yahoo! proposent également une fonction d'agenda pour les événements liés au groupe et des salons de chat sur le site. Pour vous inscrire, vous devez d'abord obtenir un ID Yahoo! (gratuit), qui donne aussi droit à une boîte aux lettres et un espace Web gratuits. Vous pouvez créer votre propre groupe Yahoo! : soit un groupe public ouvert à tous, soit un groupe privé pour votre association ou votre famille.

MSN Groupes sur http://groups.msn.com

MSN Groupes propose des forums, des salons de chat et autres informations. Pour vous joindre à un groupe, ou en trouver un, vous pouvez effectuer une recherche à partir d'un mot ou d'une phrase. L'adhésion à un groupe passe par la souscription à un Passeport .NET gratuit, comme nous l'expliquons plus haut dans ce chapitre.

Inscription et participation

Pour vous inscrire à une communauté sur un de ces sites Web, suivez tout simplement les instructions indiquées sur le site. Certains sites Web communautaires permettent de lire les messages postés sur leurs listes sans y être inscrit. La lecture se fait en cliquant sur des liens pour afficher les messages dans votre navigateur Web.

Il est aussi possible de créer vos propres listes de messagerie ou forums. La gratuité vient du fait que ces sites affichent des publicités dans les pages Web, certains insèrent des publicités dans les messages postés vers la liste. Si vous avez une caractéristique (travail, intérêt, maladie) inhabituelle, vous aurez peut-être envie de créer votre propre liste, ou de créer une liste que votre association ou votre famille utilisera pour des échanges en ligne.

Chapitre 28

La blogosphère

Dans ce chapitre :

- Qu'est-ce qu'un blog ?
- Lire un blog.
- La gestion des blogs.
- Créer votre blog.

Aux premières années d'Internet, il y a maintenant quinze ans, l'idée d'un monde où tous les gens pourraient communiquer prévalait. Le *World Wide Web* transformait la planète en un village virtuel accessible à chacun (ou presque). Ce n'est pas exactement ce que nous avons obtenu au regard d'expériences telles que Yahoo! qui présente davantage le Net comme un immense centre commercial que comme un lieu d'échanges humains et humanistes. Néanmoins, certains internautes ont su réagir, et des développeurs conscients de la mondialisation imminente du Web ont lancé le concept du *weblog* qui représente une formidable opportunité pour... perdre du temps (il faut bien être critique).

Qu'est-ce qu'un blog ?

Un blog n'est rien de plus qu'un site Web qui exécute un programme facilitant l'ajout d'un contenu souvent textuel. À l'origine, le blog se présentait davantage sous la forme d'un journal intime publié sur Internet. Côté intimité, on peut dire que le blog n'est pas le lieu idéal pour cacher les aspects les plus secrets de sa vie ! Dans ce cadre particulier, le blog est tenu par une seule personne qui permet ou non aux lecteurs de réagir sur ce qu'elle y écrit. Désormais, les blogs sont partout, traitent de tout, et notamment de sujets d'actualité, ou comme celui illustré à la Figure 28.1, de littérature.

Figure 28.1
Le blog littéraire de l'écrivain Pierre Assouline.

Les meilleurs blogs, comme souvent, sont ceux qui haussent le niveau intellectuel de leur contenu, donc de leurs participants, en abordant des sujets graves, en orientant la réflexion, la critique, donc la construction. Et si un monde meilleur nous venait du blog ? Si vous cherchez des blogs, tapez **blog** ou **weblog** dans Google. Vous y verrez même un lien renvoyant directement vers Blogger, un site où il faut moins de quinze minutes pour créer son blog.

Force est de constater qu'il n'y a pas une différence énorme entre une page personnelle Web et un blog. Seule la conception est simplifiée, et les éléments que vous pouvez y publier sont parfois plus limités. D'ailleurs, nous constatons que des services gratuits comme Mon Yahoo! ne sont ni plus ni moins que des blogs.

En utilisant un flux RSS (*Really Simple Syndication*), c'est-à-dire un format d'agrégation de contenu Web, il est possible de créer un blog réunissant l'ensemble des ressources disponibles sur le Web.

Un peu plus sur le RSS et Atom

Le RSS permet de gérer de nombreux blogs. Le RSS est une version très structurée de page Web destinée à être lue non pas par des internautes mais par d'autres ordinateurs. L'idée est qu'un ordinateur travaillant pour vous peut analyser la version RSS d'un blog afin d'y découvrir des changements. Ensuite, il remet en forme le contenu pour réaliser un affichage combiné de plusieurs autres blogs.. Le RSS est génial car, si un blog vous intéresse, vous pouvez être automatiquement informé de toutes les nouveautés qui y sont publiées.

Comme le RSS est une sorte de page Web, il possède sa propre URL. Cette page se trouve généralement sur le même serveur Web que le matériel dont il se nourrit. Toutefois, il existe de nombreux RSS localisés sur des serveurs indépendants de l'endroit où ils vont piocher des informations.

Le RSS n'est pas complètement illisible. Néanmoins, son format est très technique. En voici un exemple :

```
<rss version="0.91"
<channel>
<title>CAUCE Newsletters</title>
<link>http://www.cauce.org/newsblog</link>
<description>Lettres d'information contre les e-mails commerciaux forcés</des-
cription>
<language>fr</language>
<item>
<title>Rapport de la force de frappe des spams</title>
<link>http://www.cauce.org/newsblog/2005/50/30#canada</link>
<description>
<p>L'industrie canadienne utilise les spams comme force de frappe commerciale
depuis l'année dernière.</p>
```

Cet extrait montre les codes qui définissent les titres, les liens vers le blog, vers le sujet, *etc.*

Ce serait trop simple qu'une seule version de RSS existe. Il y en a donc des dizaines. La version d'origine portait le numéro 0.91. Elle a évolué doucement en 0.92, puis 0.93. Puis, un groupe dissident inventa le RSS 1.0 (parfois appelé RDF), et le groupe initiateur des versions 0.9x passa directement au RSS 2.0. Le IETF (*The Internet Engineering Task Force*), un groupe qui tente de définir les standards d'Internet, a travaillé sur le projet Atom. Il est conçu pour devenir un successeur totalement neutre de toutes les versions du RSS. Le bon côté des choses est que les différentes versions du RSS sont suffisamment similaires pour qu'un programme capable de gérer une de ces versions puisse gérer également toutes les autres.

Pour résumer, disons que le RSS est le procédé qui permet de mettre à la disposition de tous (ou presque) le contenu de votre blog.

Comment lire un blog

La lecture d'un blog est facile puisqu'il s'agit d'une page Web. Avec votre navigateur Web, rendez-vous sur l'URL de ladite page. Pour connaître le contenu d'un article (c'est-à-dire une histoire, une réflexion, *etc.*), cliquez le lien hypertexte qui y renvoie.

Les blogs sont faits pour évoluer. Par conséquent, marquez-les en tant que favoris ou marque-pages. Plus vous consulterez et marquerez de blogs, plus vos dossiers de sites préférés vont grossir au point de friser l'explosion. Vous n'êtes pas la seule personne exposée à ce problème, et il existe heureusement d'excellents outils d'organisation de blogs dont vous pourrez tirer profit.

Comment gérer tous ces blogs

Le blog, c'est comme un paquet de cacahuètes. Si vous mettez le nez dedans, vous ne pouvez plus vous arrêter. Quand vous trouvez un blog, vous trouvez d'autres liens vers d'autres blogs.

Pour éviter de vous éparpiller – et de consulter des blogs qui ne vous intéressent pas –, passez par un système qui, basé sur un RSS, permet de vous tenir informé uniquement du contenu des blogs qui ont un intérêt pour vous. Ces systèmes sont basés soit sur le Web (un site qui suit et affiche vos blogs préférés), soit sur votre ordinateur sous la forme d'un programme qui assure la gestion de vos blogs favoris.

Les systèmes basés sur le Web présentent deux avantages : d'une part, vous n'avez pas besoin d'installer un programme ; d'autre part, vous pouvez consulter vos blogs avec n'importe quel ordinateur. Bien évidemment, vous comprenez que les systèmes basés sur un programme présentent les inconvénients inverses.

Les blogs sur le Web

Voici trois sites Web parmi nos préférés et qui sont de surcroît gratuits :

Bloglines

`www.bloglines.com/?Lang=french`

Bloglines est le premier site destiné aux utilisateurs qui souhaitent suivre de nombreux blogs. Commencez par y ouvrir un compte gratuit que vous confirmerez après avoir reçu un courrier électronique. Vous pourrez alors ajouter un RSS au compte. Si vous connaissez l'URL du RSS, vous pouvez la saisir directement, mais il est généralement plus simple d'utiliser le moteur de recherche intégré. Saisissez quelques mots pour décrire les blogs que vous aimeriez consulter, puis choisissez ceux qui semblent s'en rapprocher le plus. De nombreux blogs proposent un bouton Bloglines sur lequel vous pouvez cliquer pour ajouter le blog parcouru à votre compte ouvert sur Bloglines. La Figure 28.2 montre la page d'accueil du site.

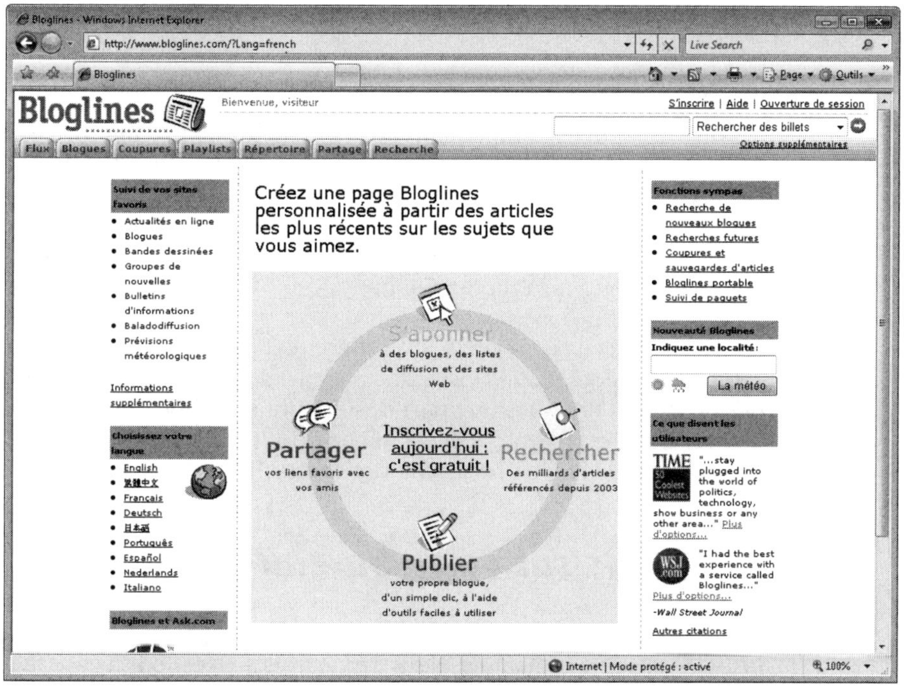

Figure 28.2 Tous les blogs en même temps avec Bloglines.

Bloglines suit les items de chaque blog et mémorise ceux que vous avez consultés. Les blogs non lus sont placés entre parenthèses. Il est donc facile de distinguer les nouveautés du reste. Les blogs qui vous intéressent peuvent être ajoutés à votre dossier Clippings. Vous gérez ces blogs comme bon vous semble grâce aux multiples options proposées par Bloglines.

NewsGator

http://fr.newsgator.com/home.aspx

NewsGator propose *grosso modo* les mêmes fonctions que Bloglines. Son orientation est davantage économique. Il est très facile de souscrire à d'autres blogs, à des journaux ou des services comme Reuters, et à bien d'autres sujets d'actualité.

NewsGator propose également un dossier de classement (*Clipping*) avec la possibilité d'éditer un blog classé.

Mon Yahoo!

http://fr.my.yahoo.com/

Si votre objectif est simplement de lire des blogs, Mon Yahoo! n'est pas l'emplacement idéal pour le faire. En revanche, si vous utilisez déjà Mon Yahoo! pour l'intérêt de son contenu, il est très facile d'ajouter quelques éléments RSS. Vous cliquez le lien Contenu, puis saisissez l'URL du contenu RSS dans le champ Rechercher. Dès qu'un contenu de ce type est ajouté, Mon Yahoo! l'affiche comme un contenu Yahoo! typique.

Si vous utilisez un *agrégateur* RSS différent et que vous désirez inclure quelques sections de Mon Yahoo!, visitez http://news.yahoo.com/rss. Vous y trouverez des contenus RSS sur la plupart des rubriques Yahoo! que vous pouvez alors ajouter à votre agrégateur. Il est même possible de créer votre propre contenu de nouveautés RSS en saisissant des mots-clés.

Les blogs sur votre bureau

Pour vous sentir plus proche de votre blog, vous opterez pour un programme installé sur votre ordinateur. Nous avons trois suggestions à vous faire : un superbe programme nommé BlogExpress ; un logiciel de messagerie comme Thunderbird qui donne à votre blog l'aspect d'un dossier de messagerie ; et un navigateur Web comme Firefox qui fait de votre blog un dossier de vos marque-pages.

Lire des blogs avec BlogExpress

BlogExpress, est un excellent petit programme que vous téléchargez gratuitement sur le Net. Si le programme vous séduit, ses créateurs ne vous en voudront pas de leur faire parvenir une petite donation. Visitez le site Web www.usablelabs.com. Cliquez le lien BlogExpress, puis sur la grosse flèche verte

Le trackback

Les *bloggers* commentent les blogs des uns et des autres. Parfois les commentaires sont intéressants, parfois ils sont nuls. La plupart des personnes laissent un commentaire, mais les discussions sérieuses se déroulent généralement entre deux ou trois blogs qui contiennent chacun des commentaires sur les deux autres. Tout lecteur d'un commentaire peut connaître les références du blog d'origine. En revanche, pour celui qui lit l'original, il n'y a guère de moyen de trouver les commentaires. C'est ici qu'intervient le *trackback*.

Prenons un exemple. Un *blogger* appelé Jean publie des propos provocateurs sur son blog. Puis, un deuxième *blogger*, Marie, réagit sur ce blog et établit un lien entre son blog et celui de Jean. Si le blog de Jean est configuré pour gérer les *trackbacks*, le système de blog de Marie peut indiquer à celui de Jean l'existence de ce lien. Jean peut alors ajouter une note de type *trackback* avec un lien vers ce commentaire, établissant ainsi une connexion bidirectionnelle entre deux blogs.

Le *trackback* est une évolution majeure du lien hypertexte traditionnel du Web. Le *trackback* nous met davantage en relation avec la vie réelle, en ce sens où la communication n'est pas unilatérale.

Download BlogExpress. Exécutez ce petit installateur pour que BlogExpress fasse partie des nouveaux programmes de votre ordinateur.

Au démarrage, BlogExpress vous aide à sélectionner des blogs qui vous intéressent. Si vous connaissez l'URL du contenu RSS, saisissez-le directement dans une boîte de dialogue spécifique. Par la suite, le programme affiche chaque blog comme une page comportant des liens sur lesquels vous cliquez. BlogExpress intègre un navigateur Web (en l'occurrence Internet Explorer). De ce fait, quand vous cliquez un lien, il s'ouvre sous la forme d'un onglet dans la fenêtre de BlogExpress. Pour fermer cet onglet, cliquez le bouton Close.

Si vous cliquez le bouton de réduction de BlogExpress, une petite icône symbolisant deux personnes apparaît dans la zone de notification de Windows. De temps à autre, une petite fenêtre surgit dès qu'un nouveau contenu est trouvé. La facilité d'utilisation de ce programme est telle qu'il suffira à bon nombre d'entre vous.

Lire des blogs avec Thunderbird

Nous vous encourageons vivement à installer et à utiliser Thunderbird pour assurer la gestion de vos courriers. Il est très facile de lui indiquer comment suivre des blogs et de les afficher comme s'il s'agissait de dossiers de courriers. Cependant, Thunderbird n'est pas approprié au suivi d'un trop grand nombre de blogs.

Vous devez configurer un dossier pour vos blogs dans Thunderbird :

1. **Dans la fenêtre principale de Thunderbird, cliquez Fichier/Nouveau/Compte.**

2. **Dans la première fenêtre de l'Assistant de création de compte, sélectionnez Nouvelles RSS et Blogs (Figure 28.3), puis cliquez Suivant jusqu'à ce que vous arriviez au bouton Terminer, que vous devez également cliquer.**

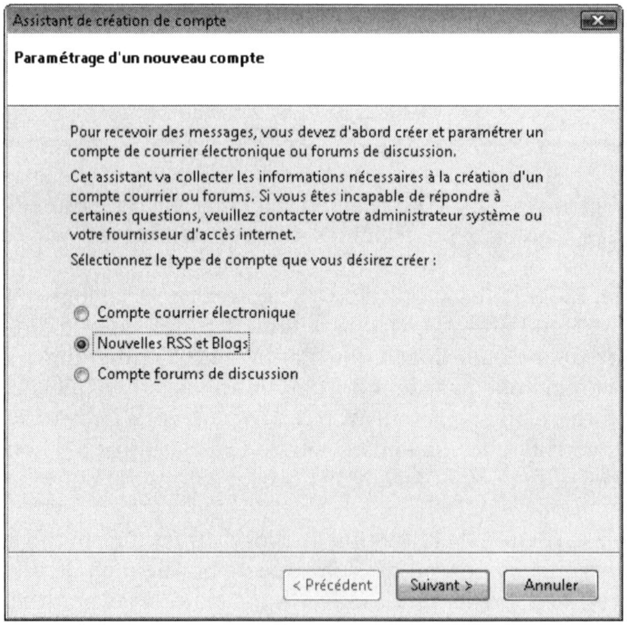

Figure 28.3 Création d'un compte RSS et blogs dans Thunderbird.

Vous avez maintenant un dossier Nouvelles et Blogs.

3. **Cliquez ce dossier du bouton droit de la souris. Dans le menu contextuel, choisissez Gérer les abonnements.**

4. **Cliquez le bouton Ajouter, pour ajouter un blog. Saisissez ou collez l'URL du contenu RSS du blog et cliquez OK (Figure 28.4).**

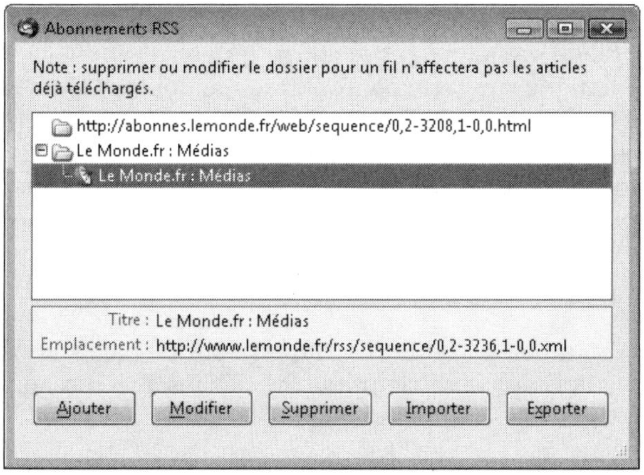

Figure 28.4 Ajout d'un contenu RSS.

Si l'URL saisie ou collée n'est pas un RSS, l'assistant vous avertit.

Voilà ! Thunderbird ne propose malheureusement pas de synchronisation automatique du contenu RSS. Pour le mettre à jour, vous devez aller sur le site Web proposant ledit contenu, puis cliquer le lien RSS du bouton droit de la souris. Dans le menu contextuel, vous choisissez Copier l'adresse du lien (pour ce qui est de Firefox). Revenu dans Thunderbird, ajoutez un nouvel abonnement et collez l'adresse dans le champ URL du fil. Oui, cette procédure est lourde ! C'est pour cela que nous la déconseillons aux bloggers fous qui gèrent des dizaines de blogs.

Pour trouver et gérer plus facilement vos contenus RSS, téléchargez le plug-in RSS Panel à l'adresse `https://addons.mozilla.org/firefox/635`.

Quand vos blogs sont définis, chacun d'eux apparaît sous la forme d'un dossier de courriers dans le dossier Nouvelles et Blogs. Vous voyez la liste des titres et lisez les entrées des blogs exactement comme s'il s'agissait de messages électroniques. Vous pouvez enregistrer ceux qui vous intéressent comme vous le faites de vos courriers électroniques. La seule chose impossible est la réponse aux blogs, car il n'y a pas d'adresse de retour.

Lire des blogs avec Firefox

Si vous utilisez Firefox comme navigateur Web, quelques clics suffisent pour marquer vos blogs préférés. Ils prennent alors l'aspect d'un dossier dans le menu Marque-pages. Ce dossier contient tous les éléments du blog. L'avantage est que le contenu du blog s'actualise dans Firefox dès qu'un changement est décelé.

Chaque fois que vous visitez une page Web et que Firefox y voit un contenu RSS, une icône orange s'affiche dans le coin inférieur droit de la fenêtre. Pour créer un lien dynamique sur cette page, cliquez ce bouton. À cet instant, Firefox liste tous les contenus RSS disponibles. Choisissez celui qui vous convient. S'ouvre alors la boîte de dialogue Ajouter un marque-page. Elle reprend le nom du lien RSS et indique dans quel dossier il va être créé, en l'occurrence le menu racine Marque-pages. Rien ne vous empêche de créer un nouveau dossier en cliquant la petite flèche, ou d'en choisir un autre dans la liste des dossiers de vos marque-pages. Cliquez OK.

Pour lire le contenu du blog, il suffit de cliquer Marque-pages/<dossier où est le blog>/<Nom du blog>/<Nom du contenu RSS>. Vous accédez au contenu RSS.

Écrire votre blog

Maintenant que vous connaissez toutes les méthodes de consultation d'un blog, voyons comment écrire le vôtre.

Blog à part

Si vous envisagez de créer un blog, trouvez quelque chose d'intelligent à y dire, ou alors faites preuve de poésie, ce qui est à peu près la même chose.

Où créer votre blog ?

Il y a probablement une bonne dizaine de milliers d'endroits où vous pouvez publier votre blog. Toutefois, nous nous limiterons à présenter les trois plus importants. Nous encourageons les débutants à créer directement un blog sur le Web plutôt que de passer par un logiciel spécifique et une publication à distance. En règle générale, les sites qui permettent de créer un blog en ligne le font gratuitement. Certains vous proposeront de verser une somme d'argent peu conséquente pour que vous utilisiez quelques modules supplémentaires. Pour des raisons assez évidentes de simplicité, nous vous conseillons de créer un blog sur Blogger.

Est-ce que je peux me faire du fric avec mon blog ?

Vous commencez bien mal. Nous disons plutôt : "Puis-je envisager de faire fructifier mes capitaux avec un blog ?" Quelle que soit la manière de poser la question, la réponse sera la même : probablement pas ! La richesse d'un blog est intrinsèque. Votre expression vous rend plus riche. Qu'est-ce que l'argent sinon un moyen supplémentaire d'avoir des problèmes, des envies, une vision de la société limitée à une vaste émission de gaz anxiogène, basés sur la consommation d'objets si souvent illusoires (ouf !) ?

Certains blogs ont tenté, sans succès, l'expérience de la publicité. Personne n'a vu entrer suffisamment d'argent pour se vanter de vivre grâce à son blog. En fait, la question à se poser est simple : "Ne te demande pas ce que ton blog peut faire pour toi, mais demande-toi ce que tu peux faire pour ton blog !" (Comme c'est moi, traducteur de cet ouvrage, qui ai trouvé cette formule, je me permets de la revendiquer dans cette parenthèse que je ferme instantanément.)

Il reste néanmoins possible de créer un blog contenant des publicités auprès de Blogger à l'adresse `www.blogger.com`. Sinon votre temps, je ne vois pas ce que vous avez d'autre à perdre. Un conseil : si vous créez un blog, ne remettez pas tout de suite votre démission à votre patron.

Blogger

`www.blogger.com`

Blogger fait désormais partie de l'empire Google. Une fois que vous y avez créé un compte, vous pouvez ajouter et modifier des entrées sur le site Web, le personnaliser de multiples façons et le publier sans aucune difficulté. Blogger gère les blogs mobiles (*moblogs*) qui permettent de publier des images et du texte à partir d'un téléphone mobile.

Blogger ne vous demande pas d'argent. C'est un système performant où les pubs sont entièrement facultatives.

LiveJournal

`www.livejournal.com`

L'utilisateur type de LiveJournal est un collégien qui cherche à divulguer des tonnes d'informations à ses cent mille amis les plus proches sur des sujets allant de la musique aux soirées techno, en passant par la philosophie politique. Si vous vous reconnaissez dans ce profil, créez un blog sur LiveJournal. Ici, le blog de base est gratuit et un compte payant permet d'inclure des fonctions supplémentaires comme des sondages et des enquêtes.

Over-Blog

www.over-blog.com

Blog éclectique, plutôt réservé à l'adulte qui souhaite exposer ses voyages, ses tracas, ses joies, ses désirs, ses images, ses poésies, et j'en passe. Bien évidemment, il est gratuit, et la création du blog est un jeu d'enfant.

Over-Blog suit la périodicité à laquelle vous apportez des modifications à votre blog. Si vous le laissez vacant un trop grand nombre de semaines, un courrier électronique vous avertit de sa prochaine disparition. À vous de réagir !

Cinq bonnes raisons de ne pas créer votre blog

1. **Vous travaillez sur votre blog au bureau et perdez ainsi toute productivité. En d'autres termes, vous ne tarderez pas à être viré !**
2. **Plutôt que de vivre vos conversations et vos expériences dans la vie réelle, elles se réduisent à de simples messages dans le blog.**
3. **Vous cultivez l'excentricité uniquement pour avoir quelque chose à raconter sur votre blog.**
4. **Tout devient nature à blogger.**
5. **Vous n'avez décidément rien à dire, et en plus ça vous fatigue.**

Nous pratiquons ce que nous préconisons ici. Aucun d'entre nous ne possède de blog !

Silence, moteur, weblog !

Le texte semble de plus en plus faire partie du passé. Si un blog vous fait penser à un Minitel amélioré, enrichissez-le d'images. Les blogs mobiles (ou moblogs) permettent de télécharger des photos depuis un téléphone mobile.

Si vous désirez créer un blog entièrement fait de photographies, allez faire un tour sur Tutoshop à l'adresse `www.tutoshop.com`. On vous explique ce qu'est un *photoblog*, comment créer et publier le vôtre gratuitement, *etc*.

Enfin, si vous désirez emprunter la route du multimédia – et si vous possédez un appareil photo numérique ou un téléphone capable d'enregistrer des vidéos –, allez sur `www.vidblogs.com`, le *vidéoblog* du Web. Dans la mesure où les fichiers vidéo sont plus volumineux que le texte ou les images fixes, seuls les utilisateurs d'une connexion haut débit pourront en profiter. Créez donc des vidéos brillantes et originales pour figurer sur ce site. Bonne chance !

Neuvième partie

Les dix commandements

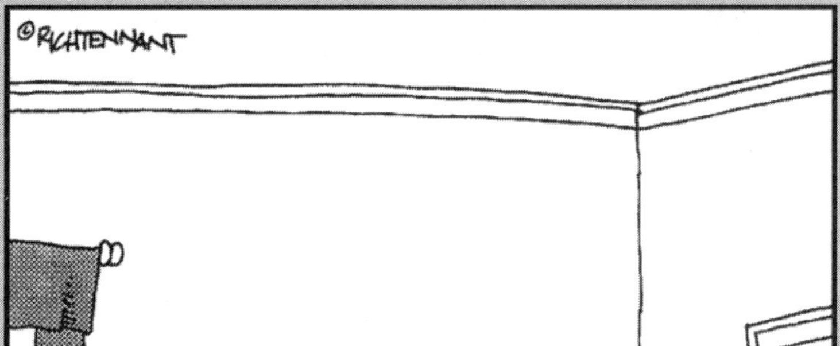

"J'ai trouvé ce périphérique de bière à la pression sur l'un de ces sites qui vendent du matériel pour personnaliser le PC."

Dans cette partie...

Les gens adorent faire des listes du genre "dix CD que vous emporteriez sur une île déserte" ou, s'il n'y a pas l'électricité, dix livres, en espérant que celui-ci fera partie de la sélection. L'exercice est souvent futile, mais ici il s'impose. Car, en plus d'une liste de cadeaux à faire à votre PC, vous découvrirez de précieux conseils.

Chapitre 29

Dix erreurs de débutant

Dans ce chapitre :

- Quitter Windows sauvagement.
- Acheter trop de logiciels.
- Acheter des accessoires incompatibles.
- Ne pas acheter suffisamment de fournitures.
- Ne pas enregistrer votre travail.
- Ne pas sauvegarder les fichiers.
- Ouvrir ou supprimer des fichiers inconnus.
- Démarrer depuis une disquette suspecte.
- Répondre à du courrier électronique non sollicité (spam).
- Ouvrir un programme joint à un courrier électronique.

On peut faire quantité d'erreurs avec un ordinateur, de la suppression inopinée d'un fichier jusqu'au moniteur qui tombe sur vos pieds. Rassu rezvous, seulement dix d'entre elles ont été sélectionnées pour ce chapitre. Ce sont des erreurs de tous les jours, celles que les gens font régulièrement jusqu'à ce qu'ils aient compris ce qui ne va pas.

Quitter Windows sauvagement

Quand vous avez terminé votre travail sous Windows, éteignez l'ordinateur. Choisissez Arrêter depuis le menu Démarrer. Sélectionnez l'option Arrêter dans la boîte de dialogue Arrêt de Windows. C'est le seul moyen pour quitter Windows en toute sécurité.

- Ne vous contentez pas d'éteindre le PC en appuyant sur son interrupteur.
- Evitez d'utiliser le bouton de réinitialisation, sauf si vous ne pouvez absolument pas faire autrement.

Acheter trop de logiciels

Votre PC est probablement livré avec des dizaines de logiciels préinstallés. Vous n'êtes pas obligé de les utiliser. Ne vous laissez pas submerger par l'abondance de logiciels.

L'erreur à ne pas faire ici n'est pas tant d'acheter trop de logiciels, mais d'en acheter trop à la fois, et de tenter d'apprendre à les utiliser tous en même temps.

L'apprentissage d'un logiciel peut exiger plusieurs mois. Un an après avoir acheté un logiciel, vous découvrirez encore de nouvelles fonctions. Même si vous avez lu toute la documentation, vous connaîtrez rarement votre logiciel à fond.

Epargnez-vous les maux de tête et les insomnies, achetez les logiciels avec modération. Achetez un programme et apprenez à vous en servir. Puis achetez-en un autre. Vous apprendrez plus vite de cette façon.

Acheter des accessoires incompatibles

Vous n'aviez pas remarqué que le clavier que vous venez d'acheter est un clavier pour Macintosh. Vous avez cru faire une affaire en prenant ce scanneur FireWire, mais votre PC n'a pas de port FireWire. Vous déballez votre carte graphique PCI-Express, et votre PC n'a qu'un connecteur AGP.

Vérifiez toujours que le matériel que vous voulez acheter est compatible avec le vôtre, surtout si vous faites vos achats par l'Internet. En cas de doute, n'hésitez pas à appeler le service de vente.

Ne pas acheter suffisamment de fournitures

Achetez du papier pour imprimante par rame de 500 feuilles. De toute façon, vous en viendrez à bout plus vite que vous le pensez. Ne soyez jamais à court de disquettes, de CD-R/RW ou de n'importe quel type de disque ou de cartouche utilisé par votre PC.

Ne pas enregistrer votre travail

Chaque fois que vous créez un document, utilisez la commande d'enregistrement – un Ctrl+S toutes les quelques minutes est rapide et sûr – afin de sauvegarder votre œuvre sur disque dur. Utiliser cette commande chaque fois que vous y pensez, et pensez-y le plus souvent possible. La bonne mesure se situe toutes les trois ou quatre minutes environ.

Vous ne pouvez pas prévoir le moment où votre ordinateur décidera de vous lâcher, mais c'est généralement au moment le plus inopportun que la mémoire lui fait soudain défaut. Sauvegardez votre travail fréquemment quand vous travaillez et systématiquement quand vous quittez votre siège, même si c'est pour une petite minute.

Ne pas sauvegarder les fichiers

Le monde informatique se divise en deux grande catégories : ceux qui n'ont jamais sauvegardé parce qu'ils n'ont jamais eu d'ennuis, et ceux qui sauvegardent systématiquement parce qu'un jour un problème informatique leur a coûté cher en données et temps perdus. La première catégorie est appelée à migrer tôt ou tard dans la seconde.

Enregistrez toujours en cours de travail. En fin de journée, sauvegardez les fichiers sur un disque dur externe, une carte mémoire, une clé USB ou sur un CD-R. Faites toujours une copie de la sauvegarde, au cas où.

A la fin de la semaine ou du mois, démarrez un logiciel de sauvegarde. Je sais que c'est fastidieux, mais grâce à l'automatisation des tâches, c'est beaucoup plus facile qu'il y a quelques années. Je recommande le logiciel Dantz Retrospect Backup (`www.dantz.com`).

Ouvrir ou supprimer des fichiers inconnus

Pour le logiciel et le matériel, il existe des règles d'ouverture et de suppression de certains fichiers ou composants. Pour le logiciel, il y a même une règle d'or :

Ne supprimez que les dossiers et les fichiers que vous avez vous-même créés.

ATTENTION !

Windows regorge de fichiers bizarres. N'y touchez pas. Ne les supprimez pas. Ne les déplacez pas. Ne les renommez pas. Et surtout ne les ouvrez pas pour voir à quoi ils servent, car vous risquez d'aller au-devant de sérieux problèmes.

Quant au matériel, n'ouvrez l'unité centrale que si vous savez exactement ce que vous voulez faire (NdT : attention aux clauses de garantie ; certains capots ont un scellé). N'oubliez pas de débrancher l'ordinateur. Vous pouvez ouvrir l'imprimante pour déloger une feuille qui a bourré ou pour changer les cartouches d'encre, mais n'ouvrez pas les cartouches d'encre ou de toner. En revanche, vous pouvez ôter la trappe d'une souris à boule pour nettoyer les rouleaux.

Certains composants matériels ne doivent jamais être ouverts : le moniteur, le modem et le clavier.

Démarrer avec une disquette inconnue

La meilleure façon d'introduire un virus dans l'ordinateur est de glisser dans le lecteur une disquette ou un CD non vérifié. Je ne parle pas de la disquette de démarrage que vous avez créée, ou du CD qui sort tout droit de son emballage. Je fais allusion à ces disquettes ou à ces CD bourrés de jeux ou de logiciels généralement piratés qui sont de véritables nids à virus. L'expression "disque vérolé" signifie bien ce que cela veut dire.

Répondre aux e-mails indésirables ou spams

Ne répondez jamais aux courriers électroniques de toutes sortes qui vous sont envoyés, messages publicitaires et sollicitations diverses, même si vous êtes tenté de leur dire ce que vous pensez. Les expéditeurs utilisent souvent le truc suivant : ils joignent à leur envoi un message "faites-nous savoir si vous ne voulez plus recevoir ce type de message ultérieurement". N'y répondez pas, ce serait signaler que votre adresse électronique est active, ce qui en fait une cible de choix. La quantité de spams ne ferait qu'augmenter.

Ouvrir un programme joint à un e-mail

Par courrier électronique, vous pouvez recevoir des photographies, des sons, des archives au format compressé ZIP. Jusqu'ici, tout va bien. Mais si vous recevez un fichier programme exécutable (.EXE) de provenance inconnue, ne l'ouvrez surtout pas. S'il provient de quelqu'un de votre entourage, vérifiez néanmoins qu'il vous a bien adressé ce programme, car une adresse d'expéditeur peut être usurpée.

La seule façon pour votre ordinateur de contracter un virus par l'Internet est de démarrer un programme infecté. Vous pouvez recevoir le programme et ne rien faire : pas de problème. Mais si vous l'ouvrez, vous êtes contaminé.

N'OUBLIEZ PAS

- Vous pouvez ouvrir un fichier d'archive compressé au format ZIP. Regardez ce qu'il contient. S'il recèle un ou plusieurs programmes dont vous n'êtes pas sûr, supprimez cette pièce jointe.
- Si vous devez envoyer un programme par e-mail, prévenez le destinataire en expliquant dans le message que vous lui envoyez tel ou tel fichier. Les messages à virus sont souvent très succincts et péremptoire, du genre : "Voilà le fichier demandé, ouvrez-le et dites-moi ce que vous en pensez."
- Au moindre doute, lancez votre logiciel antivirus.
- Certains types de virus sont véhiculés par les documents de type Microsoft Word ou Excel. Pas de panique, ces virus sont détectés par les logiciels antivirus.

Chapitre 30

Dix manières d'asservir Windows Vista à la musique

Dans ce chapitre :

- Utiliser Google.
- Organiser votre catalogue.
- Soutenir les artistes indépendants.
- Commander de la musique.
- Rechercher des artistes.
- Commander des places de concert.
- Personnaliser vos sons.
- Créer des partitions.
- Parler aux artistes.
- Discuter de musique avec des fans.

Avec Windows Vista, un navigateur Web et une connexion Internet, vous pouvez trouver sur le Web beaucoup plus de musique que n'en proposent les services de téléchargement. En effet, vous allez parcourir le monde entier pour trouver les ressources audionumériques qui vous intéressent.

Utiliser Google

Dès que vous cherchez des informations sur un sujet quelconque, connectez-vous au moteur de recherche Google, accessible à l'adresse `www.google.fr`. Dans le champ Recherche Google, saisissez le nom d'un artiste ou le genre de musique que vous désirez trouver sur le Web. Il ne fait aucun doute que vous découvrirez des articles, des revues et d'autres types d'informations que vous n'imaginez même pas. Lorsqu'il est bien utilisé, Internet est un puits de connaissances sans fond. L'outil idéal pour explorer ce puits s'appelle Google.

Organiser votre catalogue

Dans la vie, il est très facile de perdre des choses qui tiennent à cœur. Pour éviter ce genre de mésaventure, il est important de gérer convenablement les divers enregistrements de vos collections musicales. Je veux parler ici des CD constituant votre musicothèque. Profitez de votre programme de traitement de texte ou de votre tableur pour répertorier l'ensemble de vos CD, que vous prendrez soin de numéroter clairement et de ranger précisément pour les retrouver très facilement à partir du document que vous venez de créer.

Soutenir les artistes indépendants

J'ai toujours une amitié particulière pour les artistes qui cherchent à faire connaître leur musique auprès du plus grand nombre malgré les difficultés de distribution auxquels ils sont confrontés. Sachez que lorsque vous achetez des enregistrements ou des produits dérivés sur le site Web d'un artiste, vous soutenez une petite affaire commerciale qui lui permettra peut-être de signer avec une maison de disque importante. N'ayez pas peur d'aller à la rencontre d'une culture parallèle à celle que cherchent à inculquer au grand public les grands médias radiophoniques et audiovisuels de notre société. (Si l'on y réfléchit bien, tous les médias qui tentent de séduire le plus grand nombre s'éloignent considérablement de la notion de culture, pour malheureusement standardiser les artistes et les rendre de plus en plus insipides.)

Commander de la musique

Objectivement, télécharger légalement de la musique est un procédé absolument génial. Toutefois, certaines personnes n'ont ni les connaissances techniques ni le temps de convertir les fichiers téléchargés en un format pouvant être gravé sur un CD audio. De ce fait, ces personnes achèteront des CD tout à fait ordinaires. Ils seront identiques à ceux que l'on trouve dans les grandes surfaces ou les magasins spécialisés. Comme je ne suis pas là pour faire de la publicité, sachez qu'il existe un nombre incalculable de magasins qui vendent de la musique en ligne sous forme de CD classiques. D'ailleurs, vous en trouverez auprès des sites qui vendent de la musique en ligne.

Rechercher des artistes

La majorité des artistes ont un site Web sur Internet. Il n'est pas rare que leurs fans créent également un site qui leur est entièrement dédié. Sur les sites en question, vous trouverez les toutes dernières informations concernant la vie et la production de l'artiste avant même que les journalistes musicaux n'aient pu rapporter la nouvelle. Par conséquent, pour être informé avant les autres, recherchez les sites Web officiels de vos artistes préférés.

Commander des places de concert

Les concerts ne se passent pas toujours dans une ville située à proximité de chez vous. Dans ce cas, il est très difficile de réserver vos places dans une quelconque billetterie. Grâce encore une fois à Internet, vous pouvez réserver vos billets pour assister à ce qui sera sans nul doute le concert de l'année.

Personnaliser vos sons

Vous savez que Windows assigne des sons à des événements. Par exemple, un signal sonore spécifique se fait entendre à l'ouverture d'une fenêtre. Vous pouvez modifier les sons assignés par défaut. N'importe quel fichier WAV peut être utilisé pour remplacer un son prédéfini de Windows. Pour y procéder, cliquez sur démarrer/Panneau de configuration/Sons, voix et périphériques audio. Ensuite, dans la section Choisissez une tâche, cliquez sur le lien Modifier le modèle de sons. Dans la boîte de dialogue qui apparaît, sélectionnez un événement dans la liste Modèle de sons. Pour lui assigner un son spécifique, cliquez sur le bouton Parcourir. Naviguez parmi vos différents lecteurs et choisissez le fichier audio qui sera exécuté chaque fois que l'événement sélectionné surviendra.

Créer des partitions

Faire de la musique sans connaître le solfège est une des grandes possibilités offertes par l'audionumérique. Cependant, il est possible de créer une partition à partir de vos fichiers MIDI ou de vos fichiers WAV. Dans ce dernier cas, le fichier WAV est préalablement converti en données MIDI qui seront importées dans un programme capable de transformer ces événements en une notation musicale classique.

Sachez toutefois que la plupart des programmes MIDI disposent d'un éditeur de partition qui transformera les données de chaque piste en une série de portées sur lesquelles figureront des notes traditionnelles. Ce genre de partition pourra être déposé à la SACEM.

Parler aux artistes

Certains services en ligne permettent de dialoguer en direct avec vos artistes préférés. Recherchez des informations sur le site Web de votre chanteur préféré pour voir si une discussion en direct est prévue dans les jours qui viennent, et surtout à quelle heure. Bien souvent, il suffit de s'inscrire pour pouvoir participer.

Discuter avec des fans de musique

De nombreux sites proposent des forums de discussion dans lesquels vous pouvez échanger des idées sur la musique. Il suffit de participer à une conversation en répondant à un message pour faire partie de la discussion. Généralement, un forum exige une inscription gratuite où vous choisissez un pseudonyme et un mot de passe. Une fois connecté au site, allez directement sur le forum qui vous intéresse et discutez avec les participants par messages interposés.

Chapitre 31

Dix bonnes idées pour utiliser vos images

Dans ce chapitre :

- Créer un album photo en ligne.
- Créer un écran de veille ou un économiseur d'écran.
- Créer un papier peint.
- Donner une touche artistique à vos photos.
- Se mettre en vedette sur une tasse ou un tee-shirt.
- Réaliser des calendriers et des cartes de vœux.
- Inclure des images dans une base de données.
- Montrer en images ce que vous tentez d'expliquer.
- Imprimer vos plus belles réalisations.

Un appareil numérique c'est bien, mais pour quoi faire ? Cette curieuse question se pose tous les jours auprès d'un public qui manque peut-être d'imagination. Et pourtant, ce ne sont pas les idées qui manquent. Ce chapitre en présente dix. Mais comme c'est la partie émergée de l'iceberg, à vous de trouver les quatre-vingt dix autres.

Créer un album photo en ligne

Finis les albums photos lourds et encombrants ! Partagez vos photos sur un site Internet et invitez votre famille, vos amis, la terre entière à le consulter tranquillement.

Aujourd'hui, de nombreux sites sont spécialisés dans la publication d'albums photos numériques. Il suffit de s'inscrire gratuitement. A partir de cet instant, vous disposez d'un nombre conséquent de mégaoctets pour publier vos photos en ligne. Comme ces sites proposent de commander, moyennant finance, un tirage papier des photos qui intéressent le visiteur, chacun choisit les images qu'il souhaite coller dans son ancestral et pesant – à tous points de vue – album photos.

Visitez les sites suivants :

- www.bellapix.com
- www.fujifilmnet.com
- www.kodakgallery.fr
- www.photoservice.com
- www.magix-photos.com
- www.mypixmania.com
- www.wistiti.fr

ATTENTION !

Conservez toujours les originaux des photos que vous publiez sur un tel site. En cas de problème du serveur (ou sa fermeture), vous risquez de perdre des clichés auxquels vous tenez.

Donner une touche artistique à une photo

Presque tous les logiciels de retouche proposent un assortiment de filtres d'effets. Beaucoup simulent des techniques traditionnelles comme la peinture à l'huile, l'aquarelle, le fusain, etc.

TRUC

Les filtres peuvent aussi servir à récupérer des photos techniquement problématiques. Par exemple, si une photo manque de netteté, lui appliquer le filtre Aquarelle donnera un résultat acceptable car ce genre pictural se caractérise par des bords estompés.

Soigner son narcissisme

Vous aimez être vu ? Imprimez votre portrait sur des tasses, des mugs et des tee-shirts et pavanez-vous avec tout cet attirail. Ou alors, personnalisez les tasses du petit déjeuner avec des photos de toute la famille.

Des sites de partage de photo en ligne, mentionnés au début de ce chapitre, peuvent se charger de cette tâche.

Création de calendriers et de cartes diverses

Les logiciels d'édition graphique grand public comportent des assistants pour réaliser des calendriers et des cartes en tout genre. Il suffit de sélectionner l'image à utiliser.

Si votre logiciel est dépourvu de telles fonctions, vérifiez les programmes fournis avec votre imprimante. Très souvent, ce type de périphérique est livré avec plein de petites applications spécialement adaptées aux mises en page de cartes et de calendriers.

TRUC

Pour réaliser plusieurs exemplaires d'une même création, je vous conseille de recourir aux services d'un professionnel plutôt que de mettre à contribution votre imprimante. L'idéal est de trouver une bonne boutique de photocopie. À partir d'un certain nombre d'exemplaires, l'économie sera substantielle car vos cartouches d'encre, elles, s'épuisent très vite.

Augmenter ses ventes

Vous êtes gérant d'une société et vous désirez faire connaître vos produits par des annonces et des publicités ? Utilisez des programmes de mise en page et mettez-vous au travail. Avec des applications telles que *Adobe PageMaker*, *Xpress* ou plus modestement *Microsoft Publisher*, réalisez vos brochures, dépliants et publicités en y incorporant vos images numériques.

TRUC

Les meilleurs résultats sont obtenus avec des logiciels comme *Microsoft PowerPoint* ou *Corel Presentations* pour construire de courtes présentations animées, dans lesquelles vous pourrez facilement importer vos photos.

Décorez tout !

Pour les plus imaginatifs, il existe des papiers spécialement conçus pour créer tee-shirts et objets divers. Quelques programmes graphiques sont pourvus de fonctions œuvrant en ce sens.

N'avez-vous jamais eu envie d'avoir vos plus belles réalisations photographiques sur le dos ou sur votre tasse à café ? Votre ego en serait certainement flatté ! Vos œuvres quittent votre écran pour envahir peu à peu votre vie quotidienne.

Regardez comme la restauration rapide parvient à fédérer vos chères petites têtes blondes en agrémentant tel ou tel menu de *mugs* (*tasses*, en français). Préférez-vous déjeuner avec la tête des *Simpsons* ou celle des héros de *South Park* plutôt qu'avec celle de votre chère et tendre ?

Personnalisez vos cadeaux. Mettez toute la famille à contribution. Finalement, la photo numérique n'est pas cantonnée à une expression artistique purement austère. Elle doit aussi générer du plaisir, c'est-à-dire une émotion que beaucoup trop d'artistes considèrent comme vulgaire.

Placer des informations visuelles dans vos bases de données

Les images numériques s'intègrent très facilement dans une base de données ou dans une feuille de calcul. Par exemple, si vous travaillez dans les ressources humaines, vous pouvez insérer la photo des employés dans chaque fiche créée avec Access ou Excel (pour ne citer qu'eux). Si vous n'êtes pas un commerçant, pourquoi ne pas inventorier vos objets précieux, livres, ou DVD dans une base de données illustrée à l'aide d'une photo de chaque article ou film ?

Tous les logiciels de base de données sont conçus pour importer très simplement des fichiers graphiques. Vous n'aurez donc aucune difficulté pour utiliser vos propres images, à condition de les enregistrer dans un format graphique adapté.

Mettre un nom sur un visage

Toujours dans une optique professionnelle, il est possible de placer des photos numériques sur des cartes de visite ou sur des badges en prévision d'une conférence. Sur une carte de visite, la photo d'identité permet à celui à qui vous remettez votre carte de mieux se rappeler de vous par la suite.

TRUC

Certaines sociétés proposent des étiquettes en plastique adhésives spéciales pour imprimante à jet d'encre. Elles sont parfaites pour personnaliser badges et objets en tous genres.

Une image vaut mieux qu'un long discours

Une image donne plus de force à vos démonstrations. Les paroles s'envolent mais les photos restent. Vous possédez des objets précieux ? Prenez-les en photo pour en garder une trace en cas de vol ou de destruction (conservez ces archives ailleurs que chez vous). Vous avez été victime d'une inondation ? Prenez tout de suite des photos du sinistre et envoyez-les à votre compagnie d'assurances par courrier électronique ou par la poste. Vous recherchez une bibliothèque qui s'harmonise avec la décoration particulière d'une pièce ? Prenez-la en photo et demandez l'avis de votre décorateur.

Les possibilités sont nombreuses, et il est parfois plus intéressant de passer quelques minutes à imprimer une image plutôt que d'essayer vainement de rédiger des explications sur papier.

Accrochez vos œuvres !

L'ère du numérique ne se limite pas à afficher des images sur l'écran d'un ordinateur. Rien ne vous empêche d'imprimer vos chefs-d'œuvre, de les encadrer, puis de transformer votre salon en galerie d'art numérique plus ou moins expérimentale.

TRUC

Les meilleurs tirages sont produits par des imprimantes à sublimation thermique ou à jet d'encre capables d'imprimer dans des résolutions très élevées et sur un papier approprié. Si vos moyens ne vous permettent pas d'investir dans un tel équipement, je suis certaine que le laboratoire photo du coin de la rue propose des tirages sur papier de vos images gravées sur CD-R.

ATTENTION !

Quoi qu'en disent les fabricants d'imprimantes et de papiers, une exposition prolongée au soleil délave rapidement les couleurs. Il est donc important de placer les photos sous un verre anti-UV. Accrochez vos images dans un lieu qui n'est pas exposé à une puissante source lumineuse. Enfin, conservez le fichier de l'image imprimée. Quand la photo aura trop souffert de l'exposition prolongée à la lumière, imprimez-en une autre !

Chapitre 32

Dix activités plaisantes sur le Net

Dans ce chapitre :

- Envoyer gratuitement des cartes de vœux pour toutes occasions.
- Participer à la rédaction d'une encyclopédie.
- Envoyer des photos à la famille et aux amis.
- Regarder des bandes-annonces et des publicités.
- Jouer.
- Webcams, journaux intimes et lieux à visiter.

Il existe des centaines de moyens d'exploiter Internet pour travailler et gagner de l'argent. Dans ce chapitre, nous nous concentrons sur les loisirs.

Envoyer des cartes de vœux

La prochaine fois que vous vous souviendrez d'un anniversaire au tout dernier moment, pensez à envoyer une carte virtuelle. En général, les cartes virtuelles sont gratuites et acheminées en quelques minutes. Une carte virtuelle est un message orné de belles images ou d'une animation et parfois d'un petit air de musique. Il en existe pour toutes les occasions et vous pouvez ajouter un message personnel.

Voici quelques sites à tester :

- `http://cartesvirtuelles.infinit.com`
- `www.cybercartes.com`

- http://carte2.dromadaire.com/fr

Publier dans une encyclopédie

Wikipédia (http://fr.wikipedia.org/wiki/Accueil) n'est pas seulement une encyclopédie gratuite. C'est également un lieu d'échanges et d'enrichissement des connaissances où vous pourrez vous-même rédiger des articles. Si vous découvrez des erreurs dans un article ou pensez qu'il est nécessaire d'y apporter des informations complémentaires, cliquez l'onglet Modifier cet article. Si aucun article n'existe sur un sujet précis, Wikipédia vous permet d'en créer un.

Partager des photos avec vos amis et votre famille

Les pièces jointes aux e-mails sont un bon moyen d'envoyer des tirages gratuitement n'importe où dans le monde. Vous n'avez même pas besoin d'un appareil photo numérique. De nombreux services de développement de pellicules numérisent vos photos et vous les fournissent en ligne ou sur une disquette. D'autres services comme Photoreflex (www.photoreflex.com) développent vos photos et vous donnent la possibilité de les organiser en album sur leur site Web. Vous donnez ensuite à vos amis l'adresse Web de votre album, et ils pourront ainsi voir les photos en ligne et commander des tirages s'ils le désirent.

La photographie en ligne est encore plus simple si vous avez un appareil photo numérique. Les appareils sont devenus abordables, particulièrement si vous considérez l'argent économisé en pellicules et frais de développement et que vous choisissiez d'imprimer uniquement les photos que vous aimez. Voici deux sites Web à visiter pour la photo numérique : www.megapixel.net et www.digital-shopping.fr.

Regarder des courts métrages et des pubs TV

Internet a créé un nouveau moyen de trouver un public pour les réalisateurs de courts métrages et de films expérimentaux. De nombreux sites présentent de petits films, diffusés gratuitement. IFILM (www.ifilm.com) est un bon choix. Vous trouverez une liste de sites sur http://dmoz.org/Arts/Movies/Filmmaking/Online_Venues. Sachez que la qualité de ces films est variable. Si vous adorez la publicité télévisée, visitez www.advertisementave.com. Les sites de films utilisent divers formats vidéo : QuickTime, Real Network, Lecteur

Windows Media, *etc.* Attendez-vous à devoir télécharger quelques modules. Une connexion Internet à haut débit est indispensable.

Écouter les émissions de France Culture

Avez-vous déjà allumé la radio et pris en cours une fantastique émission, dont vous aimeriez bien entendre le début ? Si vous voulez écouter ou réécouter les émissions de France Culture, visitez le site de l'Association des auditeurs de France Culture, sur `aafc.free.fr`.

Jouer aux échecs

Ou aux dames, au bridge, au backgammon, *etc.*, tout jeu de plateau ou de cartes. Les jeux classiques tiennent encore la route face aux jeux électroniques toujours plus sanglants. Il n'est plus nécessaire de réunir chez vous des amis pour jouer, vous trouverez des partenaires à tout moment, jour et nuit, sur des sites comme `fr.games.yahoo.com`.

Regarder le monde

Les webcams sont des caméras vidéo en direct, accessibles *via* Internet. Elles permettent de regarder ce qui se passe quelque part en temps réel : la faune sauvage, la vie de tous les jours, une rue dans une ville, une galerie commerciale, un échangeur d'autoroute, la Slovaquie, et même la salle de séjour d'un particulier ou une maison hantée. L'image est généralement réactualisée à intervalles réguliers, de cinq secondes à une minute. Allez sur `www.dmoz.org/Computers/Internet/On_the_Web/Webcams/` ou faites une recherche sur le mot *webcams* sur `www.google.fr` ou `http://fr.yahoo.com`.

Certaines webcams sont installées chez des exhibitionnistes. Vous voilà prévenu si vous avez des enfants. Généralement, on ne tombe pas par hasard sur ces sites aux noms explicites.

Partager votre journal sur un blog

Publier un journal intime sur Internet peut sembler bizarre, tout comme d'avoir une webcam filmant sa chambre, mais de nombreuses personnes aiment s'exprimer ainsi et obtenir les avis d'autres rédacteurs de journaux personnels. Vous en trouverez sur LiveJournal (`www.livejournal.com`). Les auteurs sont en général assez jeunes et pour les autres, c'est un moyen de s'informer sur ce que les jeunes pensent... ou ne pensent pas.

Blogger est également un site de blogs fort intéressant que vous trouverez à l'adresse `www.blogger.com`.

Visiter des musées dans le monde entier

Les musées sont des endroits intéressants pour passer un après-midi pluvieux. Il est possible de visiter musées et galeries du monde entier *via* votre navigateur. Tous les sites Web de musées ne proposent pas des œuvres en ligne, mais beaucoup le font. Nos préférés sont le Louvre à Paris (`www.louvre.fr`), le Museum of Fine Arts de Boston (`www.mfa.org`), le Metropolitan Museum of Art à New York (`www.metmuseum.org`) et le State Hermitage Museum en Russie (`www.hermitagemuseum.org`). Vous en trouverez bien d'autres sur `http://dmoz.org/Reference/Museums`. Cliquez le lien French dans la section des langues disponibles.

Bâtir votre propre monde

Les mondes virtuels sont des endroits électroniques que vous pouvez visiter sur le Web, une sorte de salons de chat 3D. Au lieu d'un pseudonyme, vous vous créez un personnage, ou *avatar*, qui marche, parle et exprime des sentiments. Lorsque vous êtes dans un de ces mondes, votre avatar interagit avec les avatars des autres personnes connectées, dans des environnements réalistes ou fantastiques. Dans certains mondes virtuels, vous pouvez même construire des lieux : une pièce, une maison, un parc, une ville, ce que vous êtes capable d'imaginer.

La plupart des mondes virtuels exigent le téléchargement d'un *plug-in* ou un logiciel spécial. Voici des endroits où vous pourrez créer ou visiter des mondes virtuels :

- http://secondlife.com/
- `http://simcity.ea.com/`
- `www.activeworlds.com`
- `www.digitalspace.com/avatars`
- `www.ccon.org/hotlinks/hotlinks.html`

Voyager dans le système solaire

La deuxième moitié du vingtième siècle fut marquée par l'exploration de l'espace. Des sondes sont allées à la rencontre de plusieurs comètes et astéroïdes et de toutes les planètes, sauf Pluton, qui n'est d'ailleurs plus considérée comme une planète depuis 2006 (www.christinelavin.com/planetx.html). Elles ont renvoyé de stupéfiantes images de tempêtes sur Jupiter, d'océans sur le satellite Europa, de coulées de boue sur Mars et de photos de la Terre la nuit.

Reste à déterminer quelle génération ira réellement faire du tourisme dans le système solaire. Ce n'est pas demain la veille. Pour l'instant, les visites virtuelles sont possibles sur des sites comme www.solarviews.com/french/homepage.htm, www.seds.org et http://sse.jpl.nasa.gov. Sans compter la photo d'astronomie du jour sur http://antwrp.gsfc.nasa.gov/apod/astropix.html. Ne manquez pas cet incroyable montage de la NASA représentant les lumières de la nuit sur la planète Terre (http://antwrp.gsfc.nasa.gov/apod/image/0011/earthlights_dmsp_big.jpg).

À la recherche des extraterrestres

SETI@home (http://setiathome.ssl.berkeley.edu et http://setiathome.free.fr/) est un projet scientifique utilisant les ordinateurs de particuliers ou d'entreprises connectés à Internet pour procéder à d'incessants calculs dans l'espoir de déchiffrer un signal envoyé par une intelligence extraterrestre. L'idée est de disposer de milliers de PC, de Mac, *etc.*, pour réaliser les importants traitements de données provenant du bruit de fond intergalactique, auquel pourraient se mêler des signaux radio émis par d'autres civilisations. Vous pouvez participer à cette recherche en exécutant un programme gratuit qui télécharge et analyse les données recueillies par le radiotélescope d'Arecibo, à Porto Rico.

Si écouter aux portes des extraterrestres ne vous enthousiasme pas, vous préférerez peut-être prêter le temps d'inactivité de votre ordinateur à la résolution de problèmes de cryptographie et de mathématiques. Le site Distributed.net (www.distributed.net) gère plusieurs projets de ce type, dont certains offrent une récompense à la personne qui trouve la solution.

D

E

F

Achevé d'imprimer par Corlet, Imprimeur, S.A. - 14110 Condé-sur-Noireau
N° d'Imprimeur : 105163 - Dépôt légal : juin 2007 - *Imprimé en France*